BUSSE/KELLER/MAYER (HRSG.)

Taschenbuch für Gemeinde- und Stadträte in Bayern

Taschenbuch für Gemeinde- und Stadträte in Bayern

Grundwissen für kommunale Mandatsträger

Dr. Jürgen Busse,
Geschäftsführer der Bayerischen Akademie für Verwaltungsmanagement, Rechtsanwalt, Geschäftsführendes Präsidialmitglied des Bayerischen Gemeindetags a. D.

Dr. Johann Keller,
Geschäftsführendes Präsidialmitglied des Bayerischen Landkreistags a. D.

Hans-Peter Mayer,
Geschäftsführendes Präsidialmitglied des Bayerischen Gemeindetags

Mit freundlicher Unterstützung von

Professor Dr. Simon Bulla,
Rechtsanwalt, Fachanwalt für Vergaberecht und Verwaltungsrecht, Honorarprofessor der Universität Augsburg (Mitarbeit im 3. Kapitel, IV.)

Dr. Andreas Gaß,
Direktor beim Bayerischen Städtetag (Mitarbeit im 1. Kapitel, III.8 bis VII.),

Jennifer Hölzlwimmer,
Verwaltungsdirektorin beim Bayerischen Gemeindetag (Mitarbeit im 1. Kapitel, I. bis III.7; Anlagen 1 bis 7) und

Georg Große Verspohl,
Direktor und Stellvertreter des Geschäftsführenden Präsidialmitglieds beim Bayerischen Gemeindetag (2. Kapitel)

6., überarbeitete Auflage, 2026

BOORBERG

Bibliografische Information der Deutschen Nationalbibliothek | Die Deutsche Nationalbibliothek verzeichnet diese Publikation in der Deutschen Nationalbibliografie; detaillierte bibliografische Daten sind im Internet über www.dnb.de abrufbar.

ISBN 978-3-415-07838-3
6. Auflage, 2026

Titelfoto: © BGStock72 – stock.adobe.com | Satz: abavo GmbH, Nebelhornstraße 8, 86807 Buchloe | Druck und Bindung: Beltz Grafische Betriebe GmbH, Am Fliegerhorst 8, 99947 Bad Langensalza

Richard Boorberg Verlag GmbH & Co KG | Scharrstraße 2 | 70563 Stuttgart
Stuttgart | München | Hannover | Berlin | Weimar | Dresden
www.boorberg.de

Vorwort

In den Städten, Märkten und Gemeinden Bayerns beginnt am 1. Mai 2026 eine neue Wahlperiode. Etwa 32.000 Mandatsträger werden in die Stadt- und Gemeinderäte gewählt. Eine beachtliche Zahl davon wird erstmals ein solches Amt und Verantwortung für das politische Geschehen vor Ort übernehmen.

Die Tätigkeit im Gemeinderat ist bekanntlich ehrenamtlich. Das ist gut so, denn auf diese Weise können reichhaltige Erfahrungen aus dem eigentlichen Beruf in die Gemeinderatsarbeit eingebracht werden. Es genügt aber nicht, sich nur auf diese Erfahrungen zu verlassen. Die Anforderungen an das Amt eines Gemeinderatsmitglieds sind auch in rechtlicher Hinsicht vielfältig. Bereits die Zusammenarbeit im Gemeinderat, geregelt in der Geschäftsordnung, will gelernt sein. Informationsbedarf besteht erst recht in den verschiedenen Rechtsgebieten, in denen der Gemeinderat Entscheidungen zu treffen hat. Dem Grunde nach sollte jedes Gemeinderatsmitglied an einer Fortbildung teilnehmen, in der das nötige Basiswissen vermittelt wird.

Die Städte und Gemeinden stehen vor aktuellen kommunalpolitischen Herausforderungen, die von den neu gewählten Mandatsträgern zu bewältigen sind: So sind die Kommunen gefordert, neben den bekannten Pflichtaufgaben wie Bauleitplanung, Erschließung, Wasserver- und Abwasserentsorgung, Feuerwehr, Schulwesen und Kindertageseinrichtungen auch den Umwelt- und Naturschutz sowie den Klimaschutz umzusetzen. Hinzu kommt eine Vielzahl von weiteren Aufgaben, wie Bildungs-, Sport- und kulturelle Angebote zu schaffen, die für eine lebenswerte Gemeinde unentbehrlich sind. Es geht darum, innovative Konzepte zu planen, mit der Bürgerschaft zu diskutieren und finanzierbare Maßnahmen zu realisieren.

Im Rahmen der digitalen Angebote der Rathäuser müssen die Gemeinden das Bayerische Digitalgesetz mit Leben erfüllen. Aktuelle Aufgaben der Städte und Gemeinden sind auch der Ausbau der Glasfaseranschlüsse, die Erweiterung der kommunalen Online-Angebote und zugleich der verantwortungsvolle Umgang mit den Neuen Medien. Notwendig ist es auch hier, dass sich die Mandatsträger fortbilden.

Das vorliegende Taschenbuch für Gemeinde- und Stadträte ist hervorragend als Einstieg in die wichtigsten Rechtsmaterien geeignet. Es ist von Praktikern für Praktiker geschrieben. In anschaulicher Form, ohne wissenschaftlich-theoretische Ausführungen, werden insbesondere die Grundregeln der Gemeinderatssitzung, die Gemeindefinanzen, das Bau- und Vergaberecht, das Personalrecht und das Haftungsrecht beschrieben. Aus Gründen der Lesbarkeit wurde auf die gendergerechte Sprachform verzichtet.

Das Buch trägt die Handschrift des Bayerischen Gemeindetags; Herausgeber sind das frühere Geschäftsführende Präsidialmitglied des Bayerischen Gemeindetags Dr. Jürgen Busse, das Geschäftsführende Präsidialmitglied des Bayerischen Gemeindetags Hans-Peter Mayer und das frühere Geschäftsführende Präsidialmitglied des Bayerischen Landkreistags Dr. Johann Keller. Weitere Autoren sind Professor Dr. Simon Bulla, Rechtsanwalt, Dr. Andreas Gaß, Referent beim Bayerischen Städtetag, Jennifer Hölzlwimmer, Referentin beim Bayerischen Gemeindetag, und Georg Große Verspohl, ständiger Vertreter des Geschäftsführenden Präsidialmitglieds des Bayerischen Gemeindetags.

In dem Taschenbuch werden die reichhaltigen Erfahrungen aus zahlreichen Seminaren bei der Bayerischen Akademie für Verwaltungs-Management sowie aus den Schulungen kommunaler Mandatsträger, unter anderem beim Bayerischen Selbstverwaltungskolleg, dokumentiert. Die praxisorientierte Darstellung spiegelt ihre Erfahrung aus zahllosen Beratungsgesprächen wider. Die handliche Form des Taschenbuchs trägt außerdem dazu bei, dass es problemlos in die Sitzungen mitgenommen und dort zum raschen Nachschlagen Verwendung finden kann.

Selbst den Bediensteten der Gemeindeverwaltungen kann es für die kurzfristige Beantwortung von Rückfragen dienlich sein.

München, im Januar 2026

Dr. Jürgen Busse

Geschäftsführer der Bayerischen Akademie
für Verwaltungsmanagement,
Rechtsanwalt,
Geschäftsführendes Präsidialmitglied
des Bayerischen Gemeindetags a. D.

Inhaltsverzeichnis

Abkürzungsverzeichnis

Abs.	Absatz
AllMBl	Allgemeines Ministerialblatt
AO	Abgabenordnung
Art.	Artikel
BAT	Bundes-Angestelltentarifvertrag
BauGB	Baugesetzbuch
BauNVO	Baunutzungsverordnung
BayBO	Bayerische Bauordnung
BayGT	Bayerischer Gemeindetag
BayHO	Bayerische Haushaltsordnung
BayLplG	Bayerisches Landesplanungsgesetz
BayVBl	Bayerische Verwaltungsblätter (Zeitschrift)
BayVGH	Bayerischer Verwaltungsgerichtshof
BBesG	Bundesbesoldungsgesetz
BDA	Besoldungsdienstalter
BGB	Bürgerliches Gesetzbuch
BGBl.	Bundesgesetzblatt
BImSchG	Bundes-Immissionsschutzgesetz
BMT-G	Bundesmanteltarif für Arbeiter
BNatSchG	Bundesnaturschutzgesetz
BV	Bayerische Verfassung
BVerwG	Bundesverwaltungsgericht
BVerwGE	Entscheidungen des Bundesverwaltungsgerichts
d.h.	das heißt
DÖV	Die Öffentliche Verwaltung (Zeitschrift)
DVBl.	Deutsches Verwaltungsblatt (Zeitschrift)
EStG	Einkommensteuergesetz
e.V.	eingetragener Verein

FAG	Gesetz über den Finanzausgleich zwischen Staat, Gemeinden und Gemeindeverbänden (Finanzausgleichsgesetz)
ff.	fortfolgende
FMBl	Amtsblatt des Bayerischen Staatsministeriums der Finanzen, für Landesentwicklung und Heimat
GA	Gemeindeanteil an der Einkommensteuer
GewSt	Gewerbesteuer
GFZ	Geschossflächenzahl
GG	Grundgesetz
GLKrWG	Gesetz über die Wahl der Gemeinderäte, der Bürgermeister, der Kreistage und der Landräte (Gemeinde- und Landkreiswahlgesetz)
GmbH	Gesellschaft mit beschränkter Haftung
GO	Gemeindeordnung für den Freistaat Bayern
GOM	Geschäftsordnungsmuster für den Gemeinderat des Bayerischen Gemeindetags
GR	Gemeinderat
GRM	Gemeinderatsmitglied(er)
GrStG	Grundsteuergesetz
GRZ	Grundflächenzahl
GVBl.	Bayerisches Gesetz- und Verordnungsblatt
GWB	Gesetz gegen Wettbewerbsbeschränkungen
i. V. m.	in Verbindung mit
KAG	Kommunalabgabengesetz
KommHV	Kommunalhaushaltsverordnung
KommJur	Kommunaljurist (Zeitschrift)
KommP	Kommunalpraxis (Zeitschrift)
KWBG	Gesetz über Kommunale Wahlbeamte
LKrO	Landkreisordnung für den Freistaat Bayern
NJW	Neue Juristische Wochenschrift (Zeitschrift)

Nr.	Nummer.
NVwZ	Neue Zeitschrift für Verwaltungsrecht (Zeitschrift)
o.g.	oben genannt
ÖPNV	Öffentlicher Personennahverkehr
RIS	Ratsinformationssystem
ROG	Raumordnungsgesetz
S.	Seite
s.	siehe
sog.	sogenannte
StGB	Strafgesetzbuch
TOP	Tagesordnungspunkt
TVöD	Tarifvertrag für den öffentlichen Dienst
UPR	Umwelt- und Planungsrecht (Zeitschrift)
Ustbet.	Umsatzsteuerbeteiligung
UVgO	Unterschwellenvergabeordnung
UVP	Umweltverträglichkeitsprüfung
UVPG	Gesetz über die Umweltverträglichkeitsprüfung
v.H.	vom Hundert
VGemO	Verwaltungsgemeinschaftsordnung
vgl.	vergleiche
VgV	Vergabeverordnung
VOB	Vergabe- und Vertragsordnung für Bauleistungen
VVöA	Verwaltungsvorschrift zum öffentlichen Auftragswesen

1. Kapitel
Die Gemeinde und ihre Organe

I. Die Gemeinde

„Die Gemeinde ist wichtiger als der Staat“, sagte bereits Theodor Heuss, der erste Bundespräsident, der hinzufügte, dass das Wichtigste die Menschen sind, die in den Gemeinden leben. Theodor Heuss hat damit zwei wichtige Grundsätze angesprochen, die bei der täglichen Arbeit im Gemeinderat zu beachten sind:

1. Das Wohl der Menschen steht im Vordergrund. Nicht Eigennutz, Partei- oder Gruppeninteressen, sondern die bestmöglichen Lösungen für **alle** Einwohner einer Gemeinde sind das oberste Ziel. Das lässt sich natürlich nicht immer erreichen, weil die Interessenlage oft unterschiedlich ist. Es geht aber darum, möglichst gerechte Kompromisse zu erzielen. Das setzt Offenheit in der Kommunalpolitik, Gesprächsbereitschaft mit der Bürgerschaft und eine transparente Entscheidungsfindung voraus. Wie wichtig das ist, lässt sich an den Bürgerprotesten gegen bedeutende Planungsentscheidungen der jüngeren Vergangenheit ablesen (z.B. Bau von Hochspannungsleitungen, Anlagen für erneuerbare Energien, auch „Stuttgart 21“), aber auch an der aus den vergangenen Wahlergebnissen teils ersichtlichen Parteien- und Politikverdrossenheit sowie dem zunehmenden Auseinanderdriften der Gesellschaft weg von der (bislang staatstragenden) Mitte hin zu den Rändern des politischen Meinungsspektrums. Es gilt mehr denn je, verständlich zu machen, aus welchen Gründen und mit welcher Zielsetzung die konkrete Entscheidung dem Wohl der Menschen dient.
2. Die Gemeinde steht als „ursprüngliche Gebietskörperschaft mit dem Recht der Selbstverwaltung“ in ihrer Bedeutung

noch vor dem Staat. Das ist nicht zuletzt historisch bedingt und findet etwa in Art. 11 BV seinen Niederschlag. Dort heißt es, dass die Selbstverwaltung der Gemeinden „dem Aufbau der Demokratie von unten nach oben" dient. Die Gemeinden werden deshalb auch als „Keimzelle der Demokratie" oder als „Schule der Demokratie" bezeichnet.

Die Gemeinden sind – wie erwähnt – ihrer überragenden Bedeutung wegen mit dem **Recht der Selbstverwaltung** ausgestattet. Auch wenn man in den europäischen Institutionen (z. B. EU-Kommission, EuGH) und auf Ebene der Mitgliedstaaten der EU den Wert des Selbstverwaltungsrechts der Gemeinden allenfalls allmählich erkennt (etwa für Frankreich mit klassischem zentralistischem Staatsaufbau und seinen gut 35.000 Gemeinden ein schier revolutionärer Gedanke; vgl. dazu BayGT 4/2019, S. 112 ff.), muss die Bedeutung des Selbstverwaltungsrechts in der Bundesrepublik Deutschland, namentlich in Bayern, umso stärker betont werden. Es beinhaltet letztlich das Recht der Gemeinden, innerhalb ihres Gemeindegebietes mit eigenem Personal und eigener Finanzausstattung alle ortsbezogenen Angelegenheiten erledigen zu dürfen, denen sich die Gemeinde annehmen will. Das Selbstverwaltungsrecht steht unter dem Vorbehalt, dass die Angelegenheit nicht bereits durch den Staat geregelt ist. In der Praxis ist leider festzustellen, dass Inhalt und Umfang des Selbstverwaltungsrechts mehr und mehr beschränkt werden. Nicht selten ergibt sich das bereits daraus, dass den Gemeinden staatliche Aufgaben zur Erledigung übertragen, ihnen aber nicht die dafür erforderlichen Finanzmittel zur Verfügung gestellt werden. Die Gemeinden müssen dann eigenes Geld für Staatsaufgaben verwenden, das ihnen natürlich bei der Erfüllung ihrer Selbstverwaltungsangelegenheiten fehlt. Seit Einführung des Konnexitätsprinzips in Bayern ist zwar für neue Aufgaben bzw. Anforderungen an bestehende Aufgaben eine deutliche Verbesserung eingetreten. Auch auf Bundesebene hat die Föderalismusreform Fortschritte gebracht. Zwar wurde dort kein Konnexitätsprinzip eingeführt, durch den neu gefassten Art. 84 Abs. 1 Satz 7 GG wurde es dem Bund jedoch untersagt, den Gemeinden oder Gemeindeverbänden neue Aufgaben zu übertragen. Auch dies bietet Schutz vor neuen Verpflichtungen zur Aufgabenerfüllung, wenngleich der Bund weiterhin Standards für bestehende kommunale Aufgaben insbesondere im Sozialbereich erhöhen kann (z.B. Recht auf Ganztagsbetreuung), ohne rechtlich zu einem Kostenausgleich verpflichtet zu sein. Inwiefern der aktuelle Koalitionsvertrag auf Bundesebene, der den insoweit neuen Begriff der „Veranlassungskonnexität" einführt, hier zu spürbaren Verbesserungen für die Kommunen führt, bleibt abzuwarten. Auf europäischer Ebene fehlt hingegen nach wie vor ein Konnexitätsprinzip.

II. Der Gemeinderat

1. Die beiden Hauptorgane

Die Bayerische Gemeindeordnung kennt **zwei Hauptorgane:** den **Gemeinderat** und den **ersten Bürgermeister** (vgl. Art. 29 GO). Beide Organe stehen rechtlich selbstständig nebeneinander, sie werden ja schließlich auch jeweils direkt vom Volk gewählt. Kein Organ ist dem anderen über- oder untergeordnet. In der Praxis kann das zu Konflikten führen, wenn etwa ein „starker Bürgermeister" den Gemeinderat zu dominieren versucht. Umgekehrt neigen auch Gemeinderäte teils dazu, den ersten Bürgermeister „an die kurze Leine" zu nehmen, indem sie dessen Kompetenzbereich, vor allem in finanziellen und personalrechtlichen Fragen, außerordentlich eng gestalten. Mitunter kommt es vor, dass ein einfacher Angestellter einer Firma einen größeren Entscheidungsspielraum hat als ein erster Bürgermeister. Das kann nicht Sinn und Zweck der Sache sein.

Die **Kompetenzabgrenzung** sollte sich daran orientieren, dass rasches und effizientes Handeln im Alltag einen möglichst weitgehenden Entscheidungsspielraum des ersten Bürgermeisters erfordern (ehemals bezeichnet als „Neues Steuerungsmodell"). In das Geschäftsordnungsmuster (GOM) des Bayerischen Gemeindetags ist das bereits eingearbeitet. Dort wird vorgeschlagen, dass der Gemeinderat nur wichtige Grundsatzangelegenheiten selbst entscheiden sollte. Darunter fallen z. B. die in Art. 32 Abs. 2 Satz 2 GO genannten Aufgaben, aber auch solche Angelegenheiten, die aufgrund ihrer Bedeutung für die Gesamtgemeinde vom Gemeinderat entschieden werden sollten (vgl. § 2 GOM). Alle Angelegenheiten, die nicht notwendigerweise im Gemeinderat behandelt werden müssen, sollten jedenfalls in größeren Gemeinden und Städten auf beschließende Ausschüsse (Art. 32 Abs. 2 Satz 1 GO) oder auf den ersten Bürgermeister (Art. 37 Abs. 2, 43 Abs. 2 GO) zur selbstständigen Entscheidung übertragen werden. Dies dient auch dem Erfordernis verträglicher Sitzungslängen und damit u. a. auch der Vereinbarkeit von Ehrenamt mit Familie und Beruf der ehrenamtlichen Gemeinderatsmitglieder (GRM).

In haushaltsrechtlichen Angelegenheiten wird im Geschäftsordnungsmuster (s. Anlage 1 und 2) empfohlen, die Befugnis des ersten Bürgermeisters bei der **Bewirtschaftung von Haushaltsmitteln** auf einen Betrag von **6 bis 8 € je Einwohner** festzusetzen. Es handelt sich dabei um eine Empfehlung, sodass eine Abweichung – gestützt auf die individuellen Verhältnisse vor Ort – grundsätzlich nicht ausgeschlossen ist. Diese Wertgrenze ist auch nicht mit den sog. Verfügungsmitteln des ersten Bürgermeisters zu verwechseln. Hier geht es vielmehr um die sonstigen Haushaltsansätze, z. B. für die Beschaffung von Geräten, Büromaterial usw. Das Budgetrecht des Gemeinderats wird dadurch nicht berührt, weil er im Rahmen der Entscheidung über den Haushaltsplan den zu beachtenden Rahmen vorgibt.

Auch im Nachhinein sollte sich der Gemeinderat große Selbstdisziplin auferlegen. Es geht nicht darum, etwa im Rahmen der Rechnungsprüfung über Beträge von 20, 50 oder 100 € zu diskutieren, auch wenn bei solchen kleinen Beträgen in der Regel besondere eigene Erfahrungen eingebracht werden können. Vielmehr gilt es, z. B. bei der Vergabe oder nachträglichen Prüfung großer Bauaufträge in Millionenhöhe besondere Sorgfalt walten zu lassen.

2. Zusammensetzung des Gemeinderats

Die Zusammensetzung des Gemeinderats, insbesondere die Zahl der Gemeinderatsmitglieder (GRM), regelt Art. 31 GO. Sie ist abhängig von der Einwohnerzahl der Gemeinde. Besonders erwähnenswert sind in diesem Zusammenhang die sog. Inkompatibilitätsvorschriften. Gemeint sind damit die Regelungen, unter welchen Voraussetzungen jemand dem Gemeinderat **nicht** angehören kann:

Erinnert sei an dieser Stelle zunächst daran, dass die frühere Regelung, wonach in Gemeinden bis zu 10 000 Einwohnern Ehegatten, Eltern und Kinder sowie Geschwister nicht gleichzeitig dem Gemeinderat angehören konnten, mit Wirkung vom 1.9.2006 aufgehoben wurde. Ehe und Familie werden dadurch nicht mehr schlechter gestellt als nicht eheliche Lebensgemeinschaften und eingetragene Lebenspartnerschaften, für die ein solches Verbot schon früher nicht galt.

Inkompatibilität besteht aber u. a.

- für Beamte und Arbeitnehmer der Gemeinde bzw. einer Verwaltungsgemeinschaft, der die Gemeinde angehört,
- für leitende Beamte und leitende Arbeitnehmer von juristischen Personen oder sonstigen Organisationen des öffentlichen oder privaten Rechts, an denen die Gemeinde mit mehr als 50 v. H. beteiligt ist (eine Beteiligung am Stimmrecht genügt) und
- für Beamte und Arbeitnehmer der Rechtsaufsichtsbehörde, die unmittelbar mit Fragen der Rechtsaufsicht befasst sind, ausgenommen der gewählte Stellvertreter des Landrats.

„Arbeitnehmer" im Sinne der Inkompatibilitätsvorschriften ist allerdings nicht, wer „überwiegend körperliche Arbeit" verrichtet (Art. 31 Abs. 3 Satz 2 GO). Das soll dem Umstand Rechnung tragen, dass nach Art. 137 GG nur die Wählbarkeit von Beamten und Angestellten im öffentlichen Dienst, nicht aber von Arbeitern eingeschränkt werden kann. Da seit Inkrafttreten des TVöD (Tarifvertrag für den öffentlichen Dienst) im Alltag aber nicht mehr zwischen Angestellten und Arbeitern unterschieden wird, musste sich der bayerische Gesetzgeber eine Hilfskonstruktion einfallen lassen. Zunächst erweiterte er die Inkompatibilitätsvorschriften in Art. 31 Abs. 3 Satz 1 Nr. 1 bis 4 GO auf alle Arbeitnehmer, schloss dann aber in Satz 2 wieder jene Personen aus, die „überwiegend körperliche Arbeit verrichten", ohne allerdings zu definieren, was darunter genau zu verstehen ist. Die Frage der Abgrenzung wird vielmehr der Praxis überlassen. Das führt seither zu erheblichen Auslegungsschwierigkeiten. Ist etwa ein Beschäftigter des gemeindlichen Bauhofs, der hauptsächlich Maschinen bedient (z. B. Lkw- und Baggerführer) mehr geistig oder mehr körperlich tätig? Im Interesse einer verfassungskonformen Rechtsanwendung muss wohl im Zweifel so entschieden werden, dass die Ausübung des Gemeinderatsmandats möglich ist. Zusätzliche Abgrenzungsprobleme in der Praxis bereitet auch die Rechtsprechung des Bundesverwaltungsgerichts (BVerwG, Urteil vom 14.6.2017, Az.: 10 C 2.16, sog. „Pförtner-Urteil"), in der auch im Fall eines Arbeitnehmers (und damit einer nicht körperlichen Tätigkeit) es für maßgeblich erachtet wird, inwieweit der Arbeitnehmer auf Verwaltungsentscheidungen tatsächlich Einfluss nehmen und so ein Interessenkonflikt zwischen Mandatsausübung und Arbeitnehmereigenschaft bestehen kann.

Im Rahmen der Kommunalrechtsnovelle 2023 sind allerdings zumindest die bis dahin ebenfalls in der Praxis zu erheblichen Abgrenzungsproblemen führenden Begriffe des „leitenden" und „hauptberuflichen" Arbeitnehmers in den Nr. 1 und 2 des Art. 31 Abs. 3 GO entfallen. Dies führt im Ergebnis dazu, dass ab der Amtsperiode 2026/2032 auch teilzeitbeschäftigte sowie nicht leitende Arbeitnehmer der Gemeinde bzw. der Verwaltungsgemeinschaft nicht mehr GRM in derselben Gemeinde bzw. in einer Mitgliedsgemeinde der Verwaltungsgemeinschaft werden können.

Inkompatibilität tritt allerdings nicht ein, wenn der Beamte oder Arbeitnehmer während der Dauer seines Gemeinderatsmandats ohne Bezüge beurlaubt ist oder seine Rechte und Pflichten wegen der Wahl in eine gesetzgebende Körperschaft ruhen. Ein Beamter oder Arbeitnehmer kann dem Gemeinderat ferner angehören, wenn er sich im Rahmen der Altersteilzeit im Blockmodell bereits in der Freistellungsphase befindet.

Ausdrücklich geregelt wurde inzwischen auch, dass es nicht möglich ist, in mehreren Gemeinden gleichzeitig dem Gemeinderat anzugehören. Früher war das schon deswegen ausgeschlossen, weil eine Gemeinderatskandidatur nur am Ort des Schwerpunkts der Lebensbeziehungen möglich war. Inzwischen genügt dafür aber bereits ein Nebenwohnsitz, sodass theoretisch an mehreren Orten ein Gemeinderatsmandat denkbar wäre (vgl. aber Art. 25 Abs. 3 GLKrWG).

Ein erster Bürgermeister kann außerdem weder in der eigenen noch in einer anderen Gemeinde zugleich ehrenamtliches Gemeinderatsmitglied sein. Ein Landrat kann schon wegen seiner Funktion als oberster Beamter der Rechtsaufsichtsbehörde „Landratsamt" nicht Mitglied des Gemeinderats einer kreisangehörigen Gemeinde seines Landkreises sein; für eine kreisfreie Gemeinde ist dies durch ausdrückliche gesetzliche Regelung untersagt.

Es ist allerdings darauf hinzuweisen, dass die Inkompatibilitätsvorschriften keinen Einfluss auf die Wählbarkeit einer Person haben. Bei Vorliegen von Inkompatibilität besteht (nur) ein Amtsantritts- bzw. -ausübungshindernis. So kann z.B. ein amtierender Bürgermeister sehr wohl auf einem Wahlvorschlag für den Gemeinderat aufgrund seines passiven Wahlrechts kandidieren, selbst wenn seine Amtszeit über den Beginn der neuen Amtsperiode des Gemeinderats hinausgehen sollte. Im Falle des Wahlerfolgs des amtierenden Bürgermeisters, d.h. dem Erringen eines Gemeinderatsmandats, muss der Wahlausschuss (nach Amtsantritt der Gemeinderat) allerdings in diesem Fall die Inkompatibilität und damit das Amtsantrittshindernis feststellen. Es kommt zur Listennachfolge und ein Nachrücker zieht anstelle des amtierenden Bürgermeisters in den Gemeinderat ein.

III. Die Gemeinderatssitzung

Der Gemeinderat beschließt in Sitzungen (Art. 47 Abs. 1 GO). Eine Beschlussfassung im schriftlichen Umlaufverfahren ist also nicht zulässig. Der seit 1.1.2024 unbefristet geltende Art. 47a GO ermöglicht es den Gemeinden unter bestimmten Voraussetzungen, auch Sitzungen in hybrider Form abzuhalten. Für Vorbereitung und Ablauf der Sitzungen sowie für die Ausführung der gefassten Beschlüsse gelten stets folgende Regeln:

1. Geschäftsordnung

a) Notwendigkeit

Zu Beginn der Wahlperiode muss sich **jeder Gemeinderat eine Geschäftsordnung** geben (Art. 45 Abs. 1 GO), denn sie gilt grundsätzlich nur für die laufende Wahlperiode, wobei Änderungen während der laufenden Wahlperiode möglich sind. Die Geschäftsordnung aus der abgelaufenen Wahlperiode kann zwar durch ausdrücklichen Beschluss des neu zusammengesetzten Rats oder stillschweigend durch denselben übernommen werden. Es ist aber zweckmäßig, jeweils zu Beginn einer Wahlperiode die bisherigen Regelungen kritisch auf Notwendigkeit, Richtigkeit und praktische Auswirkungen zu überprüfen. Die Idee aus der Praxis, der bisherige Gemeinderat könnte für die neue Wahlperiode die Geschäftsordnung vorgeben, entspricht nicht der Rechtslage; für den Gemeinderat in seiner neuen Zusammensetzung wäre das allenfalls eine Empfehlung, keinesfalls aber verbindlich.

Die Vorschriften in der Gemeindeordnung enthalten vielfach nur Grundsätze, die durch die Geschäftsordnung näher präzisiert werden. Dieses Recht, sich selbst Regeln geben zu können, resultiert aus dem Selbstverwaltungsrecht und wird auch „**Geschäftsordnungsautonomie**“ genannt. Die Geschäftsordnung soll Vorbereitung, Ablauf und Umsetzung der Gemeinderatssitzung nach demokratischen Grundsätzen möglichst klar und einfach regeln. Sie ist schriftlich festzulegen.

Das Verfahren einer Gemeinderatssitzung wird aber auch von anderen Regeln bestimmt, sodass insgesamt folgende Vorschriften und Entscheidungen in der nachstehenden Reihenfolge zu beachten sind:

- gesetzliche Vorschriften,
- Geschäftsordnung,
- Einzelbeschlüsse des Gemeinderats,
- allgemeine ungeschriebene Regeln.

b) Rechtsnatur

Der Gemeinderat ist **kein Parlament,** sondern Verwaltungsorgan. Seine Geschäftsordnung wird von der herrschenden Meinung als interne Organisationsvorschrift angesehen. Sie entfaltet grundsätzlich keine Wirkung für Dritte, sondern regelt lediglich die Rechte und Pflichten der Mitglieder untereinander. Über den rein internen Bereich hinaus wirken allerdings die Regelungen über die Art der gemeindlichen Bekanntmachungen. Aus diesem Grund empfiehlt eine Mindermeinung, die Geschäftsordnung öffentlich bekannt zu machen. Zwingend erscheint dies nach aktuellem Rechtsstand allerdings nicht. In jedem Fall kann die Geschäftsordnung Gegenstand verwaltungsgerichtlicher Überprüfung sein.

c) Inhalt

Die Geschäftsordnung muss (mindestens) **Bestimmungen über die Frist und Form der Einladung** zu den Sitzungen sowie über den **Geschäftsgang des Gemeinderats und seiner Ausschüsse** enthalten (Art. 45 Abs. 2 Satz 1 GO). Ehemals hatte das Staatsministerium des Inneren eine amtliche Mustergeschäftsordnung herausgegeben (zuletzt AllMBl. 1990, S. 291); sie wurde jedoch nicht mehr aktualisiert. Der Bayerische Gemeindetag hat deshalb unter Fortführung der bewährten früheren Regelungen ein eigenes Geschäftsordnungsmuster (GOM) entwickelt und fortlaufend aktualisiert, auf das an dieser Stelle verwiesen wird (siehe Anlagen 1 und 2). Die folgenden Ausführungen berücksichtigen die dortigen Empfehlungen.

Die Geschäftsordnung zielt darauf ab, neben den innerorganisatorischen Regeln für die Gemeinderatssitzung auch eine **Kompetenzabgrenzung zwischen erstem Bürgermeister und Gemeinderat** vorzunehmen. Insoweit ist allerdings zu beachten, dass die Geschäftsordnung nicht von zwingenden gesetzlichen Vorschriften abweichen kann. Das gilt auch für den gesetzlich definierten Aufgabenbereich des ersten Bürgermeisters.

Ebenso wenig kann die Geschäftsordnung die Rechte der einzelnen Gemeinderatsmitglieder beschneiden. Das gilt insbesondere für das Recht auf ausreichende Information zur Vorbereitung auf die Gemeinderatssitzungen.

Entsteht Streit über Inhalt oder Auslegung der Geschäftsordnung, ist ein Mehrheitsbeschluss des Gemeinderats herbeizuführen.

d) Missachtung der Geschäftsordnung

Wird die Geschäftsordnung im Einzelfall nicht beachtet, so hat dies unterschiedliche Rechtsfolgen, je nachdem von welcher Bestimmung abgewichen wird.

Die Nichtbeachtung einer zwingenden Vorschrift, die im Regelfall bereits aus der Gemeindeordnung als zwingende gesetzliche Vorschrift zu entnehmen ist, kann zur Unwirksamkeit der gefassten Beschlüsse führen.

Beispiel:

Zu einer Gemeinderatssitzung wird eingeladen, ohne dass den GRM eine Tagesordnung zur Verfügung gestellt wird. In diesem Fall fehlt es an einer ordnungsgemäßen Ladung (vgl. Art. 46 Abs. 2 Satz 1 GO), was zur Beschlussunfähigkeit des Gemeinderats gemäß Art. 47 Abs. 2 GO führt. Kann der Ladungsmangel nicht geheilt werden (Näheres hierzu unter „3. Beschlussfähigkeit des Gemeinderats"), sind die gefassten Beschlüsse unwirksam.

Wird hingegen lediglich eine disponible Bestimmung der Geschäftsordnung (z. B. Abstimmungsreihenfolge) nicht beachtet, hat dies keine Bedeutung für die Wirksamkeit der gefassten Beschlüsse. Das einzelne GRM kann sich allenfalls an die Aufsichtsbehörde wenden.

2. Einladung zur Gemeinderatssitzung

a) Zuständigkeit

Der erste Bürgermeister oder – falls er verhindert ist – sein Stellvertreter (Art. 39 Abs. 1 GO) beruft den Gemeinderat unter Angabe der Tagesordnung ein (Art. 46 Abs. 2 Satz 2 GO). Zeit und Ort der Sitzung werden durch den ersten Bürgermeister festgelegt. Die Geschäftsordnung kann zwar bestimmte Sitzungstage, einen regelmäßigen Sitzungsbeginn und eine bestimmte Sitzungshäufigkeit vorsehen. Da die Geschäftsordnung aber nicht in die Rechte des ersten Bürgermeisters eingreifen kann, sind diese Vorschriften für den ersten Bürgermeister nicht zwingend. Er wird sich im Regelfall an der Empfehlung der Geschäftsordnung orientieren. Außerdem hat es sich aus guten Gründen eingebürgert, einen Sitzungsplan für ein ganzes Kalenderjahr oder für ein Halbjahr aufzustellen, der nach Möglichkeit auch eingehalten wird.

In den nachfolgenden Fällen **muss** der erste Bürgermeister eine Sitzung einberufen:

- spätestens vier Wochen nach Beginn der Wahlzeit des Gemeinderats (Art. 46 Abs. 2 Satz 1 GO i.V.m. Art. 23 Abs. 1 GLKrWG); nach neuerer Rechtsprechung hat die Ladung zur konstituierenden Sitzung zwingend durch den neuen Bürgermeister zu erfolgen (BayVGH, Beschluss vom 10.12.2020, Az.: 4 CE 20.2271);
- wenn ein Viertel der ehrenamtlichen Gemeinderatsmitglieder schriftlich oder elektronisch unter Bezeichnung des Beratungsgegenstands eine Sitzung verlangt (Art. 46 Abs. 2 Satz 2 GO). Das Viertel errechnet sich aus der gesetzlichen Mitgliederzahl des Gemeinderats (Art. 31 Abs. 2 GO), also ohne Hinzurechnung des ersten Bürgermeisters und ohne Berücksichtigung etwaiger berufsmäßiger Gemeinderatsmitglieder;

- wenn die Bürgerversammlung eine Empfehlung verabschiedet hat, innerhalb der Frist von 3 Monaten nach Art. 18 Abs. 4 GO aber keine reguläre Gemeinderatssitzung vorgesehen ist, auf der die Empfehlung behandelt werden könnte;
- wenn ein Bürgerbegehren eingereicht wurde, innerhalb der Frist von einem Monat nach Art. 18a Abs. 8 GO aber keine reguläre Gemeinderatssitzung vorgesehen ist, auf der über die Zulässigkeit des Bürgerbegehrens entschieden werden könnte.

b) Form und Frist

Seit jeher war klar, dass die Einladung **schriftlich** (also nicht mündlich) zu ergehen hat. Sie muss **Tag und Ort** der Sitzung benennen sowie eine **Tagesordnung** enthalten.

Mit Blick auf den immer stärkeren Einsatz der elektronischen Kommunikation, den auch die Rechtsprechung billigt, wird die Schriftform zunehmend in elektronischer Weise erfüllt. Das neue Geschäftsordnungsmuster des Bayerischen Gemeindetags trägt dem Rechnung, indem in § 20 bzw. § 25 GOM mehrere Alternativen für die Ladung angeboten werden:

(1) „Vollelektronische" Ladung mit sog. Ratsinformationssystem: Unter der Voraussetzung, dass die Gemeinderatsmitglieder mit der elektronischen Kommunikation einverstanden sind (vgl. § 4 Abs. 3 GOM), werden Sitzungstermin und Sitzungsort per E-Mail mitgeteilt, d.h. dem Empfänger übermittelt.

Die Tagesordnung wird dabei nicht mitgeschickt; sie kann über einen mit der vorher genannten E-Mail mitgeteilten Link im Ratsinformationssystem abgerufen werden. Dabei ist darauf zu achten, dass der Zugang nur dem GRM möglich ist, d.h. gegenüber Dritten geschützt ist. Die Rechtsprechung akzeptiert dies inzwischen als ausreichend für die Erfüllung der Bringschuld bei der Ladung, auch wenn damit eigentlich nur die Mitteilung über Ort und Zeit der Sitzung „überbracht" wird, während die Tagesordnung selbst vom GRM erst „abgeholt" werden muss. Dieser (moderate) Sinneswandel der Rechtsprechung ist erfreulich, weil damit die Tagesordnung selbst kaum noch (unbeabsichtigt) in falsche Hände geraten kann.

Weitere Unterlagen, insbesondere Beschlussvorlagen, werden in diesem Fall grundsätzlich nur elektronisch im Ratsinformationssystem zur Verfügung gestellt.

Technikaffine GRM werden bei dieser Art der Ladung außerdem von „Papierkram“ befreit, zumal sich die Nutzung von Tablets zur Vorbereitung und in den Sitzungen zunehmend durchsetzt.

(2) Elektronische bzw. schriftliche Ladung mit sogenanntem Ratsinformationssystem:

Im Unterschied zur vollelektronischen Ladung kann hier die eigentliche Ladung selbst auch schriftlich verschickt werden. Dabei muss gleichzeitig auch die Tagesordnung in Schriftform mitgeschickt werden. Für die elektronische Ladung gelten im Übrigen die gleichen Anforderungen wie unter (1). Diese Variante bietet sich an, wenn nicht alle GRM ihr Einverständnis mit einer rein elektronischen Abwicklung des Ladungsverfahrens erklären.

(3) Elektronische bzw. schriftliche Ladung ohne sog. Ratsinformationssystem:

Bei dieser Variante fehlt es an einem geschützten Speicherbereich im Datenverarbeitungssystem der Gemeinde, aus dem die GRM mit besonderer Zugangsberechtigung Informationen abrufen könnten. Damit müssen die Mitteilung von Sitzungstermin und -ort sowie Tagesordnung schriftlich oder per E-Mail verschickt werden. Auch die (freiwillige) Bereitstellung weiterer Unterlagen geschieht dann schriftlich oder per E-Mail. Zum Schutz der Daten (z. B. Inhalt der Tagesordnung zur nichtöffentlichen Sitzung oder der Sitzungsunterlagen) ist im Einzelfall die Versendung in verschlüsselter Form erforderlich.

(4) Ausschließlich schriftliche Ladung:

Bei der klassisch schriftlichen Ladung werden die entsprechenden Schriftstücke (Ladung, Tagesordnung, evtl. ergänzende Unterlagen) in Papierform verschickt.

Allgemein gilt: Entscheidet sich der Gemeinderat in seiner Geschäftsordnung für eine elektronische Einladung, so ist dazu, wie bereits erwähnt, das **Einverständnis der Mitglieder** erforderlich. Da die Technikaffinität unter den GRM sehr unterschiedlich ausgeprägt sein dürfte, kann niemand gezwungen werden, entgegen seinen eigenen Überzeugungen und Fähigkeiten der elektronischen Ladung zuzustimmen. Gegebenenfalls muss „zweigleisig" (in Papierform und elektronisch) geladen werden, wobei der Gleichbehandlungsgrundsatz in Form der rechtzeitigen möglichst gleichzeitigen und umfassenden Information aller zu beachten ist.

Als **Zugang der elektronischen Ladung** wird der Zeitpunkt angenommen, zu dem sie im elektronischen Briefkasten des Empfängers oder bei seinem Provider eingegangen und üblicherweise mit der Kenntnisnahme zu rechnen ist (die Rechtsprechung geht davon aus, dass jeden Tag – zumindest bis 18 Uhr – der Eingang des elektronischen Postfachs geprüft wird, wie das auch bei einem Hausbriefkasten angenommen wird).

Die Ladung in Papierform kann durch einfachen Brief (in verschlossenem Umschlag, zwingend, wenn nichtöffentliche Sitzungsunterlagen enthalten sind) versandt, durch Boten übergeben (mit oder ohne Empfangsbestätigung), aber auch förmlich zugestellt werden (z.B. gegen Postzustellungsurkunde). Wichtig ist, dass die **Ladung in den Machtbereich des Empfängers** gelangt. Eine Aushändigung (nur) an das GRM ist nicht erforderlich. Im Zweifel muss aber die Gemeinde den Zugang der Ladung nachweisen. Im Falle der Ladung mit einfachem Brief ist dies schwierig, weil lediglich die Aufgabe des Briefes bei der Post, nicht aber die Übermittlung durch den Postboten bezeugt werden kann. Damit hier nicht noch einige Zeit später eine unterbliebene Ladung gerügt werden kann, erlaubt die Rechtsprechung, den Zugang der Ladung dadurch nachzuweisen, dass die ordnungsgemäße Ladung vom Sitzungsleiter festgestellt, diese Feststellung in der Niederschrift über die betreffende Sitzung vermerkt sowie die Sitzungsniederschrift vom Gemeinderat genehmigt wird.

Die **Ladungsfrist** wird in der Geschäftsordnung bestimmt. Eine **Ladungsfrist von 5 Tagen** hat sich in der Praxis als zweckmäßig erwiesen. Der Tag des Zugangs der Ladung und der Sitzungstag sind bei der Berechnung der Frist nicht mitzurechnen (vgl. § 20 bzw. § 25 GOM). Für dringende Fälle kann die Geschäftsordnung eine Verkürzung der Ladungsfrist auf 3 Tage vorsehen. Eine kürzere Ladungsfrist als 3 Tage ist im Hinblick darauf bedenklich, dass die ehrenamtlichen GRM nicht ohne Weiteres zeitlich so disponieren und vor allem sich auch nicht hinreichend auf die einzelnen Tagesordnungspunkte vorbereiten können.

c) Tagesordnung

In der Tagesordnung sind die **Beratungsgegenstände einzeln und inhaltlich so konkret** zu benennen, dass es den GRM möglich ist, sich auf die Behandlung der jeweiligen Gegenstände vorzubereiten (§ 19 Abs. 2 bzw. § 24 Abs. 2 GOM). Globalbezeichnungen wie „Bauangelegenheiten“, „Grundstücksangelegenheiten“, „Personalangelegenheiten“, „Vertragsangelegenheiten“ usw. genügen nicht. Ebenso können unter „Verschiedenes“ oder „Sonstiges“ grundsätzlich keine Beschlüsse gefasst werden. Zwischen öffentlichen und nichtöffentlichen Gemeinderatssitzungen besteht insoweit kein Unterschied.

Korrekterweise könnte eine Tagesordnung etwa wie folgt lauten:
TOP .... Bauanträge:

a) Antrag auf Errichtung eines Einfamilienhauses auf dem Grundstück Fl.Nr. .... Gemarkung ...., Straße .... (Adresse des Baugrundstücks)
b) Antrag auf Errichtung eines Mehrfamilienhauses auf dem Grundstück Hauptstraße 5,
c) ....

Die Tagesordnung kann auch auf Anlagen Bezug nehmen, die einen Gegenstand näher konkretisieren (z. B. „Bauanträge – siehe beigefügte Einzelaufstellung“, wenn dort die zu behandelnden Bauanträge einzeln und inhaltlich konkret genug benannt werden). Die Anlage ist dann wesentlicher Bestandteil der Tagesordnung und muss gleichzeitig verschickt werden. Wird die Anlage erst später nachgereicht, muss sie so rechtzeitig bei den GRM sein, dass die Ladungsfrist noch eingehalten wird.

Nachdem die Tagesordnung für öffentliche Sitzungen ortsüblich bekannt zu machen ist und oftmals auch auf der Homepage der Gemeinde veröffentlicht wird, sollten schutzwürdige Daten (z.B. Namen von Antragstellern) den GRM möglichst gesondert in den Sitzungsunterlagen mitgeteilt werden, denn die Veröffentlichung dieser Daten ist für die Information der Öffentlichkeit über den Gegenstand der öffentlichen Sitzung in der Regel nicht erforderlich (§ 19 Abs. 2 Satz 2 bzw. § 24 Abs. 2 Satz 2 GOM).

Beratungsgegenstände, die nicht ausdrücklich auf der Tagesordnung stehen, können in der betreffenden Sitzung also grundsätzlich nicht behandelt werden. Davon gibt es zwei Ausnahmen (§ 21 Abs. 2 bzw. § 26 Abs. 2 GOM):

- eine Angelegenheit ist **objektiv dringlich** (das ist der Fall, wenn der Gemeinde bei Nichtbehandlung ein Nachteil entstehen würde) und der beschlussfähige Gemeinderat stimmt der Behandlung **mehrheitlich** zu, oder
- **sämtliche Mitglieder des Gemeinderats sind anwesend und kein Mitglied widerspricht** der Behandlung (fehlt auch nur ein Mitglied des Gemeinderats oder widerspricht auch nur ein Mitglied der Aufnahme des weiteren Tagesordnungspunktes, ist eine Ergänzung also nicht möglich).

Der erste Bürgermeister kann eine bereits verschickte Tagesordnung auch ohne Zustimmung des Gemeinderats noch ergänzen, wenn die ergänzte Tagesordnung bis spätestens zum Ablauf des 3. Tags vor der Sitzung den GRM zugeht (§ 20 Abs. 1 Satz 2/Satz 3 bzw. § 25 Abs. 1 Satz 2/Satz 3 GOM). Auf diese Weise kann allerdings kein Tagesordnungspunkt mehr abgesetzt werden; dafür ist ein Geschäftsordnungsbeschluss des Gemeinderats erforderlich.

d) Anlagen zur Tagesordnung

Weitere Unterlagen (z. B. Gutachten) **müssen** der Einladung und der Tagesordnung **nicht beigefügt** werden. In Einzelfällen mag es sich jedoch anbieten, Unterlagen bereits mit der Einladung zu versenden, um einen rascheren Ablauf der Sitzung zu ermöglichen. Unterlagen mit sensiblen personenbezogenen Daten sollten grundsätzlich nicht verschickt werden; sie können als sog. Tischvorlage in der Sitzung ausgegeben und nach Ende der Sitzung wieder eingesammelt werden.

Anlagen zur Tagesordnung können auch nicht mit der Begründung verlangt werden, ein GRM benötige sie, um seine eigene Aktenführung zu vervollständigen. Kein GRM hat nach herrschender Meinung einen Anspruch darauf, zu Hause Akten für seine Gemeinderatstätigkeit führen zu dürfen. Der Gemeinderat kann im Gegenteil sogar verlangen, dass Unterlagen von den GRM an die Gemeindeverwaltung zurückgegeben werden müssen.

Diese (sehr formale) Rechtsauffassung erschwert allerdings eine sachgerechte und kontinuierliche Vorbereitung der GRM auf eine Gemeinderatssitzung. In der Praxis ist es eben mitunter von Wichtigkeit, dass ein GRM bei der Vorbereitung auf eine Sitzung in alten Unterlagen nachliest, um die Zusammenhänge vollständig und richtig erfassen zu können. Das Geschäftsordnungsmuster des Bayerischen Gemeindetags sieht nicht zuletzt deshalb vor, dass der Tagesordnung insbesondere **Beschlussvorlagen** beigefügt werden sollen (vgl. § 20 Abs. 3/Abs. 1 Satz 3 bzw. § 25 Abs. 3/Abs. 1 Satz 3 GOM). Diese Beschlussvorlagen sind aber nicht wesentlicher Bestandteil einer ordnungsgemäßen Ladung, sodass ihr Fehlen auch nicht nach Maßgabe des Art. 47 Abs. 2 GO zur Beschlussunfähigkeit des Gemeinderats führt. Sie sollen vielmehr (nur) die Arbeit der GRM erleichtern und zur beschleunigten Behandlung eines Tagesordnungspunktes in der Sitzung beitragen.

Zu beachten ist allerdings, dass die Beschlussvorlagen interne Ausarbeitungen der Verwaltung für den Gemeinderat und damit grundsätzlich nur für die GRM bestimmt sind. Sie unterliegen unter den Voraussetzungen des Art. 20 GO der Verschwiegenheitspflicht und dürfen einschließlich der weiteren Sitzungsunterlagen nur mit Zustimmung des ersten Bürgermeisters und des Gemeinderats veröffentlicht werden, vorausgesetzt, sie enthalten nur offenkundige oder ihrer Bedeutung nach nicht geheimhaltungsbedürftige Tatsachen; Belange des Datenschutzes sind dabei also zwingend zu berücksichtigen. Gleiches gilt im Übrigen auch für die den GRM zur Verfügung gestellten Kopien der Niederschriften zu den öffentlichen und nichtöffentlichen Sitzungen (vgl. Art. 54 Abs. 3 Satz 1 GO sowie unten „10. Niederschrift über die Gemeinderatssitzung").

Werden weitere Unterlagen mit der Tagesordnung verschickt, sind grundsätzlich alle GRM gleich zu behandeln. Es ist jedoch zulässig, z.B. besonders umfangreiche Unterlagen nur den Fraktionsvorsitzenden zur Verfügung zu stellen, die ihrerseits die Mitglieder ihrer Fraktion vom Inhalt zu informieren haben. Sollten im Gemeinderat fraktionslose GRM vertreten sein, müssen diese die gleichen Unterlagen erhalten wie die Fraktionsvorsitzenden.

e) Weitere Informationen

Will ein GRM zu einem Beratungsgegenstand **weitere Informationen einholen,** hat es sich darum **grundsätzlich selbst zu kümmern.** Ansprechpartner ist insoweit der erste Bürgermeister, der allgemein oder im Einzelfall Bedienstete zu entsprechenden Auskünften ermächtigen kann. Ein genereller Anspruch eines GRM auf Akteneinsicht besteht nicht. Ein GRM kann aber durch Mehrheitsbeschluss des Gemeinderats allgemein oder im Einzelfall zur Akteneinsicht ermächtigt werden (vgl. Art. 30 Abs. 3 GO, § 3 Abs. 5 GOM). Diese in der Vergangenheit recht restriktiv vertretene Auffassung hat nicht selten zu der unbefriedigenden Situation geführt, dass die GRM über Unterlagen (Verträge, Konzepte, Ausarbeitungen) zu entscheiden hatten, die sie vorher nicht lesen durften; sie mussten sich darauf verlassen, vom Bürgermeister richtig und umfassend informiert zu werden. Das ist sicher in der ganz überwiegenden Zahl der Fälle auch geschehen.

Vereinzelt musste aber auch festgestellt werden, dass ein Bürgermeister ggf. mit Unterstützung einer Gemeinderatsmehrheit eine solche Situation ausnutzen konnte. Um solche Vorwürfe weitestmöglich auszuschließen, sieht das Geschäftsordnungsmuster des Bayerischen Gemeindetags für jedes einzelne GRM das Recht vor, **zur Vorbereitung eines TOP der nächsten Sitzung** die entscheidungserheblichen Unterlagen selbst einsehen zu dürfen, soweit nicht (zwingende) Gründe der Geheimhaltung entgegenstehen (vgl. § 3 Abs. 5 Satz 2 GO). Das hat nichts mit der Überwachung der Gemeindeverwaltung nach Art. 30 Abs. 3 GO zu tun, sondern ist Teil des Informationsrechts jedes einzelnen GRM im Hinblick auf die anstehende Gemeinderatssitzung. Geltend zu machen ist dieses Recht gegenüber dem ersten Bürgermeister, der für die Einsichtnahme auch allgemein bestimmte Zeiten (i.d.R. die üblichen Bürozeiten) vorsehen kann.

Weit verbreitet sind sog. **Fraktionsführerbesprechungen,** zu denen der erste Bürgermeister einlädt. Dort werden die zu behandelnden Tagesordnungspunkte häufig fraktionsübergreifend vorbesprochen, sodass bereits ein Ergebnis der späteren Abstimmung im Gemeinderat tendenziell absehbar ist. Zu solchen Fraktionsführerbesprechungen müssen auch fraktionslose Gemeinderatsmitglieder eingeladen werden, denn diese würden andernfalls von wichtigen Informationen abgeschnitten. Das gilt nicht, wenn die Besprechung nicht auf die Initiative des ersten Bürgermeisters zurückzuführen ist (z.B. wenn der Bürgermeister zu Fraktionssitzungen eingeladen wird). Hier steht es jedem Gemeinderatsmitglied frei, selbst aktiv zu werden und Informationen abzurufen.

Problematisch erscheint es, wenn Vorbesprechungen zu Ausschusssitzungen auf Initiative des ersten Bürgermeisters nur mit den im Ausschuss vertretenen GRM bzw. Fraktionen abgehalten werden. Auch hier muss zur Wahrung der Rechte der sog. Nichtausschussmitglieder diesen die Möglichkeit geboten werden, an den Vorbesprechungen zumindest als Zuhörer teilzunehmen. Die Nichtausschussmitglieder würden ansonsten, vor allem bei weitgehender Delegation von Kompetenzen auf beschließende Ausschüsse, faktisch in vielfältiger Weise „ausgebootet". Es wird also empfohlen, für offizielle Besprechungen von Ausschusssitzungen die gleichen Regeln wie für Fraktionsführerbesprechungen anzuwenden.

f) Anträge zur Tagesordnung

Eines der wesentlichsten Mitwirkungsrechte der GRM ist es, Anträge zu bestimmten Sachverhalten zu stellen, die dann auf die Tagesordnung genommen werden sollen. Diese Anträge können je nach Ausgestaltung der Geschäftsordnung schriftlich oder elektronisch gestellt werden (vgl. § 21 bzw. § 26 GOM). Der erste Bürgermeister hat zwar einen gewissen Gestaltungsspielraum, wenn er die Tagesordnung für eine Gemeinderatssitzung zusammenstellt. Er hat dabei aber die rechtzeitig bei ihm eingegangenen Anträge von GRM nach Möglichkeit zu berücksichtigen (vgl. §§ 19 Abs. 1, 21 Abs. 1 bzw. §§ 24 Abs. 1, 26 Abs. 1 GOM). Er darf diese Anträge nur formell prüfen (z.B.: Wurden sie rechtzeitig gestellt? usw.). Eine **materielle Prüfung** (z.B.: Ist der angestrebte Beschluss rechtmäßig?) **darf hingegen nicht stattfinden** (§ 19 Abs. 1 Satz 4 bzw. § 24 Abs. 1 Satz 4 GOM).

In der Praxis wurde immer wieder Klage darüber geführt, dass der erste Bürgermeister einen Antrag überhaupt nicht oder erst sehr spät auf die Tagesordnung setzt, etwa mit der Begründung, es müssten noch umfangreiche Ermittlungen zum Sachverhalt angestellt werden. Dem tritt das Geschäftsordnungsmuster des Bayerischen Gemeindetags dadurch entgegen, dass **Anträge** von Gemeinderatsmitgliedern in jedem Fall **innerhalb von 3 Monaten auf die Tagesordnung** einer Gemeinderatssitzung zu setzen sind (vgl. § 19 Abs. 1 Satz 3 bzw. § 24 Abs. 1 Satz 3 GOM).

g) Absage einer Sitzung

Hat der erste Bürgermeister zu einer Sitzung eingeladen, so kann er von sich aus diese Sitzung grundsätzlich nicht mehr absagen. Das würde Manipulationsmöglichkeiten Tür und Tor öffnen (z.B. wenn gewünschte Mehrheiten gefährdet sind, weil einzelne GRM an der Sitzung nicht teilnehmen können). Eine

Absage ist nach hiesiger Auffassung nur möglich, wenn sämtliche Mitglieder des Gemeinderats damit einverstanden sind oder besondere Umstände vorliegen, etwa wenn sich im Vorfeld der Sitzung die Beschlussunfähigkeit des Gremiums abzeichnen sollte, weil die Mehrheit der GRM sich entschuldigt hat und nicht anwesend sein kann.

Davon zu unterscheiden ist das Absetzen von Tagesordnungspunkten (evtl. auch allen) nach Eröffnung der Sitzung. Dafür genügt ein Mehrheitsbeschluss des Gemeinderats. Schlägt der Bürgermeister vor, einen Punkt der Tagesordnung nicht zu behandeln, und wird das vom Gemeinderat stillschweigend so akzeptiert, so liegt eine konkludente Zustimmung zum Absetzen vor.

h) Sitzungsort

Sitzungen des Gemeinderats bzw. seiner Ausschüsse haben grundsätzlich innerhalb des Gemeindegebiets an einem für die Öffentlichkeit gut erreichbaren, möglichst barrierefreien Ort stattzufinden. Meist wird dies das Rathaus sein. Die Sitzungen können aber auch in sonstigen geeigneten Räumen (z. B. Gasthäuser, Schulen usw.), ggf. in wechselndem Turnus in den einzelnen Ortsteilen, stattfinden. Ausnahmsweise ist es auch möglich eine Sitzung außerhalb des Gemeindegebiets abzuhalten, sofern dafür ein sachlicher Grund vorliegt (z. B. bei interkommunaler Zusammenarbeit) und interessierten Zuhörern eine ausreichende Teilnahmemöglichkeit eingeräumt wird (z. B. Organisation eines Buspendeldienstes).

3. Beschlussfähigkeit des Gemeinderats

Der Gemeinderat ist nur beschlussfähig, wenn sämtliche Mitglieder ordnungsgemäß geladen sind und die Mehrheit der Mitglieder anwesend und stimmberechtigt ist (Art. 47 Abs. 2 GO). Das setzt voraus:

a) **Sämtliche Mitglieder** des Gemeinderats, also die GRM nach Art. 31 Abs. 2 GO und der erste Bürgermeister (vgl. Art. 31 Abs. 1 GO), müssen geladen werden. Lädt also ausnahms-

weise der zweite Bürgermeister zu einer Sitzung ein, muss er die Ladung auch dem ersten Bürgermeister zuschicken. In der Praxis dürfte dies vor allem in Fällen von Krankheit oder Urlaubsabwesenheit des ersten Bürgermeisters von Bedeutung sein.
Einzuladen sind auch solche GRM, von denen bereits bekannt ist, dass sie z.B. wegen Krankheit oder Urlaubsabwesenheit nach aller Wahrscheinlichkeit nicht zur Sitzung erscheinen werden. Diese Personen könnten ja am Sitzungstag wider Erwarten doch zur Sitzung kommen (etwa bei vorzeitiger Genesung oder bei Urlaubsunterbrechung). Nicht geladen werden müssen Mitglieder des Gemeinderats, die nach Art. 53 Abs. 2 GO von der Sitzungsteilnahme ausgeschlossen wurden (dieser Fall hat in der Praxis wohl kaum Bedeutung).

b) Die Ladung muss **ordnungsgemäß** sein. Sie muss also **schriftlich oder elektronisch** gemäß dem in der Geschäftsordnung geregelten Verfahren ergehen, die in der Geschäftsordnung bestimmte **Ladungsfrist** beachten und eine hinreichend bestimmte **Tagesordnung** enthalten. Anlagen zur Tagesordnung zählen regelmäßig nicht zum Bestandteil einer ordnungsgemäßen Ladung. Auf die Ausführungen unter 2. b) bis d) wird verwiesen.

c) Eine nicht ordnungsgemäße Ladung kann **geheilt** werden. Heilung tritt ein, wenn alle nicht ordnungsgemäß geladenen Mitglieder gleichwohl zur Sitzung erscheinen und den Ladungsmangel nicht rügen bzw. eine Rüge nicht aufrechterhalten, indem sie sich ohne Protest auf die Beratung in der Sache einlassen. Heilbar sind sowohl Form und Frist der Ladung als auch eine unzureichende Tagesordnung. In der Praxis wird allerdings nicht selten übersehen, dass schon das unentschuldigte Fernbleiben eines einzigen nicht ordnungsgemäß geladenen GRM eine Heilung grundsätzlich ausschließt. Entschuldigt sich ein GRM im Voraus beim Sitzungsleiter aus persönlichen Gründen, so kann allerdings nach neuerer Rechtsprechung des BayVGH (Urteil vom 20.6.2018, Az.: 4 N

17.1548) dennoch die Heilung eines Ladungsmangels eintreten, wenn das abwesende Ratsmitglied auch bei ordnungsgemäßer Ladung der Sitzung ferngeblieben wäre und daher der Ladungsmangel sich nicht auf Beratung und Beschlussfassung in der Sitzung auswirken hat können. In dem dem Gericht vorliegenden Fall lag ein Formmangel bei der Ladung vor. Dem Gericht zufolge tritt die Heilung des Ladungsmangels auch unabhängig davon ein, ob das sich entschuldigende GRM den Formmangel erkannt habe oder nicht.

d) Die **Mehrheit der Mitglieder** des Gemeinderats muss (körperlich) **anwesend** sein. Bei der Berechnung der Mehrheit ist der erste Bürgermeister mitzuzählen. Berufsmäßige GRM, Ortssprecher und nach Art. 53 Abs. 2 GO ausgeschlossene GRM bleiben unberücksichtigt. Die Beschlussfähigkeit muss zum Zeitpunkt der jeweiligen Abstimmung gegeben sein. Wenn also zu Beginn einer Gemeinderatssitzung oder vorübergehend während der Sitzung nicht ausreichend Mitglieder des Gemeinderats anwesend sind, kann gleichwohl die Beratung zu den Tagesordnungspunkten stattfinden. Im Zeitpunkt der Beschlussfassung muss aber in jedem Fall die Mehrheit der Mitglieder anwesend sein.

e) Außerdem muss die Mehrheit der Mitglieder **stimmberechtigt** sein. Die wegen persönlicher Beteiligung nach Art. 49 GO ausgeschlossenen Mitglieder („Befangene") sind also abzuziehen (siehe nachfolgend unter 5.).

f) Eine zu Beginn der Gemeinderatssitzung festgestellte Beschlussfähigkeit gilt nicht automatisch für die gesamte Sitzung. Es muss vielmehr **bei jeder Abstimmung erneut geprüft** werden, ob zum konkreten Tagesordnungspunkt die Beschlussfähigkeit (noch) besteht.

g) Schematisch dargestellt ist also die Beschlussfähigkeit wie folgt zu prüfen:

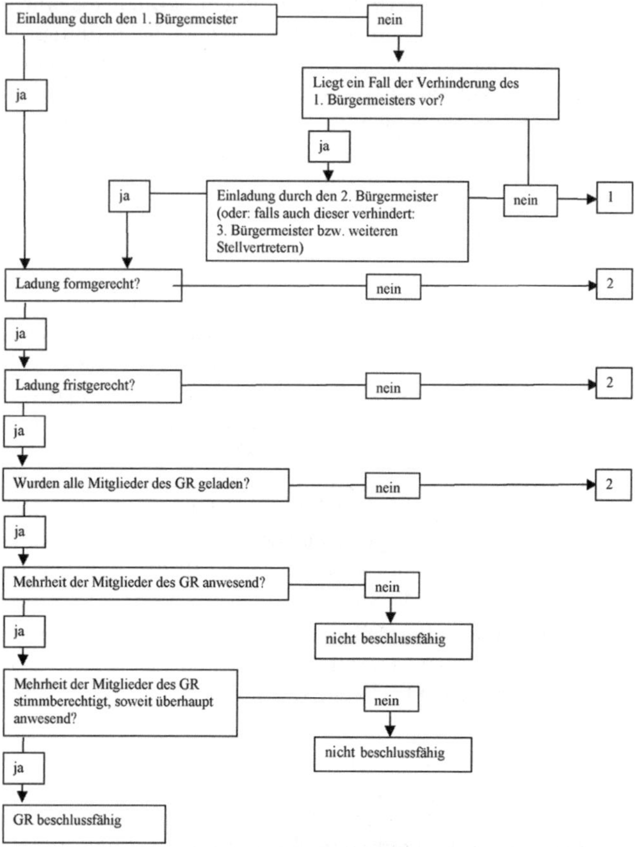

Anmerkungen:

Wird der GR durch eine unzuständige Person eingeladen (z.B. durch den geschäftsleitenden Beamten), liegt überhaupt keine Gemeinderatssitzung vor. = 1

Ein Ladungsmangel kann dadurch geheilt werden, dass die nicht ordnungsgemäß Geladenen gleichwohl zur Sitzung erscheinen und den Mangel nicht rügen. = 2

4. Öffentlichkeit/Nichtöffentlichkeit

a) Grundsatz

Sitzungen des Gemeinderats sind **grundsätzlich öffentlich** (Art. 52 Abs. 2 GO). Das gilt zwingend auch für Sitzungen beschließender Ausschüsse (Art. 45 Abs. 2 Satz 2 GO) und sollte darüber hinaus für Sitzungen vorberatender Ausschüsse ebenfalls Anwendung finden. Der Grundsatz der Öffentlichkeit sollte in der Praxis wegen der möglichen Folgen eines Verstoßes für die Wirksamkeit der gefassten Beschlüsse [vgl. unten d)] mit der gebotenen Sorgfalt beachtet werden. Das Geschäftsordnungsmuster des Bayerischen Gemeindetags sieht im Unterschied zur früheren Mustergeschäftsordnung des Innenministeriums die Möglichkeit nicht mehr vor, dass vorberatende Ausschüsse generell nichtöffentlich tagen können. Das soll ein Signal dafür sein, dass dem Interesse der Öffentlichkeit bereits in der Phase der Entscheidungsfindung besser Rechnung getragen wird.

b) Ausnahme

Sitzungen des Gemeinderats und seiner Ausschüsse sind **ausnahmsweise nichtöffentlich,** soweit Rücksichten auf das Wohl der Allgemeinheit oder auf berechtigte Ansprüche Einzelner den Ausschluss der Öffentlichkeit erfordern. Das ist z.B. der Fall, wenn schützenswerte personenbezogene Daten erörtert werden sollen (vorwiegend in Personal-, Grundstücks-, Sozial- und Steuerangelegenheiten in Einzelfällen). Der Begriff „Wohl der Allgemeinheit" ist sehr unscharf. Dahinter können viele Gründe „versteckt" werden. Der Gemeinderat sollte allerdings nur dort die Öffentlichkeit ausschließen, wo dies zwingend geboten ist. Darauf legen inzwischen auch die Rechtsaufsichtsbehörden stärkeren Wert.

Kommunale Auftragsvergaben (sowohl in Bau- als auch in Liefer- und Dienstleistungsangelegenheiten) sind nach einem Schreiben des Innenministeriums vom 24.9.2019 tendenziell in nichtöffentlicher Sitzung zu behandeln. Das gilt insbesondere für Aufträge oberhalb der EU-Schwellenwerte, nachdem die entsprechenden Regelungen über das Vergabeverfahren geändert worden sind. Die Submission unter Anwesenheit der Bieter bei Bauvergaben ist nämlich entfallen. Auf die Vertraulichkeit der Angebote, insbesondere der Details und (Kalkulations-)Grundlagen wird mehr Wert gelegt. In der Folge sind auch Vergaben unterhalb der EU-Schwellenwerte sensibler zu behandeln und damit im Regelfall nichtöffentlich zu beraten. Als vertraulich einzustufen sind danach z.B. die Namen der Bieter, Submissionsergebnisse, Bewerberlisten für beschränkte Ausschreibungen oder Verhandlungsvergaben und die Beurteilung der persönlichen Verhältnisse eines Bieters.

c) Entscheidung

Über den Ausschluss der Öffentlichkeit **entscheidet der Gemeinderat** bzw. der Ausschuss in nichtöffentlicher Sitzung (Art. 52 Abs. 2 Satz 2 GO). Der erste Bürgermeister trifft bei der Aufstellung der Tagesordnung lediglich eine Vorauswahl. Sie gilt als vom Gemeinderat gebilligt, wenn keine Einwendungen gegen die Tagesordnung erhoben werden. Die Frage zu Beginn einer Gemeinderatssitzung nach etwaigen Einwendungen gegen die Tagesordnung hat es also in sich. Schweigen bedeutet in diesem Fall Zustimmung zum Ausschluss der Öffentlichkeit.

d) Folgen von Verstößen

Verstöße gegen den Grundsatz der Öffentlichkeit haben nicht die Ungültigkeit der gefassten Beschlüsse zur Folge. **Art. 52 Abs. 2 GO ist nach der herrschenden Meinung in der Fachliteratur grundsätzlich eine bloße Ordnungsvorschrift.**

Teils sieht die Rechtsprechung dies allerdings zwischenzeitlich etwas differenzierter. Ein Bausenat des BayVGH (Urteil vom 26.1.2009, Az.: 2 N 08.124) hat nämlich in Bezug auf einen Satzungsbeschluss entschieden, dass die Öffentlichkeit ein „tragender Grundsatz des Kommunalverfassungsrechts“ sei und ein Verstoß dagegen zur Unwirksamkeit des gefassten Beschlusses und damit der Satzung führe. Zuletzt hat auch das Bundesverwaltungsgericht (BVerwG, Urteil vom 27.9.2021, Az.: 8 C 31/20) festgehalten, dass ein Ausschluss der Öffentlichkeit einen erheblichen Verfahrensmangel darstellen kann, der die Unwirksamkeit der in nichtöffentlicher Sitzung gefassten Beschlüsse zur Folge hat. Dies sei allerdings nicht der Fall, wenn die Information der Allgemeinheit, die Transparenz der Sitzung und die demokratische Kontrollfunktion der Öffentlichkeit trotz des Verstoßes gegen den Grundsatz der Öffentlichkeit noch gewährleistet sind.

Nach heutigem Stand ist es daher sicherlich angeraten, einen sorgsamen Umgang mit dem Öffentlichkeitsgrundsatz zu pflegen. Gerade Fälle erkennbaren Missbrauchs sind erfahrungsgemäß dazu geeignet, die Rechtsprechung zu einer strengen, restriktiven Rechtsauslegung zu bewegen. Das sollte nicht provoziert werden. Die politischen Konsequenzen (Vorwurf der Geheimhaltungspolitik usw.) seien hier nur am Rande erwähnt.

e) Bekanntgabe nichtöffentlicher Beschlüsse

Beschlüsse, die in nichtöffentlicher Sitzung gefasst wurden, **sind der Öffentlichkeit bekannt zu geben,** sobald die Gründe für die Geheimhaltung weggefallen sind (Art. 52 Abs. 3 GO). Ob ein Grund für die Geheimhaltung weggefallen ist, entscheidet im Zweifel der Gemeinderat durch Mehrheitsbeschluss. Die Bekanntgabe des Beschlusses erfolgt regelmäßig durch den ersten Bürgermeister, z. B. in der nächsten öffentlichen Gemeinderatssitzung. Es empfiehlt sich, den so bekannt gegebenen Beschlusswortlaut nebst Beratungsgegenstand in die Niederschrift über diese öffentliche Sitzung aufzunehmen, um später eine Einsichtnahme in diesen Beschluss sowie ggf. eine Kopieerteilung (vgl. Art. 54 Abs. 3 GO) zu ermöglichen. Die „Bekanntgabe" durch ein GRM (z. B. am Stammtisch im Anschluss an die Sitzung) ist nicht zulässig.

Es bietet sich an, bereits am Ende einer nichtöffentlichen Sitzung darüber zu entscheiden, wann und zu welchen Tagesordnungspunkten die Beschlüsse der Öffentlichkeit bekannt zu geben sind. Dadurch können Konflikte für GRM mit der Verschwiegenheitspflicht bei der öffentlichen Diskussion zu Beratungsgegenständen im Gemeinderat vermieden werden.

Bekannt zu geben ist ausschließlich **der gefasste Beschluss.** Das Abstimmungsverhältnis, das Abstimmungsverhalten einzelner GRM, einzelne Wortbeiträge oder sonstige Geschehensabläufe aus der nichtöffentlichen Sitzung dürfen nicht bekannt gegeben werden. In Vergabeangelegenheiten ist laut Innenministerium der Auftragswert ebenfalls nicht mehr zwingend bekannt zu geben. Er kann aber, ebenso wie der Name des beauftragten Unternehmens, unter bestimmten Voraussetzungen veröffentlicht werden.

f) Anspruch der Presse auf Bekanntgabe

Laut einer Entscheidung des BayVGH vom 13.8.2004 (Az.: 7 CE 04.1601) haben Pressevertreter einen Anspruch darauf, dass ihnen mitgeteilt wird, welche Beschlüsse in nichtöffentlicher Sitzung gefasst wurden. Dieser Anspruch richtet sich gegen den Bürgermeister, weil ihm das Vertretungsrecht für die Gemeinde zusteht. Stehen der Bekanntgabe Hinderungsgründe entgegen, so müssen dem Pressevertreter diese Gründe mitgeteilt werden. Meist wird es sich dabei um Gründe des Persönlichkeitsschutzes o. Ä. handeln.

g) (Live-)Berichterstattung aus dem Gemeinderat

Im Rahmen der Kommunalrechtsnovelle 2023 wurde mit der Neufassung des Art. 52 Abs. 4 Sätze 2 bis 7 GO erstmals auf Initiative einiger kreisfreier Städte eine Regelung in der Bayerischen Gemeindeordnung zum Livestream von Ratssitzungen sowie zur Aufzeichnung der Gremiensitzungen und deren Bereitstellung im Internet (Mediathek) aufgenommen. Diese greift die datenschutzrechtlichen Anforderungen auf und hält u. a. in Satz 6 ausdrücklich fest, dass eine Liveübertragung einer Gemeinderatssitzung im Internet sowie deren Aufzeichnung und Speicherung nur mit der individuell zu erklärenden, stets widerruflichen Einwilligung der an der Sitzung teilnehmenden Personen (Ratsmitglieder, Gemeindebedienstete, Sachverständige, Behördenvertreter etc.) zulässig ist. Davon wird – was durchaus kritisch zu sehen ist – einzig der Vorsitzende des Gremiums, sprich regelmäßig der erste Bürgermeister, ausgenommen.

Die Zulassung einer Liveübertragung sowie einer Mediathek muss des Weiteren durch einen Beschluss des Gemeinderats mit einer Zweidrittelmehrheit erfolgen. Die Aufnahme einer speziellen Regelung in der Geschäftsordnung ist aber – anders als bei der Einführung von Hybridsitzungen – nicht zwingend erforderlich. Mangels bisheriger Praxisrelevanz sowie aufgrund vielerorts bestehender Bedenken in Bezug auf das Kosten-Nutzen-Verhältnis sowie die Auswirkungen auf die Diskussionskultur wurde auch in das GOM des Bayerischen Gemeindetags bislang keine ausdrückliche Regelung zu Liveübertragungen und Mediatheken aufgenommen. Entscheidet sich eine Gemeinde jedoch dennoch im Rahmen ihrer kommunalen Selbstverwaltung vor Ort für eine Liveübertragung der Gemeinderatssitzungen im Internet, empfiehlt sich sicherlich die Aufnahme einer klaren Regelung in der Geschäftsordnung unter Berücksichtigung der in Art. 52 Abs. 4 Sätze 2 bis 7 GO enthaltenen rechtlichen Rahmenbedingungen.

5. Ausschluss wegen persönlicher Beteiligung

Ein Mitglied des Gemeinderats ist nach Art. 49 Abs. 1 GO von Beratung und Abstimmung (nicht also von der Sachverhaltsermittlung) über einen Tagesordnungspunkt ausgeschlossen, wenn

- der Beschluss ihm selbst, einem Angehörigen (Art. 20 Abs. 5 BayVwVfG) oder einer von ihm vertretenen natürlichen oder juristischen Person oder sonstigen Vereinigung einen unmittelbaren Vorteil oder Nachteil bringen kann oder
- das Mitglied in anderer als öffentlicher Eigenschaft ein Gutachten zu dem Tagesordnungspunkt abgegeben hat.

a) Personenkreis

Die Selbstbetroffenheit des GRM ist noch relativ einfach festzustellen. Genauer hinzuschauen ist auf den Begriff „Angehöriger“, der (anders als früher selbst in Art. 49 GO geregelt) nunmehr in Art. 20 Abs. 5 BayVwVfG näher definiert ist. Erfasst sind damit

- der Verlobte
- der Ehegatte oder der Lebenspartner i.S.d. Lebenspartnerschaftsgesetzes auch nach Ende der Ehe oder Lebenspartnerschaft
- Verwandte und Verschwägerte in gerader Linie, also Eltern, Großeltern und Urgroßeltern, Kinder, Enkelkinder und Urenkel sowie deren Ehegatten, und zwar unabhängig davon, ob die jeweilige Verbindung (Ehe, Lebenspartnerschaft) noch besteht
- Geschwister und deren Kinder (= Verwandte 2. und 3. Grades) sowie deren Ehegatten bzw. Lebenspartner und Ehegatten bzw. Lebenspartner der Geschwister (= Verschwägerte zweiten Grades) unabhängig vom Fortbestand der jeweiligen Verbindung
- Geschwister der Eltern (= Onkel, Tante, d.h. Verwandte 3. Grades)
- Pflegeeltern und Pflegekinder.

Natürliche oder juristische Personen sind kraft Gesetzes oder Vollmacht von einem GRM nur vertreten, wenn eine entsprechende Vertretungsmacht besteht. Bei Vereinen ergibt sich das z.B. aus der Vereinssatzung. Im Regelfall ist der Vereinsvorstand, nicht aber der Kassier, vertretungsberechtigt. Bei Firmen, Banken usw. sind üblicherweise der Vorstand, der Geschäftsführer und der Prokurist vertretungsberechtigt; nicht vertretungsberechtigt sind regelmäßig leitende Angestellte ohne Prokura, Mitglieder des Aufsichts- oder Verwaltungsrats, einfache Mitarbeiter usw. Zu prüfen ist stets die Außenvertretungsberechtigung. Ohne Bedeutung ist der nur interne Einfluss auf die Entscheidungsfindung der betroffenen natürlichen oder juristischen Person (z.B. ist der Alleingesellschafter einer GmbH nicht persönlich beteiligt, wenn er nicht gleichzeitig Geschäftsführerbefugnisse hat).

Von praktischer Bedeutung ist immer wieder die Frage, ob Feuerwehrleute persönlich beteiligt sind, wenn Fragen der Feuerwehr zu entscheiden sind. Hier gilt: Bei Anschaffungen für die gemeindliche Einrichtung „Freiwillige Feuerwehr" ist weder der Feuerwehrkommandant noch der Vorsitzende des Feuerwehrvereins nach Art. 49 GO ausgeschlossen. Die Feuerwehr ist rechtlich unselbstständiger Bestandteil der Gemeinde; der Kommandant ist nicht vertretungsberechtigt. Den Feuerwehrverein betrifft die Geräteanschaffung nicht, sodass auch der Vereinsvorsitzende nicht ausgeschlossen ist. Geht es aber z. B. um einen Zuschuss für den Feuerwehrverein (etwa aus Anlass eines Jubiläums), ist der Vereinsvorsitzende natürlich als vertretungsberechtigte Person gem. Art. 49 GO ausgeschlossen.

Weiterhin aufgenommen in Art. 49 GO sind inzwischen die „sonstigen Vereinigungen", die über die natürlichen und juristischen Personen hinausgehen, z. B. nicht rechtsfähige Vereine, Personengesellschaften. Musterbeispiel dafür ist das Bürgerbegehren (Art. 18 a GO). Die benannten Vertreter eines solchen Bürgerbegehrens (Art. 18 a Abs. 4 GO) sind also persönlich beteiligt, wenn es um eine Entscheidung des Gemeinderats zu diesem Begehren geht.

b) Unmittelbarer Vor- oder Nachteil

Der vom Gemeinderatsbeschluss zu erwartende Vor- oder Nachteil muss unmittelbar sein. D. h., zwischen dem Gemeinderatsbeschluss und dem Vor- oder Nachteil darf keine weitere selbstständige Entscheidung liegen.

Beispiele für unmittelbare Vor- oder Nachteile: Gewährung von Zuschüssen oder Stundungen, Ausweisung eines Grundstücks als Bauland in einem Bebauungsplan; Entscheidung über den Widerspruch eines GRM.

Kein Fall eines unmittelbaren Vor- und Nachteils ist regelmäßig gegeben bei: Erlass von Beitrags- und Gebührensatzungen; Festsetzung der Hebesätze; Aufstellung des Haushaltsplans; Grundsatzbeschlüssen, die im Einzelfall noch der Umsetzung bedürfen usw. Meist sind hier nur sog. Gruppeninteressen (z. B. die Gruppe der Gewerbetreibenden, der Hundebesitzer usw.) betroffen.

c) Materielle und ideelle Vor- oder Nachteile

Vor- oder Nachteile müssen nicht materieller Natur, sondern können auch ideeller Natur sein (z. B. bei Ehrungen).

d) Möglichkeit des Vor- oder Nachteils genügt

Es genügt, wenn der Vor- oder Nachteil eintreten **kann.** Damit sollen Konfliktsituationen bei einzelnen Mitgliedern des Gemeinderats (persönliche Interessen – gewissenhafte Erfüllung der Amtspflichten zum Wohl der Gemeinde) weitestmöglich vermieden werden.

e) Ausnahmen

Ein Fall der persönlichen Beteiligung liegt, wie durch Gesetz ausdrücklich klargestellt wurde, **nicht** vor bei Wahlen und bei Beschlüssen, mit denen der Gemeinderat eine Person zum Mitglied eines Ausschusses bestellt oder sie zur Wahrnehmung von Interessen der Gemeinde in eine andere Einrichtung entsendet, dafür vorschlägt oder daraus abberuft (Art. 49 Abs. 2 GO).

f) Beschluss

Ob ein Fall der persönlichen Beteiligung nach Art. 49 Abs. 1 GO vorliegt, hat **der Gemeinderat** ohne Mitwirkung des Betroffenen zu entscheiden (Art. 49 Abs. 3 GO). Ist der Gemeinderat im Zweifel, ob die Voraussetzungen vorliegen, sollte das betroffene Mitglied nicht gegen seinen Willen ausgeschlossen werden. Der unberechtigte Ausschluss führt stets zur Unwirksamkeit des Beschlusses, weil das Mitglied seiner Mitgliedschaftsrechte beraubt wurde. Die Mitwirkung an der Abstimmung trotz persönlicher Beteiligung hat hingegen gemäß Art. 49 Abs. 4 GO die Ungültigkeit des Beschlusses nur zur Folge, wenn sie für das Abstimmungsergebnis entscheidend war.

Beispiel:

Der Gemeinderat hat 21 Mitglieder (20 GRM plus erster Bürgermeister). Es sind 17 erschienen, von denen einer befangen ist. Lautet in diesem Fall das Abstimmungsergebnis 9:8, so kommt es auf das Abstimmungsverhalten des Befangenen unter Umständen an.

Hat er mit „Ja" gestimmt, so ist der Beschluss ungültig, denn seine Stimme war ausschlaggebend (Art. 49 Abs. 4 GO). Ohne ihn (Abstimmungsergebnis 8:8) wäre nämlich der Beschluss nicht mit der nötigen Mehrheit angenommen, sondern wegen Stimmengleichheit nach Art. 51 Abs. 1 Satz 2 GO abgelehnt worden.

Hat der Befangene hingegen mit „Nein" gestimmt, so ist der Beschluss nach Art. 49 Abs. 4 GO gleichwohl wirksam, denn ohne seine Stimme würde das Abstimmungsergebnis 9:7 lauten; der Beschluss wäre also auch dann mit der nötigen Mehrheit gefasst worden.

Lässt sich nicht feststellen, wie der Befangene abgestimmt hat, ist der Beschluss ebenfalls ungültig, denn seine Stimme konnte (theoretisch) ausschlaggebend sein.

g) Mitteilungspflicht

Jedes Mitglied des Gemeinderats hat die Obliegenheitspflicht (vgl. § 24 Abs. 2 bzw. § 29 Abs. 2 GOM), Tatsachen und Umstände rechtzeitig vor der Beratung eines Tagesordnungspunktes dem Gremium mitzuteilen, die auf seinen Ausschluss wegen persönlicher Beteiligung hindeuten könnten. Werden Anhaltspunkte dieser Art erst während der Beratung erkennbar, so ist dies unverzüglich mitzuteilen.

h) Stellung des Ausgeschlossenen

Ein wegen persönlicher Beteiligung ausgeschlossenes Mitglied des Gemeinderats hat die gleiche Stellung wie ein Zuhörer. Es hat also während der Beratung und Abstimmung seinen Platz am Beratungstisch zu verlassen. Bei öffentlicher Sitzung kann es im Zuhörerraum Platz nehmen, bei nichtöffentlicher Sitzung muss es den Beratungsraum verlassen.

i) Teilnahme nur an der Beratung

Hat ein Befangener zwar an der Beratung, nicht aber an der Abstimmung teilgenommen, so bleibt dies ohne Rechtsfolgen in Bezug auf die Wirksamkeit des gefassten Beschlusses. Das wird vielfach und zu Recht mit der Begründung kritisiert, dass die Teilnahme an der Beratung bereits entscheidenden Einfluss auf das Abstimmungsverhalten der übrigen Mitglieder des Gemeinderats haben kann. Gleichwohl ist nach der Rechtsprechung bei der Prüfung der Wirksamkeit der gefassten Beschlüsse ausschließlich auf die Teilnahme an der Abstimmung abzustellen, weil der tatsächliche Einfluss auf jedes einzelne Mitglied des Gemeinderats im Sinne einer Kausalität schwer messbar ist und das GRM im Übrigen solchen Einflüssen auch außerhalb der Gemeinderatssitzung ausgesetzt sein kann.

6. Ablauf der Sitzung

Es ist **Aufgabe des ersten Bürgermeisters** als Sitzungsleiter die Sitzung zu eröffnen, die einzelnen Tagesordnungspunkte aufzurufen, den Sachvortrag zu den Tagesordnungspunkten zu halten, den Ablauf der Beratungen durch Worterteilung zu steuern, die Abstimmung durchzuführen und die Sitzung am Ende zu schließen. Der erste Bürgermeister übt außerdem das Hausrecht im Sitzungssaal aus und handhabt die Ordnung während der Sitzung.

Ist der erste Bürgermeister nicht anwesend, wird er in der Reihenfolge des Art. 39 Abs. 1 GO vom zweiten (dritten) Bürgermeister bzw. einem weiteren Stellvertreter vertreten. Der Vertreter tritt in vollem Umfang an die Position des ersten Bürgermeisters, übt also dessen sämtliche Rechte aus.

a) Eröffnung der Sitzung

Im Hinblick auf einen zügigen Sitzungsablauf sollten die Sitzungen **möglichst pünktlich** begonnen werden. Wenn noch dazu zu Beginn der Sitzung wichtige Tagesordnungspunkte behandelt werden, ist der pünktliche Sitzungsbeginn ein Ansporn für alle GRM, rechtzeitig zur Sitzung zu erscheinen. Auf jeden Fall hat der erste Bürgermeister darauf zu achten, dass Beschlussfähigkeit gegeben ist. Dazu muss auch die ordnungsgemäße Ladung festgestellt und in der Sitzungsniederschrift vermerkt werden. Üblich ist außerdem die Frage nach etwaigen Einwänden gegen die Tagesordnung. Werden solche nicht erhoben, liegt eine stillschweigende Zustimmung zur Tagesordnung vor, die etwa auch den Ausschluss der Öffentlichkeit für die in nichtöffentlicher Sitzung vorgesehenen Tagesordnungspunkte beinhaltet. Das schließt allerdings nicht aus, dass zu einem späteren Zeitpunkt in der Sitzung gleichwohl noch Änderungen bei der Tagesordnung (z. B. Herstellung der Öffentlichkeit, Veränderung der Reihenfolge der Tagesordnungspunkte usw.) beantragt und beschlossen werden können.

Will ein GRM rügen, dass die Ladung zur Sitzung nicht ordnungsgemäß war (z. B. Nichteinhaltung der Ladungsfrist), so muss es dies ebenfalls am Anfang der Sitzung tun, um sein Rügerecht nicht zu verlieren. Die Rüge eines Ladungsmangels ist allerdings dann auch während der Sitzung noch möglich, wenn der Mangel zu Beginn nicht erkennbar war (z. B. wenn bei einem einzelnen GRM eine notwendige Anlage zur Tagesordnung fehlt, etwa das Beiblatt zu dem TOP „Bauanträge“, auf dem die einzelnen Anträge detailliert aufgeführt sind).

b) Aufruf der Tagesordnungspunkte

Der erste Bürgermeister hat grundsätzlich in der Reihenfolge der Tagesordnung die einzelnen Punkte zur Behandlung aufzurufen. Will er die Reihenfolge verändern, braucht er dafür die Zustimmung des Gemeinderats, die auch stillschweigend erteilt werden kann.

c) Sachvortrag

Die Darstellung des Sachverhalts zu einem bestimmten Tagesordnungspunkt ist grundsätzlich Aufgabe des ersten Bürgermeisters. Er kann diese Aufgabe aber einem Bediensteten der

Verwaltung, einem Sachverständigen oder einer sonstigen sachkundigen Person übertragen. Sehr häufig wird der Sachvortrag durch den zuständigen Sachbearbeiter in der Verwaltung erstattet. Die Entscheidung trifft insoweit der erste Bürgermeister. Der Gemeinderat kann das nicht verhindern. Er kann aber mit Mehrheit beschließen, dass zusätzliche Personen im Rahmen des Sachvortrags angehört werden. Von der Möglichkeit, einem Antragsteller sein Anliegen selbst vortragen zu lassen, sollte im Hinblick auf den zügigen Sitzungsablauf nur ausnahmsweise Gebrauch gemacht werden.

In nichtöffentlicher Sitzung dürfen sog. sachkundige Personen regelmäßig nur während des Sachvortrags anwesend sein. Während der Beratungen und der Abstimmung haben sie den Sitzungssaal zu verlassen. Das gilt auch für den Personalrat, der selbst in zustimmungsbedürftigen Personalangelegenheiten kein automatisches Anwesenheitsrecht hat. Bediensteten der Verwaltung (insbesondere dem Schriftführer) kann aber die Anwesenheit gestattet werden, wenn sie immer wieder für Rückfragen während der Beratungen benötigt werden. Die Bediensteten unterliegen insoweit – ebenso wie die GRM – der Verschwiegenheitspflicht.

d) Beratung

Während der Beratungen kann nur den GRM das Wort erteilt werden. Dafür ist der erste Bürgermeister zuständig. Er führt zu diesem Zweck eine sog. Rednerliste. Sich selbst muss der erste Bürgermeister nicht „zu Wort melden“ und sich auch nicht der Reihenfolge entsprechend auf die Rednerliste setzen. Als Sitzungsleiter hat er praktisch jederzeit die Möglichkeit, das Wort zu ergreifen. Allerdings gilt es, davon nur in verantwortungsvoller und fairer Weise Gebrauch zu machen.

Der erste Bürgermeister kann ein bereits erteiltes Wort wieder entziehen, wenn ein GRM trotz Ermahnung nicht zur Sache spricht oder z. B. seine Redezeit überschreitet. Redezeitbeschränkungen (pro Person oder pro Gruppierung, die intern dann die Redezeit auf ihre Mitglieder verteilt) bedürfen einer Mehrheitsentscheidung des Gemeinderats.

GRM dürfen das Wort nicht selbst ergreifen, wenn es ihnen vom ersten Bürgermeister nicht erteilt wurde. Sie verstoßen ansonsten gegen die Ordnung in der Sitzung und können deswegen „zur Ordnung gerufen" werden; eine Regelung in der Geschäftsordnung vorausgesetzt ist auch bei einer erheblichen Störung die Festsetzung eines Ordnungsgeldes gegen GRM möglich; bei fortgesetzter erheblicher Störung können sie sogar gemäß Art. 53 Abs. 1 Satz 3 GO von der Sitzung ausgeschlossen werden (in der Praxis äußerst selten der Fall).

e) Durchführung der Abstimmung

Bevor der erste Bürgermeister über einen Tagesordnungspunkt abstimmen lässt, muss er die Beratungen schließen. Er muss sich außerdem nochmals über die Beschlussfähigkeit des Gemeinderats vergewissern.

Wegen der weiteren Einzelheiten zu den Abstimmungen siehe unten, 8.

f) Schluss der Sitzung

Die Sitzungen förmlich zu schließen, ist ausschließlich Aufgabe des ersten Bürgermeisters. Das gilt auch, wenn z.B. in der Geschäftsordnung ein regelmäßiges Ende der Sitzung zu einer gewissen Uhrzeit vorgesehen ist. Eine solche Geschäftsordnungsbestimmung hat nur empfehlenden Charakter. Der Gemeinderat kann folglich nicht mit Mehrheit den Schluss der Sitzung beschließen. Er kann allenfalls eine Vertagung aller noch anstehenden Tagesordnungspunkte beschließen, sodass der erste Bürgermeister infolgedessen auch die Sitzung selbst schließen muss.

g) Teilnahmepflicht

Kein GRM darf sich ohne genügende Entschuldigung von der Sitzung entfernen, solange die Sitzung nicht förmlich geschlossen ist (Art. 48 Abs. 1 GO). Ein Verlassen des Sitzungssaals „aus Protest" durch einzelne GRM oder durch Fraktionen ist also nicht zulässig. Zuwiderhandlungen können mit Ordnungsgeld bis zu 250 € im Einzelfall geahndet werden (Art. 48 Abs. 2 GO).

Entzieht sich ein GRM nach zwei wegen Zuwiderhandlungen erkannten Ordnungsgeldern innerhalb von sechs Monaten weiterhin seiner Teilnahmepflicht, so kann der Gemeinderat sogar den Verlust des Amts aussprechen (Art. 48 Abs. 3 GO). In der Praxis lässt sich allerdings meist nicht nachprüfen, ob ein angegebener Entschuldigungsgrund (z.B. gesundheitliche Probleme) tatsächlich vorliegt.

7. Geschäftsordnungsanträge

Anträge zur Geschäftsordnung sind alle den Geschäftsgang des Gemeinderats oder Ausschusses betreffende Anträge, über die das Kollegium entscheiden muss, insbesondere:

Antrag auf Erweiterung der Tagesordnung:
Er zielt darauf ab, einen Beratungsgegenstand zu behandeln, der nicht auf der Tagesordnung steht. Ihm kann unter den Voraussetzungen des § 21 Abs. 2 bzw. § 26 Abs. 2 GOM zugestimmt werden [siehe oben. c)].

Antrag auf Änderung der Reihenfolge der Tagesordnungspunkte:
Der erste Bürgermeister stellt zwar die Tagesordnung zusammen und setzt dementsprechend auch die Reihenfolge der Tagesordnungspunkte fest. Der Gemeinderat kann aber durch Mehrheitsbeschluss die Reihenfolge verändern.

Antrag auf Herstellung oder Ausschluss der Öffentlichkeit:
Über einen solchen Antrag ist grundsätzlich in nichtöffentlicher Sitzung zu entscheiden (Art. 52 Abs. 2 Satz 2 GO). Wenn aber geheimhaltungsbedürftige Umstände nicht diskutiert werden, kann aus pragmatischen Erwägungen die Entscheidung auch in öffentlicher Sitzung getroffen werden (z.B. wenn der Bürgermeister zu Beginn der Sitzung nach Einwendungen gegen die Tagesordnung fragt).

Der Antrag dient dazu, die Grundsätze der Öffentlichkeit von Sitzungen zu verwirklichen (siehe oben. 4.). In der Praxis sollte verstärkt darauf Wert gelegt werden, dass die Sitzungen auch tatsächlich öffentlich abgehalten werden.

Antrag auf Vertagung oder Absetzung eines Tagesordnungspunktes:
Über einen solchen Antrag ist vor etwaigen anderen gleichzeitigen Geschäftsordnungsanträgen abzustimmen. Ein entsprechender Beschluss ist am weitestgehenden; die etwaige Rednerliste ist geschlossen, die Debatte beendet und der Tagesordnungspunkt in der laufenden Sitzung abgehandelt.

Antrag auf „Zurück"-Verweisung eines Tagesordnungspunktes an einen Ausschuss:
Hierbei handelt es sich im Grunde ebenfalls um einen Vertagungsantrag. Es ist jedoch darauf zu achten, dass die Bestimmungen der Geschäftsordnung für die Zuständigkeit der Ausschüsse beachtet werden.

Antrag auf Hinzuziehung sachkundiger Personen bzw. Sachverständiger:
Dieser Antrag zielt darauf ab, dass über die vom ersten Bürgermeister gegebenen Informationen zur Sache hinaus weitere Personen angehört werden. Ist eine Anhörung dieser Personen in der laufenden Sitzung mangels Anwesenheit nicht möglich, wird damit regelmäßig ein Antrag auf Vertagung einhergehen.

Antrag auf Begrenzung der Redezeit:
Eine Begrenzung der Redezeit kann je Mitglied des Gemeinderats beschlossen werden. Es können aber auch Redezeitkontingente für die im Gemeinderat vertretenen Gruppierungen festgelegt werden. Im zuletzt genannten Fall entscheidet die Gruppierung intern, welches Mitglied in welchem Umfang sprechen darf.

Antrag auf Schluss der Rednerliste:
Seine Annahme bewirkt, dass keine weiteren Personen auf die vom ersten Bürgermeister zu führende Rednerliste mehr gesetzt werden dürfen. GRM, die bereits auf der Rednerliste stehen, aber noch nicht zur Sache gesprochen haben, dürfen noch reden.

Antrag auf Schluss der Debatte bzw. Antrag auf sofortige Abstimmung:
Wird dieser Antrag angenommen, dürfen selbst Redner, die noch auf der Rednerliste stehen, nicht mehr zur Sache sprechen.

Es wird also danach sofort über den Beratungsgegenstand inhaltlich abgestimmt.

Diesen Geschäftsordnungsantrag dürfen auch solche Mitglieder stellen, die bereits vorher zur Sache gesprochen haben; ihm geht ein Antrag auf Vertagung aber vor.

Antrag auf namentliche Abstimmung:
Mit ihm wird das Ziel verfolgt, dass in der Sitzungsniederschrift das Abstimmungsverhalten sämtlicher GRM festgehalten wird. Wird er abgelehnt, kann gleichwohl von einzelnen GRM verlangt werden, dass ihr eigenes Abstimmungsverhalten in der Niederschrift vermerkt wird (Art. 54 Abs. 1 Satz 3 GO).

Antrag auf Wiedereintritt in die Beratung:
Bei Annahme dieses Antrags können die Beratungen wieder aufgenommen werden, wenn sie vom ersten Bürgermeister bereits förmlich geschlossen wurden. Wurde über den betreffenden Tagesordnungspunkt aber bereits sachlich abgestimmt, ist eine nochmalige Beratung und Abstimmung nur unter den Voraussetzungen, wie unten unter Nr. 8 d geschildert, möglich.

8. Abstimmung

a) Form der Abstimmung

Beschlüsse werden regelmäßig **in offener Abstimmung** gefasst (Art. 51 Abs. 1 GO). Etwas anderes gilt für Wahlen; das sind alle Entscheidungen des Gemeinderats, die in der Gemeindeordnung oder in anderen Rechtsvorschriften ausdrücklich als Wahlen bezeichnet werden (Art. 51 Abs. 3, 4 GO). Der Gemeinderat ist nicht berechtigt, andere Abstimmungen außerhalb von Wahlen geheim durchzuführen. Verstöße führen zur Unwirksamkeit des betreffenden Beschlusses. Nicht ausgeschlossen ist es allerdings, zum Zwecke der Entscheidungsfindung im Vorfeld geheime **Probeabstimmungen** durchzuführen. In der Praxis ist das gelegentlich bei Personalentscheidungen anzutreffen, wenn etwa aus mehreren Bewerbern, die womöglich noch aus der gleichen Gemeinde stammen, der geeignetste ausgewählt werden soll. Hier können sogar wahlrechtsähnliche Verfahrensgrundsätze (z.B. mehrere „Wahlgänge“) angewandt werden. Allerdings muss die endgültige Entscheidung, also der Beschluss über die Einstellung des Bewerbers, in offener Abstimmung durchgeführt werden (vgl. dazu auch nachfolgend Buchstabe c).

Eine Abstimmung ist offen, wenn jede im Sitzungssaal anwesende Person (also auch ein Zuschauer) feststellen kann, wie die Mitglieder des Gemeinderats abgestimmt haben. In der Praxis wird die offene Abstimmung durch Handaufheben durchgeführt.

Eine mögliche Unterform der offenen Abstimmung ist die **namentliche Abstimmung.** Sie ist in der Gemeindeordnung nicht ausdrücklich aufgeführt. Ob eine namentliche Abstimmung durchgeführt wird, entscheidet der Gemeinderat durch Mehrheitsbeschluss im Einzelfall auf einen entsprechenden Geschäftsordnungsantrag hin. Die namentliche Abstimmung kann nach neuester, aus hiesiger Sicht durchaus kritisch zu sehender Rechtsprechung auch in der Geschäftsordnung für bestimmte Fälle oder allgemein vorgesehen werden. Nicht zulässig ist jedenfalls die namentliche Protokollierung lediglich der Nein-Stimmen (BayVGH, Beschluss vom 10.7.2024, Az.: 4 ZB 23.1795, juris). Ein einzelnes GRM hat keinen Anspruch auf namentliche Abstimmung. Es kann lediglich verlangen, dass sein Abstimmungsverhalten in der Niederschrift festgehalten wird (Art. 54 Abs. 1 Satz 3 GO).

Bei **geheimen Abstimmungen (= Wahlen)** muss dafür gesorgt werden, dass nachträglich kein Rückschluss auf das Abstimmungsverhalten einzelner Mitglieder des Gemeinderats (z. B. infolge der Handschrift, bestimmter Schreibgeräte usw.) möglich ist. Es sollten also, wenn möglich, nur solche Stimmzettel verwendet werden, auf denen der Abstimmende die zu entscheidende Frage nur noch durch Ankreuzen zu beantworten braucht. Selbst dann kann die geheime Abstimmung verletzt werden, wenn z. B. das Kreuz in bestimmter Weise (senkrecht) angeordnet wird. Ob ein Verstoß in diesem Fall zur Unwirksamkeit der gesamten Wahl oder lediglich zur Ungültigkeit einzelner abgegebener Stimmen führt, ist strittig. Im Regelfall wird nur die Ungültigkeit einzelner Stimmen anzunehmen sein.

b) Stimmenthaltung

Art. 48 Abs. 1 Satz 2 GO erlaubt es den Mitgliedern des Gemeinderats nicht, sich der Stimme zu enthalten. Trotz des eindeutigen Gesetzeswortlauts kennt die herrschende Meinung einen Ausnahmefall: Eine Stimmenthaltung wird als zulässig angesehen, wenn es um die Genehmigung der Niederschrift einer Sitzung geht, in der das betreffende Mitglied nicht anwesend war. Hier besteht zwar das Recht, bei der Genehmigung mitzustimmen, aber keine entsprechende Pflicht.

c) Mehrheiten

Grundsätzlich werden Beschlüsse mit **Mehrheit der Abstimmenden** gefasst (Art. 51 Abs. 1 Satz 1 GO). Das setzt zunächst voraus, dass der Gemeinderat überhaupt beschlussfähig, d. h. die Mehrheit der gesetzlichen Zahl der Mitglieder des Gemeinderats anwesend und stimmberechtigt war (Art. 47 Abs. 2 GO). Abzustellen ist dabei auf die **Iststärke** des Gemeinderats (GRM und erster Bürgermeister – Art. 31 Abs. 1 GO), die im Ausnahmefall (z. B. bei Verlust oder Niederlegung des Amtes eines GRM, bis ein Listennachfolger bestellt ist) geringer sein kann als die gesetzliche Zahl der Mitglieder des Gemeinderats (sog. Sollstärke). Berufsmäßige GRM bleiben bei der Mehrheitsberechnung unberücksichtigt, weil sie nur beratende Stimme haben. Nicht stimmberechtigt sind persönlich Beteiligte nach Art. 49 GO. Haben nach dieser Vorschrift befangene Mitglieder mit abgestimmt, hängt die Gültigkeit des Beschlusses ferner von Art. 49 Abs. 4 GO ab. Haben sich Mitglieder entgegen Art. 48 Abs. 1 Satz 2 GO der Stimme enthalten, sind sie nach herrschender Meinung bei Feststellung der „Mehrheit der Abstimmenden" nicht mitzuzählen.

Bei Stimmengleichheit ist der Antrag, über den abgestimmt wurde, abgelehnt. In diesem Fall liegt ein erforderlicher Mehrheitsbeschluss also nicht vor. War der Antrag negativ formuliert, bedeutet die Ablehnung nicht automatisch, dass das Gegenteil beschlossen wäre (siehe unten d), am Ende).

Eine **qualifizierte Mehrheit** ist nach der Gemeindeordnung nur noch in wenigen Ausnahmefällen erforderlich. Es handelt sich dabei um:

- Art. 11 Abs. 3 Nr. 3 GO: Bildung einer Gemeinde durch Ausgliederung; der Gemeinderat der bestehenden Gemeinde muss mit einer (absoluten) Mehrheit von 2/3 der Mitglieder des Gemeinderats (Iststärke) zustimmen. Es handelt sich um eine Organisationsentscheidung, Art. 49 GO kommt daher nicht in Betracht.
- Art. 16 Abs. 2 GO: Widerruf der Verleihung der Ehrenbürgerwürde; der Widerrufsbeschluss bedarf einer Mehrheit von 2/3 der stimmberechtigten Mitglieder des Gemeinderats. Abzustellen ist auf die Iststärke des Gemeinderats.
- Art. 43 Abs. 1 Satz 4 GO: Übertragung bestimmter personalrechtlicher Befugnisse auf den Oberbürgermeister bzw. Aufhebung dieser Übertragung; dieser Beschluss bedarf der (absoluten) Mehrheit der Mitglieder des Gemeinderats (Iststärke), und zwar auch dann, wenn die Befugnisübertragung in der Geschäftsordnung des Gemeinderats enthalten ist. Nachdem es sich um eine Organisationsentscheidung handelt, ist Art. 49 GO hier ebenfalls nicht einschlägig.
- Art. 47a Abs. 1 Satz 2 GO: Die Zulassung einer Sitzungsteilnahme durch Ton-Bild-Übertragung („Hybridsitzung") durch eine entsprechende Geschäftsordnungsregelung bedarf der Mehrheit von 2/3 der abstimmenden Mitglieder des Gemeinderats. Nicht mitgezählt werden hier also diejenigen GRM, die nicht stimmberechtigt oder bei der Stimmabgabe nicht anwesend sind.
- Art. 52 Abs. 4 Satz 5 GO: Beschlüsse betreffend die Zulassung einer Echtzeitübertragung der Gemeinderatssitzung (Live-Stream) und die Bereitstellung der Aufzeichnungen in einer Mediathek bedürfen ebenfalls der Mehrheit von 2/3 der abstimmenden Mitglieder des Gemeinderats.

- Art. 104 Abs. 3 Sätze 2 und 3 GO: Abberufung von Rechnungsprüfungsbeamten; der Leiter des Rechnungsprüfungsamts und sein Stellvertreter können gegen ihren Willen nur mit einer Mehrheit von 2/3 der gesetzlichen Zahl der Mitglieder des Gemeinderats abberufen werden; abzustellen ist insoweit also auf die Sollstärke nach Art. 31 Abs. 1 GO. Bei der Abberufung von (einfachen) Prüfern des Rechnungsprüfungsamts genügt die Mehrheit von 2/3 der stimmberechtigten Gemeinderatsmitglieder, wobei auf die Iststärke nach Art. 31 Abs. 2 GO (also ohne erster Bürgermeister) abzustellen ist.

Vereinzelt kann sich das Erfordernis einer qualifizierten Mehrheit auch aus Vorschriften außerhalb der Gemeindeordnung ergeben. Zu nennen ist hier insbesondere § 36 Abs. 1 Satz 2 GVG betreffend die Aufstellung der Vorschlagsliste für Schöffen.

d) Durchführung der Abstimmung

Wenn der erste Bürgermeister die Beratung geschlossen hat, kann die Abstimmung durchgeführt werden. Wortmeldungen zur Sache sind dann nicht mehr zuzulassen. Denkbar ist aber, einen Antrag zur Geschäftsordnung auf Wiedereintritt in die Beratung noch zu stellen.

Der erste Bürgermeister muss sich zunächst vergewissern, ob Beschlussfähigkeit (noch) gegeben ist. Sodann soll der zur Abstimmung stehende Antrag verlesen werden (vgl. § 25 Abs. 4 Satz 1 bzw. § 30 Abs. 4 Satz 1 GOM). Stehen mehrere Anträge (gleichzeitig) zur Abstimmung, so wird über sie in folgender **Reihenfolge** abgestimmt (§ 25 Abs. 2 bzw. § 30 Abs. 2 GOM):

(1) Anträge zur Geschäftsordnung
Ein solcher Antrag kann nämlich dazu führen, dass eine Abstimmung zur Sache entfällt (z. B. Antrag auf Vertagung oder auf Nichtbehandlung).

(2) Soweit der Gemeinderat Ausschüsse eingerichtet hat: Anträge, die mit dem Beschluss eines Ausschusses übereinstimmen
Die Regelung dient der Verfahrensbeschleunigung, nachdem sich ein Ausschuss bereits inhaltlich mit dem Antrag auseinan-

dergesetzt und dieser eine Mehrheit gefunden hat. In der Regel finden solche Sachanträge auch im Plenum eine Mehrheit, sodass eine vorrangige Abstimmung gerechtfertigt ist. In bestimmten Fällen kann es aber sinnvoll sein, eine hiervon abweichende Reihenfolge zu beschließen. Hat etwa der Ausschuss empfohlen, dem Verein X einen Zuschuss von 5.000 € zu geben, und wird im Gemeinderat beantragt, den Zuschuss auf 10.000 € anzuheben, so stellt sich für das einzelne GRM die Frage nach dem Abstimmungsverhalten, wenn es eigentlich den höheren Zuschuss befürwortet. Soll es der Empfehlung des Ausschusses zustimmen, damit zumindest 5.000 € gewährt werden, oder soll es gegen diesen Antrag stimmen, weil nach seiner Überzeugung 10.000 € gewährt werden sollten? Es besteht dabei die Gefahr, dass beide Anträge keine Mehrheit bekommen, weil eine Gruppe im Gemeinderat überhaupt keinen Zuschuss gewähren will.

Beispiel:

Fünf Stimmen gegen jegliche Zuschussgewährung, sieben Stimmen für 5.000 € und neun Stimmen für 10.000 € würden folgende Abstimmungsergebnisse bringen: 7:14 Stimmen beim Antrag auf 5.000 €; 9:12 Stimmen beim Antrag auf 10.000 €, sodass sich dann die kleinste Gruppe durchgesetzt hätte, die keinen Zuschuss gewähren möchte.

In einer solchen Konstellation bietet es sich an, eine abweichende Abstimmungsreihenfolge im Einzelfall [siehe nachstehend unter (5)] zu beantragen und zu beschließen.

(3) Weitergehende Anträge

Darunter sind Anträge zu verstehen, die voraussichtlich einen größeren Aufwand erfordern oder einschneidendere Maßnahmen zum Gegenstand haben.

Soweit ein Antrag Kosten verursacht, ist derjenige weiter gehend, der höhere Ausgaben (oder geringere Einnahmen) für die Gemeinde zur Folge hat. Sollen Kürzungsmaßnahmen beschlossen werden (z. B. Stellenabbau), so ist über die einschneidendere Maßnahme, also über die stärkere Kürzung, zuerst abzustimmen.

Bei nicht bezifferbaren Anträgen kommt es darauf an, welcher Antrag rechtlich oder tatsächlich gravierendere Auswirkungen für die Gemeinde gegenüber dem Status quo hat. Alternativanträge fallen nicht unter diese Kategorie.

Beispiel:

Bei den Haushaltsberatungen beantragt A bestimmte Einsparungen im Verwaltungshaushalt, B Einsparungen im Vermögenshaushalt. Beide Anträge sind im Grunde voneinander unabhängig, sodass über sie nicht i.S.v. „weitergehend" abgestimmt werden kann, sondern im Zweifel nach den Kriterien der nachstehenden Nr. 4 abgestimmt werden sollte.

Bei Alternativanträgen ist im Übrigen über jeden Antrag einzeln mit „Ja" oder „Nein" abzustimmen.

(4) Zeitlich früher gestellte Anträge vor später gestellten Anträgen
Liegt weder ein Geschäftsordnungsantrag noch ein Antrag im Sinne der Nummern 2 oder 3 vor, bleibt regelmäßig nur ein zeitliches Unterscheidungskriterium (vor allem bei Alternativanträgen). Es ist dann über den zeitlich frühesten Antrag zuerst abzustimmen.

(5) Abweichende Reihenfolge im Einzelfall
Der Gemeinderat hat darüber hinaus die Möglichkeit, durch Mehrheitsbeschluss im Einzelfall eine **abweichende Reihenfolge** festzulegen. Die Beschlussfassung ist aufgrund der Abweichung von den in der Geschäftsordnung festgelegten Verfahrensregelungen erforderlich, die nicht nach Belieben geändert werden können.

Die zur Abstimmung anstehende Frage ist so zu formulieren, dass sie mit „Ja" oder „Nein" beantwortet werden kann (§ 25 Abs. 4 Satz 2 bzw. § 30 Abs. 4 Satz 2 GOM). Auch davon kann im Einzelfall durch Mehrheitsentscheidung des Gemeinderats abgewichen werden.

Beispiel:

Die Gemeinde sucht einen neuen geschäftsleitenden Beamten. Es haben sich 3 im Wesentlichen gleich qualifizierte Personen beworben, die dementsprechend im Gemeinderat eine vergleichbare Zahl an Befürwortern haben. Für A sprechen sich 8, für B 7 und für C 6 Mitglieder des Gemeinderats aus.

Wird hier über jeden einzelnen Bewerber mit „Ja" oder „Nein" abgestimmt, so erhält kein Bewerber die erforderliche Mehrheit der Abstimmenden. Das Ergebnis lautet 8:13 (für A), 7:14 (für B) bzw. 6:15 (für C). Bei strenger Auslegung der Geschäftsordnung würde also kein Bewerber eingestellt, wenn sich im Gemeinderat keine Veränderung des Abstimmungsverhaltens erreichen lässt.

Zur Lösung des Dilemmas kann sich der Gemeinderat auf folgendes wahlähnliches Verfahren einigen:

Es wird über alle 3 Bewerber gleichzeitig abgestimmt, indem die Fragestellung wie folgt lautet: Wer ist für A – wer für B – wer für C?

Die Person, die die wenigsten Stimmen erhält (in unserem Fall C mit 6 Stimmen), scheidet aus. Sodann wird über die beiden verbleibenden Personen erneut in gleicher Weise abgestimmt (wer ist für A – wer ist für B?). Die ursprünglich für C stimmenden Mitglieder des Gemeinderats müssen sich dann entscheiden, ob sie A oder B unterstützen. Es ergibt sich also für A oder B eine Mehrheit der Abstimmenden. Über diese Person kann dann zur Sicherheit nochmals i.S.v. „Ja" oder „Nein" abgestimmt werden, wenn das gewünscht wird.

Grundsätzlich wird in der Reihenfolge „Ja" – „Nein" abgestimmt (§ 25 Abs. 4 Satz 3 bzw. § 30 Abs. 4 Satz 3 GOM). Das schließt nicht aus, dass der erste Bürgermeister zuerst die Frage nach den Gegenstimmen stellt und, wenn solche nicht abgegeben werden, die einstimmige Zustimmung feststellt. In der Praxis bietet sich dies vor allen Dingen an, wenn sich aus dem Beratungsverlauf eine eindeutige Zustimmung abzeichnet.

Das **Abstimmungsergebnis** ist vom Vorsitzenden zahlenmäßig festzuhalten und unmittelbar nach der Abstimmung bekannt zu geben. Gleichzeitig ist festzustellen, ob der Antrag angenommen oder abgelehnt ist. Ist das Abstimmungsergebnis zweifelhaft (z. B. 9:9 oder 8:8, obwohl jeweils 17 Personen anwesend sind), so ist der Abstimmungsvorgang damit noch nicht beendet. Es muss dann nochmals nachgefragt werden, wer für und wer gegen den Antrag stimmt, um die zu viel bzw. zu wenig abgegebene Stimme zu eliminieren. Am besten wird in diesem Fall namentlich notiert, wer für und wer gegen den Antrag gestimmt hat.

Der zur Abstimmung stehende Antrag sollte grundsätzlich positiv formuliert werden. Denn: Unsicherheit besteht in der Praxis immer wieder, wenn über einen **negativ formulierten Antrag** abgestimmt wird. Wird ein solcher Antrag wegen Stimmengleichheit abgelehnt (Art. 51 Abs. 1 Satz 2 GO), glauben viele, damit sei bereits das Gegenteil beschlossen. Das ist mitnichten der Fall. Art. 51 Abs. 1 GO geht davon aus, dass das aktive Handeln (also die Veränderung der augenblicklich bestehenden Lage – z. B. auch das Aufheben einer früheren Entscheidung) der Gemeinde eine mehrheitliche Unterstützung im Gemeinderat benötigt. Im Falle einer Pattsituation ist diese Mehrheit aber gerade nicht gegeben, die Hälfte der abstimmenden Mitglieder des Gemeinderats ist für das aktive Handeln, die andere Hälfte dagegen. Wird der ursprünglich negativ formulierte Antrag nochmals mit positiver Formulierung zur Abstimmung gestellt, zeigt sich dies sehr deutlich. Es ist also ein Irrglaube, durch geschickte Formulierung eines Antrags (positiv oder negativ) das Ergebnis bei einer Pattsituation beeinflussen zu können.

e) Nochmalige Abstimmung

Eine (wirksame) Abstimmung kann in der gleichen Gemeinderatssitzung grundsätzlich nicht wiederholt werden. Auch wenn ein GRM für besonders wichtig erachtete Informationen noch vorbringen will, kann es keine nochmalige Abstimmung verlangen. Ebenso ist ein etwaiger Meinungswandel („Ich hätte gedacht, dass der Antrag trotz meiner Gegenstimme angenommen wird“) kein Grund für das Verlangen nach einer nochmaligen Abstimmung.

Eine **nochmalige Abstimmung in der gleichen Sitzung** ist aber möglich, wenn alle an der Abstimmung beteiligten Mitglieder des Gemeinderats damit einverstanden sind (§ 25 Abs. 7 Satz 1 bzw. § 30 Abs. 7 Satz 1 GOM).

In einer späteren Gemeinderatssitzung kann über einen Beratungsgegenstand erneut beraten und abgestimmt werden. Das setzt allerdings voraus, dass neue Tatsachen oder neue gewichtige Gesichtspunkte vorgetragen werden und der Punkt ordnungsgemäß auf die Tagesordnung gesetzt wurde (§ 25 Abs. 7 Satz 2 bzw. § 30 Abs. 7 Satz 2 GOM). Als neuer gewichtiger Gesichtspunkt ist es nach hiesiger Auffassung bereits anzusehen, wenn sich die Mehrheitsverhältnisse im Gemeinderat geändert haben.

Wurde über einen bestimmten Gegenstand schon in mehreren Sitzungen beraten und abgestimmt, und wird gleichwohl in gleicher Sache ein nochmaliger Antrag auf Aufnahme in die Tagesordnung gestellt, so kann das rechtsmissbräuchlich sein (schikanös oder in ständiger Wiederholung). Nach der Rechtsprechung kann der erste Bürgermeister die erneute Aufnahme eines solchen Antrags in die Tagesordnung ablehnen; Gleiches gilt bei Anträgen mit strafbarem Inhalt (vgl. BayVGH, Urteil vom 10.12.1986, Az.: 4 B 85 A.916, BayVBl. 1987, S. 139). Wegen der in diesen Fällen oftmals schwierigen rechtlichen Bewertung kann es aus Gründen der Rechtssicherheit ratsam sein, einen solchen Antrag dennoch auf die Tagesordnung zu nehmen, bei Aufruf dieses Tagesordnungspunktes sogleich einen Geschäftsordnungsantrag auf Nichtbehandlung zu stellen, über den der Gemeinderat mehrheitlich entscheidet.

f) Anfechtung eines Beschlusses

Die Anfechtung eines Beschlusses durch ein GRM ist grundsätzlich nicht möglich. Ein GRM hat insbesondere keinen individuellen Rechtsanspruch darauf, dass nur rechtmäßige Beschlüsse gefasst werden. Es kann sich allenfalls an die Rechtsaufsichtsbehörde mit der Bitte um Überprüfung wenden. Im Übrigen ist es Aufgabe des ersten Bürgermeisters, im Rahmen des Art. 59 Abs. 2 GO zu prüfen, ob ein Beschluss rechtmäßig ist.

Davon zu unterscheiden ist die „Anfechtung der Stimmabgabe“ eines GRM. Hat ein GRM etwa versehentlich bei „Ja“ die Hand gehoben, obwohl es meinte, mit „Nein“ abzustimmen, kann darin ein sog. Erklärungsirrtum im Sinne der §§ 119ff. BGB liegen. Er ist zu unterscheiden von einem sog. Motivirrtum (z.B. wenn das Abstimmungsergebnis nicht so ausgeht, wie es sich das GRM vorgestellt hat). Ein Erklärungsirrtum kann nur sofort geltend gemacht werden. Ist das Abstimmungsergebnis festgestellt, muss aus Rechtsgründen eine Anfechtung wegen Erklärungsirrtums ausgeschlossen sein.

9. Wahlen

Stehen im Gemeinderat Wahlen an, so muss dies in der Einladung zur betreffenden Gemeinderatssitzung ausdrücklich in die Tagesordnung unter genauer Angabe der Wahl aufgenommen werden (z.B. „Wahl des zweiten Bürgermeisters“ und „Wahl des dritten Bürgermeisters“; vgl. Art. 51 Abs. 3 Satz 2 GO). Eine Bindung an sog. Wahlvorschläge (wie im Gemeinde- und Landkreiswahlrecht) ist grundsätzlich nicht vorgesehen.

a) Fälle von Wahlen

Wahlen sind nur solche Entscheidungen des Gemeinderats, die in der Gemeindeordnung oder in anderen Rechtsvorschriften als Wahlen bezeichnet werden (Art. 51 Abs. 4 GO).

Hauptanwendungsfälle sind:

- die Wahl der weiteren Bürgermeister (Art. 35 Abs. 1 GO),
- die Wahl von berufsmäßigen GRM (Art. 40 GO) in Gemeinden mit mehr als 10.000 Einwohnern.
- Außerhalb der Gemeindeordnung: die Wahl der Feldgeschworenen (Art. 11 Abs. 3 AbmG), der weiteren Mitglieder des Verwaltungsrats einer Sparkasse (Art. 8 Abs. 3 SpkG).

Die Besetzung von Ausschüssen nach Art. 33 GO ist keine Wahl. Die Gemeindeordnung schreibt zwingend vor, dass in den Ausschüssen die im Gemeinderat vertretenen Parteien und Wählergruppen im Verhältnis ihrer jeweiligen Stärke vertreten sein müssen. Dementsprechend wird auch zunächst die Verteilung der den einzelnen Gruppierungen zustehenden Sitze vorgenommen. Bei der Besetzung dieser Sitze ist der Gemeinderat an die Vorschläge der jeweiligen Gruppierung gebunden.

b) Durchführung der Wahl

Wahlen sind **geheim** durchzuführen. Eine offene Abstimmung ist auch dann nicht zulässig, wenn etwa der gesamte Gemeinderat auf eine geheime Wahl verzichten sollte. Eine solche „offene Wahl" wäre ungültig. Nicht möglich ist die Teilnahme an einer Wahl durch ein mittels Ton-Bild-Übertragung zugeschaltetes GRM (Art. 47a Abs. 1 Satz 6 GO).

Einen Ausschluss wegen persönlicher Beteiligung nach Art. 49 GO gibt es bei Wahlen nicht (Art. 49 Abs. 2 Nr. 1 GO). Ein GRM kann sich also auch selbst wählen.

Zur Durchführung der Wahl sollte ein „Wahlausschuss" aus der Mitte des Gemeinderats bestellt werden. Außerdem sind Stimmzettel vorzubereiten und zu verwenden, die eine geheime Abstimmung gewährleisten (vgl. dazu oben Nr. 8a).

c) Ergebnis der Wahl – Stichwahl

Wer bereits im 1. Wahlgang mehr als die Hälfte der abgegebenen gültigen Stimmen erhält – vorausgesetzt mehr als die Hälfte der abgegebenen Stimmen ist gültig – ist gewählt.

1. Beispiel: Der Gemeinderat besteht aus 20 GRM plus erstem Bürgermeister. In der Gemeinderatssitzung sind 11 Mitglieder anwesend, also mehr als die Hälfte. Alle 11 Mitglieder sind stimmberechtigt. Von den 11 abgegebenen Stimmen sind 6 gültig. Davon entfallen auf den Kandidaten A vier Stimmen, auf den Kandidaten B zwei Stimmen. In diesem Fall ist der Kandidat A im 1. Wahlgang gewählt.

2. Beispiel: Der Gemeinderat besteht wiederum aus 20 GRM plus erstem Bürgermeister. In der Gemeinderatssitzung sind 20 Mitglieder anwesend. Alle 20 Mitglieder sind stimmberechtigt. Von den 20 abgegebenen Stimmen sind 10 gültig, die alle auf den Kandidaten A ent-

fallen. In diesem Fall ist die Wahl zu wiederholen, weil die Hälfte der abgegebenen Stimmen ungültig ist (Art. 51 Abs. 3 Satz 5 GO).

Erhält hingegen niemand im 1. Wahlgang die Mehrheit der abgegebenen gültigen Stimmen, so findet eine Stichwahl statt (unter der Voraussetzung, dass die Mehrheit der abgegebenen Stimmen gültig war). In die Stichwahl kommen die beiden Personen mit den höchsten Stimmenzahlen. Haben mehr als zwei Personen die gleiche höchste Stimmenzahl, muss in analoger Anwendung des Art. 46 Abs. 1 Satz 3 GLKrWG die Wahl wiederholt werden. Haben mehrere Personen die gleiche zweithöchste Stimmenzahl, entscheidet das Los darüber, wer von ihnen in die Stichwahl kommt (Art. 46 Abs. 1 Satz 4 GLKrWG analog).

Bei der Stichwahl ist gewählt, wer von den abgegebenen gültigen Stimmen die höchste Stimmenzahl erhält. Bei gleicher Stimmenzahl entscheidet das Los (Art. 51 Abs. 3 Satz 7 GO). Vgl. insgesamt dazu § 26 Abs. 3 bzw. § 31 Abs. 3 GOM.

10. Niederschrift über die Gemeinderatssitzung

Nach Art. 54 Abs. 1 GO sind die Verhandlungen des Gemeinderats niederzuschreiben. Eine Sitzungsniederschrift muss mindestens folgende Inhalte haben:

- Tag und Ort der Sitzung,
- Namen der anwesenden GRM,
- die behandelten Gegenstände,
- die Beschlüsse (Wortlaut der Beschlüsse),
- das Abstimmungsergebnis und
- das Abstimmungsverhalten einzelner GRM im Falle des Art. 54 Abs. 1 Satz 3 GO.

Über diesen Mindestinhalt hinaus ist es grundsätzlich zulässig, weitere Inhalte bis hin zu einem Wortprotokoll aufzunehmen. Mit Blick auf Art. 48 Abs. 2 GO und die evtl. Frage der Heilung von Ladungsmängeln ist beispielsweise die Dokumentation des

Vorliegens einer Entschuldigung bei abwesenden GRM erwägenswert („entschuldigt/unentschuldigt fehlend"). Das entscheidet der Gemeinderat durch Mehrheitsbeschluss. Gebräuchlich sind sog. Ergebnisprotokolle, in denen der wesentliche Verlauf der Beratungen dargestellt wird. Das führt nicht selten zu Streitigkeiten über den Inhalt einer Niederschrift. Vor diesem Hintergrund und auch im Hinblick auf einen möglichst geringen Verwaltungsaufwand sollte genau überlegt werden, ob über den in Art. 54 Abs. 1 GO genannten Mindestinhalt hinaus weitere Angaben in der Sitzungsniederschrift unbedingt erforderlich sind. **Im Regelfall wird ein reines „Beschlussprotokoll" genügen** (Ausnahme vor allem bei Abwägungsentscheidungen, z.B. im Bauleitplanverfahren).

Zur Unterstützung der Protokollerstellung ist es zulässig, **Tonträgeraufnahmen** zu fertigen. Eine Verpflichtung dazu besteht nicht. Umgekehrt kann sich kein Mitglied des Gemeinderats dagegen zur Wehr setzen, dass diese Tonträgeraufnahmen angefertigt werden (anders bei Tonträgeraufnahmen Außenstehender, z.B. Funk und Fernsehen). Die Tonträgeraufnahmen sind unverzüglich (spätestens) nach Genehmigung der Niederschrift zu löschen und dürfen Außenstehenden nicht zugänglich gemacht werden (vgl. § 29 Abs. 2 bzw. § 34 Abs. 2 GOM). Ein einzelnes GRM hat nach hiesiger Auffassung keinen Anspruch auf Abhören dieses zur Protokollerstellung dienenden Tonträgers (anders in Hessen). Das gilt auch für den Fall, dass Streit über die Richtigkeit der Sitzungsniederschrift besteht. Dieser Streit wird nämlich durch Mehrheitsentscheidung des Gemeinderats nach Art. 54 Abs. 2 GO entschieden; ein einzelnes GRM kann insoweit nicht die Verletzung individueller Rechte rügen, sodass auch kein Anspruch auf Abhören des Tonträgers zur Geltendmachung solcher individuellen Rechte bestehen kann. Aus Gründen der Zweckmäßigkeit wird allerdings empfohlen, dem Verlangen nach Abhören der zur Protokollerstellung gefertigten Tonträgeraufnahmen, wenn möglich, nachzukommen. Nach Genehmigung der Niederschrift ist dies aber ausgeschlossen.

„Erklärungen zu Protokoll" einzelner GRM sind in der Gemeindeordnung nicht vorgesehen. Sie müssen daher auch nicht in die Sitzungsniederschrift aufgenommen werden. Ein einzelnes GRM kann lediglich verlangen, dass in der Niederschrift festgehalten wird, wie es abgestimmt hat (Art. 54 Abs. 1 Satz 3 GO).

Die Niederschrift ist nach Art. 54 Abs. 2 GO vom Vorsitzenden und vom Schriftführer zu unterschreiben und vom Gemeinderat zu genehmigen. Es hat sich als zweckmäßig erwiesen, die Entwürfe der Niederschriften über öffentliche Gemeinderatssitzungen mit der Einladung zur nächsten Sitzung zur Verfügung zu stellen und über die Genehmigung dann in einem eigenen Tagesordnungspunkt zu entscheiden. Für Niederschriften über nichtöffentliche Sitzungen gilt dies wegen Art. 54 Abs. 3 Satz 1 GO allerdings nicht. Insoweit bietet es sich an, in der nichtöffentlichen Gemeinderatssitzung einen möglichst unkomplizierten Modus zur Genehmigung zu finden (z. B. Umlauf des Niederschriftentwurfs während der nichtöffentlichen Sitzung und Frage nach etwaigen Einwendungen am Ende der Sitzung, vgl. § 22 bzw. § 27 Abs. 2 GOM).

Die Sitzungsniederschrift hat Beweisfunktion, ist aber nicht Voraussetzung für die Wirksamkeit der gefassten Beschlüsse.

In die Niederschriften über öffentliche Sitzungen können alle Gemeindebürger Einsicht nehmen und sich gegen Kostenerstattung Kopien erteilen lassen. Dasselbe gilt für auswärts wohnende Personen hinsichtlich ihres Grundbesitzes oder ihrer gewerblichen Niederlassungen im Gemeindegebiet. Die GRM können die Niederschriften über öffentliche und nichtöffentliche Sitzungen (auch aus früheren Wahlperioden) einsehen und sich außerdem unentgeltlich Kopien der in öffentlicher Sitzung gefassten Beschlüsse erteilen lassen. Nach Wegfall der Gründe für die Geheimhaltung (vgl. Art. 52 Abs. 3 GO) können die GRM auch Kopien von Beschlüssen verlangen, die in nichtöffentlicher Sitzung gefasst wurden (vgl. § 30 Abs. 2 Satz 2 bzw. § 35 Abs. 2 Satz 2 GOM). Aus Gründen der Geheimhaltung und des Datenschutzes wird die Bereitstellung von Niederschriften nichtöffentlicher Sitzungen auch in Ratsinformationssystemen weiterhin kritisch gesehen.

11. Hausrecht und Sitzungsordnung

a) Allgemein

Die ausdrückliche Verankerung eines **Rauchverbots** für Sitzungen im GOM ist nicht erforderlich, weil bereits das Gesundheitsschutzgesetz eine ausreichende Regelung enthält.

Möglich ist es, eine Sitzordnung festzulegen (Zuteilung bestimmter Plätze an die Gruppierungen bzw. die einzelnen GRM). Bis der Gemeinderat über eine solche Sitzordnung entschieden hat, teilt der erste Bürgermeister vorläufig die Plätze zu.

b) Ordnungsmaßnahmen im Rahmen der Sitzungsleitung

Der erste Bürgermeister ist als Sitzungsleiter für den Ablauf der Sitzung verantwortlich. Dementsprechend weist ihm Art. 53 Abs. 1 Satz 1 GO die Handhabung der Ordnung und die Ausübung des Hausrechts zu. Ordnungsmaßnahmen können sich richten gegen:

(1) Zuhörer

Zuhörer, welche die Ordnung stören, kann der erste Bürgermeister aus dem Sitzungssaal entfernen lassen (Art. 53 Abs. 1 Satz 2 GO). Eine Zustimmung des Gemeinderats ist dazu nicht erforderlich. Wiederholte Zwischenrufe, die auch nach mehrfacher Beanstandung durch den ersten Bürgermeister nicht eingestellt werden, genügen dafür.

Verlässt ein Zuhörer trotz entsprechender Aufforderung durch den ersten Bürgermeister den Sitzungssaal nicht, kann dadurch der Tatbestand des Hausfriedensbruchs nach § 123 StGB erfüllt sein. Um den Zuhörer tatsächlich aus dem Zuhörerraum zu entfernen, benötigt der erste Bürgermeister polizeiliche Hilfe. Ein sog. Selbsthilferecht des Gemeinderats kann regelmäßig nicht angenommen werden.

(2) Gemeinderatsmitglieder

GRM, die z.B. das Wort ergreifen, ohne dass es ihnen erteilt wurde oder die nicht zur Sache gehörende Ausführungen machen wollen, kann der erste Bürgermeister **zur Ordnung rufen.**

Gegebenenfalls kommt auch der **Entzug des Wortes** in Betracht. Die **Festsetzung eines Ordnungsgeldes** durch den Vorsitzenden gegen GRM, die im Rahmen einer Sitzung die Ordnung erheblich stören, kommt nur in Betracht, wenn dies in der Geschäftsordnung ausdrücklich geregelt ist und der Gemeinderat dem zustimmt (Art. 53 Abs. 3 GO; vgl. § 24 Abs. 8 bzw. § 29 Abs. 8 GOM). Die Erwägungen zu Grund und Höhe des in einer Sitzung festgesetzten Ordnungsgeldes sollten ggf. in der Niederschrift dokumentiert werden. Als einschneidendste Maßnahme möglich, in der Praxis aber kaum angewandt, ist der Ausschluss von GRM von der Sitzung gemäß Art. 53 Abs. 1 Satz 3 GO. Voraussetzung ist eine fortgesetzte erhebliche Störung der Ordnung. Die auch hier erforderliche Zustimmung des Gemeinderats kann ggf. konkludent erteilt werden. Es wird allerdings empfohlen, stets einen ausdrücklichen Beschluss des Gemeinderats über den Ausschluss herbeizuführen.

War ein Mitglied bereits von einer früheren Sitzung ausgeschlossen worden, und stört es innerhalb von 2 Monaten neuerdings erheblich, kann ihm der Gemeinderat für zwei weitere Sitzungen die Teilnahme untersagen (Art. 53 Abs. 2 GO).

c) Hausrecht

Das Hausrecht nach Art. 53 Abs. 1 Satz 1 GO meint die Befugnisse, die dem ersten Bürgermeister gegenüber Personen zustehen, die nicht dem Gemeinderat angehören. Das gilt auch dann, wenn die Gemeinderatssitzung ausnahmsweise nicht in einem gemeindeeigenen Gebäude stattfindet, weil durch den Nutzungsvertrag für den Sitzungssaal zumindest dort auch das zivilrechtliche Hausrecht des Hauseigentümers für die Dauer der Sitzung übertragen wurde. Das Hausrecht umfasst nicht nur Maßnahmen gegen Sitzungsstörungen, sondern auch solche der Gefahrenvorsorge (z.B. die Eingangskontrollen während der Coronapandemie). Davon zu unterscheiden ist das Hausrecht außerhalb der Sitzungen, etwa die Verhängung eines Hausverbots für das Rathaus gegen eine Person zur Abwehr von Störungen des Dienstbetriebs und zum Schutz der Mitarbeiter oder Besucher. Die Maßnahmen in Ausübung des

Hausrechts werden regelmäßig dem öffentlichen Recht zugeordnet und sind von den Betroffenen verwaltungsgerichtlich anfechtbar. Dabei wird insbesondere deren Verhältnismäßigkeit geprüft.

Ordnungsmaßnahmen innerhalb der Sitzungsleitung gegenüber GRM sind zwar innerorganisatorische Maßnahmen, können aber ebenfalls Gegenstand eines verwaltungsgerichtlichen Verfahrens sein. Wichtig ist daher eine abgestufte, verhältnismäßige Ahndung von Störungen der Ordnung, die einerseits das Interesse an einem geordneten Sitzungsablauf und andererseits das Teilnahmerecht der Gremienmitglieder (nicht nur des störenden GRM!) berücksichtigt.

12. Verschwiegenheitspflicht

In der Praxis ein besonderes Übel sind Verstöße gegen die Verschwiegenheitspflicht nach Art. 20 Abs. 2 GO. Nach dieser Vorschrift haben die ehrenamtlich tätigen Gemeindebürger, also insbesondere die GRM, über die ihnen bei ihrer ehrenamtlichen Tätigkeit bekannt gewordenen Angelegenheiten Verschwiegenheit zu bewahren, es sei denn, es handelt sich um Tatsachen, die offenkundig sind oder ihrer Bedeutung nach keiner Geheimhaltung bedürfen. Auch die Verwendung von Insiderwissen aus einer nichtöffentlichen Sitzung, um sich persönliche Vorteile materieller oder immaterieller Art zu verschaffen, stellt eine unbefugte Verwertung geheimzuhaltender Angelegenheiten dar.

Auf diese Vorschrift werden die GRM regelmäßig zu Beginn ihrer Amtszeit ausdrücklich hingewiesen. Sie gerät leider allzu schnell wieder in Vergessenheit, denn nur so dürfte es zu erklären sein, dass häufig bereits am Tag nach der Gemeinderatssitzung Umstände aus dem nichtöffentlichen Teil in der Zeitung stehen, über Social Media verbreitet werden oder sonst in der Gemeinde die Runde machen. Selbst wenn nach Auffassung eines GRM eine Angelegenheit fälschlicherweise in nichtöffentlicher Sitzung behandelt worden sein sollte, rechtfertigt dies nicht eine „Flucht in die Öffentlichkeit". Denn die Verschwiegenheitspflicht besteht unabhängig von der Frage, ob eine Angelegenheit zu Recht oder zu Unrecht in nichtöffentlicher Sitzung behandelt wurde.

Durch Verstöße gegen die Verschwiegenheitspflicht können den Gemeinden erhebliche finanzielle Schäden entstehen, aber auch persönliche Nachteile für einzelne Mitglieder des Gemeinderats eintreten.

Beispiel:

Die Gemeinde plant den Ankauf eines Grundstücks. Verhandlungen mit dem Veräußerer haben ergeben, dass dieser bereit ist, 10.000 qm zu einem Preis von 50 €/qm zu verkaufen (insgesamt also zu 500.000 €). Wenn nun durch Indiskretion aus dem Gemeinderat ein Bauträger von der Verkaufsbereitschaft des Grundstückseigentümers erfährt und einen Preis von 60 €/qm bietet, wird die Gemeinde wohl nur noch dann das Grundstücksgeschäft zum Abschluss bringen können, wenn auch sie 60 € oder noch mehr zu zahlen bereit ist. In diesem Fall ist der Gemeinde ein Schaden von 100.000 € entstanden, der eigentlich von der Person ersetzt werden müsste, die die Verschwiegenheitspflichtverletzung begangen hat.

Leider ist es in der Praxis relativ schwierig, einer konkreten Person die Verschwiegenheitspflichtverletzung nachzuweisen. Das verleitet dazu, sich hinter dem Motto zu verstecken: „Man wird schon nicht erwischt werden."

Das erscheint nicht gerechtfertigt, zumal es um die Vertrauenswürdigkeit jedes einzelnen GRM und die Zusammenarbeit im Gremium insgesamt geht. Daher sollten alle Mitglieder des Gemeinderats die Verschwiegenheitspflicht beherzigen. Gleichzeitig sollte der Gemeinderat aber auch den Öffentlichkeitsgrundsatz einhalten und nur solche Angelegenheiten nichtöffentlich behandeln, bei denen Ausschlussgründe i.S.v. Art. 52 Abs. 2 Satz 1 GO vorliegen.

Im Falle einer nachgewiesenen Verschwiegenheitspflichtverletzung kann die betreffende Person im Einzelfall mit Ordnungsgeld bis zu 250 €, bei unbefugter Offenbarung personenbezogener Daten bis zu 500 € belegt werden (Art. 20 Abs. 4 GO). In letzterem Fall kann zudem eine Ordnungswidrigkeit nach

Art. 23 Abs. 1 BayDSG vorliegen, die mit einer Geldbuße bis zu 30.000 € belegt werden kann. In Ausnahmefällen kommt auch der Straftatbestand des § 353b StGB (Verletzung von Amtsgeheimnissen) in Betracht.

IV. Der erste Bürgermeister

Neben den unter III. bereits dargestellten Kompetenzen hat der erste Bürgermeister nach der Gemeindeordnung und nach Maßgabe der Geschäftsordnung einen weitergehenden eigenständigen Kompetenzbereich. Zu nennen sind insbesondere:

1. Erledigung „laufender Angelegenheiten"

Der erste Bürgermeister erledigt in eigener Zuständigkeit die laufenden Angelegenheiten, die für die Gemeinde keine grundsätzliche Bedeutung haben und keine erheblichen Verpflichtungen erwarten lassen (Art. 37 Abs. 1 Satz 1 Nr. 1 GO). Der Gemeinderat kann diesbezüglich Richtlinien erlassen.

Was unter einer „laufenden Angelegenheit" zu verstehen ist, ist von Gemeinde zu Gemeinde unterschiedlich. Je größer die Gemeinde ist, desto mehr wird vom ersten Bürgermeister im Rahmen der laufenden Verwaltung selbstständig zu erledigen sein. In erster Linie von Interesse ist in der Praxis, wie hoch die Befugnis des ersten Bürgermeisters zur Bewirtschaftung von Haushaltsmitteln ist. Unter II. 1. wurde bereits empfohlen, dem ersten Bürgermeister einen Entscheidungsspielraum von 6 bis 8 € je Einwohner einzuräumen. Dieser Betrag geht ohne Zweifel über den dem ersten Bürgermeister kraft Gesetzes bereits zustehenden Kompetenzbereich hinaus, sodass insoweit eine Übertragung nach Art. 37 Abs. 2 GO vorliegt. Nach hiesiger Auffassung sollte die Bewirtschaftungsbefugnis im Sinne einer effizienten Ausgestaltung der Organzuständigkeiten jedenfalls nicht so knapp bemessen sein, dass der erste Bürgermeister und seine Verwaltung bloße Geschäfte mit allgemein unerheblicher Bedeutung vom

Gemeinderat oder einem Ausschuss beschließen lassen müssen (der BayVGH hat es in einer Entscheidung jedoch für zulässig erachtet, dass der Gemeinderat in einer kleineren Gemeinde einen geringeren Betrag als 1 € je Einwohner festgesetzt hat).

Im Übrigen ist von einer „laufenden Angelegenheit“ immer dann auszugehen, wenn es sich um routinemäßige, wiederkehrende Geschäfte handelt. Tritt also ein Fall erstmals auf, so sprechen die Indizien dafür, dass der erste Bürgermeister nicht mehr alleine dafür zuständig ist.

Dem ersten Bürgermeister obliegen ferner kraft Gesetzes (Art. 43 Abs. 2 Satz 1 GO) die personalrechtlichen Befugnisse für die Beamten der Gemeinde bis zur Besoldungsgruppe A 8 und für Arbeitnehmer bis zur Entgeltgruppe 8 TVöD oder bis zu einem entsprechenden Entgelt. Eine davon abweichende Regelung in der Geschäftsordnung ist unwirksam. Gebrauch machen kann der erste Bürgermeister von dieser Befugnis aber nur innerhalb des durch den Gemeinderat gesetzten haushaltsrechtlichen Rahmen. Wenn z.B. der Gemeinderat im Stellenplan als Bestandteil des Haushaltsplans einen Arbeitnehmer der Entgeltgruppe 8 nicht vorgesehen hat, kann der erste Bürgermeister auch niemanden einstellen. Ebenso müssen Abfindungen im Falle einer Kündigung das Budgetrecht des Gemeinderats wahren.

2. „Dringliche Anordnungen“

Eine dringliche Anordnung nach Art. 37 Abs. 3 GO kommt regelmäßig nur in Betracht, wenn

- die Angelegenheit an sich in den Zuständigkeitsbereich des Gemeinderats oder eines beschließenden Ausschusses fällt (also der erste Bürgermeister nicht bereits kraft Gesetz oder nach der Geschäftsordnung dafür zuständig ist),
- der Gemeinderat oder der Ausschuss auch mit verkürzter Ladungsfrist nicht mehr rechtzeitig einberufen werden kann und
- ohne die Entscheidung des ersten Bürgermeisters ein beträchtlicher Schaden für die Gemeinde entstehen würde.

Ob die genannten Voraussetzungen tatsächlich vorgelegen haben, ist nachträglich durch den Gemeinderat (und ggf. gerichtlich) nachprüfbar. Entscheidend ist die objektive Sachlage, nicht die Beurteilung der Dringlichkeit nach der subjektiven Meinung des ersten Bürgermeisters oder eines Antragstellers (z. B. in Bausachen).

Haben die Voraussetzungen für eine dringliche Anordnung vorgelegen, so informiert der erste Bürgermeister lediglich noch über die getroffene Entscheidung (Art. 37 Abs. 3 Satz 2 GO). Er muss also keine nachträgliche Genehmigung des Gemeinderats einholen. Aus Gründen der Rechtssicherheit bietet es sich aber vielfach an, eine förmliche nachträgliche Genehmigung zu erteilen.

Hat der erste Bürgermeister im Wege der „dringlichen Anordnung" gehandelt, lagen die Voraussetzungen dafür aber nicht vor, gilt Folgendes:

Bürgerlich-rechtliche Verträge sind schwebend unwirksam, weil der erste Bürgermeister als Vertreter ohne Vertretungsmacht gehandelt hat. Die Verträge können nachträglich genehmigt werden (vgl. § 177 BGB), sodass sie als von Anfang an wirksam zu betrachten sind. Wird die Genehmigung aber verweigert, ist der Vertrag endgültig unwirksam.

Eine einseitige privatrechtliche Willenserklärung des ersten Bürgermeisters (z. B. eine Kündigung) ist unter den Voraussetzungen des § 180 BGB unwirksam.

Verwaltungsakte des ersten Bürgermeisters sind rechtswidrig und mit Widerspruch und Anfechtungsklage angreifbar. Die Nichtigkeit des Verwaltungsaktes wird regelmäßig nicht gegeben sein.

3. Vertretung der Gemeinde

Der erste Bürgermeister vertritt die Gemeinde nach außen (Art. 38 Abs. 1 GO). Er ist also der gesetzliche Vertreter. Im Rahmen dieser Vertretung muss er allerdings seine Kompetenzen beachten und, falls er nicht eigenständig zur Entscheidung befugt ist, vorher die Entscheidung des Gemeinderats oder des zuständigen Ausschusses herbeiführen. Art. 38 GO gibt ihm kein allumfassendes gesetzliches Vertretungsrecht.

Das ist im Gesetz ausdrücklich so geregelt (Art. 38 Abs. 1 Satz 2 GO: „Der Umfang der Vertretungsmacht ist auf seine Befugnisse beschränkt."). Der bayerische Gesetzgeber ist damit der Rechtsprechung auf Bundesebene (Bundesgerichtshof und Bundesarbeitsgericht) entgegengetreten, die eine umfassende Vertretungsmacht angenommen hatte. In der bayerischen Rechtsprechung (u. a. BayVerfGH) entsprach das schon bislang der Rechtspraxis.

Fehlt eine notwendige Entscheidung des Gemeinderats oder eines Ausschusses, so handelt der erste Bürgermeister also in zivilrechtlichen Angelegenheiten als Vertreter ohne Vertretungsmacht bzw. öffentlich-rechtlich als unzuständiges Organ. Die Folgen sind die gleichen wie vorstehend zur „dringlichen Anordnung" dargestellt.

Zum Schutz der Gemeinde im Rechtsverkehr bestimmt Art. 38 Abs. 2 GO, dass Erklärungen der Schriftform bedürfen, wenn durch sie die Gemeinde verpflichtet werden soll. Das gilt nicht für ständig wiederkehrende Geschäfte des täglichen Lebens, die finanziell von unerheblicher Bedeutung sind. Anders als im Rechtsverkehr unter Privaten sind also mündliche Verträge grundsätzlich nicht möglich. Die herrschende Meinung sieht in dem Schriftformerfordernis keinen Fall des § 126 BGB (Folge: Nichtigkeit gemäß § 125 BGB, falls Schriftform fehlt), sondern eine Einschränkung der Vertretungsmacht. Es besteht also die Möglichkeit der nachträglichen Genehmigung durch Nachholen der Schriftform. Schriftform bedeutet im Übrigen, dass die Erklärungen durch den ersten Bürgermeister oder seinen Stellvertreter unter Angabe der Amtsbezeichnung handschriftlich zu unterzeichnen sind. Gemeindebedienstete können unterzeichnen, wenn sie eine schriftliche Vollmacht des ersten Bürgermeisters dazu haben. Eine in Bezug auf ihre Auswirkungen in der Praxis nicht zu unterschätzende Ausnahme vom Schriftformerfordernis besteht bei der Vergabe von Aufträgen und Konzessionen, für die grundsätzlich die Textform nach § 126b BGB genügt (vgl. Art. 38 Abs. 1 Satz 4 GO).

V. Satzungsrecht

1. Allgemeines

Die Gemeinden können zur Regelung „ihrer Angelegenheiten" Satzungen erlassen (Art. 23 GO). Auf Art. 23 Abs. 1 Satz 1 GO können jedoch nur Satzungen in Angelegenheiten des eigenen Wirkungskreises der Gemeinde gestützt werden, die nicht in Rechte Dritter eingreifen. Für Eingriffe in Rechte Dritter ist, wie auch in den Fällen des Art. 23 Satz 2 GO, eine gesonderte gesetzliche Grundlage erforderlich. Diese kann sich aus der GO selbst (z.B. Art. 24 GO) oder aus anderen Rechtsvorschriften (z.B. dem KAG) ergeben.

Gemeindliche Satzungen sind in ihrem räumlichen Geltungsbereich auf das Gebiet der Gemeinde beschränkt. Denkbar ist auch eine weitere Einschränkung auf einzelne Ortsteile. Innerhalb ihres räumlichen Geltungsbereichs sind sie für alle Gemeindeeinwohner verbindlich. Auch Gebietsfremde können daran gebunden sein (z.B. der woanders wohnende Eigentümer eines Grundstücks in der Gemeinde im Falle des Anschluss- und Benutzungszwangs oder der ortsfremde Benutzer einer gemeindlichen Leihbücherei).

Die Gemeinden sind grundsätzlich nicht verpflichtet, Satzungen zu erlassen, um einen bestimmten Sachverhalt zu regeln. Das liegt in ihrem pflichtgemäßen Ermessen, es sei denn im Gesetz ist etwas anderes vorgesehen. Dementsprechend können sie auch erlassene Satzungen wieder aufheben. Ein Abweichen von einer geltenden Satzung im Einzelfall ist jedoch nicht zulässig. Anstelle einer Satzung kann das Benutzungsverhältnis für eine gemeindliche Einrichtung auch durch eine zivilrechtliche Benutzungsordnung ausgestaltet werden. In Einzelfällen schreibt das Gesetz vor, dass eine Regelung durch Satzung zu erlassen ist (z.B. Art. 20a Abs. 1, 34 Abs. 2, 35 Abs. 1 Satz 2, 63 GO, Art. 2 KAG, §§ 10 Abs. 1, 132 BauGB).

Auf die Bezeichnung der Satzung als solche kommt es nicht an. Die Regelung einer unbestimmten Vielzahl von Fällen, die von einer Körperschaft des öffentlichen Rechts in Ausübung einer ihr vom Staat eingeräumten Befugnis zur Rechtssetzung getroffen wurde, ist eine Satzung, sofern die Erfordernisse eines Satzungserlasses vorliegen.

2. Verfahren

Satzungen werden vom Gemeinderat erlassen. Eine Übertragung auf beschließende Ausschüsse ist nicht zulässig, ausgenommen in bestimmten baurechtlichen Angelegenheiten (Art. 32 Abs. 2 Satz 2 Nr. 2 GO). Danach kann ein Bebauungsplan oder eine örtliche Bauvorschrift i.S.v. Art. 81 BayBO durch einen beschließenden Ausschuss erlassen werden, wenn dies in der Geschäftsordnung so vorgesehen ist.

Satzungen bedürfen grundsätzlich keiner rechtsaufsichtlichen Genehmigung, es sei denn, die Genehmigungspflicht ist ausdrücklich im Gesetz vorgeschrieben (z.B. Art. 2 Abs. 3 KAG). Seit der Aufhebung des Art. 25 GO sind nicht genehmigungspflichtige Satzungen auch nicht mehr zwingend der Rechtsaufsichtsbehörde vorzulegen. Die Gemeinde kann sie aber vorlegen, z.B. um eine rechtsaufsichtliche Beratung zu erreichen (besser ist es natürlich, die Rechtsaufsichtsbehörde schon vor Satzungserlass zwecks Überprüfung der Rechtmäßigkeit der Satzung einzuschalten).

Satzungen sind auszufertigen, d.h. zu unterschreiben und anschließend amtlich bekannt zu machen, damit sie wirksam werden können (Art. 26 Abs. 2 GO). Die Ausfertigung einer Satzung darf erst nach einer etwa erforderlichen rechtsaufsichtlichen Genehmigung und muss vor ihrer Bekanntmachung erfolgen.

Bekannt zu machen ist die Satzung regelmäßig im Amtsblatt der Gemeinde, sofern ein solches Amtsblatt unterhalten wird. Zu anderen möglichen Bekanntmachungsarten vgl. Art. 26 Abs. 2 GO, die Verordnung zur Ausführung kommunalrechtlicher Vorschriften (BayKommV) in der geltenden Fassung sowie die inzwischen aufgehobene, in der Sache aber gleichwohl weiter heranziehbare Bekanntmachung des Bayerischen Staatsministeriums des Innern hierzu vom 5.11.1990 (AllMBl S. 835). Seit der Kommunalrechtsnovelle 2023 steht den Gemeinden auch die Möglichkeit einer ausschließlich digitalen Bekanntmachung vollumfänglich zur Verfügung. Die Art der Bekanntmachung wird in der Regel in der Geschäftsordnung bestimmt (vgl. § 31 bzw. § 37 GOM).

3. Rechtsnatur der Satzungen

Satzungen sind Rechtsvorschriften im materiellen Sinn auf der Grundlage des Selbstverwaltungsrechts der Gemeinden. Art. 80 Abs. 1 GG (Ermächtigung zum Erlass von Verordnungen) ist auf Satzungen nicht anwendbar. Eine Satzung bedarf aber dann einer speziellen Ermächtigungsnorm, wenn sie in Freiheit oder Eigentum eingreift oder derartige Eingriffe ermöglicht.

4. Satzungen zur Regelung örtlicher Angelegenheiten (Art. 23 GO)

Auf der Grundlage der Generalermächtigung des Art. 23 GO können z. B. folgende Satzungen erlassen werden, die nicht in Rechte der Bürger eingreifen:

- Satzungen über Ehrungen (über Art. 16 GO hinaus),
- Satzungen zu Beiräten, Jugendparlament,
- Satzung über die Prämierung von Bauwerken, Blumenschmuck an Häusern und in Gärten usw.

Satzungen über den Verfahrensablauf bei Bürgerbegehren und Bürgerentscheiden haben inzwischen in Art. 18a Abs. 17 GO eine eigenständige Rechtsgrundlage erhalten, stützen sich also nicht auf Art. 23 GO. Gleiches gilt für Satzungen zu Bürgerversammlungen nach Art. 18 Abs. 4 GO.

5. Satzungen zur Regelung der Benutzung des Eigentums der Gemeinde und ihrer öffentlichen Einrichtungen (Art. 24 Abs. 1 Nr. 1 GO)

Unter **Eigentum** in diesem Sinne fallen Immobilien (Grundstücke), aber auch bewegliche Sachen (z. B. Fahrzeuge).

Beispiel:

Eine Gemeinde ist Eigentümerin eines Kleinbusses, der vorwiegend der Beförderung von Kindern in den Kindergarten dient. Die Gemeinde will nun diesen Bus auch den Vereinen zur Benutzung überlassen. Dazu kann eine Satzung erlassen werden.

Öffentliche Einrichtungen sind alle Einrichtungen, die von der Gemeinde im öffentlichen Interesse unterhalten werden, gleich ob sie vorwiegend hoheitlichen oder wirtschaftlichen Zwecken dienen und in welcher Rechtsform sie in Erscheinung treten. Eine öffentliche Einrichtung liegt aber stets nur dann vor, wenn der Wille der Gemeinde erkennbar ist, die Einrichtung unter Verpflichtung zur Gleichbehandlung aller im öffentlichen Interesse zur Verfügung zu stellen. Die Einrichtung ist dann der Öffentlichkeit „gewidmet". Schlüssiges Handeln für die Widmung genügt.

Bei der Benutzung öffentlicher Einrichtungen sind zwei Stufen zu unterscheiden:

- Stufe 1: Anspruch auf Zulassung zur Benutzung
- Stufe 2: Ausgestaltung des Benutzungsverhältnisses

Der Anspruch auf Zulassung zur Benutzung einer öffentlichen Einrichtung der Gemeinde ist stets öffentlich-rechtlich (vgl. auch Art. 21 GO). Die Ausgestaltung der Benutzung kann sowohl öffentlich-rechtlich als auch bürgerlich-rechtlich sein. Das entscheidet die Gemeinde. Sie kann also eine Benutzungssatzung oder eine zivilrechtliche Benutzungsordnung erlassen.

Benutzungsgebühren regeln sich nach Art. 8 KAG. Eine Benutzungsgebühr ist eine Geldleistung für die (tatsächliche) Benutzung öffentlicher Einrichtungen der Gemeinde und ihres Eigentums.

Mit Erlass einer Gebührensatzung gibt die Gemeinde zu erkennen, dass sie die betreffende Einrichtung hinsichtlich des Benutzungsentgelts dem öffentlichen Recht unterstellen will. Die Gebührensatzung muss stets eine eigenständige Satzung (vgl. Art. 2 Abs. 1 Satz 1 KAG) und kann also nicht in der Satzung gemäß Art. 24 GO enthalten sein.

Benutzungsgebühren sollen erhoben werden, wenn und soweit eine Einrichtung überwiegend dem Vorteil einzelner Personen oder Personengruppen dient, sofern nicht ein privatrechtliches Entgelt gefordert wird (Art. 8 Abs. 1 Satz 2 KAG). Im Übrigen steht die Erhebung einer Benutzungsgebühr im Ermessen der Gemeinde. Sie hat ihr Ermessen unter Berücksichtigung der haushaltswirtschaftlichen Grundsätze (Art. 61 ff. GO) auszuüben.

6. Satzungen der Gemeinde zur Regelung des Anschluss- und Benutzungszwangs (Art. 24 Abs. 1 Nr. 2 und 3 GO)

Unter Benutzungszwang ist die Verpflichtung zur Benutzung einer öffentlichen Einrichtung zu verstehen. Damit ist es gleichzeitig verboten, eine entsprechende private Einrichtung zu benutzen.

Der Anschlusszwang schafft die Verpflichtung, diejenigen Vorkehrungen zu treffen, die erforderlich sind, um jederzeit die gemeindliche Einrichtung benutzen zu können (z. B. Grundstücks- und Hausanschluss). Besteht nur ein Anschlusszwang, aber kein Benutzungszwang, kann der Betroffene eine gleichartige andere Einrichtung weiterbenutzen.

7. Bewehrte Satzungen

Bewehrte Satzungen sind solche, in denen Zuwiderhandlungen gegen Satzungsbestimmungen mit Geldbuße bedroht sind.

8. Rückwirkung von Satzungen

Beim rückwirkenden Erlass einer Satzung ist Vorsicht geboten! Vielfach ist nämlich eine Rückwirkung nicht zulässig, etwa bei

- bewehrten Satzungen (diese dürfen frühestens am Tag nach der Bekanntgabe in Kraft gesetzt werden – Art. 26 Abs. 1 Satz 2 GO),
- Satzungen, die eine finanzielle Belastung einführen oder eine Vergünstigung aufheben,
- Satzungen, die den Anschluss- oder Benutzungszwang einführen.

Rückwirkung ist aber ausnahmsweise zulässig, d.h., das Vertrauen auf eine bestimmte Rechtslage ist dann nicht schutzwürdig, wenn

- der Betroffene mit der Regelung in dem Zeitpunkt rechnen musste, auf den sie sich zurückbezieht,
- die Rechtslage unklar und verworren war bzw.
- er sich ggf. auf eine ungültige Norm verlassen hat und diese nichtige Satzung nunmehr durch eine gültige ersetzt wird.

Im Falle der Rückwirkung ist eine Abwägung zwischen öffentlichen und individuellen Belangen vorzunehmen.

VI. Wirtschaftliche Betätigung

Das Recht der wirtschaftlichen Betätigung der Gemeinden wurde durch Gesetz vom 24.7.1998 neu geordnet. Das betrifft nicht nur die Überschrift, die nunmehr „Gemeindliche Unternehmen" lautet, und die Artikelfolge (jetzt: Art. 86 ff. GO), sondern auch bzw. vor allem einige bemerkenswerte inhaltliche Änderungen. So wurde z.B. die Unterscheidung zwischen wirtschaftlichen und nicht wirtschaftlichen Unternehmen aufgegeben.

Anknüpfungspunkt der Vorschriften ist nicht mehr der Inhalt einer Betätigung, sondern ihre Organisation in Form eines Unternehmens. Gleichzeitig sollten verbesserte Möglichkeiten der Steuerung kommunaler Unternehmen eingeführt und eine erhöhte Transparenz der Aufgabenerfüllung erreicht werden.

Ein grundsätzliches Problem wurde damit aber nicht gelöst: Einerseits wird erwartet, dass die Gemeinden ihre Aufgaben möglichst effizient und kostengünstig erledigen. Aufgaben der gemeindlichen Daseinsvorsorge sollen liberalisiert und für den Wettbewerb geöffnet, gemeindliche Unternehmen sollen – wie etwa im Steuerrecht – den privatwirtschaftlichen Unternehmen gleichgestellt werden. Andererseits werden den Gemeinden und ihren Unternehmen vom Gesetzgeber nach wie vor Beschränkungen auferlegt, die ein mit Unternehmen der Privatwirtschaft vergleichbares Handeln zumindest erschweren (beispielhaft seien hier das Vergaberecht, namentlich § 108 GWB, und das EU-Beihilferecht genannt). Diese Beschränkungen dienen zwar in erster Linie dem Schutz der Privatwirtschaft und der Förderung des Wettbewerbs. Diese Zielsetzungen sind grundsätzlich anzuerkennen. Allerdings darf dann nicht erwartet werden, dass die öffentliche Hand trotz bestehender Wettbewerbsnachteile wirkungsvoller und kostengünstiger arbeitet als die Privatwirtschaft. Im Übrigen gerät in der Diskussion gerne in Vergessenheit, dass gemeindliche Unternehmen der Erfüllung einer **öffentlichen Aufgabe** dienen (müssen): Effizienz und Wirtschaftlichkeit einerseits und Versorgungs- und Entsorgungssicherheit, Bezahlbarkeit für die Bürgerschaft, Stabilität und Nachhaltigkeit andererseits sind als die zwei Seiten dieser Medaille zu berücksichtigen. Private Unternehmen sind dagegen vorrangig auf Gewinnerzielung ausgerichtet. Oder übersetzt in den betriebswirtschaftlichen Sprachgebrauch: Bei gemeindlichen Unternehmen geht es primär um den **„citizen value“** (gemeinwohlorientierter Nutzen), in der Privatwirtschaft in erster Linie um den „shareholder value“ (deutsch: Aktionärswert).

Nach der Privatisierungswelle der 1990er-Jahre und im Zuge der Wirtschafts- und Finanzkrise 2007 schienen diese Aspekte wieder verstärkt ins öffentliche Bewusstsein zu rücken. Verstärkt war und ist von Rekommunalisierung die Rede, aus durchaus unterschiedlichen Motiven. Seitens der Bürgerschaft erhofft man sich mehr Mitwirkungsmöglichkeiten zur Durchsetzung von Umwelt- und Sozialstandards sowie Kostensenkungen, aus kommunaler Perspektive die Rückgewinnung von Einflussnahmemöglichkeiten auf die Aufgabenerfüllung und nicht zuletzt die Erschließung von Einnahmequellen zur Querfinanzierung defizitärer Aufgabenbereiche. Ein Treiber dieser Entwicklung gerade im Energiebereich war sicherlich, dass bis 2015/2016 länderübergreifend die meisten der Konzessionsverträge ausgelaufen und daher für die nächsten, in der Regel, 20 Jahre neu vergeben worden sind. Hinzu kam die fast zeitgleich (erneut) eingeleitete Energiewende mit der damit einhergehenden Dezentralisierung der Versorgungslandschaft. Der Einstieg in diese Betätigungsfelder kann im Einzelfall eine Chance für Gemeinden und ihre Unternehmen darstellen, bedarf aber einer sehr sorgfältigen Prüfung und qualifizierten Begleitung. Zugleich stellen sich neue **Herausforderungen**, etwa die prekäre Haushaltslage der Gemeinden, gepaart mit einem hohen Investitionsbedarf aufgrund der durch Klimawandel und demografische Entwicklung bedingten Anpassung gemeindlicher Infrastrukturen, die Sicherung kritischer Infrastrukturen, die Gewährleistung einer flächendeckenden Grundversorgung der Bevölkerung, und nicht zuletzt die Erfüllung übergeordneter Ziele, etwa der Umwelt-, Klima-, Verkehrs- oder Sicherheitspolitik. Letztlich müssen die Regelungen zur unternehmerischen Betätigung als Option für die jeweilige Gemeinde verstanden werden, die Erfüllung ihrer Aufgaben in diesem Kontext zu gestalten.

In diesem Zusammenhang wird häufig der Begriff der „**Daseinsvorsorge**" verwendet. Auf gemeindlicher Ebene geht es dabei um die Schaffung der Rahmenbedingungen, die zum Leben und Wirtschaften in der Gemeinde erforderlich sind, nicht dagegen um das Wirtschaften als solches. Gemeindliche Daseinsvorsorge im Wortsinn ist also nicht der Betrieb einer Bäckerei oder Metzgerei, wohl aber die Lieferung des Stroms für die Backöfen oder die Beseitigung des Abwassers eines Betriebs. Neben der Energieversorgung und der Abwasserbeseitigung gehören zur kommunalen Daseinsvorsorge insbesondere die Trinkwasserversorgung, Abfallbeseitigung, Straßenreinigung, Verkehr, Kindergärten, Schulen, Altenheime, kulturelle Einrichtungen wie Theater, Museen oder Bibliotheken, Sportanlagen und Schwimmbäder oder aber die Breitbandversorgung. Die Aufzählung zeigt, dass der Begriff der Daseinsvorsorge nicht statisch, sondern zeitgemäß nach den Bedürfnissen der Bürgerschaft auszulegen ist. Dabei ist zu beachten, dass einzelne Aufgaben der Daseinsvorsorge bestimmten kommunalen Ebenen (z. B. die Abfallentsorgung oder der ÖPNV den Landkreisen und den kreisfreien Städten) und – wegen ihrer überörtlichen Bedeutung – auch staatlichen Ebenen (z. B. die Telekommunikation dem Bund) zur

Erfüllung zugeordnet sein können. Die Sicherstellung der vertragsärztlichen Versorgung obliegt grundsätzlich den kassenärztlichen Vereinigungen und den gesetzlichen Krankenkassen (vgl. §§ 72 ff. SGB V).

Generell gilt, dass die bei unternehmerischer Betätigung der Gemeinde zu beachtenden rechtlichen Vorgaben vielschichtig sind (z. B. Vergaberecht, Wettbewerbsrecht, Beihilferecht, Steuerrecht, Konzessionsabgabenrecht etc.). Die nachfolgenden Ausführungen beschränken sich auf die kommunalrechtlichen Grundzüge.

1. Rechtsformen gemeindlicher Unternehmen

Nach Art. 86 GO kann die Gemeinde Unternehmen außerhalb ihrer allgemeinen Verwaltung Unternehmen in folgenden Rechtsformen betreiben:

- Eigenbetrieb,
- selbstständiges Kommunalunternehmen des öffentlichen Rechts,
- Rechtsformen des Privatrechts, z. B. GmbH.

Daneben kann die Gemeinde ihre Einrichtungen auch (weiterhin) eingegliedert in die allgemeine Gemeindeverwaltung wie ein Sachgebiet als sog. **Regiebetrieb** betreiben (vgl. Art. 88 Abs. 6 GO zum sog. optimierten Regiebetrieb).

Der **Eigenbetrieb** ist im Grundsatz rechtlich unselbstständig, erfährt aber durch die Gemeindeordnung (Art. 88 GO) eine gewisse Eigenständigkeit, indem die Rechtsverhältnisse in einer Betriebssatzung zu regeln sind, er mit eigenen Organen ausgestattet ist und als Sondervermögen nach kaufmännischen Buchführungsregeln geführt wird. Im Unterschied zum Regiebetrieb obliegt die grundsätzliche Führungsaufgabe im Eigenbetrieb der Werkleitung und dem Werkausschuss. Erster Bürgermeister und Gemeinderat können daher nur in den ihnen vorbehaltenen Angelegenheiten entscheiden und nur im Ausnahmefall korrigierend eingreifen (vgl. etwa Art. 88 Abs. 4 Satz 1 GO).

Das selbstständige **Kommunalunternehmen** des öffentlichen Rechts (Art. 89 ff. GO) ist eine eigene Rechtspersönlichkeit in der Form einer Anstalt des öffentlichen Rechts. Das Kommunalunternehmen besitzt im Vergleich zum Regie- oder Eigenbetrieb eine deutlich größere Selbstständigkeit, wird nach kaufmännischen Buchführungsregeln geführt und ist insoweit mit der GmbH vergleichbar. Gleichzeitig bleiben aber bestimmte Vorteile des öffentlichen Rechts (z. B. Erlass von Satzungen, Anschluss- und Benutzungszwang, Befugnis zur Erhebung von Kommunalabgaben) erhalten. Zudem unterliegt das Kommunalunternehmen der staatlichen Aufsicht. Das Kommunalunternehmen wird von einem Vorstand eigenverantwortlich geleitet, der auch das Außenvertretungsrecht hat. Kontrolliert wird der Vorstand durch einen Verwaltungsrat unter Vorsitz des ersten Bürgermeisters. Einzelheiten zu weiteren Befugnissen des Verwaltungsrats (z. B. Zustimmungsvorbehalte für bestimmte Rechtsgeschäfte des Vorstands; Informationsrechte) und zum Verhältnis zwischen Unternehmen und Gemeinde (z. B. Berichtspflichten) können in der Unternehmenssatzung geregelt werden.

Seit 2004 besteht die Möglichkeit, dass mehrere Gemeinden ein **gemeinsames Kommunalunternehmen** errichten, bzw. Betriebe eines Zweckverbands oder eine GmbH in ein Kommunalunternehmen umzuwandeln (vgl. Art. 49, 50 KommZG). Der Umweg über die Gründung eines Zweckverbands oder gar das Ausweichen auf eine Privatrechtsform ist also für eine unternehmerische gemeindliche Zusammenarbeit nicht (mehr) erforderlich. Private dürfen sich allerdings nicht an einem gemeinsamen Kommunalunternehmen beteiligen.

Als **Rechtsform des Privatrechts** kommt in erster Linie die GmbH in Betracht. Privatrechtsformen sind – ähnlich wie das Kommunalunternehmen – dem direkten Einfluss der kommunalen Mandatsträger und auch der staatlichen Rechtsaufsicht weitestgehend entzogen. So wird die GmbH von dem bestellten Geschäftsführer eigenständig geleitet, der allerdings kraft Gesetzes den Weisungen der Gemeinde als Gesellschafterin unterliegt. Zusätzliche Kontrollbefugnisse kann und soll sich die Gemeinde im Gesellschaftsvertrag sichern, z. B. in Form von Weisungsrechten, Berichtspflichten oder eines von ihr personell besetzten Aufsichtsrats. Bei allen Rechtsformen des Privatrechts ist darauf zu achten, dass die hierfür geltenden Zulässigkeitsvoraussetzungen erfüllt sind (vgl. unten 3.).

Welche Rechtsform für ein gemeindliches Unternehmen, genauer gesagt für die Erfüllung der konkreten gemeindlichen Aufgabe, am geeignetsten ist, hängt von einer Vielzahl von Faktoren ab. Pauschale Aussagen dazu sind nicht möglich. Zentral bei der **Wahl der Rechtsform** ist die Frage, wie viel Einfluss die Gemeinde auf das Unternehmen ausüben können muss bzw. wie viel an unternehmerischer Freiheit dem Unternehmen zugestanden werden sollte. Dies kann z. B. bei den Aufgaben der Trinkwasserversorgung oder der Abwasserbeseitigung, die mit der Ausübung hoheitlicher Befugnisse wie etwa dem Erlass von Satzungen und Bescheiden verbunden sind, anders zu beurteilen sein als im Bereich der Energieversorgung, die im Wettbewerb mit anderen Unternehmen erfolgt. In diesem Zusammenhang ist auch bedeutsam, welche Spielräume das jeweilige Unternehmensrecht für eine passgenaue Ausgestaltung der Unternehmenssatzung oder des Gesellschaftsvertrags lässt. Des Weiteren können insbesondere steuerrechtliche, vergaberechtliche, haftungs- und personalrechtliche Aspekte sowie die mit der Errichtung des Unternehmens verbundenen Kosten eine Rolle spielen. Wichtig ist auch, ob die Aufgabe ausschließlich von der Gemeinde (alle zulässigen Rechtsformen denkbar), gemeinsam mit anderen Gemeinden (Kommunalunternehmen, Zweckverband oder z. B. GmbH möglich) oder gar unter Einbindung Privater (umsetzbar nur durch Privatrechtsformen) erfüllt werden soll. Eine qualifizierte Beratung, die möglichst alle relevanten Aspekte in den Blick nimmt, ist hier sehr zu empfehlen.

Die Entscheidung, ob die Gemeinde ein Unternehmen errichtet, sich daran beteiligt oder es erweitert, trifft der **Gemeinderat**. Sie kann nach geltender Rechtslage nicht auf beschließende Ausschüsse übertragen werden (Art. 32 Abs. 2 Satz 2 Nr. 7 GO).

2. Allgemeine Voraussetzungen für die Zulässigkeit gemeindlicher Unternehmen

Die Gemeinde darf ein Unternehmen – unabhängig von der Rechtsform – nach Art. 87 GO nur errichten, übernehmen oder wesentlich erweitern, wenn

- ein öffentlicher Zweck das Unternehmen erfordert,
- das Unternehmen nach Art und Umfang in einem angemessenen Verhältnis zur Leistungsfähigkeit der Gemeinde und zum voraussichtlichem Bedarf steht,
- die dem Unternehmen zu übertragenden Aufgaben für die Wahrnehmung außerhalb der allgemeinen Verwaltung geeignet sind,
- bei einem Tätigwerden außerhalb der kommunalen Daseinsvorsorge der Zweck nicht ebenso gut und wirtschaftlich durch einen anderen erfüllt wird oder erfüllt werden kann (sog. Subsidiaritätsklausel).

Auch wenn die Reformen des gemeindlichen Wirtschaftsrechts in den 1990er-Jahren zu Vereinfachungen geführt haben, sind also weiterhin einige allgemeine Voraussetzungen für die Gründung eines gemeindlichen Unternehmens zu beachten.

Eine **Ausnahme** gilt seit der Kommunalrechtsnovelle 2023 für den Bereich der **Energieversorgung** (Strom, thermische Energie und Gas). Tätigkeiten eines gemeindlichen Unternehmens in diesem Bereich unterliegen nur noch der Vorgabe, dass sie nach Art und Umfang in einem angemessenen Verhältnis zur Leistungsfähigkeit der Gemeinde stehen (vgl. Art. 87 Abs. 3 GO). Der öffentliche Zweck wird insoweit kraft Gesetzes unterstellt, eine Begrenzung auf den örtlichen Bedarf ist nicht mehr gegeben.

Geht es um die Errichtung von oder Beteiligung an Unternehmen in Privatrechtsform, enthält Art. 92 GO zusätzliche besondere Zulässigkeitsvoraussetzungen (vgl. unten 3.).

Die Notwendigkeit eines **„öffentlichen Zwecks“** besagt, dass die Gemeinde sich nicht beliebig wie ein Privatunternehmen (z. B. Handwerksbetriebe, Dienstleistungsunternehmen, Gastgewerbe) wirtschaftlich betätigen darf, sondern dass ein gemeindliches Unternehmen immer im Zusammenhang mit einer Aufgabe der Gemeinde (vgl. Art. 83 Abs. 1 BV, Art. 57 GO) stehen muss. Ist dies der Fall, z.B. bei der Energieversorgung, kann die Gemeinde grundsätzlich auch außerhalb ihres Gemeindegebietes tätig werden, wenn die berechtigten Interessen der betroffenen anderen Gemeinde gewahrt sind. Die Bindung an den „öffentlichen Zweck" bedeutet weiter, dass primäres Ziel des Unternehmens die ordnungsgemäße Erfüllung der übertragenen gemeindlichen Aufgaben sein muss und nicht die Absicht der Gewinnerzielung sein darf. Dies stellt Art. 87 Abs. 1 Satz 2 GO ausdrücklich klar. Es ist einem gemeindlichen Unternehmen aber grundsätzlich nicht verboten, im Rahmen der Aufgabenerfüllung auch Gewinne zu erzielen.

Das sog. **Subsidiaritätsprinzip** regelt das Verhältnis zur Privatwirtschaft und sieht in bestimmten Bereichen einen Vorrang der Aufgabenerfüllung durch Private vor (vgl. Art. 87 Abs. 1 Satz 1 Nr. 4 GO). **Außerhalb der** in der Einleitung zu diesem Kapitel dargestellten gemeindlichen **Daseinsvorsorge** soll sich die Gemeinde mit unternehmerischen Tätigkeiten also prinzipiell zurückhalten. So gehört es z.B. grundsätzlich nicht zu den Aufgaben der Gemeinde, „Tante-Emma-Läden" oder gar Einzelhandelsgeschäfte zu betreiben. Nur bei einem Marktversagen, also wenn ein privater Anbieter in der näheren Umgebung fehlt und nicht zu finden ist, erscheint es ausnahmsweise vorstellbar und wurde in Einzelfällen von der Rechtsaufsicht gebilligt, dass sich die Gemeinde auch in solchen typischen Bereichen privater Leistungen engagiert. Wie sich die staatliche Rechtsaufsicht allerdings verhalten würde, wenn nach einiger Zeit ein privater Interessent ebenfalls diese Leistungen anbieten möchte, ist äußerst fraglich. Rechtssicherer wäre jedenfalls, wenn derartigen Versorgungsengpässen durch bürgerschaftliches Engagement (z.B. Dorfladen in Form einer Bürgergenossenschaft oder Bürgergesellschaft) begegnet werden könnte, wie dies in einigen Orten erfolgreich praktiziert wird.

Ferner darf das Unternehmen die **Leistungsfähigkeit** der Gemeinde nicht sprengen. Dabei ist insbesondere auch der Wirtschaftlichkeitsgrundsatz zu beachten (vgl. Art. 61 GO). Das wirtschaftliche Risiko, das mit jeder unternehmerischen Betätigung der Gemeinde außerhalb ihrer Pflichtaufgaben einhergeht, sollte dem Gemeinderat auf Grundlage seriöser und realistischer Einschätzungen bekannt sein. Größe und Tätigkeitsbereich des Unternehmens müssen im Wesentlichen am **örtlichen Bedarf** ausgerichtet sein. Unzulässig wäre also etwa ein überregional oder weltweit tätiger Konzern ohne örtliche „Verwurzelung" in der Trägerschaft einer Gemeinde.

Schließlich dürfen typische hoheitliche Aufgaben der Gemeinde nicht von einem gemeindlichen Unternehmen erfüllt werden. Diese Aufgaben sind für eine unternehmerische Betätigung nicht geeignet. Unzulässig wäre es z. B., das Pass- und Meldewesen zu übertragen. In diesem Sinne kritisch zu sehen sind auch Bestrebungen, die Wasserversorgung und die Abwasserbeseitigung zu privatisieren. Diese **Pflichtaufgaben** an sich (vgl. Art. 57 Abs. 2 GO; § 56 WHG, Art. 34 BayWG) bleiben in jedem Fall bei der Gemeinde als öffentlich-rechtliche Gebietskörperschaft. Erfüllt der private Unternehmer diese Aufgaben nicht mehr, besteht ein Anspruch der Bürger gegen die Gemeinde, dass diese wieder einspringt. Insoweit ist z. B. der Verkauf eines gemeindlichen Klärwerks oder Wasserwerks an einen Privaten mit einem nicht zu unterschätzenden Risiko verbunden. Auch die Auslagerung der Betriebsführung von Wasserversorgungs- oder Abwasserbeseitigungsanlagen stellt eine Teilprivatisierung dar; hier stellt sich die Frage, ob nicht der Weg der interkommunalen Zusammenarbeit beschritten werden kann, um das Knowhow zum Betrieb dieser Einrichtungen in öffentlich-rechtlichen Organisationsstrukturen zu erhalten (vgl. Art. 57 Abs. 3 GO).

Die unternehmerische Betätigung im Sinne der Art. 86 ff. GO ist des Weiteren abzugrenzen von der bloßen Vermögensverwaltung nach Art. 74 GO. Allein das Vorhaben der Bebauung eines gemeindlichen Grundstücks dürfte daher noch nicht die Errichtung eines Unternehmens erfordern, wohl aber, wenn dem Unternehmen weitere Tätigkeiten zur Erfüllung übertragen werden wie z. B. generell die Aufgabe des sozialen Wohnungsbaus nebst Haus- oder Wohnungsverwaltung, die Reinigung gemeindlicher Gebäude, Gewerbeentwicklung etc.

3. Besondere Voraussetzungen für gemeindliche Unternehmen in Privatrechtsform

Will die Gemeinde ein Unternehmen in Privatrechtsform errichten oder sich an einem solchen Unternehmen beteiligen, sieht die Bayerische Gemeindeordnung in Art. 92 besondere Zulässigkeitsvoraussetzungen vor, die neben den allgemeinen Voraussetzungen aus Art. 87 GO zu beachten sind:

- Im Gesellschaftsvertrag oder in der Satzung des Unternehmens muss sichergestellt sein, dass das Unternehmen einen öffentlichen Zweck i.S.d. Art. 87 GO erfüllt;
- die Gemeinde muss einen angemessenen Einfluss im Aufsichtsrat oder in einem entsprechenden Gremium des Unternehmens erhalten;
- die Haftung der Gemeinde muss auf einen bestimmten, ihrer Leistungsfähigkeit angemessenen Betrag begrenzt sein.

Unternehmen in Privatrechtsform sind rechtlich selbstständige Unternehmen mit einer Geschäftsführung oder einem Vorstand, der das Unternehmen grundsätzlich eigenverantwortlich leitet. Dies gilt auch für Unternehmen, die zu **100 %** von der Gemeinde gehalten werden. Umso wichtiger ist es, dass die Gemeinde sich den erforderlichen Einfluss auf das Unternehmen bei der Formulierung des Gesellschaftsvertrags oder der Unternehmenssatzung sichert. An erster Stelle stehen dabei Gegenstand und Zweck des Unternehmens. Zum Beispiel ist Gegenstand eines Versorgungsunternehmens die Belieferung der Bevölkerung mit Strom, Wärme und Gas, der öffentliche Zweck des Unternehmens ist die Gewährleistung einer sicheren und kontinuierlichen/nachhaltigen Grundversorgung o. Ä. Je präziser die Formulierungen, desto klarer sind die Vorgaben für die Geschäftsführung bzw. den Vorstand. Im

Übrigen kann die gemeindliche Einflussnahme auf ihr privatrechtliches Unternehmen in unterschiedlicher Intensität ausgestaltet werden. Zu denken wäre z. B. an die Verlagerung einzelner Zuständigkeiten innerhalb der Unternehmensorgane zugunsten der Gesellschafterversammlung, die Normierung von Zustimmungspflichten des Aufsichtsrats für bestimmte Geschäfte der Unternehmensführung, die Sicherung des Rechts auf Entsendung einer bestimmten Anzahl von Aufsichtsräten mit entsprechendem Stimmrecht oder die Festlegung regelmäßiger Berichtspflichten der Geschäftsführung gegenüber dem Aufsichtsrat und/oder dem Gemeinderat. Die rechtlichen Möglichkeiten hängen dabei von der jeweiligen Rechtsform ab und sind im Einzelfall zu prüfen. Ist die Gemeinde **Mitgesellschafterin** in einem Unternehmen, sollte sich der Anteil ihrer Vertreter im Aufsichts- oder Verwaltungsrat des Unternehmens und deren Stimmrecht an der Beteiligungsquote am Unternehmen orientieren. Unabhängig von der rechtlichen Ausgestaltung sollte im Zuge einer Auslagerung einzelner oder gar mehrerer gemeindlicher Aufgaben auf Unternehmen in Privatrechtsform erörtert werden, wie diese Unternehmen in der Praxis tatsächlich und effektiv überwacht und gesteuert werden können. Die Möglichkeiten reichen von der Qualifizierung gemeindlicher Vertreter in den Unternehmensorganen z. B. durch interne oder externe Fortbildungen, über die Beiziehung externer Berater in einzelnen Sachfragen bis hin zur Einrichtung eines Beteiligungsmanagements innerhalb der Gemeindeverwaltung mit entsprechenden Informationsrechten gegenüber dem Unternehmen.

Ist eine **Minderheitsbeteiligung** der Gemeinde an Unternehmen mit mehrheitlich privaten Anteilseignern beabsichtigt, ist generell zu hinterfragen, ob und wie die Gemeinde in diesem Unternehmen die Erfüllung eines öffentlichen Zwecks sicherstellen kann. Gegebenenfalls sollten zusätzliche gesellschaftsvertragliche Regelungen zur Absicherung des gemeindlichen Einflusses geprüft und verankert werden (z. B. qualifizierte Mehrheiten, Vetorechte).

Bei gemeindlichen Beteiligungen an **Genossenschaften** ist zu beachten, dass jeder Genosse unabhängig von der Höhe seines Anteils grundsätzlich nur eine Stimme in der Generalversammlung hat. Zwar kann die Satzung nach seit 2017 geltender Rechtslage für bestimmte Mitglieder Entsenderechte zur Besetzung von bis zu einem Drittel der Aufsichtsratsmitglieder vorsehen, zudem könnte sich die Gemeinde vorbehalten, ein oder mehrere Vorstandsmitglieder zu stellen. Ein „angemessener" Einfluss der Gemeinde auf die Genossenschaft erscheint aber auch unter diesen Umständen nur eingeschränkt möglich. In der Praxis wird deshalb teilweise auf Konstruktionen wie die „Zweistufige Genossenschaft" oder die „Sekundärgenossenschaft" zurückgegriffen. Eine rechtliche Beratung ist zu empfehlen.

Durch die Vorgabe, dass die **Haftung der Gemeinde** auf einen bestimmten Betrag begrenzt sein muss, scheidet die Offene Handelsgesellschaft (OHG) als Unternehmensform ebenso aus wie die Beteiligung der Gemeinde als unbeschränkt haftender Komplementär an einer Kommanditgesellschaft (KG). Abzuraten ist von einer gemeindlichen Beteiligung an einer Gesellschaft bürgerlichen Rechts (GbR), bei der eine Begrenzung der Haftung der einzelnen Gesellschafter nur unter engen Voraussetzungen möglich ist. Die Rechtsform einer Stiftung ist bereits kraft Gesetzes nachrangig zu anderen Rechtsformen (vgl. Art. 75 Abs. 4 GO) und für eine unternehmerische Betätigung kaum geeignet.

VII. Bürgerbegehren, Bürgerentscheid

Seit 1.11.1995 besteht in Bayern die Möglichkeit, dass die Bürger einer Gemeinde anstelle des Gemeinderats bestimmte Angelegenheiten selbst entscheiden. Die maßgebende Vorschrift hierfür ist Art. 18a GO, die durch Volksentscheid vom 1.10.1995 eingeführt wurde. Wohl keine andere Vorschrift der Gemeindeordnung hat in Recht und Praxis so viel Streitstoff geboten wie diese. Sie wurde durch den Bayerischen Verfassungsgerichtshof mit Entscheidung vom 29.8.1997 teilweise für verfassungswidrig erklärt und aufgrund dessen durch den Bayerischen Landtag mit Gesetz vom 26.3.1999 in mehreren Punkten neu gefasst. Der Verein „Mehr Demokratie e. V." plante ein weiteres Volksbegehren zur erneuten Änderung der Vorschriften über Bürgerbegehren und Bürgerentscheid, das jedoch vom Innenministerium, bestätigt durch den Bayerischen Verfassungsgerichtshof, nicht zugelassen wurde. Zuletzt hat ein von der Bayerischen Staatsregierung einberufener Runder Tisch zur Weiterentwicklung von Bürgerentscheiden im Juli 2025 Vorschläge zu einer Fortentwicklung des Art. 18a GO vorgelegt, deren Umsetzung im Einzelnen jedoch politisch umstritten ist.

Es würde den Rahmen dieses Taschenbuchs sprengen, sämtliche Rechtsfragen zu Bürgerbegehren und Bürgerentscheiden anzusprechen. Nachfolgend sollen deshalb nur einige wichtige Grundsätze dargestellt werden.

1. Zulässigkeit eines Bürgerbegehrens

Bürgerbegehren sind nach geltender Rechtslage nur in **Angelegenheiten des eigenen Wirkungskreises** der Gemeinde möglich. Vom Staat übertragene Aufgaben der Gemeinde (der sog. übertragene Wirkungskreis – z.B. Straßenverkehrsrecht) können also nicht per Bürgerentscheid entschieden werden. Zum eigenen Wirkungskreis zählt auch das Recht einer Gemeinde, zu sonstigen Vorhaben Stellung zu nehmen oder Petitionen zu bestimmten Angelegenheiten einzureichen. Das eröffnet weitreichende Möglichkeiten für Bürgerbegehren, vorausgesetzt die Fragestellung ist rechtlich korrekt formuliert. So kann etwa die Stellungnahme einer Gemeinde zu einem Planfeststellungsverfahren für eine Staats- oder Bundesstraße, die das Gemeindegebiet berührt, Gegenstand eines Bürgerentscheids sein. Dies führt zu durchaus berechtigter Kritik insbesondere in den Fällen, in denen langjährige, aufwendige (gemeindliche oder staatliche) Planungsprozesse nach (teils mehrfacher) Öffentlichkeitsbeteiligung und der gesetzlich vorgeschriebenen Abwägung aller in der Planung vorgetragenen Aspekte durch einen Bürgerentscheid im Rahmen einer mit Ja oder Nein zu beantwortenden Frage über den Haufen geworfen werden.

Nicht Gegenstand eines Bürgerentscheids sein können (obwohl Angelegenheiten des eigenen Wirkungskreises) die kraft Gesetzes dem ersten Bürgermeister obliegenden Aufgaben, Fragen der inneren Organisation der Gemeindeverwaltung, Entscheidungen über die Rechtsverhältnisse der Gemeinderatsmitglieder, der Bürgermeister und Gemeindebediensteten sowie die Haushaltssatzung der Gemeinde (Art. 18a Abs. 3 GO). Danach ist es z.B. unzulässig, über Regelungen der Geschäftsordnung des Gemeinderats durch Bürgerentscheid abzustimmen. Auch über die Frage, ob der erste Bürgermeister künftig ehrenamtlich oder hauptamtlich tätig sein soll (Art. 34 GO), darf kein Bürgerentscheid stattfinden (vgl. Art. 18a Abs. 3 GO).

2. Verfahrensfragen

Das „Bürgerbegehren" muss ein einheitliches Schriftstück sein, das folgende Voraussetzungen gleichzeitig erfüllen muss:

- Es muss erkennbar sein, dass es sich um ein Bürgerbegehren bzw. um einen Antrag auf Durchführung eines Bürgerentscheids handelt und nicht nur um eine bloße Unterschriftensammlung für eine Bürgerinitiative.
- Es muss *eine* mit Ja oder Nein zu entscheidende Fragestellung enthalten. Mehrere inhaltlich eng zusammenhängende Aspekte können in einer Fragestellung zusammengefasst werden, solange über die gesamte Frage nur einheitlich mit Ja oder Nein abgestimmt werden kann. Mehrere selbstständige Fragestellungen, über die getrennt mit Ja oder Nein abgestimmt werden soll, sind nicht zulässig; dafür müssen mehrere Bürgerbegehren durchgeführt werden.
- Es muss eine Begründung enthalten sein. An den Inhalt der Begründung dürfen keine allzu großen Anforderungen gestellt werden. Sie darf aber keine unwahren Tatsachenbehauptungen enthalten und die Unterzeichner so in die Irre führen.

- Es müssen mindestens eine und höchstens drei vertretungsberechtigte Personen benannt sein. Weitere Personen können als sog. Verhinderungsvertreter benannt werden. Werden mehr als drei Personen als Vertretungsberechtigte benannt, ohne dass die weiteren Personen ausdrücklich als Verhinderungsvertreter bezeichnet werden, führt dies zur Unzulässigkeit des Bürgerbegehrens.
- Es muss eine ausreichende Zahl von Unterschriften wahlberechtigter Personen enthalten sein. Wie viele Unterschriften erforderlich sind, hängt von der Größe der Gemeinde ab (vgl. Art. 18a Abs. 6 GO).

Werden mehrere Unterschriftenlisten für ein Bürgerbegehren verwendet, muss jede Liste für sich die vollständigen Angaben des Bürgerbegehrens (Antrag auf Durchführung des Bürgerentscheids, Fragestellung, Begründung, vertretungsberechtigte Personen) enthalten.

Das Bürgerbegehren muss bei der Gemeinde eingereicht werden. Der Gemeinderat hat innerhalb eines Monats nach Einreichung des Bürgerbegehrens über dessen Zulässigkeit zu entscheiden. Lässt er das Bürgerbegehren nicht zu, können die vertretungsberechtigten Personen ohne Vorverfahren Klage erheben.

3. Durchführung des Bürgerentscheids

Der Bürgerentscheid ist innerhalb von 3 Monaten nach der Feststellung der Zulässigkeit des Bürgerbegehrens durchzuführen. Im Einvernehmen mit den vertretungsberechtigten Personen des Bürgerbegehrens kann diese Frist auf 6 Monate verlängert werden. Zuständig für die Durchführung des Bürgerentscheids ist die Gemeinde, die sich dabei an den Vorschriften des Kommunalwahlrechts orientieren wird. Außerdem hat die Gemeinde die Möglichkeit, eine Satzung über Bürgerbegehren und Bürgerentscheide zu erlassen, in der jedoch das freie Sammeln der Unterschriften nicht eingeschränkt werden darf (Art. 18a Abs. 17 GO). Um die Abstimmungsbeteiligung zu erhöhen, ist eine Regelung in dieser Satzung aber auch durch einen Gemeinderatsbeschluss möglich, nach der jeder Abstimmungsberechtigte in der Gemeinde antragsunabhängig Briefabstimmungsunterlagen übersandt bekommt (Art. 18a Abs. 10 Satz 5 GO). Die Kosten hierfür muss allerdings die Gemeinde tragen. Zudem muss eine Abstimmung in einem „Wahllokal" weiterhin möglich sein, eine reine Briefabstimmung ist nicht zulässig.

Ein Bürgerentscheid kommt nur rechtsgültig zustande, wenn die Mehrheit der abgegebenen gültigen Stimmen ein bestimmtes Quorum erfüllt. Dieses beträgt in Gemeinden bis zu 50.000 Einwohnern 20 % der Stimmberechtigten, in Gemeinden bis zu 100.000 Einwohnern 15 % der Stimmberechtigten und in Gemeinden mit mehr als 100.000 Einwohnern 10 % der Stimmberechtigten der Gemeinde. Dieses Quorum gilt seit 1.4.1999 und wurde vom Verein „Mehr Demokratie e. V." heftig kritisiert. Es hat jedoch seine Rechtfertigung darin, dass Entscheidungen auf eine breite Basis in der Gemeinde gestellt sein müssen. Bei geringerer Abstimmungsbeteiligung soll es also Minderheiteninteressen nicht möglich sein, sich gegen die (schweigende) Mehrheit der Stimmberechtigten durchzusetzen. Auch für den Gemeinderat gilt im Übrigen ein vergleichbares Quorum. Ein gültiger Gemeinderatsbeschluss setzt nämlich voraus, dass die Mehrheit der Mitglieder des Gemeinderats anwesend und stimmberechtigt ist und dass davon wiederum die Mehrheit zustimmt. Im Ergebnis müssen also mindestens 25 % der Mitglieder des Gemeinderats für einen Beschluss sein.

4. Wirkungen eines Bürgerbegehrens und Bürgerentscheids

Zunächst bewirkt ein Bürgerbegehren, dass in der Zeit zwischen Zulassung des Begehrens durch den Gemeinderat und Durchführung des Bürgerentscheids eine dem Begehren entgegenstehende Entscheidung der Gemeindeorgane nicht mehr getroffen oder mit dem Vollzug einer derartigen Entscheidung nicht mehr begonnen werden darf, es sei denn, zu diesem Zeitpunkt haben rechtliche Verpflichtungen der Gemeinde hierzu bestanden (Art. 18a Abs. 9

GO). Das wird gemeinhin als „Sperrwirkung“ bezeichnet. Die Verwaltungsgerichte nehmen allerdings bereits einen „Sicherungsanspruch“ auf Durchführung eines Bürgerentscheids mit einer Art. 18a Abs. 9 GO vergleichbaren Wirkung an, wenn ein formgültiges Bürgerbegehren mit der erforderlichen Unterschriftenzahl bei der Gemeinde eingereicht und dieses Bürgerbegehren nicht offensichtlich unzulässig ist.

Ein Bürgerentscheid hat die Wirkungen eines Gemeinderatsbeschlusses, der innerhalb eines Jahres nur durch einen neuen Bürgerentscheid abgeändert werden darf, es sei denn, dass sich die dem Bürgerentscheid zugrunde liegende Sach- oder Rechtslage wesentlich geändert hat (Art. 18a Abs. 13 GO). Das wird als „Bindungswirkung“ bezeichnet.

5. Sog. Ratsbegehren

Die Initiative zur Durchführung eines Bürgerentscheids kann auch vom Gemeinderat ausgehen (Art. 18a Abs. 2 GO). Dazu ist ein Mehrheitsbeschluss des Gemeinderats (nicht Ausschuss!) erforderlich. Ein sog. Ratsbegehren kann sich auf die gleichen Gegenstände beziehen wie ein Bürgerbegehren. Nicht selten wird ein Ratsbegehren dazu verwendet, um bei einem Bürgerbegehren eine zweite Fragestellung, die die Meinung der Gemeinderatsmehrheit widerspiegelt, mit zur Abstimmung zu stellen (sog. „konkurrierendes Ratsbegehren“). In diesem Fall ist auf dem Abstimmungszettel zwingend eine Stichfrage für den gar nicht so seltenen Fall vorzusehen, dass die beiden gestellten Fragen in widersprüchlicher Weise jeweils mehrheitlich mit Ja oder Nein beantwortet werden (vgl. Art. 18a Abs. 12 Sätze 3 bis 5 GO).

2. Kapitel
Gemeindefinanzen – Gemeindehaushalt

I. Die finanziellen Grundlagen der Gemeinden

1. Finanzhoheit

Ein wesentlicher Bestandteil des Selbstverwaltungsrechts der Gemeinde ist die **Finanzhoheit.**

Formal ist die Finanzhoheit bereits im Grundgesetz (Art. 28 Abs. 2 GG) verankert. Dort heißt es: „Die Gewährleistung der Selbstverwaltung umfasst auch die Grundlagen der finanziellen Eigenverantwortung“. Die kommunale Finanzhoheit enthält insbesondere die Befugnis zur eigenverantwortlichen Einnahmen- und Ausgabenwirtschaft. Die Gemeinden können deshalb im Rahmen des geltenden Haushaltsrechts frei über die Verwendung ihrer Finanzmittel entscheiden und sich durch die ihnen zustehende Steuer- und Abgabenhoheit finanzieren, soweit diese im Rahmen der Gesetze gewährleistet wird.

Nähere Regelungen zur Finanzverfassung der Gemeinden enthält Art. 106 GG. Danach steht den Gemeinden das Aufkommen aus den Realsteuern, das sind die Grundsteuer A und B und die Gewerbesteuer, sowie das Aufkommen aus den Verbrauch- und Aufwandsteuern zu (Art. 106 Abs. 6 GG). Die Gemeinden sind ferner an der Einkommensteuer (Art. 106 Abs. 5 GG) und an der Umsatzsteuer (Art. 106 Abs. 5a GG) beteiligt. Schließlich sind sie im Rahmen des Art. 106 Abs. 7 GG i. V. m. Art. 106 Abs. 3 GG an den Gemeinschaftssteuern beteiligt.

Theoretisch steht den Gemeinden das sog. **Steuerfindungsrecht** für Verbrauch- und Aufwandsteuern zu, soweit diese nicht bundesrechtlich geregelten Steuern gleichartig sind. In Bayern ist dieses Steuerfindungsrecht allerdings sehr stark eingeschränkt.

So sind in der Praxis lediglich die Hundesteuer und – insbesondere in Fremdenverkehrsgemeinden – die Zweitwohnungssteuer anzutreffen. Nach den Bestimmungen des Kommunalabgabengesetzes (KAG) bedürfen die Gemeinden bei der erstmaligen Einführung einer solchen bislang in Bayern nicht erhobenen Steuer der Genehmigung durch die Rechtsaufsichtsbehörde. Zudem hat der Bayerische Landesgesetzgeber im KAG viele dieser sog. **kleinen Gemeindesteuern** (vom Freistaat Bayern als Bagatellsteuern bezeichnet) ohnehin verboten, wie etwa die Getränkesteuer, die Vergnügungsteuer oder zuletzt die Übernachtungsteuer und die Verpackungssteuer. Praktisch alle anderen Bundesländer sind in diesem Bereich wesentlich großzügiger.

2. Die eigenen Einnahmen der Gemeinden

Die Gesamteinnahmen der bayerischen Gemeinden haben sich seit 2015 wie folgt entwickelt:

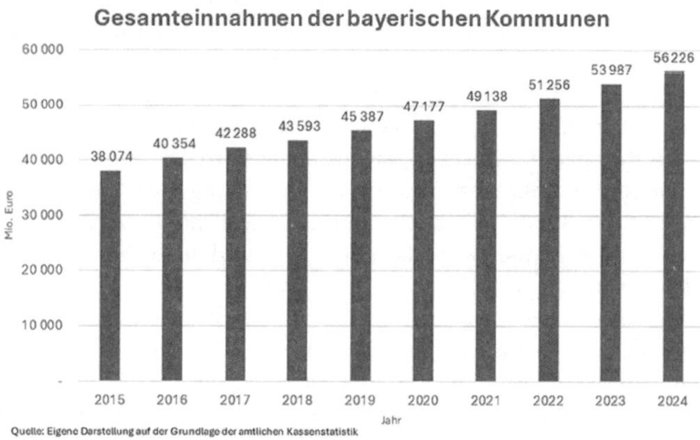

Diese Einnahmen umfassen nicht nur die Steuereinnahmen, sondern z. B. auch die Einnahmen aus Verwaltung und Betrieb, aus Vermögensveräußerung, aus staatlichen Finanzausgleichsleistungen usw.

Für die Einnahmenbeschaffung der Gemeinden legt Art. 62 Abs. 2 GO eine bestimmte Reihenfolge fest. Danach sind zunächst die „sonstigen Einnahmen“ in Anspruch zu nehmen, bevor Entgelte für gemeindliche Leistungen (Beiträge, Gebühren) gefordert werden können; erst als letztes Mittel der Einnahmenbeschaffung können schließlich Steuern erhoben werden.

Unter „sonstigen Einnahmen“ sind z. B. zivilrechtliche Entgelte (aus Vermögensveräußerung, aus Vermietung und Verpachtung usw.) anzusehen. Sie spielen in der Praxis eher eine untergeordnete Rolle, weil nur ausnahmsweise Vermögensveräußerungen größeren Umfangs zu verzeichnen sein dürften. Eine deutlich größere Bedeutung haben hingegen die allgemeinen Finanzzuweisungen nach dem Bayerischen Finanzausgleichsgesetz (BayFAG) und sonstige staatliche Zuwendungen sowie die Gemeindeanteile an der Einkommensteuer und an der Umsatzsteuer. Auch diese Einnahmen zählen zu den „sonstigen Einnahmen“.

Die übrigen Einnahmen werden unter dem Oberbegriff **Abgaben** zusammengefasst. Darunter sind alle hoheitlich auferlegten Lasten zu verstehen, die in Geld zu erbringen sind und der Einnahmenbeschaffung dienen. Zum besseren Verständnis folgende Übersicht:

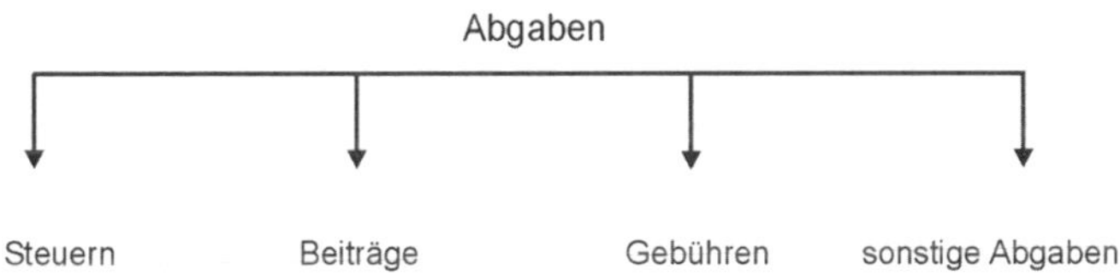

a) Steuern

Steuern sind nach der Legaldefinition in § 3 Abs. 1 AO Geldleistungen, die nicht eine Gegenleistung für eine besondere Leistung darstellen und von einem öffentlich-rechtlichen Gemeinwesen zur Erzielung von Einnahmen erhoben werden. Der Steuerpflichtige erhält also **keine (besondere) Gegenleistung.** Hauptzweck der Steuer ist die **Einnahmenbeschaffung** durch die öffentliche

Hand. Daneben können auch andere Ziele mit der Steuererhebung verfolgt werden (z.B. sozialpolitische, wirtschaftspolitische, umweltpolitische Zwecke).

b) Beiträge

Beiträge sind die Gegenleistung für **die Möglichkeit der Inanspruchnahme einer öffentlichen Einrichtung.** Sie dienen regelmäßig dazu, den Investitionsaufwand ganz oder teilweise auf diejenigen umzulegen, die einen Vorteil aus der öffentlichen Einrichtung haben. Typische Beispiele sind die Herstellungs- oder Verbesserungsbeiträge für Wasserversorgungs- oder Abwasserbeseitigungsanlagen. Die tatsächliche Inanspruchnahme der öffentlichen Einrichtung ist nicht Voraussetzung für die Erhebung von Beiträgen. Es genügt vielmehr, wenn **die Anschlussmöglichkeit** oder **die Nutzungsmöglichkeit** besteht. Weiteres Beispiel für Beiträge sind Erschließungsbeiträge für die Herstellung von Straßen. Die in vielen anderen Bundesländern üblichen Straßenausbaubeiträge für den Ausbau von Ortsstraßen dürfen in Bayern seit Anfang des Jahres 2018 nicht mehr erhoben werden.

c) Gebühren

Gebühren sind die Gegenleistung für die tatsächliche Inanspruchnahme einer (gemeindlichen) Leistung. Wer also eine gemeindliche Leistung nicht in Anspruch nimmt, auch wenn er dazu die Möglichkeit hätte, muss dafür auch keine Gebühr bezahlen. Die wichtigsten Gebühren sind die Benutzungsgebühren nach dem Kommunalabgabengesetz, z.B. für die Inanspruchnahme der Wasserversorgungsanlage oder Abwasserbeseitigungsanlage. Weitere Beispiele für Gebühren: Benutzung des Friedhofs, einer gemeindlichen Bücherei, eines Schwimmbads usw. Daneben gibt es auch **Verwaltungsgebühren;** sie sind für Dienstleistungen der Gemeindeverwaltung zu bezahlen, z.B. für das Ausstellen eines Personalausweises, für eine Genehmigung oder eine Beglaubigung.

d) Sonstige Abgaben

Abgaben, die nicht unter die Definition von Gebühren, Beiträgen oder Steuern fallen, werden als „sonstige Abgaben“ bezeichnet. Dazu zählte ehemals die Feuerschutzabgabe, die nicht mehr erhoben werden darf. Die sonstigen Abgaben haben in der Praxis eine geringe Bedeutung. Zu den sonstigen Abgaben zählen beispielsweise die Abwasserabgabe oder das in Bayern erst gerade eingeführte Wasserentnahmeentgelt, oft auch als Wassercent bezeichnet. Diese werden allerdings vom Freistaat Bayern und nicht von den Gemeinden erhoben.

3. Die Bedeutung der einzelnen eigenen Einnahmen

Obwohl die Steuern in der Reihenfolge der Einnahmenbeschaffung nach Art. 62 Abs. 2 GO eigentlich erst an letzter Stelle stehen, sind sie in der Praxis die wichtigste Einnahmequelle für die Gemeinden. Auch hier zunächst ein Blick auf die Entwicklung der gemeindlichen Steuereinnahmen in Bayern seit 2015:

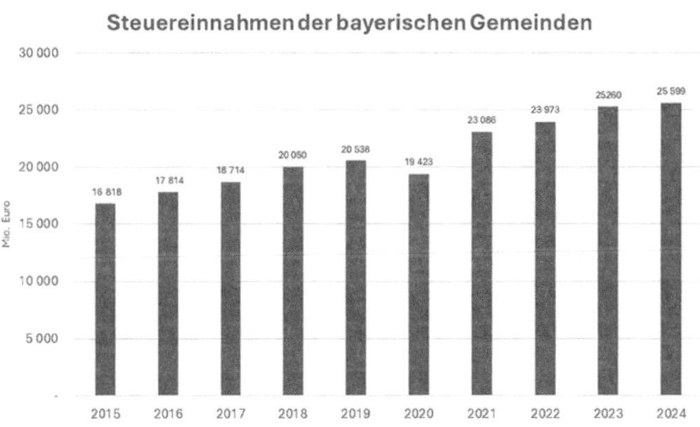

Quelle: Eigene Darstellung auf der Grundlage der amtlichen Kassenstatistik

Die einzelnen Steuerarten tragen zu diesem Aufkommen wie folgt bei:

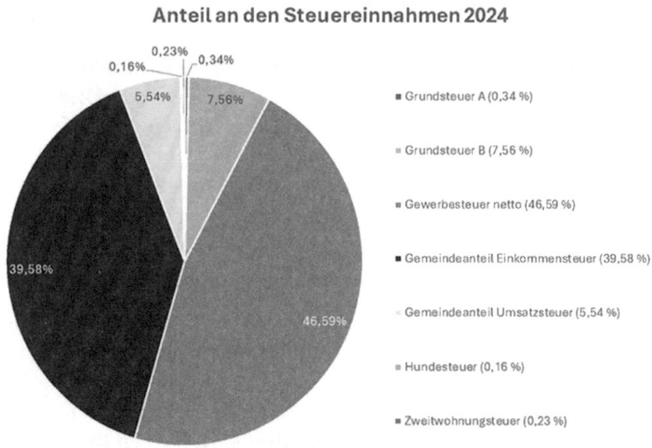

Quelle: Eigene Darstellung auf der Grundlage der amtlichen Kassenstatistik

Anmerkung: Der Anteil der Gewerbesteuer betrifft das Nettoaufkommen, d. h., die abzuführende Gewerbesteuerumlage ist bereits abgezogen. Die örtlichen Verbrauch- und Aufwandsteuern, die Hundesteuer und die Zweitwohnungsteuer sind im Gesamtsystem nahezu bedeutungslos; für die einzelne Gemeinde können sie aber durchaus wichtig sein.

a) Grundsteuer

(1) Vorbemerkung

Nachdem das Bundesverfassungsgericht (BVerfG) mit Urteil vom 10.4.2018 die Erhebung der Grundsteuer auf der Basis der Einheitswerte für verfassungswidrig erklärt hatte, war der Gesetzgeber gefordert, eine Neuregelung zu schaffen, die spätestens ab 1.1.2025 zur Anwendung kommen musste. Hierzu hat der Bundesgesetzgeber ein neues Grundsteuergesetz verabschiedet, den Ländern aber die Möglichkeit eigener Regelungen eröffnet.

Der Freistaat Bayern hat von dieser Möglichkeit Gebrauch gemacht und ein eigenes Grundsteuergesetz verabschiedet, das ganz erheblich vom sog. Bundesmodell abweicht. Bayern hat sich dabei für ein reines Flächenmodell entschieden. Das bedeutet, dass für die Steuerhöhe allein die Fläche des Grundstücks und die Gebäudefläche maßgeblich sind. Der Wert des Grundstücks ist für die Bemessung unerheblich.

(2) Grundsteuererhebung

Von den im Gemeindegebiet gelegenen landwirtschaftlichen Grundstücken wird die Grundsteuer A erhoben, von den bebauten bzw. bebaubaren Grundstücken die Grundsteuer B. Das Besteuerungsverfahren ist zweistufig. Zunächst ermittelt das Finanzamt den sog. **Grundsteuermessbetrag** des Grundstückes und erlässt auf dieser Grundlage den sog. **Grundsteuermessbescheid.** Der darin genannte Grundsteuermessbetrag wird dann mit dem von der Gemeinde festgesetzten **Grundsteuerhebesatz** multipliziert. Das Ergebnis ist die vom Grundstückseigentümer zu bezahlende Grundsteuer.

Die Grundsteuer A hat im Jahr 2024 gerade einmal ca. 0,4 % des gesamten gemeindlichen Steueraufkommens betragen. Dennoch ist sie besonders in den ländlich strukturierten Gebieten nach wie vor eine wichtige Steuerquelle, die in einzelnen Gemeinden zu einem wesentlich höheren Anteil zum individuellen Steueraufkommen beiträgt.

Die Grundsteuer B hingegen ist für alle Gemeindekategorien von vergleichbarer Wichtigkeit. Sie hat in der Vergangenheit allerdings ebenfalls an Bedeutung verloren, wie am gesunkenen Anteil an den Gesamtsteuereinnahmen abzulesen ist. Hier stellt sich die Frage, ob in der Zukunft ihre Bedeutung nicht wieder steigen sollte, weil sie eine wenig schwankende, verlässliche Einnahmequelle ist. Letztlich hängt dies vom Verhalten der Gemeinden selbst ab. Da das bayerische Grundsteuergesetz keine wertabhängige Komponente enthält, sollte im Hinblick auf die Inflation regelmäßig eine Anpassung der Hebesätze überprüft werden.

Die Grundsteuer ist im Ergebnis die zuverlässigste Steuerquelle der Gemeinden, weil mit den zu besteuernden Grundstücken keine „Steuerflucht“ begangen werden kann. Bezahlt wird sie von den Grundstückseigentümern bzw. Erbbauberechtigten, die sie im Falle der Vermietung als Nebenkosten auf die Mieter umlegen können. Letztlich trifft die Grundsteuer also alle Gemeindeeinwohner, entweder unmittelbar als Eigentümer oder mittelbar als Mieter. Die individuelle Belastung erscheint tragbar, wenn man bedenkt, dass die Steuerpflichtigen vielfach eine Jahressteuer von schätzungsweise 200 € oder 300 € zu bezahlen haben.

Beeinflussen können die Gemeinden die Höhe der Grundsteuer in erster Linie durch die Festsetzung des Hebesatzes. Über alle Gemeinden verteilt, betrug im Jahr 2024 der durchschnittliche Hebesatz bei der Grundsteuer A 358 v.H. und bei der Grundsteuer B 402 v.H. Die Hebesätze haben sich durch die Grundsteuerreform ab dem Jahr 2025 erheblich auseinanderentwickelt. So sind bei ländlichen Gemeinden bei der Grundsteuer B teilweise Hebesätze von weniger als 200 v.H. vorzufinden, während einzelne Großstädte hier Hebesätze von rund 800 v.H. festgesetzt haben. Diese erheblichen Unterschiede lassen sich dadurch erklären, dass die Gemeinden in der Regel bestrebt waren, ihre Bürger durch die Grundsteuerreform nicht zusätzlich zu belasten.

Nicht vergessen sollten die Gemeinden auch, darauf zu achten, dass die Finanzverwaltung rechtzeitig die Fortschreibung der Grundsteuermesswerte, z.B. im Falle von Bautätigkeiten, durchführt. Entsprechende Mitteilungen über bauliche Veränderungen und Nachfragen beim Finanzamt über den neuen Grundsteuermessbescheid erscheinen hier sinnvoll.

b) Gewerbesteuer

Gewerbesteuerpflichtig sind die inländischen Gewerbebetriebe. Eine Kapitalgesellschaft (z.B. GmbH, AG) ist unabhängig von der konkreten Tätigkeit stets kraft Rechtsform gewerbesteuerpflichtig. Die Personenunternehmer (z.B. Einzelfirmen) unterliegen hingegen nur dann der Gewerbesteuer, wenn sie als Gewerbebetrieb anzusehen sind. Dazu zählen nicht die Betriebe der Land- und Forstwirtschaft sowie die Ausübung der freien Berufe (Ärzte, Rechtsanwälte, Steuerberater usw.).

Besteuerungsgrundlage der Gewerbesteuer ist der sog. Gewerbeertrag.

Das Besteuerungsverfahren ist auch bei der Gewerbesteuer zweistufig. Das Finanzamt ermittelt auf Grundlage des Gewinns des jeweiligen Unternehmens unter Beachtung gesetzlich geregelter Hinzurechnungen (insbesondere Zinsanteile von Mieten, Pachten, Leasingraten) den **Gewerbesteuermessbetrag.** Er ist im sog. **Gewerbesteuermessbescheid** festgesetzt. Die hebeberechtigte Gemeinde wendet darauf wiederum ihren Hebesatz, den **Gewerbesteuerhebesatz** an und erlässt dann den **Gewerbesteuerbescheid.**

Unterhält ein Gewerbebetrieb in mehreren Gemeinden Betriebsstätten oder erstreckt sich eine Betriebsstätte auf das Gebiet mehrerer Gemeinden, wird der Gewerbesteuermessbetrag vom Finanzamt auf die betroffenen Gemeinden **zerlegt.** Das betrifft vor allen Dingen die großen Konzerne (z.B. Energieversorgungsunternehmen, Banken, Versicherungen, Industriebetriebe usw.), aber auch sog. mittelständische Betriebe, die in mehreren Gemeinden aktiv sind. Leider eröffnet das geltende Steuerrecht den Großunternehmen die Möglichkeit, durch Bildung sog. Organgesellschaften, durch Verlustvor- und -rückträge, durch Rückstellungen usw. trotz hoher Bilanzgewinne keine Steuern mehr bezahlen zu müssen. Das ist für die Gemeinden vor allen Dingen deshalb ärgerlich, weil sie für diese Unternehmen vielfältige Vorausleistungen in Form von Bereitstellung der Infrastruktur usw. erbringen, ohne eine adäquate Gegenleistung in Form der Gewerbesteuer zu erhalten.

Das Aufkommen aus der Gewerbesteuer ist in den letzten Jahren – abgesehen von einem kleinen Rückgang während der Coronakrise – deutlich gestiegen. Dazu folgende Übersicht:

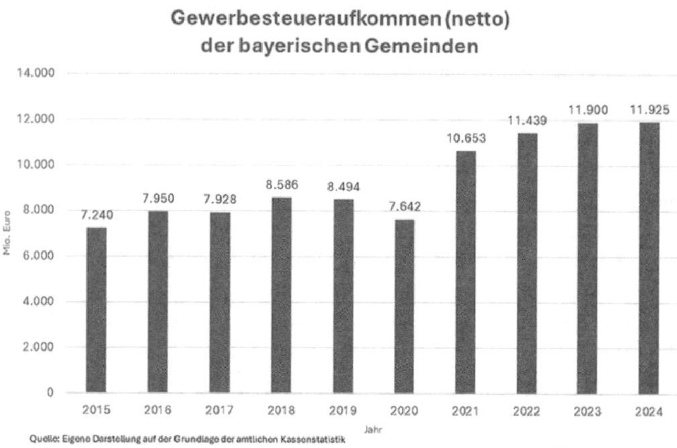

Anmerkung: Dargestellt ist das Nettoaufkommen aus der Gewerbesteuer, d. h., die an Bund und Land abzuführende Gewerbesteuerumlage ist bereits abgezogen.

Die Gewerbesteuer ist damit neben dem Gemeindeanteil an der Einkommensteuer die wichtigste gemeindliche Steuerquelle. Allerdings ist die Höhe der Steuereinnahmen von Gemeinde zu Gemeinde sehr unterschiedlich.

Beeinflusst wird das Gewerbesteueraufkommen zunächst von den Gemeinden dadurch, dass gewerbesteuerpflichtige Unternehmen angesiedelt werden. Dabei gibt es aber keine Chancengleichheit bei den Ausgangspositionen. Viele Gemeinden haben wegen ungünstiger topografischer oder regionaler Lage nahezu keine Möglichkeit, Gewerbebetriebe anzusiedeln. Eine wichtige Rolle spielt dabei die Infrastruktur, namentlich die Anbindung an das überörtliche Verkehrswegenetz, aber auch ein leistungsfähiges Breitbandnetz.

Darüber hinaus können die Gemeinden ihr Gewerbesteueraufkommen durch ihre Hebesatzpolitik verändern. In Bayern lag der durchschnittliche Gewerbesteuerhebesatz im Jahr 2024 in den kreisfreien Städten bei 459 v. H. und in den kreisangehörigen Gemeinden bei 330 v. H. (Gesamtdurchschnitt: 376 v. H.).

Die Gewerbesteuer von Einzelunternehmern und Gesellschaftern einer Personengesellschaft wird im Übrigen bis zum vierfachen Gewerbesteuermessbetrag mit der Einkommensteuerschuld verrechnet. Begrenzt ist die Verrechnungsmöglichkeit aber durch die tatsächlich bezahlte Gewerbesteuer. Diese Steuerpflichtigen profitieren damit bis zu einem Hebesatz von 400 v.H. nicht von niedrigen Gewerbesteuerhebesätzen. Mit anderen Worten: Eine Gemeinde kann für diese Steuerpflichtigen mit einem niedrigen Gewerbesteuerhebesatz keine „Wirtschaftsförderung" betreiben. Beträgt der Hebesatz etwa 300 v.H., kann der Personenunternehmer auch nur den dreifachen Gewerbesteuermessbetrag abziehen; beim Hebesatz 350 v.H. ist es der 3,5-fache, bei 400 v.H. der vierfache Gewerbesteuermessbetrag. Liegt der Hebesatz der Gemeinde hingegen z.B. bei 450 v.H. oder höher, so bleibt die Direktverrechnungsmöglichkeit beim vierfachen Gewerbesteuermessbetrag. Die Folge ist, dass Gewerbesteuerhebesätze von 400 v.H. für Einzelunternehmer und Gesellschafter einer Personengesellschaft im Ergebnis belastungsneutral sind, weil die gesamte bezahlte Gewerbesteuer in diesem Fall von der Einkommensteuerschuld abgezogen werden kann.

Wie sieht es aber bei den Kapitalgesellschaften aus? Sie haben keine Direktverrechnungsmöglichkeit der Gewerbesteuer mit der Körperschaftsteuer. Für sie gilt allerdings Folgendes:

Die Ertragsteuerbelastung von Kapitalgesellschaften (Körperschaftsteuer) beträgt 15 v.H. gegenüber bis zu 45 v.H. (sog. Reichensteuersatz der Einkommensteuer) von Personenunternehmen bzw. 28,25 v.H. im Falle thesaurierter Gewinne (§ 34a EStG). Ihre Gesamtbelastung aus Körperschaftsteuer und Gewerbesteuer liegt daher bei einem Hebesatz von 400 v.H. unterhalb der Gesamtbelastung von Personenunternehmen. Eine Benachteiligung von Kapitalgesellschaften durch gemeindliche Hebesatzanpassungen in diesem Rahmen erscheint damit ausgeschlossen.

Bereits das Grundgesetz billigt den Gemeinden in Art. 28 Abs. 2 „eine den Gemeinden mit Hebesatzrecht zustehende wirtschaftskraftbezogene Steuerquelle" zu. Die Vorschrift enthält damit allerdings keine Garantie der Gewerbesteuer, stellt aber sicher, dass den Gemeinden eine Steuerquelle zusteht, die sich an der Wirtschaftskraft ortsansässiger Unternehmen orientiert.

Die Gewerbesteuer ist gleichwohl erheblicher Kritik aus der Wirtschaft ausgesetzt. Mit der (unzutreffenden) Behauptung, die Gewerbesteuer in Deutschland sei eine im internationalen Vergleich einmalige Sonderbelastung der Unternehmen, wird immer wieder die vollständige Abschaffung der Gewerbesteuer gefordert. Stattdessen sollen die Gemeinden einen Zuschlag zur Lohn- und Einkommensteuer erheben können. Das erscheint nicht unproblematisch, denn de facto würden dadurch die Arbeitnehmer die bisher vom Arbeitgeber bezahlte Gewerbesteuer zu tragen haben. Außerdem knüpft die Gewerbesteuer ein wichtiges Band zwischen Unternehmern und Gemeinden. Ohne die Erträge aus der Gewerbesteuer werden Gemeinden ein deutlich geringeres Interesse daran haben, Gewerbe anzusiedeln. Eine solche Entwicklung dürfte für den Standort Deutschland insgesamt von erheblichem Nachteil sein.

c) Gemeindeanteil an der Einkommensteuer

Seit der Finanzreform 1970 erhalten die Gemeinden einen Anteil an dem Aufkommen der Einkommensteuer, der von den Ländern an ihre Gemeinden auf der Grundlage der Einkommensteuerleistungen ihrer Einwohner weiterzuleiten ist (Art. 106 Abs. 5 GG). Der Anteil beträgt derzeit 15 %. Bund und Länder erhalten den übrigen Teil der Einkommensteuer je zur Hälfte, also zu jeweils 42,5 %. Im Gegenzug für die Beteiligung an der Einkommensteuer müssen die Gemeinden einen Teil ihrer Gewerbesteuer in Form der **Gewerbesteuerumlage** an Bund und Länder abführen. Das hat zwischen den einzelnen Gemeinden einen ausgleichenden Effekt, weil das Aufkommen der Gewerbesteuer örtlich sehr unterschiedlich ist.

Die Verteilung des Gemeindeanteils an der Einkommensteuer erfolgt auf der Basis sog. Schlüsselzahlen. Diese Zahl wird ermittelt, indem das Einkommensteueraufkommen in einer Gemeinde in Beziehung gesetzt wird zum gesamten Einkommensteueraufkommen des betreffenden Bundeslandes. Hier gibt es aber eine Kappungsgrenze, die sog. **Sockelbeträge.** Berücksichtigt wird nämlich nur die Einkommensteuer bis zu einer Einkommensgrenze von 40.000 € bei Ledigen bzw. 80.000 € bei Verheirateten. Eine hohe Zahl von „Einkommensmillionären" bringt also keine Vorteile bei der Einkommensteuerverteilung. Im Gegenteil, es ist besser, wenn in einer Gemeinde 10 verheiratete Arbeitnehmer mit einem Einkommen von jeweils 80.000 € wohnen, als wenn es 9 Arbeitslose und 1 verheirateter Arbeitnehmer mit einem Einkommen von 800.000 € wären.

Die Gemeinden können nur begrenzt Einfluss auf ihren Einkommensteueranteil nehmen. Vor allem geht das über die Ausweisung von Wohnbauflächen, die zur Ansiedlung von Arbeitnehmern führt.

d) Gemeindeanteil an der Umsatzsteuer

Die Gemeinden erhalten einen Anteil von knapp 2 % am Umsatzsteueraufkommen. Dieser Anteil wird noch durch sog. Festbeträge erhöht, die der allgemeinen Entlastung der Gemeinden dienen, aber auch einen Ausgleich für gesetzgeberische Maßnahmen darstellen können. So hat der Bund beispielsweise für die Steuerausfälle, die den Gemeinden durch den sog. Investitionsbooster entstehen, die Festbeträge für die Jahre von 2025 bis 2029 um insgesamt 13 Mrd. Euro erhöht.

Der Gemeindeanteil an der Umsatzsteuer richtet sich aber nicht nach dem örtlichen Aufkommen der Umsatzsteuer, weil es hierzu keine Daten gibt. Es wird stattdessen für jede Gemeinde eine Schlüsselzahl ermittelt, die den Anteil am gesamten Umsatzsteueraufkommen aller Gemeinden bestimmt. Die Schlüsselzahl bestimmt sich zu jeweils einem Viertel aus dem Gewerbesteueraufkommen der vergangenen Jahre sowie der Summe der sozialversicherungspflichtigen Entgelte und zur Hälfte nach der Anzahl der sozialversicherungspflichtigen Beschäftigten. Der Gemeindeanteil an der Umsatzsteuer wird in Zukunft aller Voraussicht nach an Bedeutung gewinnen, denn die Umsatzsteuer ist eine stetige, wachsende Steuerquelle. Es rentiert sich also auch vor diesem Hintergrund auch künftig, Gewerbebetriebe in der Gemeinde anzusiedeln.

Direkt beeinflussbar ist der Umsatzsteueranteil durch die Gemeinden nicht. Mittelbar geprägt wird er jedoch über die Ansiedlungspolitik für Gewerbebetriebe mit allen Problemen, die schon bei der Gewerbesteuer dargestellt wurden (z. B. ungleiche Ausgangschancen!).

e) Weitere eigene Einnahmen

Die wichtigsten übrigen Einnahmen der Gemeinden sind die Beiträge und Gebühren nach dem Kommunalabgabenrecht. Hier schreibt das Kommunalabgabengesetz vor, dass die öffentlichen Einrichtungen regelmäßig kostendeckend zu betreiben sind. Das bedeutet, dass die von der Gemeinde zur Verfügung gestellten Leistungen (z. B. Wasserversorgung, Abwasserbeseitigung) sowohl hinsichtlich des Investitionsaufwands als auch hinsichtlich der laufenden Betriebskosten grundsätzlich in vollem Umfang (von Toleranzgrenzen abgesehen also nicht weniger, aber auch nicht mehr) gesondert von den Einwohnern bzw. Benutzern bezahlt werden müssen. Die Verwendung allgemeiner Haushaltsmittel (z. B. Steuern) dafür ist rechtlich bedenklich.

4. Der kommunale Finanzausgleich

Das eigene Steueraufkommen der Gemeinden in Bayern ist – wie bereits erwähnt – außerordentlich unterschiedlich. Die Steuerkraft reicht von weniger als 600 € je Einwohner bis über 35.000 € je Einwohner. In allen Gemeinden müssen aber im Prinzip die gleichen Aufgaben erfüllt werden. Daraus ist ohne Weiteres erklärlich, dass die steuerschwachen Gemeinden finanzielle Unterstützung in Form des kommunalen Finanzausgleichs benötigen. Das Volumen des kommunalen Finanzausgleichs in Bayern beträgt etwa die Hälfte des eigenen Steueraufkommens der Gemeinden. Für das Jahr 2026 ergeben sich folgende Leistungen:

Kommunaler Finanzausgleich 30. Oktober 2025	NtHH 2025	DHH 2026	Veränderung 2026 gegen 2025	
	Mio. €	Mio. €	Mio. €	in %
Aufl. **Leistungen aus den Steuerverbünden**				
I. **Allg. Steuerverbund (2025: 13 %, 2026: 13,3 %, ab 2027 13,5 %, jew. inkl. 155 Mio. €)**	(6.715,011 4)	(6.801,424 3)	(86,412 9)	(1,3 %)
abzgl. 1. Verstärkung Art. 10 BayFAG kommunaler Hochbau (=B.9b)	(–712,624 7)	(–712,624 7)	(–0,000 0)	(0,0 %)
2. Verstärkung Investitionspauschale (=B.10)	(–446,000 0)	(–446,000 0)	(0,000 0)	(0,0 %)
3. Verstärkung Bedarfszuweisungen (=B.13)	(–48,400 0)	(–48,400 0)	(0,000 0)	(0,0 %)
4. Verstärkung Art. 15 BayFAG für Bezirke (=B.14b)	(–651,248 9)	(–606,248 9)	(45,000 0)	(–6,9 %)
verbleiben für die Schlüsselmasse	4.856,737 8	4.988,150 7	131,412 9	2,7 %
davon 1. Schlüsselzuweisungen	(4.850,649 8)	(4.981,733 7)	(131,083 9)	(2,7 %)
2. Bayer. komm. Prüfungsverband	(5,838 0)	(6,127 0)	(0,289 0)	(5,0 %)
3. Bayer. Selbstverwaltungskolleg	(0,250 0)	(0,290 0)	(0,040 0)	(16,0 %)
II. **Kfz-Steuerersatzverbund (70,0 %)**	(1.084,040 04)	(1.084,040 4)	(0,000 0)	(0,0 %)
davon 1. Abwasserförderung (StMUV)	165,000 0	165,000 0	0,000 0	0,0 %

Kommunaler Finanzausgleich 30. Oktober 2025	**NtHH 2025**	**DHH 2026**	**Veränderung 2026 gegen 2025**	
	Mio. €	**Mio. €**	**Mio. €**	**in %**
2. ÖPNV-Betriebskosten, Bay-ÖPNVG (StMB)	94,300 0	94,300 0	0,000 0	0,0 %
3. ÖPNV-Investitionsförderung, BayGVFG (StMB)	76,135 0	76,135 0	0,000 0	0,0 %
4. ÖPNV-Investitionsförderung, Härtefonds	67,300 0	67,300 0	0,000 0	0,0 %
5. Straßenbau und -unterhalt, Pauschalen und Härtefonds	359,155 4	359,155 4	0,000 0	0,0 %
6. Straßenausbaupauschalen	85,000 0	85,000 0	0,000 0	0,0 %
7. kommunaler Straßenbau, BayGVFG (StMB)	160,000 0	160,000 0	0,000 0	0,0 %
8. kommunale Umgehungsstraßen (StMB) (=B.17b)	(33,900 0)	(33,900 0)	(0,000 0)	(0,0 %)
9. Verstärkung Art. 15 BayFAG für Bezirke (=B.14c)	(43,250 0)	(43,250 0)	0,000 0	0,0 %
III. **Grunderwerbsteuerverbund (8/21)**	676,571 5	763,047 7	86,476 2	12,8 %
IV. **Einkommensteuerersatz**	782,921 6	822,041 6	39,120 0	5,0 %
B. **Leistungen außerhalb der Steuerverbünde**				
1. Finanzzuweisungen – Pro-Kopf-Beträge (Art. 7 BayFAG)	505,900 0	499,500 0	–6,400 0	–1,3 %

Kommunaler Finanzausgleich 30. Oktober 2025	NtHH 2025	DHH 2026	Veränderung 2026 gegen 2025	
	Mio. €	Mio. €	Mio. €	in %
2. Gebührenaufkommen der Landkreise	275,000 0	295,000 0	20,000 0	7,3 %
3. Geldbußen und Verwarnungsgelder	130,000 0	158,000 0	28,000 0	21,5 %
4. Besondere finanzzuweisungen (Gesundheitsämter, Verbraucherschutz, Heimaufsicht)	68,000 0	67,000 0	–1,000 0	–1,5 %
5. Besondere Finanzzuweisungen für Wasserwirtschaftsämter	2,500 0	2,500 0	0,000 0	0,0 %
6. Nutzungsentgelt Datenbank Bayernrecht	0,090 0	0,090 0	0,005 0	0,0 %
7. Abgeltung urheberrechtl. Ansprüche (StMUK, StMWK)	11,395 0	9,666 0	–1,728 7	–15,2 %
8. Krankenhausfinanzierung nach dem BayKrG	800,000 0	800,000 0	0,000 0	0,0 %
9. Zuweisung nach Art. 10 BayFAG für Schulen, Kindertageseinrichtungen u. a.	1.070,405 9	1.070,405 9	0,000 0	0,0 %
davon a) allgemeine Haushaltsmittel	(357,781 2)	(357,781 2)	(0,000 0)	(0,0 %)
b) Verstärkung aus allg. Steuerverbund	(712,624 7)	(712,624 7)	(0,000 0)	(0,0 %)
10. Investitionspauschale	446,000 0	446,000 0	0,000 0	0,0 %
Verstärkung aus allg. Steuerverbund	(446,000 0)	(446,000 0)	(0,000 0)	(0,0 %)

Kommunaler Finanzausgleich 30. Oktober 2025	NtHH 2025	DHH 2026	Veränderung 2026 gegen 2025	
	Mio. €	Mio. €	Mio. €	in %
11. Zuweisungen für Altlasten und Abfall (StMUV)	3,675 0	3,575 8	–0,0992	2,7 %
12. Zuweisungen zur Schülerbeförderung	300,000 0	320,000 0	20,000 0	6,7 %
13. Allgemeine Bedarfszuweisungen/Stabilisierungshilfen	100,000 0	150,000 0	50,000 0	50,0 %
davon a) allgemeine Haushaltsmittel	(51,600 0)	(101,600 0)	(50,000 0)	(96,9 %)
b) Verstärkung aus allg. Steuerverbund	(48,400 0)	(48,400 0)	(0,000 0)	(0,0 %)
14. Zuweisungen an die Bezirke	836,481 7	1.316,481 7	480,000 0	57,4 %
davon a) allgemeine Haushaltsmittel	(141,982 8)	(66,982 8)	(525,000 0)	(369,8 %)
b) Verstärkung aus allg. Steuerverbund	(651,248 9)	(606,248 9)	(–45,000 0)	(–6,9 %)
c) Verstärkung aus KfzSt-Ersatzverbund	(43,250 0)	(43,250 0)	(0,000 0)	(0,0 %)
15. Jugendhilfeausgleich	16,870 0	16,870 0	0,000 0	0,0 %
16. Zuweisungen für den ÖPNV nach Bundes-GVFG (StMB)	55,000 0	55,000 0	0,000 0	0,0 %
17. Sonderbaulastprogramm, kommunale Umgehungsstraßen (StMB)	40,000 0	40,000 0	0,000 0	0,0 %

Kommunaler Finanzausgleich 30. Oktober 2025	**NtHH 2025**	**DHH 2026**	**Veränderung 2026 gegen 2025**	
	Mio. €	**Mio. €**	**Mio. €**	**in %**
davon a) allgemeine Haushaltsmittel	(6,100 0)	(6,100 0)	(0,000 0)	0,0 %
b) Mittel aus KfzSt-Ersatzverbund	(33,900 0)	(33,900 0)	(0,000 0)	(0,0 %)
C. **FA-Leistungen insgesamt**	**11.984,438 9**	**12.830,220 1**	**845,781 2**	**7,1 %**
Kommunalanteil am KHG	–407,151 1	–397,394 0	9,757 1	–2,4 %
Bundesleistungen nach dem EntflechtungsG/ Bundes-GVFG	–55,000 0	–55,000 0	(0,000 0)	0,0 %
D. **Reine Landesleistungen**	**11.522,287 8**	**12.377,826**	**855,538 3**	**7,4 %**

Diese Zahlen ergeben sich wie folgt:

a) Allgemeiner Steuerverbund

Dem Auftrag des Art. 106 Abs. 7 GG folgend erhalten die Gemeinden von dem Länderanteil am Gesamtaufkommen der Gemeinschaftssteuern (Einkommensteuer, Körperschaftsteuer, Umsatzsteuer), dem in Bayern noch das Aufkommen des Landes aus der Gewerbesteuerumlage hinzugerechnet wird, einen Anteil von 13,3 % im Jahr 2026 und sogar 13,5 % im Jahr 2027. Dieser Teil wird **Anteilmasse** genannt, während der gesamte Topf aus Landesanteil Einkommensteuer, Körperschaftsteuer, Umsatzsteuer und Gewerbesteuerumlage als **Verbundmasse** bezeichnet wird. In anderen Bundesländern ist der prozentuale Anteil der Gemeinden an der Verbundmasse deutlich höher. Allerdings gibt es in Bayern eine Reihe von finanziellen Hilfen des Staates zu Einzelprojekten, sodass die bayerischen Gemeinden in der Gesamtsumme der staatlichen Finanzhilfen nicht schlecht dastehen.

Aus der Anteilmasse werden im Wege der sog. Vorwegentnahme bestimmte Mittel abgezweigt (z.B. für die Hochbauförderung nach Art. 10 FAG).

Der Rest bildet die sog. **Schlüsselmasse,** die zu 64 % den Gemeinden und zu 36 % den Landkreisen zufließt. Die Bezirke erhalten keine Schlüsselzuweisungen; sie erhalten stattdessen den **Sozialhilfeausgleich** nach Art. 15 FAG, der die besonderen Belastungen der Bezirke als überörtliche Sozialhilfeträger berücksichtigt.

Aus der Schlüsselmasse kommt das Herzstück des kommunalen Finanzausgleichs, die Schlüsselzuweisungen nach Art. 2ff. FAG. Sie sollen auch jene Gemeinden, die nicht über ausreichende eigene Einnahmen verfügen, dazu in die Lage versetzen, ihre Aufgaben angemessen zu erledigen. Zu diesem Zweck wird für jede Gemeinde eine sog. „durchschnittliche Ausgabebelastung“ ermittelt und mit der eigenen „Steuerkraft“ verglichen. Die durchschnittliche Ausgabebelastung wird in einer Ausgangsmesszahl ausgedrückt, von der die eigenen Steuereinnahmen der Gemeinde nach einem standardisierten Verfahren als Steuerkraftmesszahl abgezogen werden. Ist die Ausgangsmesszahl größer als die Steuerkraftmesszahl, so erhält die Gemeinde 55 v.H. des Unterschiedsbetrags als Schlüsselzuweisung.

Diese auf den ersten Blick etwas kompliziert klingende Regelung lässt sich wie folgt erläutern:

(1) Ermittlung der Steuerkraftmesszahl

Da die gemeindlichen Einnahmen aus den verschiedenen Steuern recht unterschiedlich sind, wird für die Steuerkraftberechnung ein standardisiertes Verfahren angewandt. Mit den sog. Nivellierungshebesätzen bei Grund- und Gewerbesteuer wird versucht, allen Gemeinden eine vergleichbare Einnahmenpolitik zu unterstellen. Es wird so getan, wie wenn alle Gemeinden bei ihren Realsteuern jeweils einen einheitlichen Hebesatz anwenden würden. Das bewirkt, dass jene Gemeinden, die lediglich unterdurchschnittliche Hebesätze haben und damit ihre Bürger eher weniger mit Abgaben belasten, daraus keine Vorteile beim

Finanzausgleich ziehen können. Umgekehrt sollen die Gemeinden, die überdurchschnittliche Hebesätze anwenden, diese überproportionale Belastung ihrer Bürger behalten dürfen.

Die Steuerkraftberechnung stellt grundsätzlich auf die Steuereinnahmen der Vergangenheit ab, soweit diese statistisch bereits ermittelt sind. Wenn etwa die Steuerkraft für das Jahr 2026 berechnet werden soll, so muss auf die Zahlen des Jahres 2024 zurückgegriffen werden, denn am 1.1.2026 können die Zahlen des Jahres 2025 noch gar nicht endgültig bekannt sein.

Im Einzelnen erfolgt die Steuerkraftberechnung wie folgt:

aa) Grundsteuer

Bei der Grundsteuer A und der Grundsteuer B gilt jeweils ein Nivellierungshebesatz von 310 v.H. (Art. 4 Abs. 2 Satz 1 Nr. 1 und 2 BayFAG), zuzüglich eines Zuschlags von 10 % der Grundsteuereinnahmen, die aufgrund eines über 310 v.H. liegenden Hebesatzes erzielt werden (Art. 4 Abs. 2 Satz 2 BayFAG). D.h., die Einnahmen aus der Grundsteuer innerhalb eines Kalenderjahres, ermittelt aufgrund der amtlichen Kassenstatistik, werden zunächst durch den gemeindlichen Hebesatz geteilt und dann mit dem Nivellierungshebesatz von 310 v.H. multipliziert. Hat eine Gemeinde z.B. aufgrund eines Grundsteuerhebesatzes von 350 v.H. Grundsteuereinnahmen in Höhe v. 350.000 €, so lautet der Rechenschritt:

350.000 € : 350 v.H. × 310 v.H. = 310.000 €.

Hinzu kommt von dem über 310.000 € liegenden Betrag (350.000 € ./. 310.000 € = 40.000 €) ein Zuschlag von 10 %, im vorliegenden Fall also 4.000 €. Insgesamt werden demnach 314.000 € als Steuerkraftzahl angerechnet. Der Rest, nämlich 36.000 €, bleibt der Gemeinde ungeschmälert zur freien Verfügung. Wären die erwähnten 350.000 € jedoch aufgrund eines Hebesatzes von 200 v.H. eingenommen worden, so würde die Rechnung lauten:

350.000 € : 200 v.H. × 310 v.H. = 542.500 €.

Ein Zuschlag von 10 % käme nicht hinzu, weil der tatsächliche gemeindliche Hebesatz nicht über dem Nivellierungshebesatz von 310 v.H. liegt.

Die Gemeinde müsste sich dann, obwohl sie nur 350.000 € eingenommen hat, 542.500 € als Steuerkraftzahl aus der Grundsteuer anrechnen lassen.

Durch das neue bayerische Grundsteuerrecht, das ab dem Jahr 2025 zur Anwendung kommt, ist die Zukunft des Nivellierungshebesatzes ungewiss, da sich die Hebesätze erheblich auseinanderentwickelt haben. Der Gesetzgeber hat deshalb entschieden, dass die Steuerkraftberechnung für das Jahr 2026, die nach dem Steueraufkommen des Jahres 2024 (also noch vor der Grundsteuerreform) berechnet wird, bis zum Jahr 2029 gelten soll.

bb) Gewerbesteuer

Bei der Gewerbesteuer beträgt der sog. Nivellierungshebesatz ebenfalls 310 v.H. (Art. 4 Abs. 2 Nr. 3 BayFAG) zuzüglich eines Zuschlags von 10 % der Gewerbesteuereinnahmen, die aufgrund eines über 310 v.H. liegenden Hebesatzes erzielt werden (Art. 4 Abs. 2 Satz 2 BayFAG). Da die Gemeinden bei der Gewerbesteuer jedoch eine sog. Gewerbesteuerumlage abführen müssen, wird diese Umlage in Abzug gebracht.

Am Beispiel des Jahres 2026 ergibt sich damit für den Gewerbesteuernivellierungshebesatz Folgendes:

Die Gewerbesteuerumlage betrug im Jahr 2024 (die Steuereinnahmen dieses Jahres sind bekanntlich für die Steuerkraft 2026 maßgebend) 35 v.H. Diese 35 v.H. werden vom Nivellierungshebesatz von 310 v.H. abgezogen, sodass im Ergebnis die Gewerbesteuereinnahmen der Gemeinden im Jahr 2024 mit einem standardisierten Hebesatz von 275 v.H. für die Steuerkraftberechnung des Jahres 2020 zu berücksichtigen sind.

Es ergibt sich also folgende Berechnung:

Die Gewerbesteuereinnahmen einer Gemeinde innerhalb eines Kalenderjahres, ermittelt auf der Grundlage der Meldungen der Gemeinde über die Gewerbesteuerumlage an das Zentralfinanzamt, werden durch den individuellen gemeindlichen Hebesatz geteilt und anschließend mit 275 v.H. als (bereinigter) Nivellierungshebesatz multipliziert. Für eine Gemeinde, die einen Gewerbesteuerhebesatz von 380 v.H. hat, ergibt sich also im Falle von Gewerbesteuereinnahmen von 760.000 € folgende Rechnung:

760.000 € : 380 v.H. × 275 v.H. = 550.000 €.

Hinzu kommt der Zuschlag von 10 % der Gewerbesteuereinnahme, die auf dem über dem Nivellierungshebesatz von 310 v.H. liegenden tatsächlichen Hebesatz beruhen (hier: 760.000 €, beruhend auf 380 v.H. Hebesatz, abzüglich 620.000 € bei 310 v.H. Hebesatz, also 760.000 € ./. 620.000 € = 140.000 €; davon 10 % = 14.000 €).

Insgesamt beträgt die Gewerbesteuerkraftzahl demnach 550.000 € + 14.000 € = 564.000 €.

Tatsächlich hat die Gemeinde 780.000 € eingenommen, wovon sie als Gewerbesteuerumlage 70.000 € (35 v.H.) abzuführen hat. Per Saldo hat die Gemeinde also Nettoeinnahmen von 710.000 €, die mit einem Anteil von 564.000 € bei der Steuerkraftzahl aus der Gewerbesteuer Berücksichtigung finden. 146.000 € verbleiben der Gemeinde in diesem Beispiel zur freien Verfügung ohne Berücksichtigung im Finanzausgleich.

cc) Gemeindeanteil an der Einkommensteuer

Waren die Steuerkraftzahlen aus der Grundsteuer und aus der Gewerbesteuer noch vergleichsweise einfach darstellbar, so erfordert die Ermittlung der Steuerkraftzahlen aufgrund des Gemeindeanteils an der Einkommensteuer ein noch etwas konzentrierteres Hinsehen, auch wenn die maßgebliche Vorschrift, Art. 4 Abs. 2 Nr. 4 FAG, gar nicht so kompliziert erscheint. Für die Berechnung sind folgende Schritte erforderlich:

Die Einkommensteuerbeteiligung einschließlich Familienleistungsausgleich (Art. 1b FAG) wird sowohl für alle Gemeinden im Freistaat Bayern zusammen als auch für jede einzelne Gemeinde individuell ermittelt. Aufgrund der Zahlen in ganz Bayern wird eine durchschnittliche Einkommensteuerbeteiligung je Einwohner errechnet. Damit wird die Einkommensteuerbeteiligung der betreffenden Gemeinde je Einwohner verglichen.

Die Beträge, die bis zur Hälfte des Landesdurchschnittsbetrags liegen, werden mit 65 v. H. berücksichtigt, die Beträge darüber mit 100 v. H. Dazu folgendes Beispiel:

Grundannahmen (stark gerundet):

Einkommensteuerbeteiligung in Bayern	10.000 Mio. €
Bevölkerung in Bayern:	13 Mio. Einwohner
Durchschnitt:	770 € je Einwohner
Davon 50 v. H.:	385 € je Einwohner
Angenommener Einkommensteueranteil der Gemeinde × (5.000 Einwohner):	400 € je Einwohner

Berechnung:
Schritt 1: 65 % aus 385 € = 250 €
Schritt 2: 100 % aus (500 € – 385 €) = 125 €
Schritt 3: Summe = 375 €

In die Steuerkraftberechnung fließen im Beispielsfall also 375 € je Einwohner, d. h. bei unterstellt 5.000 Einwohnern 1.875.000 € ein. Tatsächlich hat die Gemeinde jedoch eine Einkommensteuerbeteiligung von 2.500.000 € erhalten. Auch hier ist das Ziel der Berechnung, den Gemeinden einen freien Finanzspielraum zu belassen.

dd) Umsatzsteuerbeteiligung

Am einfachsten ist die Steuerkraftzahl aus der gemeindlichen Umsatzsteuerbeteiligung nach Art. 4 Abs. 2 Nr. 5 FAG zu ermitteln. Hier werden die der Gemeinde aus der Umsatzsteuerbeteiligung zugeflossenen Mittel zu 100 % angesetzt. Da die Umsatzsteuer einen relativ geringen Anteil am gesamten gemeindlichen Steueraufkommen ausmacht, erscheint dies hinnehmbar.

ee) Sonstige gemeindliche Steuereinnahmen

Weitere gemeindliche Steuereinnahmen, insbesondere aus der Zweitwohnungsteuer oder aus der Hundesteuer, werden bei der Ermittlung der Steuerkraftzahlen nicht berücksichtigt.

(2) Ermittlung der Ausgangsmesszahl

Die Ermittlung der Ausgangsmesszahl, die die durchschnittliche Ausgabebelastung einer Gemeinde abbilden soll, ist in Art. 3 FAG geregelt. Dort wird unterschieden zwischen dem sog. Hauptansatz und den Ergänzungsansätzen. Folgendes ist zu beachten:

aa) Hauptansatz

Historisch bedingt werden die Einwohner einer Gemeinde, je nach Gemeindegröße, mit unterschiedlichen Faktoren multipliziert. Das Gesetz bestimmt seit 1.1.2013, dass der Hauptansatz für eine Gemeinde

mit nicht mehr als 5.000 Einwohnern:	112 v.H.
mit 10.000 Einwohnern:	115 v.H.
mit 25.000 Einwohnern:	125 v.H.
mit 50.000 Einwohnern:	135 v.H.
mit 100.000 Einwohnern:	140 v.H.
mit 250.000 Einwohnern:	145 v.H.
und mit 500.000 und mehr Einwohnern:	150 v.H.

der Einwohnerzahl beträgt.

Für Gemeinden mit dazwischen liegenden Einwohnerzahlen gelten die entsprechenden dazwischen liegenden Beträge, d.h., es wird eine Interpolation vorgenommen.

Als Einwohner werden die in der Gemeinde mit Stichtag 31. Dezember des vorvorhergehenden Jahres mit Hauptwohnsitz gemeldeten Personen berücksichtigt. Als Folge des demografischen Wandels wird ausnahmsweise die durchschnittliche Einwohnerzahl der zehn davorliegenden Jahre berücksichtigt, falls diese Zahl höher ist. Als Einwohner zählen nur solche mit Hauptwohnsitz, da für Nebenwohnungen keine statistisch relevanten Zahlen vorliegen. Hinzugerechnet werden ¾ der nicht kasernierten Stationierungsstreitkräfte mit deren Angehörigen.

Finanzen

Dazu folgendes Berechnungsbeispiel für die Schlüsselzuweisungen des Jahres 2026:

Grundannahmen:
Hauptwohnsitze am 31.12.2024: 7.200
Durchschnitt der Hauptwohnsitze der Jahre 2014 bis 2023: 7.400
zu berücksichtigen: 7.400
Nicht kasernierte Stationierungsstreitkräfte:
1.000, davon zu berücksichtigen: 3/4: 750
Ergebnis: Einwohnerzahl Hauptansatz: 8.150

Berechnung:
Für 5.000 Einwohner 112 v. H.
für weitere 3.150 Einwohner: (3 v. H.: 5.000 x 3.150) = 1,89 v. H.
Hauptansatz gesamt: 113,89 v. H.

bb) Ergänzungsansatz für kreisfreie Gemeinden

Aufgrund ihrer Funktion als kreisfreie Gemeinden erhalten diese einen pauschalen Zuschlag zu dem für sie zutreffenden Hauptansatz in Höhe von 10 v. H. Im Falle der Landeshauptstadt München bedeutet das etwa, dass zum Hauptansatz von 150 v. H. ein Zuschlag von 15 v. H. hinzukommt, sodass ein kumulierter Ansatz von 165 v. H. entsteht.

cc) Ergänzungsansatz für Strukturschwäche

Relativ schwer zu beschreiben ist der Ergänzungsansatz für Strukturschwäche, der Gemeinden mit einer überdurchschnittlichen Zahl an Arbeitslosen im Verhältnis zu ihrer Steuerkraft gewährt wird. Am besten lässt sich dies auf der Grundlage eines Beispiels nachvollziehen.

■ Beispiel: Gemeinde mit 4.000 Einwohnern	
■ Durchschnittliche Arbeitslosenzahl:	300 Personen
■ Steuerkraft 1.800.000 €; davon 1/1000	1.800 €
■ Verhältnis	
Arbeitslosenzahl: 1/1000 Steuerkraft	16,66 v.H.
Landesdurchschnitt 4,5 v.H.	
→ 16,66 v.H. – 4,5 v.H. = 12,16 v.H.	
→ 12,16 v.H. × 1,7	= 20,67 v.H.
davon werden voll angesetzt	20,00 v.H.
übersteigender Anteil 0,67 v.H. zur Hälfte	0,34 v.H.
■ Strukturansatz (höchstens 35 v.H.)	20,34 v.H.
■ Hauptansatz plus Strukturansatz	
112 v.H. + 20,34 v.H.	= 132,34 v.H.

Es wird also zunächst nach der Arbeitslosenstatistik ermittelt, wie viele Personen in der betreffenden Gemeinde im maßgeblichen Jahr arbeitslos waren. Im Beispielsfall sind diese mit 300 Personen angenommen, also eine im Vergleich zur Einwohnerzahl von 4.000 beachtliche Arbeitslosigkeit. Die Steuerkraft der Gemeinde wurde im Beispielsfall mit 1.800.000 € angenommen, sodass 1/1000 davon 1.800 € sind. Sodann wurde das Verhältnis zwischen der Arbeitslosenzahl und 1/1000 der Steuerkraft gebildet, was ein Resultat von 16,66 v.H. ergibt. Weiter wurde die landesdurchschnittliche Relation zwischen Arbeitslosenzahl und 1/1000 der Steuerkraft mit 4,5 v.H. zugrunde gelegt. Der in der Gemeinde über dem Landesdurchschnitt liegende Wert (16,66 v.H. minus 4,5 v.H.) mit 12,16 v.H. wurde schließlich mit dem Faktor 1,7 multipliziert, wie es in Art. 3 Abs. 1 Nr. 3 FAG vorgesehen ist. Daraus ergibt sich ein Wert von 20,67 v.H. Voll angesetzt werden davon 20 v.H., und vom übersteigenden Anteil (0,67 v.H.) wird die Hälfte, nämlich 0,34 v.H., angesetzt. Der gesamte Ansatz für Strukturschwäche, der höchstens 35 v.H. betragen darf, ergibt im Beispielsfall also 20,34 v.H., die zum Hauptansatz von 112 v.H. hinzugerechnet werden. Kumuliert ergibt sich damit ein Ansatz von 132,34 v.H.

dd) Ergänzungsansatz für Soziallasten

Den Ergänzungsansatz für Soziallasten erhalten nur die kreisfreien Städte. Dabei werden die Soziallasten generell berücksichtigt, indem die durchschnittliche Zahl der Personen in Bedarfsgemeinschaften nach dem SGB II mit dem Faktor 3,1 multipliziert und der Einwohnerzahl zugerechnet wird. Bei z. B. 500 Personen in Bedarfsgemeinschaften ist das also ein Zuschlag von 1.550 Personen.

ee) Ergänzungsansatz für Kinderbetreuung

Dieser Ergänzungsansatz wird kreisfreien wie kreisangehörigen Gemeinden gleichermaßen gewährt. Dabei wird die Zahl der Kinder in Kindertageseinrichtungen mit dem Faktor 1,0 der Einwohnerzahl hinzugerechnet.

(3) Konkrete Berechnung der Schlüsselzuweisungen

Die aufgrund der Ermittlung der Ausgangsmesszahlen gewonnenen Werte werden auf die Zahl der Einwohner angewandt, sodass die Zahl der „gewichteten Einwohner“ entsteht. Bei tatsächlich ca. 13 Mio. Einwohnern ergibt das rund 18 Mio. „gewichtete Einwohner“ in ganz Bayern.

Auf der Grundlage dieser gewichteten Einwohnerzahlen wird dann die zur Verfügung stehende Schlüsselzuweisungsmasse für die Gemeinden in einen sog. einheitlichen Grundbetrag je Einwohner umgerechnet. Dieser wird nach Art. 2 Abs. 3 FAG so festgesetzt, dass der als Gemeindeschlüsselmasse zur Verfügung stehende Betrag aufgebraucht wird. Das erfordert einen mehrfachen Rechenvorgang. Es muss jeweils verglichen werden, ob bei Anwendung des angenommenen Grundbetrags die „bedürftigen Gemeinden“ so zahlreich sind, dass die Schlüsselmasse auch tatsächlich aufgebraucht wird. Wenn beispielsweise bei einem Grundbetrag von 700 € je Einwohner so viele Gemeinden aus der Schlüsselzuweisungsberechtigung herausfallen würden, weil sie aufgrund ihrer eigenen Steuerkraftmesszahl die ermittelte Ausgangsmesszahl nicht übersteigen, so muss der Grundbetrag in einem zweiten Berechnungsvorgang entsprechend angehoben werden. Dieser zweite Betrag wird meist ebenfalls noch nicht Art. 2 Abs. 3 FAG genügen, sodass weitere Rechenschritte erforderlich sind, bis der „richtige“ einheitliche Grundbetrag gefunden ist. Ein genaues Berechnungsbeispiel an dieser Stelle darzustellen, würde zu weit führen.

(4) Sonderschlüsselzuweisungen

Nur der Vollständigkeit halber sei noch auf Art. 3 Abs. 2 FAG hingewiesen, wonach Gemeinden mit einer außerordentlich geringen Steuerkraftmesszahl (je Einwohner unter 75 v.H. des mit dem v.H. Satz ihres Hauptansatzes angesetzten Landesdurchschnitts) sog. Sonderschlüsselzuweisungen in Höhe von 15 v.H. erhalten können.

b) Kraftfahrzeugsteuerersatzverbund

Seit die Kraftfahrzeugsteuer allein dem Bund zusteht und die Länder zum Ausgleich dafür einen bestimmten festen Ersatzbetrag pro Jahr erhalten, sind die Gemeinden in Bayern nicht mehr am örtlichen Aufkommen der Kraftfahrzeugsteuer (direkt oder indirekt) beteiligt. Sie erhalten vielmehr jetzt einen Anteil an dem vom Bund bereitgestellten Ersatzbetrag. Für das Jahr 2026 beträgt er 70 %. Ursprünglich waren diese Mittel nur für den Straßenbau und den Straßenunterhalt gedacht. Seit geraumer Zeit werden aus Mitteln des Kraftfahrzeugsteueraufkommens aber auch Abwasser- und Wasserversorgungsanlagen sowie der öffentliche Personennahverkehr gefördert. Außerdem werden Mittel aus der Kfz-Steuer für den Sozialhilfeausgleich für die Bezirke nach Art. 15 FAG verwendet.

Für die Verteilung ist maßgebend, was die jeweilige Gemeinde in der Vergangenheit als Anteil erhalten hat, da das örtliche Kraftfahrzeugsteueraufkommen nicht mehr ermittelt wird und für kleinere Gemeinden die frühere Koppelung an die Länge der Gemeindestraßen lt. Bestandsverzeichnis aufgehoben wurde. Als Orientierungshilfe kann allerdings in Gemeinden bis zu 5.000 Einwohner nach wie vor ein Wert je km Straßenlänge von derzeit ca. 1.500 € angenommen werden. Daneben erhalten auch die

Landkreise pauschale Zuweisungen für ihre Kreisstraßen. Ferner sind zum Ausgleich besonderer Belastungen und zur Minderung von Härten Mittel in einem sog. Härtefonds vorgesehen.

c) Grunderwerbsteuerverbund

Der Kommunalanteil an der Grunderwerbsteuer beträgt 8/21. Das entspricht dem ursprünglichen Anteil von 2/3 bei einem Grunderwerbsteuersatz von 2 %. Die Erhöhung der Grunderwerbsteuer auf 3,5 % im Jahr 1997 kommt den Kommunen also nicht zugute.

Der Kommunalanteil an der Grunderwerbsteuer, der sich am örtlichen Aufkommen orientiert, fließt den kreisfreien Städten und den Großen Kreisstädten in voller Höhe zu, ansonsten wird er zwischen den kreisangehörigen Gemeinden (3/7) und dem Landkreis (4/7) geteilt.

d) Finanzausgleichsleistungen außerhalb der Steuerverbünde

An erster Stelle zu nennen sind hier die sog. Finanzzuweisungen. Das sind staatliche Mittel, die den Gemeinden, den Verwaltungsgemeinschaften und den Landkreisen als Ersatz für die Aufwendungen gewährt werden, die ihnen bei der Erfüllung von Staatsaufgaben (übertragener Wirkungskreis) entstehen. Die Finanzzuweisungen dienen bei den Landkreisen auch als Ersatz des Verwaltungsaufwands für das staatliche Landratsamt. Die Finanzzuweisungen werden als sog. Kopfbeträge je Einwohner pauschal verteilt. Im Jahr 2026 betragen diese 36,84 € je Einwohner. Kreisfreie Städte erhalten den vollen Betrag. Kreisangehörige Gemeinden und Landkreise teilen sich diesen Betrag je zur Hälfte, erhalten also jeweils 18,42 € je Einwohner.

An sonstigen Leistungen außerhalb der Steuerverbünde sind insbesondere die Zuschüsse nach Art. 10 FAG (Hochbauförderung), die Zuweisungen zu den Kosten der Schülerbeförderung, der Sozialhilfeausgleich an die Bezirke (Art. 15 FAG), die Investitionspauschale und die Zuwendungen nach dem Krankenhausfinanzierungsgesetz zu erwähnen. Auf deren Erläuterungen im Einzelnen wird an dieser Stelle verzichtet.

5. Die Ausgaben der Gemeinden

Die Gemeinden haben im Rahmen ihrer Allzuständigkeit vielfältige Aufgaben und dementsprechend auch Ausgaben. Ohne eine entsprechende gemeindliche Aufgabe darf allerdings auch keine Ausgabe geleistet werden. In gleicher Weise sollte man annehmen, dass nicht mehr ausgegeben werden kann als eingenommen wird. Das ist aber nicht immer zu gewährleisten, weil sich ja auch die Steuereinnahmen unterschiedlich entwickeln. Im Notfall müssen die Gemeinden also zur Finanzierung ihrer Aufgaben Kredite aufnehmen, die sie in besseren Zeiten wieder zurückzahlen müssen.

Wie hoch die Ausgaben der bayerischen Gemeinden jährlich sind, kann der folgenden Übersicht entnommen werden:

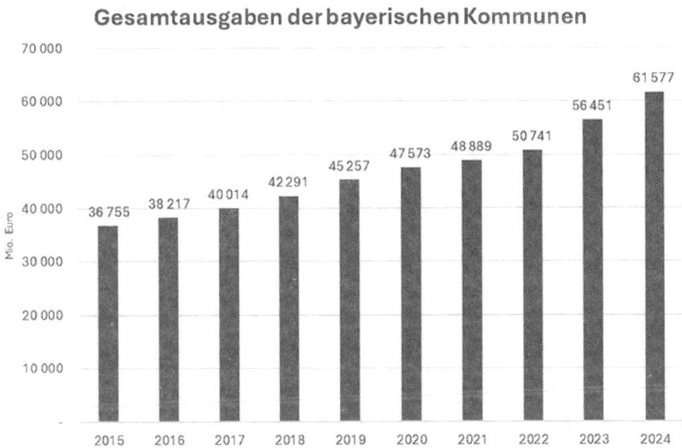

Quelle: Eigene Darstellung auf der Grundlage der amtlichen Kassenstatistik

Der Unterschiedsbetrag zwischen Einnahmen und Ausgaben, der sog. Finanzierungssaldo, war bis zum Jahr 2022 relativ ausgeglichen. Im Jahr 2023 verzeichneten die bayerischen Kommunen mit knapp 2,5 Mrd. Euro ein bis dato in dieser Höhe nicht bekanntes Defizit. Nur ein Jahr später hat sich dieses sogar auf über 5 Mrd. Euro erhöht. Diese Zahlen zeigen eine dramatische strukturelle Unterfinanzierung der Kommunen.

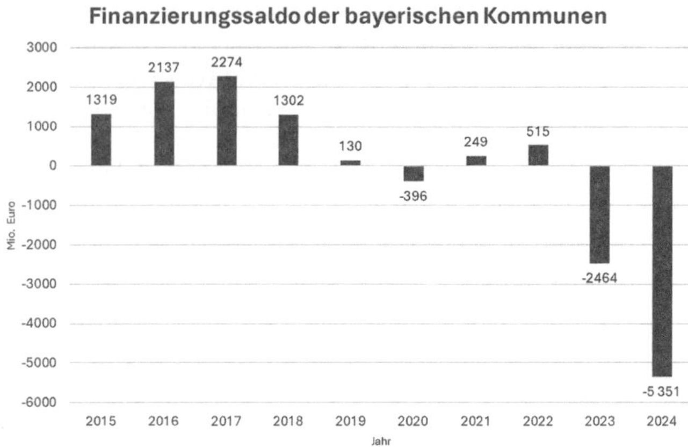

Quelle: Eigene Darstellung auf der Grundlage der amtlichen Kassenstatistik

Diese problematische Entwicklung ist darauf zurückzuführen, dass die Ausgaben seit 2022 ganz erheblich gestiegen sind, während sich die Einnahmen nur geringfügig erhöht haben. Haupttreiber im Bereich der Ausgaben waren zum einen die Personalausgaben, die allein von 2020 bis 2024 aufgrund hoher Tarifabschlüsse und Personalmehrungen um 27 % gestiegen sind. Zum anderen stiegen im gleichen Zeitraum die Ausgaben für soziale Leistungen sogar um 36 %, was sich bei den kreisangehörigen Gemeinden durch deutlich gestiegene Kreisumlagen bemerkbar machte.

Quelle: Eigene Darstellung auf der Grundlage der amtlichen Kassenstatistik

Die Ausgaben der Gemeinden dienen in erster Linie der Erfüllung der gemeindlichen Pflichtaufgaben. Dazu zählen z. B. die Wasserversorgung und die Abwasserbeseitigung. Erst in zweiter Linie können Ausgaben für freiwillige Aufgaben getätigt werden.

Für die Wirtschaft sind die Bauinvestitionen der Gemeinden besonders bedeutsam, nachdem etwa 2/3 der gesamten Bauinvestitionen der öffentlichen Hand von den Kommunen stammen. Gerade in Zeiten schwacher Wirtschaftskonjunktur ist es also im Interesse der Konjunktur erforderlich, die Ausgaben für Bauinvestitionen nicht zu kürzen, sondern zu steigern.

Die größten Ausgabepositionen schließlich sind die von den Gemeinden zu bezahlenden Umlagen. Neben der bereits erwähnten **Gewerbesteuerumlage** ist das namentlich die **Kreisumlage.**

Mit der Kreisumlage finanzieren die Landkreise den größten Teil ihrer Ausgaben.

Bei der Festsetzung der Kreisumlage hat der Kreistag sowohl die eigene Finanzlage als auch die der umlagepflichtigen Gemeinden in den Blick zu nehmen. Die Daten dazu können auch vom Landratsamt als Rechtsaufsichtsbehörde über die kreisangehörigen Gemeinden und/oder der staatlichen Rechnungsprüfung zur Verfügung gestellt werden. Eine förmliche Anhörung der kreisangehörigen Gemeinden ist hingegen nicht erforderlich. Dennoch entspricht es gutem Miteinander, frühzeitig über den geplanten Kreisumlagesatz zu informieren.

Die Landkreise wiederum müssen über die Bezirksumlage zur Finanzierung der Bezirke beitragen. Kreisfreie Städte entrichten, da sie keinem Landkreis angehören, keine Kreisumlage; sie führen stattdessen direkt an den Bezirk die Bezirksumlage ab.

Die Kreisumlage wird auf der Basis der sog. **Umlagekraft** berechnet. Die Umlagekraft ist die Summe aus Steuerkraft und 80 % der Schlüsselzuweisungen. Die Steuerkraft wiederum entspricht der Summe der Steuereinnahmen der Gemeinde aus Umsatzsteuerbeteiligung, Einkommensteueranteil, Grundsteuer A und B und Gewerbesteuer, wobei bei Grund- und Gewerbesteuer die Nivellierungshebesätze maßgebend sind (vgl. Erläuterungen zum Finanzausgleich). Da die Kreisumlagesätze in Bayern im Durchschnitt bei ca. 50 v.H. liegen, wird durch die Kreisumlage fast die Hälfte der gemeindlichen Steuerkraft wieder abgezogen. Die alljährliche Diskussion um die Kreisumlage hat also ihre Berechtigung. Dabei sollte allerdings nicht nur auf den Kreisumlagesatz abgestellt werden, sondern auch bzw. sogar vorrangig auf die tatsächlich zu entrichtende Kreisumlage.

6. Das Konnexitätsprinzip

Das von kommunaler Seite lange geforderte strikte Konnexitätsprinzip wurde mit Wirkung vom 1.1.2004 in die Bayerische Verfassung eingefügt. Es lautet (Art. 83 Abs. 3 der Bayerischen Verfassung): „Überträgt der Staat den Gemeinden Aufgaben, verpflichtet er sie zur Erfüllung von Aufgaben im eigenen Wirkungskreis oder stellt er besondere Anforderungen an die Erfüllung bestehender oder neuer Aufgaben, hat er gleichzeitig Bestimmungen über die Deckung der Kosten zu treffen. Führt die Wahrnehmung dieser Aufgaben zu einer Mehrbelastung der Gemeinde, ist ein entsprechender finanzieller Ausgleich zu schaffen."

Das Konnexitätsprinzip besagt nichts anderes als „Wer anschafft, soll auch zahlen". Mit anderen Worten: Wenn der Freistaat Bayern den Gemeinden Verpflichtungen auferlegt, die zu Ausgaben führen, so hat er dafür auch die notwendigen Finanzmittel zur Verfügung zu stellen. Das zwingt den Staat dazu, über entstehende Kosten und die Kostenverteilung intensiv nachzudenken, bevor neue, ausgabenwirksame Aufgaben geschaffen werden.

Zur Umsetzung des Konnexitätsprinzips hat die Staatsregierung mit den kommunalen Spitzenverbänden eine Konsultationsvereinbarung abgeschlossen. Sie bewirkt, dass die staatlichen Stellen schon möglichst frühzeitig die Kostenauswirkungen einer neuen Regelung abzuschätzen und mit den kommunalen Spitzenverbänden zu erörtern haben. Für die kommunale Seite ist dies ein wirksames Instrument, zusätzliche finanzielle Belastungen der Kommunen zu vermeiden. Wie sich in der Zeit seiner Geltungsdauer gezeigt hat, haben vor allem die Ministerien immer wieder Ideen fallen gelassen, sobald sich herausgestellt hat, dass zu deren Umsetzung staatliche Haushaltsmittel zur Verfügung gestellt werden müssten. Allerdings entwickelt die staatliche Seite auch eine beachtliche Kreativität, um das Konnexitätsprinzip zu umgehen. Insbesondere neue Standards werden immer wieder als Angebot deklariert, das die Gemeinden freiwillig annehmen können (in Wirklichkeit können sie sich dem aber kaum entziehen); mangels staatlich zwingender Vorgabe greift das Konnexitätsprinzip dann nicht.

Neuerdings bedient sich der Freistaat Bayern in Gesetzen der Kreation einer „gesetzlichen Empfehlung" für die Kommunen. Besonders im Rahmen der Gesetzgebung zum Natur- und Artenschutz sowie zum Klimaschutz werden strikte Vorgaben für das Handeln des Staates und seiner Behörden normiert (z.B. klimaneutrales Bauen). Den Kommunen wird in einer eigenständigen Bestimmung des betreffenden Gesetzes dann „empfohlen", in gleicher Weise zu verfahren. Ein Schachzug, der offenbar dazu dienen soll, das Konnexitätsprinzip zu vermeiden, weil es den Kommunen nicht ausdrücklich zur Pflicht gemacht wird, in einer bestimmten (kostenintensiven) Weise zu verfahren. Die Erwartungshaltung der Öffentlichkeit wird schon, so ist zu vermuten, die Kommunen dazu bringen – rechtlich gesehen auf freiwilliger Basis – die gleichen strikten Vorgaben einzuhalten wie der Staat. Hier bleibt abzuwarten, wie die gesetzliche Empfehlung letztlich in der Rechtsprechung ausgelegt wird. Sollte sie wie eine gesetzliche Verpflichtung für die Kommunen interpretiert werden, so wären auch die rechtlichen Möglichkeiten auszuschöpfen, einen Kostenausgleich nach den Regeln des Konnexitätsprinzips zu verlangen.

Leider gelten das Konnexitätsprinzip und das Konsultationsverfahren nur für Regelungen des Freistaats Bayern. Auf Bundesebene wurde durch die Änderung des Art. 84 Abs. 1 GG erreicht, dass den Gemeinden und Gemeindeverbänden vom Bund keine Aufgaben mehr direkt übertragen werden dürfen. Der Bund kann die Aufgaben lediglich auf die Länder übertragen. Soweit sie von dort den Gemeinden weiter übertragen werden, gilt das landesverfassungsrechtliche Konnexitätsprinzip. Doch auch insoweit gibt es unterschiedliche Ansichten, wie sich am Beispiel des Bundesteilhabegesetzes (BTHG) zeigt. Der Bund hat die Hilfe für Menschen mit Behinderung aus dem bisherigen Sozialleistungssystem herausgelöst und zu einem eigenständigen Hilfesystem weiterentwickelt. Dementsprechend wurde die Eingliederungshilfe im SGB XII abgelöst und ein neues BTHG geschaffen. Der Bund hat es den Ländern überlassen, wer für den Vollzug des BTHG zuständig sein soll. Bayern hat sich entschieden, diese Aufgabe den Bezirken zu übertragen, die schon bislang für die Eingliederungshilfe zuständig waren. Trotz gesetzlicher Neuregelung der Aufgabenzuständigkeit lehnt es der Freistaat aber ab, die Konnexität hierfür anzuerkennen. Er begründet dies damit, im Vergleich zur bisherigen Eingliederungshilfe entstehe keine Mehrbelastung. Damit verkennt er aus kommunaler Sicht, dass das Konnexitätsprinzip zwei Stufen hat. In der ersten Stufe („dem Grunde nach") geht es nur um die Frage, ob den Kommunen eine Aufgabe übertragen wird oder Vorgaben gemacht werden. Ob dies auch zu einer Mehrbelastung führt, ist erst auf der zweiten Stufe („Mehrbelastung") zu prüfen. Auf dieser zweiten Stufe können dann auch Entlastungen durch den Wegfall der Eingliederungshilfe angerechnet werden.

Auch wenn dieses Beispiel unmittelbar die Bezirke betrifft, berührt es auch die Interessen der Gemeinden, weil sie letztlich über die Bezirksumlage und über die Kreisumlage die Ausgaben der Bezirke mitfinanzieren müssen.

Auf europäischer Ebene fehlen entsprechende Regelungen nach wie vor vollständig.

Gerade hier wäre es aber dringend erforderlich, denn ein großer Anteil kostenintensiver kommunaler Aufgaben (z. B. im Umweltbereich) beruht auf Vorgaben der EU. Insoweit besteht also dringender Handlungsbedarf.

II. Der Haushalt

Grundsatzfrage: Kameralistik oder Doppik?

Schon seit Jahrzehnten wird in Fachkreisen darum gerungen, wie die politische Steuerung einer Kommune am effektivsten gestaltet werden kann. Die Idee des „Neuen Steuerungsmodells" aus den 80er-Jahren des letzten Jahrhunderts war bzw. ist es, Instrumente zu entwickeln und einzusetzen, die auch im öffentlichen Sektor über den Tag hinausblickend den Einsatz und Verbrauch von Ressourcen sichtbar und zu wichtigen Entscheidungsgrundlagen machen. Gleichzeitig sind Tendenzen entstanden, Teile des kommunalen Handelns in eine privatrechtliche Rechtsform zu überführen („Outsourcing"). Damit stellte sich folgerichtig die Frage des „richtigen" Rechnungswesens, Kameralistik oder Doppik (doppelte kaufmännische Buchführung). Beide Systeme haben ihre Befürworter, beide haben ihre Stärken und Schwächen. Kameralistik in Reinkultur zeigt etwa nur die Einnahmen- und Ausgabensituation einer Haushaltsperiode auf, ohne die Auswirkungen auf die Folgejahre und den Substanzverbrauch in den Blick zu nehmen. Die Doppik hingegen orientiert sich eher nachrangig an den politischen und faktischen Notwendigkeiten (z. B. Einrichtungen des Verkehrs oder der sozialen Sicherung, Schulen, Kindertagesstätten usw. können kaum Erträge erwirtschaften, die dem Ressourcenverbrauch entsprechen). Betrachtet werden muss die Kommune insgesamt, also der Kernhaushalt und die ausgelagerten Bereiche zusammen. Insoweit lässt sich von der konsolidierten Konzernbilanz sprechen. Unabhängig von der Buchungsart sind dabei folgende **Grundelemente des Haushalts- und Rechnungswesens** von Bedeutung:

- Abbildung des Ressourcenverbrauchs,
- Produkt- oder organisationsorientierter Haushalt,
- Kosten- und Leistungsrechnung,
- konsolidierte Konzernbilanz (Konzern – Kommune),
- vollständige Vermögensrechnung,
- dezentrale Steuerung, Budgetierung sowie
- Haushaltsausgleich.

Während in manch anderem Bundesland in der Folge die Umstellung auf das kaufmännische Rechnungswesen als striktes Ziel vorgegeben wurde, hat sich Bayern für das sog. Optionsmodell entschieden. Es lässt den Kommunen den freien Entscheidungsspielraum, welches System zur Anwendung kommen soll. Für beide Systeme wurde eine eigene Kommunalhaushaltsverordnung (fort-)entwickelt (KommHV-Kameralistik und KommHV-Doppik).

Tatsächlich hat sich in Bayern nur eine geringe Zahl der Kommunen (je rund ein Drittel der Landkreise und kreisfreien Städte, nur ca. 3 % der kreisangehörigen Gemeinden) für einen Umstieg auf die Doppik entschieden. Gründe dafür mögen sein, dass etwa die sog. Eröffnungsbilanz einen erheblichen Aufwand verursacht (z.B. die Bewertung von gemeindlichem Vermögen wie Straßen, öffentliche Gebäude und Einrichtungen usw.), ohne dass daraus ein echter Mehrwert erzielt werden könnte (für den Betrieb einer Schule oder einer Kindertagesstätte können allein aus politischen Gründen keine kostendeckenden Einnahmen generiert werden).

Auch führt die mit der Doppik verbundene Pflicht zur Rücklagenbildung gerade bei den umlagefinanzierten Kreishaushalten zu Streit mit den umlagepflichtigen Gemeinden, die – nachvollziehbar – argumentieren, womöglich mit eigenen Kreditaufnahmen die Vermögensbildung beim Landkreis finanzieren zu müssen. Das hat bereits zu Klageverfahren geführt.

Es verwundert daher nicht, dass in Bayern die (erweiterte) Kameralistik weiterhin das vorherrschende Buchungs- und Rechnungssystem ist. Im Folgenden wird aus diesem Grund auch primär auf die Kameralistik abgestellt.

Im Einzelnen:
Die Gemeinde muss für jedes Haushaltsjahr (ausnahmsweise können zwei Haushaltsjahre zusammengefasst werden) eine Haushaltssatzung erlassen, in der nach Art. 63 Abs. 2 GO die Endbeträge des Verwaltungshaushalts und des Vermögenshaushalts, der Gesamtbetrag der Kreditaufnahmen, der Gesamtbetrag der Verpflichtungsermächtigungen, die Hebesätze für die Gemeindesteuern und der Höchstbetrag der Kassenkredite festgesetzt werden. Wesentlicher Bestandteil der Haushaltssatzung ist der Haushaltsplan, der detailliert Auskunft über die Einnahmen und deren Verwendung geben muss. Der Haushaltsplan ist für viele ein „Buch mit sieben Siegeln", weil er recht umfangreich und auf den ersten Blick recht unübersichtlich wirkt. Deshalb sollen nachfolgend einige wichtige Grundstrukturen des Haushaltsplans erläutert werden:

1. Vorbericht

Ein ausführlich gestalteter Vorbericht gibt einen guten Überblick über die wichtigsten Zahlen und Entwicklungen. Er macht zwar den Kämmerern eine Menge Arbeit, erleichtert aber den GRM den Einblick. Jedes GRM sollte daher Wert auf einen detaillierten Vorbericht legen.

Im Vorbericht sind nach § 3 KommHV-Kameralistik (entsprechend: § 6 KommHV-Doppik) insbesondere folgende Punkte darzustellen:

- die Entwicklung der wichtigsten Einnahmen und Ausgaben in den Vorjahren und im geplanten Haushaltsjahr;
- die Entwicklung des Vermögens und die Entwicklung der Schulden;
- die Höhe der Zuführung zum Vermögenshaushalt und der Rücklagen für das geplante Haushaltsjahr und die künftigen drei Haushaltsjahre;
- die geplanten Investitionen, Investitionsförderungsmaßnahmen und ihre finanziellen Auswirkungen auf künftige Jahre;
- die Beurteilung der Kassenlage im ablaufenden Haushaltsjahr;

- die Entwicklung der Wirtschaftslage der Eigenbetriebe und Eigengesellschaften in den letzten beiden Haushaltsjahren und im geplanten Haushaltsjahr.

In der Praxis als hilfreich erwiesen haben sich grafische bzw. tabellarische Darstellungen, weil sich aus ihnen in leicht verständlicher Form die wesentlichen Veränderungen entnehmen lassen.

Ein guter und ausführlicher Vorbericht erübrigt häufig eine langwierige Suche im detaillierten Haushaltsplan.

2. Verwaltungshaushalt – Vermögenshaushalt

a) Abgrenzung

Der **Verwaltungshaushalt** enthält die laufenden Einnahmen und Ausgaben; das sind die Zahlungen, die im Zusammenhang mit der Verwaltung und dem Betrieb der Einrichtungen üblicherweise entstehen (Betriebseinnahmen und -ausgaben). Er gibt Aufschluss über den laufenden Bedarf und dessen Finanzierung.

Der **Vermögenshaushalt** enthält alle vermögenswirksamen Einnahmen und Ausgaben, insbesondere im Bereich Investitionen und Anlagevermögen.

Für die Zuordnung zum Verwaltungs- bzw. zum Vermögenshaushalt ist § 1 Abs. 1 KommHV-Kameralistik zu beachten. Dort wird aufgezählt, was in den Vermögenshaushalt gehört. Auf der Einnahmenseite sind das in erster Linie die Zuführung vom Verwaltungshaushalt, etwaige Entnahmen aus Rücklagen, Erlöse aus der Veräußerung von Anlagevermögen, Investitionszuweisungen des Staates, Beiträge und Kreditaufnahmen. Auf der Ausgabenseite des Vermögenshaushalts zu finden sind die Kredittilgungen und die Zuführungsbeträge zu den Rücklagen, die Ausgaben für die Veränderung des Anlagevermögens sowie die Investitionen. Gerade bei den Investitionen ist die Abgrenzung zwischen Verwaltungs- und Vermögenshaushalt nicht immer leicht. Bei Baumaßnahmen wird etwa der Herstellungsaufwand im Vermögenshaushalt veranschlagt, während der Erhaltungsaufwand, also der laufende Unterhalt, im Verwaltungshaushalt zu veranschlagen ist. Bei der Anschaffung beweglicher Sachen ist regelmäßig die Geringfügigkeitsgrenze zu beachten.

Alles, was nicht im Vermögenshaushalt zu veranschlagen ist, wird im Verwaltungshaushalt veranschlagt.

b) Praktischer Hinweis

Da die laufenden Verwaltungsausgaben ohnehin nur in begrenztem Umfang veränderbar sind, empfiehlt es sich, den Vermögenshaushalt und dort insbesondere die vorgeschlagenen Investitionen im Hinblick auf Notwendigkeit, Höhe der veranschlagten Beträge, Finanzierung der Investitionen und insbesondere die Folgekosten zu überprüfen. Besonders kritisch sollten dort die veranschlagten staatlichen Zuschüsse untersucht werden. Die Erfahrung zeigt nämlich, dass Zuschüsse mitunter über einen längeren Zeitraum vorfinanziert werden müssen. Die dann aufzunehmenden Kredite sind eine nicht zu unterschätzende Zusatzbelastung. Im Einzelfall mag es sich sogar anbieten, auf einen staatlichen Zuschuss ganz zu verzichten, wenn dadurch kostengünstiger gebaut werden kann, weil die strengeren Anforderungen an die Bauausführung (Größe, zu verwendende Materialien usw.) der Zuschussrichtlinien nicht eingehalten werden müssen.

Investitionen sollen wegen ihrer volkswirtschaftlichen Bedeutung in der Theorie antizyklisch erfolgen. D.h., die Gemeinde soll während der Hochkonjunktur, wenn sie selbst reichlich Einnahmen hat, diese eher für schlechtere Zeiten zurücklegen. In der Krise, wenn die gemeindlichen Einnahmen spärlicher fließen, soll sie diese Rücklagen für Investitionen verwenden und ggf. Kredite aufnehmen, um die Konjunktur zu stützen. In der Praxis lässt sich dies allerdings nicht so leicht verwirklichen. Es ist allzu menschlich, dass gute Einnahmen postwendend wieder ausgegeben werden. In schlechteren Zeiten ist es für viele Gemeinden ohnehin kaum möglich, zusätzliche Kredite für Investitionen aufzunehmen, weil deren Abfinanzierung ungewiss ist.

Wichtig ist in jedem Fall aber Folgendes:
Sprudeln die Steuereinnahmen einer Gemeinde in einem Haushaltsjahr überraschend gut, so muss ein Teil davon unbedingt der Rücklage zugeführt werden. Die womöglich einmaligen erhöhten Steuereinnahmen führen nämlich 2 Jahre später dazu, dass auch die Kreisumlage steigt. Gleichzeitig ist zu erwarten, dass die staatlichen Schlüsselzuweisungen zurückgehen. Wurde nichts zurückgelegt, dann entsteht ein Haushaltsloch.

3. Erläuterungen zum Haushalt

Die Haushaltsansätze sind nach § 15 KommHV-Kameralistik (entsprechend: § 17 KommHV-Doppik) unter bestimmten Voraussetzungen zu erläutern. Da § 15 KommHV-Kameralistik nur allgemeine Richtlinien für die Erläuterungen gibt, empfiehlt es sich, dass der Gemeinderat genauere Kriterien dafür festlegt. So kann z. B. festgelegt werden, nach welchen Kriterien erhebliche Abweichungen bei Einnahmen- und Ausgabenansätzen von den bisherigen Ansätzen vorliegen und dementsprechend erläuterungsbedürftig sind (z. B. Abweichung von mehr als 20 %). Erläuterungen sind außerdem nach § 15 KommHV-Kameralistik vorgesehen für:

- neue Maßnahmen des Vermögenshaushalts;
- Verpflichtungsermächtigungen (Begründung für Höhe und Notwendigkeit);
- Ausgaben zur Erfüllung von Verträgen, die über das laufende Haushaltsjahr hinaus zu erheblichen Zahlungen verpflichten (was unter „erheblich“ zu verstehen ist, sollte vom Gemeinderat festgelegt werden);
- die von den Bediensteten aus Nebentätigkeit abzuführenden Beträge;
- besondere Bestimmungen im Haushaltsplan (z. B. Sperrvermerke, Zweckbindung von Einnahmen).

4. Haushaltsquerschnitt

Der Haushaltsquerschnitt bietet eine gute Vergleichsmöglichkeit mit anderen Gemeinden. Dort sind die veranschlagten Beträge auch in Beträgen je Einwohner ausgewiesen. Besonders interessant sind erfahrungsgemäß hier die Personalkosten. Unter Zuhilfenahme der „statistischen Berichte“ des Bayerischen Landesamts für Statistik und Datenverarbeitung, insbesondere des Berichts über „Staats- und Kommunalfinanzen Bayerns“, kann hier verglichen werden, wie die Gemeinde in ihrer Einnahmen- und Ausgabenstruktur in Relation zu den übrigen Gemeinden in Bayern steht. Allerdings müssen bei diesem Vergleich auch etwaige örtliche Besonderheiten berücksichtigt werden. Es macht durchaus einen Unterschied, ob die Gemeinde z.B. die Aufgaben der Wasserversorgung und der Abwasserbeseitigung selbst erfüllt oder auf einen Zweckverband übertragen hat. Das wirkt sich zwangsläufig auf die Personalkosten aus.

5. Der Stellenplan

Der Stellenplan ist Teil des Haushaltsplans (Art. 64 Abs. 2 GO) und verbindliche Grundlage für die Personalwirtschaft der Gemeinde. Nur wenn es der Stellenplan zulässt, dürfen also Einstellungen, Beförderungen und Höhergruppierungen vorgenommen werden. Änderungen des Stellenplans sind nur durch eine Nachtragshaushaltssatzung möglich.

Verstößt eine Gemeinde gegen den Stellenplan, indem sie z.B. einen Beamten befördert, obwohl der Stellenplan die Beförderungsstelle nicht enthält, führt das nicht zur Rechtswidrigkeit der Beförderung. Sie handelt allerdings pflichtwidrig und kann dementsprechend von der Aufsichtsbehörde beanstandet werden.

Der Stellenplan ist vom ersten Bürgermeister auch dann zu beachten, wenn ihm bestimmte personalrechtliche Befugnisse übertragen worden sind. Er darf also auch dann einen Beamten nur befördern oder einem Beschäftigten eine höherwertige Tätigkeit übertragen, die zu einer Höhergruppierung führt, wenn der Stellenplan die entsprechenden Stellen ausweist.

III. Finanzplanung

Die Finanzplanung ist nach Art. 70 Abs. 1 GO die Grundlage der Haushaltswirtschaft. Sie soll zu einer dauerhaften Ordnung der Gemeindefinanzen beitragen. In ihr soll ein umfassender Überblick über das gesamte Haushaltsgeschehen der Gemeinde dargestellt werden. Insbesondere soll erkennbar werden, auf welche Weise in künftigen Haushaltsjahren der Haushaltsausgleich hergestellt werden soll.

Der Finanzplanungszeitraum beträgt 5 Jahre, wobei das erste Jahr das laufende Haushaltsjahr ist. Im Rahmen des Haushaltsplans 2026 umfasst also der Finanzplanungszeitraum die Jahre 2025 bis 2029.

1. Finanzplanungsbekanntmachung

Das Bayerische Staatsministerium des Innern veröffentlicht jährlich als Hilfsmittel für die Finanzplanung sog. **Orientierungsdaten.** Darin sind die im nächsten Haushaltsjahr zu erwartenden Veränderungen der Steuereinnahmen und des kommunalen Finanzausgleichs dargestellt. Auch weitere wichtige Eckdaten, wie z. B. die Entwicklung der Gewerbesteuerumlage, sind aufgeführt. Außerdem enthält sie eine Empfehlung für das Ausgabeverhalten der Gemeinden. Schließlich kann sie auf weitere aktuelle Entwicklungen, z. B. die Einhaltung der EU-Stabilitätskriterien, die EU-Beihilfeproblematik usw. eingehen.

Die Finanzplanungsbekanntmachung ist ein wichtiger Anhaltspunkt für die gemeindliche Haushalts- und Finanzplanung. Da sie für alle Gemeinden in Bayern Orientierungshilfe sein soll, kann sie naturgemäß nicht auf örtliche Besonderheiten eingehen. Es wäre also falsch, die dort genannten Zahlen schematisch in jeder Gemeinde zu übernehmen.

2. Inhalt und Zusammensetzung der Finanzplanung

Die Finanzplanung setzt sich aus dem **Finanzplan** und dem **Investitionsprogramm** zusammen. Das Investitionsprogramm ist Unterlage für den Finanzplan (Art. 70 Abs. 2 GO).

Der Finanzplan soll ausgeglichen sein. Hier gilt also nicht der zwingende Ausgleich wie beim Haushaltsplan, sodass ausnahmsweise die im Finanzplan dargestellten Einnahmen und Ausgaben voneinander abweichen können.

Besonders wichtig ist das Investitionsprogramm. In ihm sollen vorausschauend die geplanten Projekte der Gemeinde dargestellt werden. Damit hat es ein erhebliches kommunalpolitisches Gewicht. Darzustellen sind nicht nur die bereits beschlossenen Vorhaben, sondern auch solche, die mit angemessener Wahrscheinlichkeit in den folgenden Jahren realisiert werden können. Damit stellt das Investitionsprogramm eine Art gemeindlicher Unternehmenspolitik dar.

3. Beschlussfassung

Über die Finanzplanung samt Investitionsprogramm beschließt der Gemeinderat, in der Regel vor Verabschiedung des eigentlichen Haushaltsplans, in gesonderter Abstimmung. Der Finanzplan hat nicht die Qualität einer Satzung und muss daher auch nicht amtlich bekannt gemacht werden.

IV. Rechnungslegung

1. Allgemein

Nach Ablauf eines Haushaltsjahres muss eine Jahresrechnung (vgl. Art. 102 GO, §§ 77 ff. KommHV-Kameralistik; der Jahresabschluss entsprechend nach §§ 80 ff. KommHV-Doppik) mit Rechenschaftsbericht aufgestellt werden. Sie ist Grundlage der örtlichen Prüfung und der überörtlichen Prüfung.

Die **örtliche Prüfung** erfolgt durch die Gemeinde selbst. Zuständig ist entweder der Gemeinderat oder der Rechnungsprüfungsausschuss (Art. 103 GO), der in Gemeinden über 5.000 Einwohnern zwingend eingerichtet werden muss und in kleineren Gemeinden eingerichtet werden kann. In größeren Gemeinden muss daneben ein eigenes Rechnungsprüfungsamt bestehen (Art. 104 GO).

Bei der Prüfung geht es insbesondere um folgende Fragen:

- Wurde der Haushaltsplan eingehalten?
- Sind die Einnahmen und Ausgaben sachlich und rechnerisch ausreichend durch Belege nachgewiesen?
- Liegt den Einnahmen und Ausgaben jeweils eine ausreichende Rechtsgrundlage (Gesetz, Satzung, Vertrag usw.) zugrunde?
- Ist die Verwaltung zweckmäßig und wirtschaftlich?

Bei der Prüfung wird in der Praxis leider noch immer zu viel Zeit für Klein- und Kleinstbeträge verwendet. Viel effektiver wäre es, sich stärker auf die größeren Investitionen zu konzentrieren.

Die **überörtliche Prüfung** wird bei Gemeinden bis 5.000 Einwohnern durch die staatlichen Rechnungsprüfungsstellen der Landratsämter, bei den größeren Gemeinden durch den Bayerischen Kommunalen Prüfungsverband, eine rechtsfähige Körperschaft des öffentlichen Rechts, vorgenommen.

Nach Durchführung der örtlichen Prüfung und Bereinigung etwaiger Unstimmigkeiten stellt der Gemeinderat die Jahresrechnung fest (Art. 102 Abs. 3 GO). Das muss spätestens bis zum 30. Juni des übernächsten Jahres geschehen (für das Haushaltsjahr 2026 also bis zum 30.6.2028). Gleichzeitig ist über die Entlastung zu entscheiden, selbst wenn bis zu diesem Zeitpunkt die überörtliche Prüfung noch nicht abgeschlossen ist. Ein Entlastungsbeschluss hindert die Gemeinde aber nicht, bei später festgestellten Pflichtverletzungen doch noch Regressansprüche zu stellen.

2. Wichtige Begriffe im Zusammenhang mit der Rechnungslegung

a) (Haushalts-)Einnahmereste

Sie besagen, dass weniger Einnahmen als geplant eingegangen sind, die Einnahmen aller Voraussicht nach aber noch eingehen werden. Ursache dafür kann z.B. die zeitliche Verzögerung eines angesetzten staatlichen Zuschusses sein. Normalerweise führen geringere Einnahmen nicht zur Bildung von Einnahmeresten. Haushaltseinnahmereste sind aber im Vermögenshaushalt zulässig, dort allerdings nur für Zuschüsse für Investitionen und für Kredite, falls der Eingang der entsprechenden Einnahmen im folgenden Jahr gesichert ist (§ 79 Abs. 2 KommHV-Kameralistik). Sinngemäßes gilt für Beiträge (Herstellungs- oder Erschließungsbeiträge) und ähnliche z.B. vertraglich vereinbarte investive Entgelte.

b) (Haushalts-)Ausgabereste

Die Bildung von Haushaltsausgaberesten hat insbesondere als Element des neuen Steuerungsmodells Bedeutung. Hat die Verwaltung sparsam gewirtschaftet und einen Haushaltsansatz unterschritten, so soll sie dafür nicht „bestraft" werden, indem der Rest verfällt. Mit dem Rest soll vielmehr im kommenden Jahr weiter gewirtschaftet werden können. Das setzt die Bildung eines Haushaltsausgaberests voraus. Ein solcher kann im Vermögenshaushalt bei allen Ausgabenpositionen (vgl. § 19 Abs. 2 KommHV-Kameralistik, entsprechend § 21 Abs. 2 KommHV-Doppik), im Verwaltungshaushalt nur dort gebildet werden, wo die Ausgaben durch Haushaltsvermerk für übertragbar erklärt wurden (vgl. § 19 Abs. 1 KommHV-Kameralistik, entsprechend § 21 Abs. 1 KommHV-Doppik). Nicht übertragbar sind z.B. Verpflichtungsermächtigungen, Verfügungsmittel und die Deckungsreserve.

c) Kasseneinnahme- und -ausgabereste

Von den Haushaltseinnahme- und -ausgaberesten zu unterscheiden sind die Kasseneinnahme- und -ausgabereste. Hier sind bereits Anordnungen auf den jeweiligen Haushaltsansatz erfolgt, lediglich die tatsächlichen Zahlungen sind noch nicht erfolgt.

Gemeint sind damit etwa Fälle, in denen eine im alten Haushaltsjahr bereits angeschaffte Büromaschine zwar noch geliefert, aber nicht mehr tatsächlich bezahlt wurde.

d) Sollabschluss

Das Ergebnis der Haushaltsrechnung ergibt sich aus der Gegenüberstellung der Solleinnahmen und der Sollausgaben. Entscheidend sind aber die jeweiligen Anordnungen auf die Haushaltsstellen, nicht die tatsächlichen Zahlungsströme. Wurden mehr Einnahmen erwirtschaftet als Ausgaben getätigt, so ist der Überschuss nach § 79 Abs. 3 KommHV-Kameralistik der allgemeinen Rücklage zuzuführen.

e) Haushaltsüberschreitungen

Im Rahmen der Rechnungslegung von besonderem Interesse sind überplanmäßige und außerplanmäßige Ausgaben. Für sie müssen ausreichende Begründungen vorgelegt werden, und es müssen vor allem rechtzeitig die Deckungsmittel bereitgestellt worden sein (vgl. § 79 Abs. 1 Satz 3 KommHV-Kameralistik).

V. Sonstige Begriffe

Im Zusammenhang mit dem Gemeindehaushalt bzw. den Gemeindefinanzen werden immer wieder Begriffe verwendet, deren genauer Inhalt nur unzureichend bekannt ist. Nachfolgend sollen deshalb einige der wichtigsten Begriffe etwas näher erklärt werden. Es würde aber den Rahmen dieses Taschenbuchs sprengen, die Begriffe juristisch exakt bis ins letzte Detail erläutern zu wollen, sodass um Nachsicht gebeten wird, wenn für vertiefte Kenntnisse doch noch Spezialliteratur nachgelesen werden muss. Allgemein darf an dieser Stelle auf § 87 KommHV-Kameralistik (entsprechend § 98 KommHV-Doppik) verwiesen werden.

1. Anlagevermögen

Die dauernd der Aufgabenerfüllung der Gemeinde dienenden Teile des Vermögens bilden das Anlagevermögen. Das sind insbesondere

- Grundstücke und Gebäude,
- bewegliche Sachen mit einem Anschaffungswert über der Grenze sog. geringwertiger Wirtschaftsgüter,
- dingliche Rechte (z. B. Nießbrauch, Grundschulden usw.),
- Beteiligungen, auch in Form von Wertpapieren,
- Darlehensforderungen,
- Kapitaleinlagen in anderen juristischen Personen,
- in Sondervermögen mit Sonderrechnung eingebrachtes Kapital.

2. Außerplanmäßige Ausgaben und Einnahmen

Ausgaben und Einnahmen, die im laufenden Haushaltsplan (überhaupt) nicht veranschlagt sind, werden als außerplanmäßige Ausgaben und Einnahmen bezeichnet. Sie sind zu unterscheiden von den überplanmäßigen Ausgaben und Einnahmen (siehe unten 24.).

3. Budget

Hier wird zur Erfüllung einer bestimmten Aufgabe ein bestimmter Kostenrahmen zur Verfügung gestellt, der üblicherweise von den zuständigen Personen eigenverantwortlich bewirtschaftet wird. Regelmäßig sind in einem solchen Kostenrahmen Mittel aus verschiedenen Haushaltsansätzen enthalten (z. B. Personal- und Sachausgaben). Um den bewirtschaftenden Stellen die nötige Flexibilität in ihren Entscheidungen zu ermöglichen, sind die verschiedenen Ausgabepositionen gegenseitig deckungsfähig (getrennt nach Verwaltungs- und Vermögenshaushalt) bzw. können für einseitig deckungsfähig (zwischen den beiden Haushalten zugunsten des Vermögenshaushalts) erklärt werden. Siehe dazu auch nachfolgende Nr. 4.

4. Deckungsfähigkeit

Jede Position im Haushalt muss grundsätzlich nach ihrem Zweck einzeln veranschlagt werden, sodass auch beim Haushaltsvollzug die jeweiligen Einnahmen und Ausgaben nur bei ihrer richtigen Haushaltsstelle verbucht werden dürfen. Da bei der Aufstellung des Haushaltsplans die tatsächlich anfallenden Ausgaben nicht exakt bekannt sind, kann das dazu führen, dass an einer Stelle zu viel und an anderer Stelle zu wenig veranschlagt wurde. Um hier nicht immer mit dem Instrument der überplanmäßigen Ausgaben arbeiten zu müssen, können artverwandte Haushaltsstellen als einseitig oder gegenseitig deckungsfähig veranschlagt werden. Ausgabenpositionen, die zu einem Budget gehören (siehe Nr. 3), sind bereits nach Maßgabe des § 18 Abs. 1, 3 und 4 KommHV-Kameralistik (zur Deckungsfähigkeit in der Doppik vgl. § 20 KommHV-Doppik) deckungsfähig.

Man unterscheidet zwischen folgenden Fällen der Deckungsfähigkeit:

- einseitige, echte Deckungsfähigkeit: Die angesetzten Mittel einer Haushaltsstelle dürfen, solange diese Haushaltsstelle noch nicht ausgeschöpft ist, dazu verwendet werden, Überschreitungen der anderen Haushaltsstelle abzudecken. In umgekehrter Richtung ist dies aber nicht zulässig.
- gegenseitige, echte Deckungsfähigkeit: Sie entspricht dem Grundsatz der einseitigen, echten Deckungsfähigkeit, erlaubt aber auch die umgekehrte Richtung.
- unechte Deckungsfähigkeit: Bei zweckgebundenen Einnahmen (vgl. § 17 KommHV-Kameralistik; entsprechend: § 19 KommHV-Doppik) können Mehreinnahmen zur Abdeckung entsprechender Mehrausgaben verwendet werden (z.B. Einnahmen Kurbeitrag für Ausgaben der Kureinrichtungen).

Nicht deckungsfähig und dementsprechend auch nicht für deckungsfähig erklärbar sind (§ 7 Abs. 3 Satz 3 KommHV-Kameralistik; nicht im doppischen System vgl. § 10 Abs. 3 KommHV-Doppik):

- vermischte Ausgaben,
- Verfügungsmittel des ersten Bürgermeisters,
- Deckungsreserve.

Ein typisches Beispiel für die gegenseitige Deckungsfähigkeit sind die Personalausgaben. Dort können z.B. Ausgabenansätze für Beschäftigtenvergütungen auch zur Begleichung von Beamtengehältern und umgekehrt verwendet werden.

5. Deckungsreserve

Als Deckungsreserve werden Mittel zur Vermeidung von über- und außerplanmäßigen Ausgaben des Verwaltungshaushalts bezeichnet (§ 87 Nr. 9 KommHV-Kameralistik; nicht im doppischen System). Sie sind also ein Sammelansatz zur Deckung von Mehrausgaben im Verwaltungshaushalt, deren Anfall im Einzelnen bei Aufstellung des Haushaltsplans noch nicht beurteilt werden konnte.

Der Ansatz bei der Deckungsreserve darf in keinem Fall überschritten werden. Um die Deckungsreserve aufzustocken, bedarf es einer Nachtragshaushaltssatzung. Die Deckungsreserve kann auch nicht für deckungsfähig mit anderen Ansätzen erklärt werden. Nicht verbrauchte Mittel der Deckungsreserve sind außerdem nicht übertragbar.

6. Erlass

Darunter ist der Verzicht auf einen Anspruch zu verstehen (§ 87 Nr. 13 KommHV-Kameralistik, entsprechend § 98 Nr. 24 KommHV-Doppik). Die Voraussetzungen, unter denen ein Erlass möglich ist, ergeben sich aus den Bestimmungen der Abgabenordnung (§ 32 Abs. 1 KommHV-Kameralistik, entsprechend § 31 KommHV-Doppik, § 227 AO). Bei einem Erlass ist die Forderung endgültig erloschen. Sie kann also im Unterschied zur Niederschlagung (vgl. Nr. 18) später nicht wieder aufleben.

7. Finanzausgleich

Siehe 2. Kapitel I. 4. ff.

8. Finanzplanung

Siehe 2. Kapitel III.

9. Finanzzuweisungen

Siehe 2. Kapitel I. 4. ff.

10. Gesamtdeckungsprinzip

Es besagt, dass alle Einnahmen des Haushalts als Deckungsmittel für alle Ausgaben anzusehen sind (vgl. § 16 KommHV-Kameralistik, vgl. entsprechend § 18 KommHV-Doppik). Zweckgebundene Einnahmen, die also nur für bestimmte Ausgaben verwendet werden dürfen, sind somit die Ausnahme.

11. Haushaltseinnahme- und -ausgabereste

Siehe 2. Kapitel IV. 2. a)

12. Haushaltsquerschnitt

Siehe 2. Kapitel II. 4.

13. Ist-Ausgaben und Ist-Einnahmen

Hier handelt es sich um die tatsächlichen Ausgaben und Einnahmen der Kasse (§ 87 Nr. 22 und 23 KommHV-Kameralistik). Wenn sie von den angeordneten Ausgaben und Einnahmen abweichen, entstehen am Ende des Jahres Kassenausgabe- oder -einnahmereste.

14. Kalkulatorische Kosten

Bei „kostenrechnenden Einrichtungen“ (vgl. nachfolgende Nr. 15) müssen nach § 12 KommHV-Kameralistik angemessene Abschreibungen, eine angemessene Verzinsung des Anlagekapitals und ggf. Zuführungen zu zulässig gebildeten Sonderrücklagen veranschlagt werden. Die kalkulatorischen Kosten dienen dazu, einen echten Werteverzehr festzustellen und damit die Gebührenkalkulation darauf abzustellen.

15. Kostenrechnende Einrichtungen

Darunter sind die Einrichtungen zu verstehen, die in der Regel aus Entgelten finanziert werden. Bei den Gemeinden sind dies typischerweise die Wasserversorgung und die Abwasserbeseitigung. Die Gebühren, die für die Benutzung dieser Einrichtungen erhoben werden, sollen den gesamten Aufwand abdecken, der nicht bereits durch Beiträge finanziert wurde.

16. Kassenwirksamkeitsprinzip

Nur die in einem Jahr wirklich fälligen Einnahmen und Ausgaben sollen im Haushaltsplan dieses Jahres veranschlagt werden.

17. Kreisumlage

Die kreisangehörigen Gemeinden tragen über die Kreisumlage zur Finanzierung der Landkreise bei. Die Berechnung der Kreisumlage ist in Art. 18 ff. FAG geregelt. Der Landkreis ermittelt zunächst den sog. Umlagebedarf, das ist der Betrag, den er zur Finanzierung seiner Ausgaben im Wege der Kreisumlage von den Gemeinden benötigt. Er setzt dann diesen Bedarf in Relation zu den sog. Umlagegrundlagen, sodass sich ein v. H.-Satz als Kreisumlagesatz ergibt. Umlagegrundlagen sind die Steuerkraftzahlen des vorvergangenen Jahres zzgl. 80 % der Schlüsselzuweisungen des vergangenen Jahres. Für die Kreisumlage des Jahres 2026 sind also die Steuerkraftzahlen des Jahres 2024 und die

Schlüsselzuweisungen des Jahres 2025 von Bedeutung. Wegen der Steuerkraftzahlen vgl. 2. Kapitel unter I. 4. ff.

Im Hinblick auf die Kreisumlage ist es also außerordentlich wichtig, in Jahren mit guten Steuereinnahmen einen Teil dieser Einnahmen zurückzulegen, weil 2 Jahre später auf der Basis dieser Einnahmen die Kreisumlage zu bezahlen ist.

18. Niederschlagung

Im Unterschied zum Erlass (vgl. Nr. 6) wird bei der Niederschlagung (§ 32 KommHV-Kameralistik, entsprechend § 31 KommHV-Doppik, § 261 AO) in der Regel nur befristet auf die Geltendmachung einer Forderung verzichtet. Zu einem späteren Zeitpunkt, wenn z.B. der Schuldner wieder zu Geld gekommen ist, kann also die Forderung wieder aufleben.

19. Rücklagen

Gemäß § 20 KommHV-Kameralistik gibt es eine allgemeine Rücklage und Sonderrücklagen. Die allgemeine Rücklage soll die rechtzeitige Leistung von Ausgaben sicherstellen, d.h. die Kassenliquidität gewährleisten. Zu diesem Zweck gibt es die sog. Mindestrücklage, das ist ein Betrag von 1 v.H. der Ausgaben des Verwaltungshaushalts nach dem Durchschnitt der drei vorangegangenen Jahre.

Sonderrücklagen, die in der Vergangenheit an sich nur äußerst selten zulässig waren, gewinnen inzwischen wieder mehr an Bedeutung. Sie dienen z.B. der Ansammlung von Kapital für künftige Investitionsmaßnahmen bei kostenrechnenden Einrichtungen, das im Wege der Gebührenfinanzierung von den Bürgern bereits erbracht wurde.

20. Schlüsselzuweisungen

Siehe 2. Kapitel unter I. 4. a) (4).

21. Sperrvermerk

In Zeiten zurückgehender Einnahmen gewinnen Sperrvermerke an Bedeutung. So kann z. B. bei einzelnen Haushaltsansätzen festgelegt werden, dass nur ein bestimmter Prozentsatz des Haushaltsansatzes (z. B. 80 %) ausgegeben werden darf. Auch kann durch Sperrvermerk festgelegt werden, dass der Haushaltsansatz erst ab einem bestimmten Zeitpunkt (z. B. nach Eingang eines bestimmten Zuschusses) in Anspruch genommen werden darf.

22. Stellenplan

Siehe 2. Kapitel unter II. 5.

23. Stundung

Mit der Stundung einer Forderung (vgl. § 32 KommHV-Kameralistik, § 31 KommHV-Doppik, § 222 AO) wird die Fälligkeit einer Forderung hinausgeschoben. Der Zahlungspflichtige muss also erst zu einem späteren Zeitpunkt leisten. Dafür sind regelmäßig Stundungszinsen zu erheben.

24. Überplanmäßige Ausgaben und Einnahmen

Ausgaben und Einnahmen sind überplanmäßig, wenn sie die im Haushaltsplan angesetzten Beträge übersteigen. Im Unterschied zu außerplanmäßigen Ausgaben und Einnahmen (vgl. Nr. 2) existiert also bereits ein Haushaltsansatz.

25. Vergabe von Aufträgen

Siehe dazu § 31 KommHV-Kameralistik, § 30 KommHV-Doppik und 3. Kapitel unter IV.

26. Vermögenshaushalt

Siehe 2. Kapitel unter II. 2.

27. Verpflichtungsermächtigung

Durch die Festlegung einer Verpflichtungsermächtigung (vgl. § 9 KommHV-Kameralistik, § 11 KommHV-Doppik) im Haushalt wird die Verwaltung ermächtigt, im Haushaltsjahr Verpflichtungen einzugehen, die zu Belastungen in künftigen Haushaltsjahren führen.

28. Verwaltungshaushalt

Siehe 2. Kapitel unter II. 2.

3. Kapitel
Planen und Bauen in der Gemeinde

Eine besondere Bedeutung kommt der Thematik Planen und Bauen in unseren Gemeinden zu. Hier entscheidet die Gemeinde als Trägerin der kommunalen Planungshoheit, ob monotone, gesichtslose Neubaugebiete entstehen, Ortskerne nicht mehr auffindbar sind, die Landschaft zersiedelt wird oder ob die Ziele, gewachsene Ortsbilder zu erhalten oder Neues harmonisch einzufügen oder anzugliedern und dabei auch die Belange der Verkehrsplanung und Ökologie zu beachten, die Oberhand gewinnen. Nach der Rechtsprechung wird von den Gemeinderäten nicht nur bei der Bauleitplanung, sondern auch bei der Beurteilung von Einzelvorhaben ein hoher Sorgfaltsmaßstab abverlangt. Der Bundesgerichtshof hat zur Erteilung des gemeindlichen Einvernehmens bei Bauvorhaben ausgeführt, dass die Mitglieder von Ratsgremien sich auf ihre Entscheidung sorgfältig vorbereiten und, soweit ihnen die eigene Sachkunde fehlt, notfalls sogar außerhalb der Verwaltung stehende Sachverständige zuziehen müssen (BGH, Urteil vom 26.1.1989, Az.: III ZR 194/87, NJW 1989, S. 976 unter II. 5.a). Daher sind die Gemeinderäte gut beraten, wenn sie sich mit den Instrumenten des Baurechts vertraut machen.

Das öffentliche Baurecht umfasst einmal die Gesamtheit der städtebaulichen Rechtsvorschriften (Planungsrecht), die vom Bundesgesetzgeber erlassen wurden. Die wichtigsten planungsrechtlichen Vorschriften sind das Baugesetzbuch (BauGB) und die Baunutzungsverordnung (BauNVO). Der Gesetzgeber hat durch das Gesetz zur Förderung des Klimaschutzes bei der Entwicklung in den Städten und Gemeinden (BauGB-Klimaschutznovelle) im Juli 2011 Ergänzungen der Aufgaben und Grundsätze in der Bauleitplanung um den **Klimaschutz** sowie die Einführung einer Sonderregelung zur sparsamen und effizienten

Nutzung von Energie in den §§ 248, 249 BauGB vorgenommen. In einer weiteren Novellierung durch das Gesetz zur **Stärkung der Innenentwicklung** in den Städten und Gemeinden und weiteren Fortentwicklung des Städtebaurechts vom 11.6.2013 wurden Regelungen zur Reduzierung der Flächeninanspruchnahme, zu den städtebaulichen Verträgen (vor allem Erschließungsverträgen) und zur Steuerung der Ansiedlungen von Vergnügungsstätten aufgenommen.

Durch das Baulandmobilisierungsgesetz 2021 wurden Erleichterungen für den Wohnungsbau geschaffen. So wurde die Zulassung von Wohnzwecken dienenden Bauvorhaben erleichtert, indem die Möglichkeiten zu Befreiungen von Festsetzungen des Bebauungsplans nach § 31 Abs. 2 Nr. 1 BauGB und nach § 31 Abs. 3 BauGB in Gebieten mit angespanntem Wohnungsmarkt erweitert wurden. Dabei werden die Gebiete mit angespanntem Wohnungsmarkt durch Rechtsverordnung der Landesregierung bestimmt.

Im Jahr 2022 wurden zur Erhöhung und Beschleunigung der Anzahl von Windkraftanlagen Regelungen zur Festlegung von Flächenbedarfen für **Windenergie an Land** eingeführt. Dabei werden durch das Windenergieflächenbedarfsgesetz (WindBG) den Ländern Flächenbeitragswerte vorgegeben. Im Schwerpunkt wurden in § 249 BauGB Sonderregelungen für Windenergie an Land ergänzt und Erleichterungen für die Ausweisung von Windgebieten geschaffen. In Bayern wurde im Landesentwicklungsprogramm die Zuständigkeit für die **Ausweisung von Vorranggebieten für die Windenergie** auf die 18 regionalen Planungsverbände delegiert. Bis zum 31.12.2032 müssen in Bayern 1,8 % der Landesfläche als Vorranggebiete für die Windenergie ausgewiesen sein.

Durch die Änderungen des Baugesetzbuchs im Jahr 2023 wurden weiter Regelungen für Vorhaben für die Nutzung solarer Strahlungsenergie (**Freiflächen-Photovoltaikanlagen**) im Außenbereich (§ 35 Abs. 1 Nr. 8 und 9 BauGB) sowie für die Herstellung und Speicherung von Wasserstoff aus erneuerbaren Energien (§ 249a BauGB) geschaffen.

2024 wurde das Baugesetzbuch durch das Gesetz zur **Stärkung der Digitalisierung im Bauleitplanverfahren** geändert und die Nutzung des Internets und der elektronischen Übermittlung von Unterlagen bei Aufstellung von Bauleitplänen festgelegt.

Im Jahr 2025 hat der Bundesgesetzgeber das Gesetz zur Beschleunigung des Wohnungsbaus und zur Wohnraumsicherung (BGBl. Nr. 257) erlassen und in § 246e BauGB den sog. Bau-Turbo für Wohnbauten eingeführt – eine Vorschrift die es erlaubt, in allen planungsrechtlichen Bereichen (unbeplanter Innenbereich, Bebauungsplangebiet, Außenbereich) abweichend vom Planungsrecht Wohnbauten zu errichten, sofern die Gemeinde **zustimmt.**

Die Gemeinde kann zustimmen, wenn das Wohnbauvorhaben mit ihren städtebaulichen Vorstellungen von der Entwicklung der Gemeinde vereinbar ist (§ 36a BauGB).

Auch die Befreiungsmöglichkeiten von den Festsetzungen des Bebauungsplans wurden erweitert; nunmehr sind Befreiungen für Wohnungsbauten mit Zustimmung der Gemeinde möglich, auch wenn sie mit den Grundzügen der Planung des Bebauungsplans nicht übereinstimmen (§ 31 Abs. 3 BauGB).

Auch die Baunutzungsverordnung wurde geändert, und zwar im Jahr 2013 durch Zulassung von **Anlagen zur Kinderbetreuung** in reinen Wohngebieten sowie von Anlagen zur Nutzung der **solaren Strahlungsenergie** in, an oder auf Gebäuden und durch die Flexibilisierung der Vorschrift über das Maß der baulichen Nutzung, außerdem im Jahr 2017 durch die Einführung der neuen Gebietskategorie des **Urbanen Gebiets** in § 6a BauNVO. Im Rahmen des Baulandmobilisierungsgesetzes 2021 wurde als weitere Gebietskategorie das **dörfliche Wohngebiet** in § 5a BauNVO eingeführt.

Weiter gehört das Bauordnungsrecht dazu. Die Bayerische Bauordnung (BayBO) regelt die Ausführung der baulichen Anlagen auf dem Grundstück, sicherheitsrechtliche Anforderungen (z. B. Brandschutz), das Genehmigungsverfahren bei baulichen Anlagen sowie die Verwendung von Bauprodukten. Daneben gibt es spezielle Gesetze, z. B. Denkmalschutzvorschriften, Straßen- und Wegerecht etc. Der Landesgesetzgeber hat die Bayerische Bauordnung mit Gesetz vom 11.12.2012 geändert und u.a. Hinweise zum barrierefreien Bauen gegeben, die durch die DIN 18040–1 und –2 konkretisiert werden. Schließlich können die Gemeinden nach Art. 81 BayBO **eigene Ortsgesetze** erlassen, z.B. **Ortsgestaltungssatzungen, Kinderspielplatzsatzungen sowie Stellplatzsatzungen**. Die letzte Änderung der Bayerischen Bauordnung erfolgte durch das Erste, Zweite und Dritte Modernisierungsgesetz Bayern im Jahr 2025. Dabei hat der Landesgesetzgeber bestimmte Aufgaben kommunalisiert. D.h., wenn die Gemeinde keine Kinderspielplatzsatzung erlassen hat, muss der Bauherr – auch bei größeren Wohnungsbauvorhaben – keinen Kinderspielplatz anlegen. Oder sofern die Gemeinde keine Stellplatzsatzung erlassen hat, ist bei der Errichtung oder Änderung baulicher Anlagen auch kein Stellplatznachweis erforderlich.

Die nachfolgenden Ausführungen sollen die wichtigsten Begriffe aus dem Planungs- und Bauordnungsrecht erläutern (I.). Ein eigener Abschnitt wird der Behandlung des Bauantrags in der Gemeinderatssitzung gewidmet (II.). Daran schließt sich eine schematische Darstellung des Bebauungsplanverfahrens an (III.). Da auch bei der Vergabe von Bauaufträgen an Private Schwierigkeiten entstehen, wird auf die Vergabepraxis ebenfalls eingegangen (IV.).

I. Erläuterungen des Planungsrechts

Um den leichteren Zugriff während der Sitzung zu ermöglichen, sind die Erläuterungen alphabetisch aufgeführt.

1. Änderung von Bebauungsplänen

Das Verfahren bei der Änderung von Bebauungsplänen entspricht dem Verfahren über die Aufstellung von Bebauungsplänen (§ 1 Abs. 8 BauGB), vgl. unten III., S. 240. Dabei muss die Gemeinde bei der Änderung eines Bebauungsplans sorgfältig die **privaten und öffentlichen Belange abwägen** (§ 1 Abs. 7 BauGB), da sie häufig in – durch den bisherigen Bebauungsplan gewährte – Rechtspositionen eingreift. Wenn die Gemeinde z. B. ein Mischgebiet in ein Wohngebiet umwidmet, so sind nunmehr im Wohngebiet bestimmte Nutzungen ausgeschlossen, und es werden höhere Anforderungen an die Zumutbarkeit von Belästigungen gestellt. Wenn dadurch z. B. in einen eingerichteten Gewerbebetrieb eingegriffen wird, sind die Belange des Betriebs zu berücksichtigen; zudem können auch Entschädigungsfolgen ausgelöst werden.

Falls die Gemeinde das Maß der baulichen Nutzung ändert und z. B. die zulässige Geschossflächenzahl von 0,8 auf 0,6 herabzont, wird dadurch der Grundstückswert gemindert.

Bei einer Aufhebung oder Änderung der zulässigen Nutzung ist jedoch nicht in jedem Fall eine Entschädigung zu zahlen. Wenn die zulässige Grundstücksnutzung **nach Ablauf von 7 Jahren seit Zulässigkeit der Nutzung** aufgehoben oder geändert wird, kann der Eigentümer grundsätzlich nur eine Entschädigung für **Eingriffe in eine ausgeübte Nutzung** verlangen. Daraus folgt, dass die Gemeinde bei unbebauten Grundstücken nach Ablauf der Siebenjahresfrist Baurechte mindern oder aufheben kann, ohne entschädigungspflichtig zu werden, wenn dabei die aus dem Eigentumsrecht abgeleitete Rechtsposition beachtet und ordnungsgemäß abgewogen wird.

Die Siebenjahresfrist beginnt erst dann zu laufen, wenn die Bebauung zulässig ist, d. h., es kommt auch darauf an, ab welchem Zeitpunkt die Erschließung des Grundstücks realisierbar erscheint. Wenn die Gemeinde z. B. einen Bebauungsplan im Jahr 2000 bekannt gemacht hat, aber der Kanal und die Straße erst im Februar 2013 hergestellt wurden, so läuft die Siebenjahresfrist im Februar 2020 ab.

Dabei werden Entschädigungsansprüche nur dann gewährt, wenn im Bebauungsplangebiet bereits eine bauliche Nutzung zulässig war. Sofern z. B. ein Bebauungsplan aus dem Jahr 2000 datiert, jedoch keine Erschließung realisiert werden konnte, kann die Gemeinde den Bebauungsplan nachträglich ändern, ohne dass Entschädigungsforderungen nach § 42 BauGB gestellt werden können. Zum Anspruch auf Ersatz eines **Vertrauensschadens** nach § 39 BauGB vgl. Stichwort „Vertrauensschaden“, Nr. 49.

Planungsrechtlich ist bei jeder Änderung von Bebauungsplänen zu beachten, dass dem Gebot der gerechten Abwägung Rechnung getragen werden muss (§ 1 Abs. 7 BauGB). Hierfür ist bei bebauten Gebieten regelmäßig notwendig, dass im Rahmen einer Bestandsaufnahme die vorhandene Bebauung untersucht wird, um bei der Abwägung überprüfen zu können, welche Auswirkungen die Bebauungsplanänderung auf das vorhandene Baurecht hat.

2. Außenbereich

Die Zulässigkeit von Bauvorhaben im Außenbereich ist in §§ 35, 201 BauGB geregelt. Bauvorhaben sind im Außenbereich im Grundsatz nur zulässig, wenn es sich um **privilegierte Vorhaben** (z. B. landwirtschaftliche Betriebe, Windenergieanlagen) handelt. Für alle anderen Vorhaben gilt, dass der Freihaltung des Außenbereichs als Erholungslandschaft und aus ökologischen Gründen Vorrang vor den Bauwünschen der Bürger zukommt. Wenn die Gemeinde dort z. B. einen Golfplatz zulassen will, muss sie eine Bauleitplanung durchführen.

Ein Außenbereich besteht dann, wenn das fragliche Gebiet weder von einem Bebauungsplan erfasst wird noch im **Innenbereich,** d. h. im Zusammenhang bebauter Ortsteile, liegt. Der Bebauungszusammenhang setzt voraus, dass eine aufeinanderfolgende zusammenhängende Bebauung vorhanden ist. Wenn Baulücken oder größere freie Flächen bestehen, ist es ausschlaggebend, ob die aufeinanderfolgende Bebauung noch den Eindruck der Geschlossenheit vermittelt. Auch im Innenbereich kann eine größere Freifläche als Außenbereich zu qualifizieren sein, wenn diese Fläche den Bebauungszusammenhang unterbricht. Generell gilt, dass bei einer eng aneinandergereihten Bebauung mehrere freie Baugrundstücke mit einer Gesamtfläche von 10.000 m^2 bereits den Bebauungszusammenhang unterbrechen können, während bei einer Freifläche inmitten einer großzügigen, villenartigen Bebauung erst dann ein Außenbereich anzunehmen ist, wenn die Fläche so groß ist, dass sich ihre Bebauung nicht als zwanglose Fortsetzung der vorhandenen Bebauung aufdrängt (BVerwG, Urteil vom 17.2.1984, Az.: 4 C 55.81, NJW 1984, S. 1576 zu einem Kleingartengebiet als Außenbereichsinsel und BVerwG, Beschluss vom 10.7.2000, Az.: 4 B 39.00, UPR 2000, S. 463 zur Unterbrechung des Bebauungszusammenhangs durch einen Sportplatz).

Weiter muss der Bebauungszusammenhang einem **Ortsteil** angehören, damit ein Innenbereich vorliegt. Kleinere Weiler mit ca. 10 Gebäuden sind regelmäßig als **Splittersiedlung** im Außenbereich anzusehen und stellen keinen Ortsteil dar (BayVGH, Urteil vom 13.7.1982, Az.: 1 B 81 A.2189, BayVBl 1983, S. 628). Dabei kommt es auf die Siedlungsstruktur in der Gemeinde an (BVerwG, Beschluss vom 19.9.2000, Az.: 4 B 49/00, UPR 2001, S. 107). Die Gemeinde kann bei Ortsteilen durch eine Satzung eine Abgrenzung und Abrundung eines Innenbereichs vornehmen (§ 34 Abs. 4 BauGB). Bei Splittersiedlungen kann die Gemeinde durch eine Lückenfüllungssatzung erleichtert Baurecht schaffen (§ 35 Abs. 6 BauGB).

3. Bauerwartungsland

Unter Bauerwartungsland ist eine Fläche zu verstehen, die nach ihrer Eigenart, ihrer sonstigen Beschaffenheit und ihrer Lage eine bauliche Nutzung in absehbarer Zeit tatsächlich erwarten lässt (§ 5 Abs. 2 Immobilienwertermittlungsverordnung vom 14.7.2021, BGBl. I S. 2805). Dabei kann sich diese Erwartung insbesondere auf einen entsprechenden Stand der Bauleitplanung oder auf die allgemeine städtebauliche Entwicklung des Gemeindegebiets gründen. Der Begriff des Bauerwartungslandes (§ 3 Abs. 2 ImmoWertV) ist für die Wertermittlung bei Grundstücken bedeutsam.

Sofern die Gemeinde Grundstücke erwerben will, z.B. um für die einheimische Bevölkerung verbilligtes Bauland zu schaffen, sollte sie die Flächen möglichst zu einem Zeitpunkt ankaufen, in dem die Bauerwartung gering ist, da sich der Kaufpreis dann an diesem Bodenwert des Grundstücks orientiert und noch keine Erhöhung infolge der Bauleitplanung eingetreten ist.

4. Baugebot

Die Gemeinde kann im Geltungsbereich eines Bebauungsplans, aber auch im unbeplanten Innenbereich einen Grundstückseigentümer durch den Erlass eines Baugebots verpflichten, sein Grundstück innerhalb einer angemessenen Frist zu bebauen (§ 176 BauGB). Voraussetzung ist, dass **städtebauliche Gründe die alsbaldige Durchführung der Maßnahme erfordern.** Bei der Anordnung eines Baugebots kann auch ein dringender Wohnbedarf der Bevölkerung berücksichtigt werden (§ 175 Abs. 2 BauGB).

Wenn dem Grundstückseigentümer die Durchführung des Vorhabens aus wirtschaftlichen Gründen nicht zuzumuten ist, hat die Gemeinde von dem Baugebot abzusehen; jedoch kommt dann eine Enteignung in Betracht (§ 85 Abs. 1 Nr. 2 BauGB). Beim Erlass eines Baugebots muss die Gemeinde auch prüfen, ob aus Gründen der Gleichbehandlung auch benachbarte unbebaute Grundstücke mit Baugeboten belegt werden müssen, da z. B. ein Baugebot nicht mit dringendem Wohnbedarf der Bevölkerung gerechtfertigt werden kann, wenn es nur bei einem Grundstück ausgeübt wird.

Das BauGB eröffnet in § 179 BauGB für Vorhaben, die nicht den Festsetzungen eines Bebauungsplans entsprechen, und in § 249 Abs. 2 BauGB für Windkraftanlagen den Gemeinden die Möglichkeit, den Rückbau von Anlagen zu fordern.

In der Praxis werden Baugebote nach §§ 175 ff. BauGB selten angewendet. Häufig ist jedoch der Fall anzutreffen, dass die Gemeinde bei Grundstücksverkäufen Baugebote im Vertrag vereinbart.

Beim **Vorhaben- und Erschließungsplan** gemäß § 12 BauGB ist gesetzlich vorgesehen, dass sich der Vorhabenträger zur Durchführung des Projekts im Vertrag verpflichtet.

5. Bauleitplanung

Bauleitpläne sind sowohl der **Flächennutzungsplan** (vorbereitender Bauleitplan) als auch der **Bebauungsplan** (verbindlicher Bauleitplan), § 1 Abs. 2 BauGB. Bauleitpläne sind von der Gemeinde in eigener Verantwortung aufzustellen, sobald und soweit es für die städtebauliche Entwicklung und Ordnung **erforderlich** ist (§ 1 Abs. 3 BauGB). Der Bürger hat keinen Anspruch auf die Aufstellung von Bauleitplänen (§ 1 Abs. 3 Satz 2 BauGB). Die Gemeinde kann im Rahmen der Aufstellung von Bauleitplänen nicht politisch frei entscheiden, ob Grundstücke als Bauland ausgewiesen werden, sondern sie hat das im Baugesetzbuch vorgesehene Verfahren einzuhalten. Die wichtigsten Schritte sind: Aufstellungsbeschluss durch den Gemeinderat, Erstellung eines Entwurfs des Bauleitplanes mit Begründung und Umweltbericht, Beteiligung der Öffentlichkeit, Anhörung der Fachbehörden, Veröffentlichung des Bebauungsplanentwurfs im Internet, Abwägung der vorgetragenen Anregungen, Satzungsbeschluss, ggf. Genehmigung des Bauleitplans durch die höhere Verwaltungsbehörde und Bekanntmachung, Überwachung erheblicher Umweltauswirkungen (vgl. unter III. die Anmerkungen zu den Schemata, Ziffer 7). Sofern ein Bebauungsplan der Innenentwicklung nach § 13a BauGB aufgestellt werden soll, kann das beschleunigte Verfahren angewendet werden (vgl. Stichwort „Beschleunigtes Verfahren", Nr. 14).

Bauen

6. Baulücken

Vergleiche dazu Stichwort „Außenbereich", Nr. 2. Ergänzend sei gesagt: Eine Baulücke liegt dann vor, wenn das Baugrundstück von drei Seiten durch Bebauung umgrenzt ist. Bei einer Bebauung an einem See oder einer Straße reicht es für die Annahme der Baulücke aus, wenn die jeweils angrenzenden bebauten Grundstücke den Bebauungszusammenhang vermitteln (vgl. BVerwG, Urteil vom 6.11.1968, Az.: IV C 31.66, BVerwGE 31, S. 22; BVerwG, Urteil vom 1.12.1972, Az.: IV C 6.71, BVerwGE 41, S. 227 zur bandartigen, einzeiligen Bebauung).

7. Baumassenzahl

Nach § 21 Abs. 1 BauNVO gibt die Baumassenzahl an, wie viel Kubikmeter Baumasse je Quadratmeter Grundstücksfläche nach § 19 Abs. 3 BauNVO zulässig sind. Sie ist dort sinnvoll, wo mit der GFZ (Geschossflächenzahl) eine befriedigende Begrenzung der Nutzung nicht möglich ist (z. B. Gebäude ohne Stockwerke sowie Lagerhallen).

8. Baunutzungsverordnung (BauNVO)

In der Baunutzungsverordnung sind die Bauflächen nach der Art und dem Umfang der baulichen Nutzung geregelt.

Nach § 1 Abs. 1 BauNVO reicht es für den Flächennutzungsplan grundsätzlich aus, nur die allgemeine Art der baulichen Nutzung (Bauflächen) darzustellen, nämlich:

- Wohnbauflächen (W)
- gemischte Bauflächen (M)
- gewerbliche Bauflächen (G)
- Sonderbauflächen (S)

Im Bebauungsplan sollen nach § 1 Abs. 2 BauNVO die Bauflächen weiter unterteilt werden. Die BauNVO nennt zwölf verschiedene Arten der baulichen Nutzung:

- Kleinsiedlungsgebiete (WS)
- reine Wohngebiete (WR)
- allgemeine Wohngebiete (WA)
- besondere Wohngebiete (WB)
- Dorfgebiete (MD)
- Dörfliches Wohngebiet (MDW)
- Mischgebiete (MI)
- Urbanes Gebiet (MU)
- Kerngebiete (MK)
- Gewerbegebiete (GE)

- Industriegebiete (GI)
- Sondergebiete (SO)

Des Weiteren enthält die BauNVO in §§ 16ff. Bestimmungen über das **Maß der baulichen Nutzung**, die **Bauweise** und die **überbaubare Grundstücksfläche**. Wenn im Bebauungsplan ein Baugebiet im Sinne der BauNVO festgesetzt wird, werden die Vorschriften der §§ 2 bis 14 BauNVO Bestandteil des Bebauungsplans, sofern die Gemeinde keine abweichenden Festsetzungen trifft.

Darüber hinaus kommt der BauNVO auch bei der Überprüfung von Vorhaben im unbeplanten Innenbereich nach § 34 Abs. 2 BauGB erhebliche Bedeutung zu (vgl. Stichwort „Einfügen", Nr. 18).

9. Bausperre

Vgl. Stichwort „Veränderungssperre", Nr. 48.

10. Bau-Turbo

Der Gesetzgeber hat durch das Gesetz zur Beschleunigung des Wohnungsbaus und zur Wohnraumsicherung vom 27.10.2025 (BGBl. Nr. 257) in dem neuen § 246e BauGB einen bis 31.12.2030 geltenden „Bau-Turbo" eingeführt. Damit sollen für Vorhaben, die der Schaffung von Wohnraum dienen, Abweichungen vom Planungsrecht ermöglicht werden. Nach § 246e Abs. 1 BauGB kann mit Zustimmung der Gemeinde von den Vorschriften des Baugesetzbuches abgewichen werden, wenn die Abweichung unter Würdigung **nachbarlicher Interessen mit den öffentlichen Belangen** vereinbar ist.

Voraussetzung hierfür ist weiter, das Vorhaben dient

- der Errichtung **Wohnzwecken dienender Gebäude,**
- der **Erweiterung, Änderung oder Erneuerung** zulässiger Weise errichteter Gebäude, wenn hierdurch neue Wohnungen geschaffen oder vorhandener Wohnraum wieder nutzbar wird, oder

- der **Nutzungsänderung** in zulässiger Weise errichteter baulicher Anlagen zu Wohnzwecken einschließlich einer erforderlichen Änderung oder Erneuerung.

Weitere Voraussetzung ist, dass die Gemeinde zustimmt. Die **Zustimmung der Gemeinde** ist gesondert in § 36 BauGB geregelt. Diese Zustimmung ist anders als das Einvernehmen unter ein Planungsermessen der Gemeinde gestellt, d.h., sie entscheidet, ob das Vorhaben mit ihren Vorstellungen von der städtebaulichen Entwicklung und Ordnung vereinbar ist. Dabei kann die Gemeinde ihre Zustimmung unter der Bedingung erteilen, dass der Vorhabenträger sich verpflichtet, bestimmte städtebauliche Anforderungen einzuhalten. Auch kann die Gemeinde der betroffenen Öffentlichkeit vor der Entscheidung Gelegenheit zur Stellungnahme innerhalb eines Monats geben. Wenn die Gemeinde die Zustimmung ablehnt, kann diese Ablehnung nicht von der Rechtsaufsichtsbehörde ersetzt werden, sondern nur im Rahmen eines Rechtsbehelfsverfahrens gegen die Zulassungsentscheidung überprüft werden (§ 36a Abs. 3 BauGB).

Der Bau-Turbo ist in **Bebauungsplangebieten, im Innenbereich und im Außenbereich** unter folgenden Voraussetzungen anwendbar:

In **Bebauungsplangebieten** kann mit Zustimmung der Gemeinde abweichend von den Festsetzungen des Bebauungsplans eine Wohnbebauung zugelassen werden. Eine solche Abweichung von den Festsetzungen des Bebauungsplans ist dann nicht mit öffentlichen Belangen vereinbar, wenn sie aufgrund einer überschlägigen Prüfung voraussichtlich erhebliche Umweltauswirkungen hat.

Im **unbeplanten Innenbereich** ist mit Zustimmung der Gemeinde eine Abweichung vom Einfügungsgebot nach § 34 Abs. 3b BauGB zulässig, wenn ein Wohngebäude errichtet werden soll und dies unter Würdigung der nachbarlichen Interessen mit öffentlichen Belangen vereinbar ist.

Im **Außenbereich** können solche Vorhaben für den Wohnungsbau nur dann zugelassen werden, wenn die Vorhaben im räumlichen Zusammenhang mit Flächen stehen, die im Innenbereich liegen oder durch Bebauungsplan festgesetzt wurden. Nach § 246e Abs. 3 BauGB ist eine überschlägige Prüfung durchzuführen, ob durch das **Wohnbauvorhaben im Außenbereich** Umweltauswirkungen zu erwarten sind. Wenn dies der Fall ist, muss eine strategische Umweltprüfung nach dem Umweltverträglichkeitsgesetz durchgeführt werden. Notwendig ist dann auch ein naturschutzrechtlicher Ausgleich nach § 18 BNatSchG.

Sofern solche Wohnungsbauvorhaben in Abweichung vom Baugesetzbuch gestattet werden, können auch den Bedürfnissen der Bewohner dienende Anlagen für soziale und kulturelle Zwecke – entgegen den Vorschriften des Baugesetzbuches – zugelassen werden (§ 246e Abs. 5 BauGB).

11. Bauweise

Im Bebauungsplan kann eine offene oder geschlossene Bauweise festgesetzt werden. In der offenen Bauweise darf die Länge der Gebäude max. 50 m betragen. Die Gemeinde kann im Bebauungsplan Flächen festsetzen, auf denen nur Einzelhäuser, nur Doppelhäuser oder nur Hausgruppen (Reihenhäuser) zulässig sind (§ 22 BauNVO). Dabei stellt das Bundesverwaltungsgericht beim Doppelhaus darauf ab, dass das Gebäude auf zwei eigenständigen Grundstücken errichtet wird (BVerwG, Urteil vom 24.2.2000, Az.: 4 C 12.98, ZfBR 2000, S. 415). Daher kann die Gemeinde „Doppelhäuser“ nicht durch Bebauungsplan verhindern, wenn ein Gebäude mit zwei funktional selbstständigen Hauseinheiten auf einem Grundstück errichtet wird.

Zu beachten ist, dass ein Einzelhaus ein Haus mit einem Eingang ist; somit kann auch ein Hochhaus ein Einzelhaus sein.

12. Bebauungsplan

Der Bebauungsplan enthält die rechtsverbindlichen Festsetzungen für die städtebauliche Ordnung in der Gemeinde (§ 8 BauGB). Dabei ist der Bebauungsplan, mit dem Außenbereichsflächen überplant werden, grundsätzlich aus dem Flächennutzungsplan zu entwickeln (§ 8 Abs. 2 Satz 1 BauGB), sofern nicht eine Ausnahme von der Zweistufigkeit der Bauleitplanung möglich ist. Die Gemeinde darf dann auf die Aufstellung eines Flächennutzungsplans verzichten, wenn es für die städtebauliche Ordnung ausreicht, einen **selbstständigen Bebauungsplan** aufzustellen.

Ein Änderungsverfahren ist für den Flächennutzungsplan nicht erforderlich, wenn es sich um einen **Bebauungsplan der Innenentwicklung** handelt, der im beschleunigten Verfahren nach § 13a BauGB aufgestellt wird.

Bei der Ausgestaltung des Bebauungsplans hat die Gemeinde ein weites planerisches Ermessen. Es gilt nach § 1 Abs. 3 BauGB der Grundsatz, dass ein Bebauungsplan von der Gemeinde in eigener Verantwortung aufzustellen ist, sobald und soweit es für die **städtebauliche Entwicklung und Ordnung** erforderlich ist (vgl. Stichwort „Bauleitplanung", Nr. 5).

Die Aufstellung des Bebauungsplans erfolgt in einem demokratischen Verfahren (vgl. in diesem Kapitel unter III.). Der Bürger hat keinen Anspruch auf die Aufstellung eines Bebauungsplans (§ 1 Abs. 3 BauGB).

Dabei sind die Festsetzungen in einem Bebauungsplan nach dem abschließenden Katalog des § 9 BauGB in Verbindung mit der BauNVO zu treffen. Diese Festsetzungen sind für den Bürger verbindlich.

Der Bebauungsplan ist eine **Angebotsplanung**, d.h., der Bürger wird durch den Bebauungsplan nicht verpflichtet, ein Bauwerk zu errichten. Wenn er baut, so muss er aber die Festsetzungen des Bebauungsplans einhalten. Sofern die Gemeinde die Bebauung eines Grundstücks zwangsweise durchsetzen will, so muss sie Baugebote erlassen (vgl. Stichwort „Baugebot", Nr. 4).

Aus § 30 Abs. 1 BauGB ergibt sich, welche Festsetzungen in einem Bebauungsplan mindestens getroffen werden müssen (Festsetzungen über die Art und das Maß der baulichen Nutzung, über die überbaubaren Grundstücksflächen und über die örtlichen Verkehrsflächen), damit es sich um einen **qualifizierten Bebauungsplan** handelt. Wenn ein Bauherr mit seinem Bauvorhaben die Festsetzungen eines qualifizierten Bebauungsplans einhält, so kann er im **Freistellungsverfahren** nach Art. 58 BayBO bauen; er benötigt keine Baugenehmigung. In diesem Verfahren gilt, dass der Bauherr die Unterlagen für sein Bauvorhaben bei der Gemeinde nach Art. 58 Abs. 3 Bay BO einreichen muss.

Wenn im Rahmen eines Bebauungsplans nur einige Festsetzungen vorgenommen wurden (z.B. wenn eine Gemeinde nur die Anzahl der zulässigen Wohneinheiten in den Wohngebäuden regelt), so handelt es sich um einen **einfachen Bebauungsplan** nach § 30 Abs. 3 BauGB. Im Geltungsbereich eines einfachen Bebauungsplans richtet sich die Zulässigkeit eines Vorhabens im Übrigen (d.h. für die nicht vom Bebauungsplan geregelten Zulässigkeitskriterien) nach den §§ 34, 35 BauGB. Gerade im ländlichen Bereich genügt oft ein einfacher Bebauungsplan für die städtebauliche Ordnung.

Die Gemeinde muss im Bebauungsplanverfahren dem Gebot der gerechten **Abwägung** der privaten und öffentlichen Belange Rechnung tragen (§ 1 Abs. 7 BauGB). Hierbei werden hohe Anforderungen an die Gemeinde gestellt, wenn planerische Konflikte zu bewältigen sind. Sofern z.B. ein Wohngebiet an einer stark befahrenen Straße oder in der Nähe von emittierenden Betrieben (wie z.B. Sportanlagen etc.) geplant wird, kann die Gemeinde häufig nur dann eine gerechte Abwägung vornehmen, wenn sie Fachgutachten einholt und durch entsprechende Festsetzungen im Bebauungsplan eine Konfliktlösung erreicht (vgl. auch § 50 BImSchG).

Die Gemeinde ist nicht verpflichtet, im Bebauungsplangebiet liegende Grundstücke sofort zu erschließen. Sie kann im Rahmen eines städtebaulichen Vertrags auch die Erschließung auf einen Dritten übertragen (§ 11 Abs. 1 Nr. 1 BauGB). § 124 BauGB bestimmt jedoch, dass wenn die Gemeinde einen qualifizierten Bebauungsplan erlassen hat und das zumutbare Angebot zum Abschluss eines städtebaulichen Vertrags über die Erschließung ablehnt, sie verpflichtet ist, die Erschließung selbst durchzuführen.

Zum Baurecht nach § 30 BauGB vgl. auch II. „Die Behandlung des Bauantrags in der Gemeinderatssitzung“.

13. Befreiungen von den Festsetzungen

Nach § 31 BauGB können unter bestimmten Voraussetzungen Ausnahmen und Befreiungen von den Festsetzungen eines Bebauungsplans zugelassen werden. Die Vorschrift dient in erster Linie der Einzelfallgerechtigkeit und damit dem rechtsstaatlichen Übermaßverbot, da ein Bebauungsplan häufig nicht jede Einzelheit und Besonderheit des jeweiligen Falles berücksichtigen kann. Des Weiteren soll die Vorschrift eine gewisse Flexibilität planerischer Festsetzungen herstellen, um nicht bei jeder Abweichung eine Bebauungsplanänderung durchführen zu müssen.

Eine **Ausnahme** von den Festsetzungen eines Bebauungsplans kann nach § 31 Abs. 1 BauGB zugelassen werden, wenn der Bebauungsplan einen Ausnahmevorbehalt enthält. Somit ist hierfür notwendig, dass der Bebauungsplan die Ausnahme nach Art und Umfang bestimmt.

Eine **Befreiung** unterscheidet sich grundlegend von der Ausnahme dadurch, dass sie im Bebauungsplan nicht vorgesehen ist. Der Gesetzgeber hat die bisherigen Möglichkeiten einer Befreiung, wenn Gründe des Wohls der Allgemeinheit sie erfordern (§ 31 Abs. 2 Nr. 1 BauGB), mehrfach erweitert. So wurde bereits durch das Baugesetzbuch 1998 die Beschränkung der Befreiung auf einen Einzelfall bei § 31 Abs. 2 BauGB aufgehoben. Weitere Befreiungstatbestände wurden für die Flüchtlingsunterbringung (§ 31 Abs. 2 Nr. 1 BauGB) und die Schaffung von Wohnraum in Gebieten mit angespanntem Wohnungsmarkt (§ 31 Abs. 3 BauGB) durch das Baulandmobilisierungsgesetz 2021 ergänzt.

Voraussetzung für die Befreiung nach § 31 Abs. 2 BauGB ist, dass die **Grundzüge der Planung** nicht berührt werden und

- die Gründe des Wohls der Allgemeinheit einschließlich der Wohnbedürfnisse der Bevölkerung und des Bedarfs zur Unterbringung von Flüchtlingen oder Asylbegehrenden die Befreiung erfordern,
- die Abweichung städtebaulich vertretbar ist oder
- die Durchführung des Bebauungsplans zu einer offenbar nicht beabsichtigten Härte führen würde.

Bisher waren Befreiungen nach § 31 Abs. 2 BauGB nur sehr eingeschränkt möglich, da die **Grundzüge der Planung** nicht berührt werden durften. Grundzüge der Planung sind z.B. die Festsetzungen der Art der baulichen Nutzung, des Maßes der baulichen Nutzung sowie der überbaubaren Grundstücksfläche.

Durch das Gesetz zur Beschleunigung des Wohnungsbaus und zur Wohnraumsicherung vom 27.10.2025 (BGBl. Nr. 257) hat der Gesetzgeber § 31 Abs. 3 BauGB neu gefasst und für den Wohnungsbau generell **Befreiungen zugelassen, wenn die Grundzüge der Planung berührt werden.**

Solche Befreiungen sind zugunsten des Wohnungsbaus zulässig, wenn **die Gemeinde zustimmt,** die Befreiung mit nachbarlichen Interessen und öffentlichen Belangen vereinbar ist und keine zusätzlichen erheblichen Umweltauswirkungen zur Folge hat.

14. Beschleunigtes Verfahren

Für **Bebauungspläne, die der Innenentwicklung dienen**, kann nach § 13a BauGB das beschleunigte Verfahren angewendet werden. Voraussetzung ist, dass in dem Bebauungsplan die festgesetzten Bauräume (§ 19 Abs. 2 BauNVO) in der Größe ihrer Grundfläche insgesamt weniger als 20.000 m^2 aufweisen. Dabei werden die Grundflächen mehrerer Bebauungspläne, die in einem engen, sachlichen, räumlichen und zeitlichen Zusammenhang aufgestellt werden, zusammengerechnet.

Sofern ein Bebauungsplan eine zulässige Grundfläche von mehr als 20.000 m^2, aber weniger als 70.000 m^2 vorsieht, kommt das beschleunigte Verfahren in Betracht, wenn unter Berücksichtigung der in Anlage 2 des BauGB genannten Kriterienabschätzung anzunehmen ist, dass der Bebauungsplan voraussichtlich keine erheblichen Umweltauswirkungen hat. In jedem Fall ist das beschleunigte Verfahren ausgeschlossen, wenn die Grundfläche über 70.000 m^2 beträgt oder durch den Bebauungsplan die Zulässigkeit von UVP-pflichtigen Vorhaben begründet wird oder Anhaltspunkte für eine Beeinträchtigung von europarechtlich geschützten FFH-Gebieten bestehen. Zudem darf ein

Bebauungsplan der Innenentwicklung **keine Außenbereichsflächen** überplanen. Das Bundesverwaltungsgericht hat mit Urteil vom 4.11.2015 (Az.: 4 CN 9/14) entschieden, dass ein Bebauungsplan der Innenentwicklung nur für Grundstücke im Zusammenhang bebauter Ortsteile Anwendung findet (ebenso BayVGH, Urteil vom 18.1.2017, Az.: 15 N 14.2033, ZfBR 2017, S. 379).

Für das beschleunigte Verfahren hat der Gesetzgeber eine Vielzahl von **Erleichterungen** für die Gemeinde zugelassen. So kann in diesem Verfahren von der frühzeitigen Unterrichtung und der Erörterung mit den Behörden und sonstigen Trägern öffentlicher Belange abgesehen werden; einer förmlichen Umweltprüfung bedarf es nicht. Wenn der Bebauungsplan von Darstellungen des Flächennutzungsplans abweicht, kann er auch aufgestellt werden, bevor der Flächennutzungsplan geändert oder ergänzt wird; die städtebauliche Entwicklung des Gemeindegebiets darf jedoch nicht beeinträchtigt werden. Nach dem Bebauungsplanverfahren wird der Flächennutzungsplan im Wege der Berichtigung angepasst. Eine **Ausgleichspflicht nach § 1a BauGB für Eingriffe in Natur und Landschaft**, die aufgrund der Aufstellung des Bebauungsplans zu erwarten sind, besteht für Bebauungspläne der Innenentwicklung **nicht**, sofern die im Bebauungsplan festgesetzten Grundflächen eine Größe von insgesamt 20.000 m^2 nicht überschreiten. Ein solcher Bebauungsplan bedarf auch nicht der Genehmigung der höheren Verwaltungsbehörde.

15. Bestandsschutz

Dem Bestandsschutz von Bauvorhaben kommt insbesondere dann große Bedeutung zu, wenn ein Vorhaben nach heutiger Rechtslage im Widerspruch zum formellen und materiellen Recht steht.

Ein Bestandsschutz besteht dann, wenn ein Bauvorhaben zu irgendeinem namhaften Zeitpunkt dem maßgeblichen formellen oder materiellen Recht entsprochen hat. So ist eine bauliche Anlage dann als **formell legal** anzusehen, wenn sie baurechtlich genehmigt wurde; von **materieller Legalität** spricht man, wenn zwar keine formelle Baugenehmigung vorliegt, jedoch die bauliche Anlage im Zeitpunkt der Errichtung mit dem materiellen Recht in Einklang stand. Wenn Bestandsschutz besteht, kann dem Bauvorhaben das später in Kraft getretene ungünstigere Recht nicht entgegengehalten werden. So können z. B. bei einer Gaststätte, die vor langer Zeit genehmigt wurde, ohne dass Stellplätze vorhanden sind, im Regelfall keine Stellplätze nachgefordert werden.

Der Bestandsschutz geht jedoch unter, wenn die Nutzung für längere Zeit aufgegeben wurde (vgl. z. B. für die Umnutzung von ehemals landwirtschaftlich genutzten Gebäuden, die Siebenjahresfrist in § 35 Abs. 4 Nr. 1c BauGB, vgl. hierzu § 245b BauGB, nach Art. 82 Abs. 6 BayBO gilt die Siebenjahresfrist in Bayern nicht). Wenn ein altes Bauernhaus im Außenbereich in eine gewerbliche Nutzung, z. B. ein Bierdepot, ohne Baugenehmigung umfunktioniert wird, so fällt damit der Bestandsschutz weg; das Vorhaben ist nicht mehr privilegiert, und es kann im Extremfall sogar eine Abbruchverfügung ergehen.

16. Beteiligung der Öffentlichkeit

Die „Beteiligung der Öffentlichkeit" an der Bauleitplanung ist in § 3 BauGB besonders geregelt. Nach Absatz 1 soll die Gemeinde möglichst frühzeitig der Öffentlichkeit Gelegenheit zur Äußerung und Erörterung geben. Daneben führt die Gemeinde eine frühzeitige Beteiligung der Behörden (Kopien) und sonstigen Träger öffentlicher Belange (§ 4 Abs. 1 BauGB) durch, deren Aufgabenbereich durch die Planung berührt werden kann. Dieses Verfahren dient auch dazu, der Gemeinde Informationen über den erforderlichen Umfang und Detaillierungsgrad der Umweltprüfung zu liefern. Nach der frühzeitigen Bürger- und Behördenbeteiligung erfolgt ggf. eine Überarbeitung des Bauleitplanentwurfs.

Nach § 3 Abs. 2 BauGB sind die Entwürfe der Bauleitpläne mit der Begründung und den nach Einschätzung der Gemeinde wesentlichen bereits vorliegenden umweltbezogenen Stellungnahmen mindestens 30 Tage **im Internet zu veröffentlichen**. Zusätzlich zur Veröffentlichung im Internet sind eine oder mehrere leicht zu erreichende Zugangsmöglichkeiten etwa durch öffentlich zugängliche Lesegeräte oder durch eine öffentliche Auslegung zur Verfügung zu stellen.

Die Internetseite oder Internetadresse, unter der die Unterlagen eingesehen werden können, die Dauer der Veröffentlichungsfrist sowie Angaben dazu, welche Arten umweltbezogener Informationen verfügbar sind, sind vor Beginn der Veröffentlichungsfrist ortsüblich bekannt zu machen.

Damit auch die Bürger erreicht werden können, die nicht im digitalen Netz unterwegs sind, wird neben der Veröffentlichung im Internet und im Zentralen Internetportal des Landes auch eine öffentliche Auslegung des Bebauungsplans vorgenommen.

Im Rahmen der Veröffentlichung der Bauleitplanung im Internet der Entwürfe der Bauleitpläne können die Bürger dann nochmals Stellung nehmen. Die Gemeinde muss die Anregungen der Bürger prüfen und dabei dem Gebot der gerechten Abwägung der privaten und öffentlichen Belange Rechnung tragen (§ 1 Abs. 7 BauGB).

17. Dorfgebiet (MD)

Nach § 5 BauNVO dienen die Dorfgebiete der Unterbringung land- und forstwirtschaftlicher Betriebe, dem Wohnen, der Unterbringung von nicht wesentlich störenden Gewerbebetrieben sowie von Handwerksbetrieben für die örtliche Versorgung. Die Gemeinde muss bei der Ausweisung eines Dorfgebiets durch Bebauungsplan darauf achten, dass dessen Zweckbestimmung gewahrt bleibt. Daher kann sie z.B. nicht land- und forstwirtschaftliche Betriebe generell im Dorfgebiet ausschließen. Zwar kann ein Baugebiet in Teilbereiche gegliedert werden; jedoch muss bei einer Gesamtbetrachtung das Baugebiet noch ein Nebeneinander der dort zulässigen Nutzungen – Wohnen, Gewerbe und Landwirtschaft – aufweisen. Wenn die Gemeinde ein Dorfgebiet festsetzt, sich aber aus den Bauräumen ergibt, dass dort nur Wohngebäude errichtet werden sollen, so ist die Festsetzung nichtig (BVerwG, Urteil vom 22.12.1989, Az.: 4 NB 32.89, NVwZ-RR 1990, S. 171).

Als Orientierungswerte für das Maß der baulichen Nutzung werden für das Dorfgebiet eine Grundflächenzahl (vgl. Stichwort Nr. 27) von 0,6 und eine Geschossflächenzahl (vgl. Stichwort Nr. 24) von 1,2 angegeben.

18. Einfügen von Vorhaben im Innenbereich

Ein Bauvorhaben muss sich im unbeplanten Innenbereich in die Umgebungsbebauung einfügen (§ 34 BauGB). Aus der näheren Umgebung des Bauvorhabens ist nach der Rechtsprechung des Bundesverwaltungsgerichts (BVerwG, Urteil vom 26.5.1978, Az.: IV C 9.77, BVerwGE 55, S. 369) der Rahmen zu ermitteln, den das Bauvorhaben bei der Art und dem Maß der Nutzung, aber auch hinsichtlich der Bauweise und der überbaubaren Grundstücksfläche einhalten muss. Dabei darf das Bauvorhaben den Rahmen grundsätzlich voll ausschöpfen. Sind in der Umgebung z. B. Wohngebäude und Läden vorhanden, so reicht der zulässige Rahmen für die **Art der Nutzung** vom Wohngebiet bis zum Mischgebiet.

Sofern die Eigenart der näheren Umgebung des Baugrundstücks einem der in der Baunutzungsverordnung geregelten Baugebiete entspricht, richtet sich die Zulässigkeit eines Vorhabens nach seiner Art allein nach den Vorgaben der Baunutzungsverordnung (§ 34 Abs. 2 BauGB).

Bezüglich des **Maßes der baulichen Nutzung** ist zu prüfen, welches Bauvolumen die in der Umgebung vorhandenen Gebäude haben. Haben die Gebäude Geschossflächenzahlen (GFZ) von 0,2 bis 0,6, und beträgt die Anzahl der Vollgeschosse zwischen zwei und drei, so kann z. B. ein Bauvorhaben mit 0,6 GFZ und drei Vollgeschossen realisiert werden. Beim Maß der baulichen Nutzung ist nicht allein auf die Geschossflächenzahl abzustellen, da diese an der Grundstücksgröße orientiert ist und somit nur dann einen verlässlichen Parameter darstellt, wenn die Grundstücke gleich groß sind. Vielmehr ist am **Bauvolumen,** d. h. Länge × Tiefe × Höhe der Gebäude in der Umgebungsbebauung abzulesen, ob ein Bauvorhaben diesen Rahmen einhält. Wenn ein Bauvorhaben diesem Rahmen entspricht, so kommt es nicht darauf an, wie viele Wohneinheiten in dem Gebäude untergebracht werden (BVerwG, Beschluss vom 24.4.1989, Az.: IV B 72/89, DÖV 1989, S. 860). Ein Umbau eines bestehenden Gebäudes fügt sich regelmäßig ein, wenn das Dachgeschoss ausgebaut wird (BVerwG, Urteil vom 23.3.1994, Az.: 4 C 18.92, DVBl. 1994, S. 702). Ein Bauvorhaben muss auch die gebotene **Rücksichtnahme auf die Nachbarschaft** einhalten; dieses Gebot wird z.B. dann verletzt, wenn der Parkplatz einer Gaststätte unzumutbare Immissionen auf die benachbarte Wohnbebauung hervorruft (BVerwG, Beschluss vom 28.9.1993, NVwZ-RR 1994, S. 193). Nach der Regelung des § 34 Abs. 3 BauGB dürfen von Bauvorhaben (insbesondere von Einzelhandelsgroßprojekten) keine schädlichen Auswirkungen auf zentrale Versorgungsbereiche in der Gemeinde oder in anderen Gemeinden zu erwarten sein.

19. Einvernehmen

Ein Bauvorhaben darf nur dann genehmigt werden, wenn die Gemeinde hierzu ihr Einvernehmen erteilt hat (§ 36 BauGB). Entbehrlich ist das Einvernehmen bei Bauanträgen, die mit den Festsetzungen eines rechtsgültigen Bebauungsplans übereinstimmen; das Einvernehmen ist aber notwendig, wenn das Bauvorhaben eine Befreiung nach § 31 BauGB von den Festsetzungen des Bebauungsplans erfordert.

Weiter bedarf es grundsätzlich des Einvernehmens der Gemeinde, wenn **in einem anderen Verfahren** über die Zulässigkeit eines Vorhabens entschieden wird, z.B. Genehmigung nach dem Bundesimmissionsschutzgesetz.

Die Gemeinde darf das Einvernehmen **nur aus planungsrechtlichen Gründen** versagen. Bei Vorhaben im **Bebauungsplangebiet** kann die Gemeinde das Einvernehmen verweigern, wenn das Vorhaben nicht mit den Festsetzungen des Bebauungsplans übereinstimmt. Sofern das Bauvorhaben den Festsetzungen des qualifizierten Bebauungsplans entspricht, ist ein Einvernehmen der Gemeinde nicht erforderlich (§ 36 BauGB).

Im **Innenbereich** kommt eine Verweigerung des Einvernehmens dann in Betracht, wenn sich das Vorhaben nicht einfügt.

Bei **Außenbereichsvorhaben** kann die Gemeinde die Erteilung des Einvernehmens unter Hinweis auf die fehlende Privilegierung eines Vorhabens ablehnen oder wenn Belange nach § 35 Abs. 3 BauGB beeinträchtigt werden. Für die Beurteilung der Privilegierung bei landwirtschaftlichen Anwesen kommt der „fachkundlichen Stellungnahme“ (z. B. Amt für Landwirtschaft) indizielle Bedeutung zu (BVerwG, Urteil vom 11.10.2012, Az.: 4 C 9.11, ZfBR 2013, S. 45).

Da sich das gemeindliche Einvernehmen **nur auf die planungsrechtlichen Fragen** bezieht, kann die Gemeinde bei einem Bauvorhaben das Einvernehmen nicht aus gestalterischen Gründen oder Fragen des Stellplatznachweises ablehnen. Die Beurteilung dieser Punkte obliegt ausschließlich der Bauaufsichtsbehörde. Anders verhält es sich, wenn die Gemeinde eine Gestaltungssatzung nach Art. 81 BayBO erlassen hat; in diesem Fall darf die Bauaufsichtsbehörde von den gemeindlichen Bauvorschriften in der Gestaltungssatzung nur im Einvernehmen mit der Gemeinde abweichen (Art. 63 Abs. 3 BayBO). Sofern es sich um ein verfahrensfreies Vorhaben (z. B. Garage nach Art. 57 Abs. 1 Nr. 1b BayBO) handelt, das nicht den örtlichen Bauvorschriften entspricht, entscheidet die Gemeinde über die Abweichung in eigener Zuständigkeit (Art. 63 Abs. 3 Satz 1 BayBO).

Die Gemeinde ist bei der Erteilung ihres Einvernehmens an **gesetzliche Fristen** gebunden. So gilt das Einvernehmen nach § 36 Abs. 2 BauGB als erteilt, wenn es nicht innerhalb von zwei Monaten nach Eingang des Bauantrags verweigert wurde.

Wenn die Bauaufsichtsbehörde der Auffassung ist, dass die Gemeinde ihr **Einvernehmen rechtswidrig versagt** hat, so hört sie die Gemeinde an und gibt ihr Gelegenheit, innerhalb angemessener Frist erneut über das gemeindliche Einvernehmen zu entscheiden (Art. 74 Abs. 4 BayBO). Sofern die Gemeinde nicht von ihrer Entscheidung abweicht, kann die Bauaufsichtsbehörde das Einvernehmen ersetzen und zugleich die Baugenehmigung erteilen (§ 36 Abs. 2 BauGB), vgl. auch II. 1., S. 235.

Das Einvernehmen ist von der Zustimmung der Gemeinde für die Genehmigung von Wohnbauvorhaben nach § 246e BauGB zu unterscheiden. So kann eine verweigerte Zustimmung durch die Gemeinde, die beim Bau-Turbo für eine Baugenehmigung erforderlich ist, nicht von der Bauaufsichtsbehörde ersetzt werden (§ 36 a Abs. 3 BauGB).

20. Enteignung

Die Enteignung ist in den §§ 85 ff. BauGB und in speziellen Vorschriften (vgl. für die städtebauliche Entwicklungsmaßnahme § 169 Abs. 3 BauGB) geregelt. Sie ist z. B. zulässig, um Grundstücke entsprechend den Festsetzungen des Bebauungsplans (z. B. als öffentliche Verkehrsfläche) zu nutzen, ein Baugebot durchzusetzen oder eine städtebauliche Sanierungs- oder Entwicklungsmaßnahme zu realisieren.

Dabei ist stets Voraussetzung, dass das **Wohl der Allgemeinheit** die Enteignung erfordert und der Enteignungszweck nicht auf andere Weise erreicht werden kann.

Eine Enteignung von Grundstücken, z. B. für die Anlage eines Friedhofs, ist dann nicht zulässig, wenn die Gemeinde auch eigene geeignete Flächen besitzt. Des Weiteren muss die Gemeinde den Grundstückseigentümer angemessen nach dem Verkehrswert des zu enteignenden Grundstücks entschädigen (§ 95 BauGB). Zudem kann der enteignete Eigentümer eine Rückenteignung verlangen, wenn das Grundstück nicht innerhalb der im Enteignungsbeschluss festgesetzten Frist für den Enteignungszweck verwendet wird.

21. Erschließung

Die Erschließung eines Baugebiets ist Aufgabe der Gemeinde. Die umfassende Erschließung (Infrastruktur) hat zum Ziel, dass ein Baugebiet (z. B. ein Wohngebiet) in verkehrlicher und technischer sowie sozialer Hinsicht erschlossen ist. Zur **unmittelbaren Erschließung** gehören nur der Anschluss an das allgemeine Straßennetz mit Beleuchtung, die Versorgung mit Wasser, Strom, Telefon, Gas und Wärme, die Ableitung des Abwassers sowie die

Anlage von Grünanlagen und die Abschirmung des Gebiets gegen schädliche Umwelteinwirkungen (Lärmschutzwand etc.).

§ 127 BauGB berechtigt die Gemeinden, einen Erschließungsbeitrag für die Verkehrsanlagen (Straßen, Parkflächen etc.), die für das Baugebiet notwendigen Grünanlagen und die Immissionsschutzanlagen zu erheben. Nach § 129 Abs. 1 Satz 3 BauGB müssen die Gemeinden bei der Erhebung von Beiträgen mindestens 10 % des beitragsfähigen Erschließungsaufwands selbst tragen. Beim Erschließungsaufwand können die Kosten für die Flächen, auf denen die Erschließungsanlagen errichtet werden, sowie die erforderlichen Herstellungskosten angesetzt werden. Als Verteilungsmaßstab wird vom Gesetz die Verteilung nach der Art und dem Maß der baulichen oder sonstigen Nutzung gestattet (§ 131 Abs. 2 Nr. 1, Abs. 3 BauGB). Die Gemeinde hat die für die Beitragserhebung wesentlichen Gesichtspunkte in einer Satzung festzulegen. Dabei erfasst der Erschließungsaufwand die **erstmalige Herstellung** der Erschließungsanlagen (§ 128 Abs. 1 Nr. 2 BauGB).

Die Gemeinde ist nach § 11 Abs. 1 Nr. 1 BauGB berechtigt, durch einen städtebaulichen Vertrag die Erschließung auf einen Dritten zu übertragen. Dabei können auch nicht beitragsfähige Erschließungsanlagen Vertragsgegenstand sein, sodass z. B. auch die Anlage von Kinderspielplätzen von einem Bauträger durch Erschließungsvertrag übernommen werden kann. Der Bauträger kann sich gegenüber der Gemeinde verpflichten, die Erschließungskosten auch ganz zu tragen; d. h., die Gemeinde muss hier keinen 10%igen Eigenanteil tragen.

Von diesem Vertrag ist der sog. **Nachfolgekostenvertrag** zu unterscheiden. In diesem Vertrag werden die Infrastrukturkosten z. B. für Schulen, Kindergärten, Friedhöfe etc. einem Dritten auferlegt (vgl. Stichworte, „Folgekosten" und „Nachfolgekostenverträge", Nr. 23 und 33).

22. Flächennutzungsplan

Der Flächennutzungsplan ist der vorbereitende Bebauungsplan (vgl. Stichwort „Bauleitplanung", Nr. 5). Er dient dazu, für die

Dauer von ca. 15 Jahren ein Planungskonzept für das gesamte Gemeindegebiet aufzustellen. Gemäß § 5 BauGB muss der Flächennutzungsplan Darstellungen über die Bauflächen, die Infrastruktur, die überörtlichen Verkehrsflächen und die örtlichen Hauptverkehrszüge, über Grünflächen, ökologische Ausgleichsflächen, Flächen für die Landwirtschaft etc. beinhalten. Die öffentlichen Planungsträger müssen ihre Planungen dem Flächennutzungsplan insoweit anpassen, als sie diesem Plan nicht widersprochen haben (§ 7 BauGB). Der Bürger hat aus dem Flächennutzungsplan keine Ansprüche, aber auch keine Pflichten.

Auch zum Flächennutzungsplan ist ein **Umweltbericht** aufzustellen (vgl. Stichwort „Umweltprüfung", Nr. 46 c), der gemäß § 2 Abs. 4 und § 2a Satz 2 Nr. 2 BauGB die in Anlage 1 zum Baugesetzbuch festgelegten Bestandteile zu enthalten hat. Gemäß § 2a Satz 2 Nr. 2d BauGB sind auch die in Betracht kommenden anderweitigen Planungsmöglichkeiten darzustellen, wobei die Ziele und der räumliche Geltungsbereich des Flächennutzungsplans zu berücksichtigen sind. Zudem ist die Wahl der wesentlichen Gründe für die getroffene Wahl anzugeben. Dies bedeutet, dass z.B. bei der Ausweisung eines Gewerbegebiets im Außenbereich zu begründen ist, ob es einen anderen Standort für das Gebiet gibt, bei dem die Eingriffe in Natur und Landschaft weniger gravierend sind als beim vorgesehenen Standort.

Wenn die Gemeinde den Flächennutzungsplan ändert und z.B. eine Baufläche in eine Grünfläche umwidmet, kann somit der Bürger keine Ansprüche gegen die Gemeinde geltend machen. Hierin liegt der Unterschied zum Bebauungsplan; der Bebauungsplan enthält verbindliche Festsetzungen, durch die auch Rechte und Pflichten der Bürger begründet werden.

23. Folgekosten

Unter Folgekosten werden die Investitionen verstanden, die erforderlich sind, um Einrichtungen für ein neues Gemeindegebiet zu schaffen oder sonstige Infrastrukturmaßnahmen durchzuführen. Wenn z.B. für einen neuen Ortsteil eine Schule, ein

Kindergarten oder ein Sportplatz notwendig ist, so ist die erstmalige Herstellung unter dem Titel „Folgekosten“ zu verbuchen.

Zur Frage, inwieweit Folgekostenverträge zulässig sind, vgl. Stichwort „Nachfolgekostenverträge“, Nr. 33.

24. Geschossflächenzahl (GFZ)

Die GFZ gibt an, wie viel **Quadratmeter Geschossfläche je Quadratmeter Grundstücksfläche** zulässig sind (§ 20 BauNVO). Die zulässige Grundfläche berechnet sich nach der Fläche des Baugrundstücks, die im Bauland und – sofern ein Bebauungsplan vorhanden ist – hinter der in dem Bebauungsplan festgesetzten Straßenbegrenzungslinie liegt (§ 19 Abs. 3 BauNVO).

Beispiel:

Ein Grundstück hat eine Grundstücksfläche von 1.000 m^2. Die GFZ wird auf 0,5 festgesetzt. Daher darf der Bauwerber ein Gebäude mit 500 m^2 Geschossfläche errichten. Da die Geschossfläche nach den Außenmauern der Gebäude ermittelt wird, müssen die Außenwände, Treppen etc. abgezogen werden, um die zulässige Nutzfläche zu errechnen. Im Regelfall kann hier ein 20%iger Abzug erfolgen, um die tatsächliche Nutzfläche zu ermitteln. Bei dem Beispiel wäre somit ein Gebäude mit 400 m^2 Nutzfläche auf dem Grundstück zulässig.

Die Geschossfläche wird **nur in allen Vollgeschossen** ermittelt, sofern der Bebauungsplan keine andere Regelung trifft (§ 20 Abs. 3 BauNVO). Daraus folgt, dass Dachgeschosse und Kellergeschosse dann bei der Geschossfläche nicht mitzählen, wenn sie keine Vollgeschosse darstellen. Das **Dachgeschoss** zählt nur dann als Vollgeschoss, wenn es über mindestens zwei Drittel der Grundfläche eine Höhe von 2,3 m aufweist (Art. 2 Abs. 5 Satz 1 BayBO a. F., der zwar aufgehoben wurde, aber nach den Überleitungsvorschriften zur BayBO fortgilt, bis eine Regelung in der BauNVO geschaffen wurde). Das **Kellergeschoss** ist nur dann ein Vollgeschoss, wenn seine Deckenunterkante im Mittel mindestens 1,2 m höher liegt als die Geländeoberfläche (Art. 2 Abs. 5 Satz 2 BayBO a. F.).

Bei der Geschossfläche bleiben **Garagen** dann unberücksichtigt, wenn die Grundfläche der Garage nur 0,1 der Fläche des Baugrundstücks ausmacht (§ 21a Abs. 3 BauNVO).

25. Gestaltungssatzung

Die Gemeinden können nach Art. 81 BayBO durch Satzung **örtliche Bauvorschriften** über besondere Anforderungen an die **äußere Gestaltung baulicher Anlagen** erlassen, soweit dies zur Durchführung bestimmter städtebaulicher Absichten erforderlich ist. Dabei können auch bestimmte Arten von Werbeanlagen ausgeschlossen oder auf Teile baulicher Anlagen und auf bestimmte Farben beschränkt werden.

Die Gestaltungssatzung kann auch die Gestaltung von Kinderspielplätzen, **Stellplätzen für Kraftfahrzeuge** und die Zahl der Stellplätze sowie die Ablösebeträge für Kinderspielplätze und Stellplätze für Kraftfahrzeuge und Garagen regeln.

Im Ersten Modernisierungsgesetz Bayern vom 23. Dezember 2024 (GVBl. S. 605) wurde der Spielraum der Gemeinden für Spielplatz- und Stellplatzsatzungen neu geregelt.

Private Kinderspielplätze können nur auf der Rechtsgrundlage einer **Spielplatzsatzung** nach Art. 81 Abs. 1 Nr. 3 BayBO und nur dann gefordert werden, wenn der Bauherr **mehr als fünf Wohnungen** errichten will. Der Bauherr kann sich auch verpflichten, eine Ablöse für den Kinderspielplatz an die Gemeinde zu leisten, wenn er auf dem Grundstück keinen Spielplatz errichten will oder kann.

Auch die Verpflichtung des Bauherrn, Kfz-Stellplätze nachzuweisen, wurde in Art. 81 Abs. 1 Nr. 4 BayBO neu geregelt. Der Bauherr ist nur dann verpflichtet, einen Stellplatznachweis zu führen, wenn die Gemeinde eine **Stellplatzsatzung** erlassen hat. Dabei ist eine Stellplatzsatzung nur zulässig, wenn die vom Gesetzgeber in der Garagen- und Stellplatzverordnung (GaStellV) festgelegten **Richtzahlen für die Stellplätze nicht überschritten** werden. Zudem hat der Gesetzgeber festgelegt, dass keine Stellplätze bei zu Wohnzwecken erfolgenden Nutzungsänderungen sowie dem Ausbau von Dachgeschossen und der Aufstockung in Wohngebäuden gefordert werden können. In der Stellplatzsatzung kann auch die Ablöse von Stellplätzen geregelt werden; sie richtet sich nach den Herstellungskosten der Stellplätze (Grundstückswert bei einer Stellplatzgröße von 15 m² und Herstellungskosten des Stellplatzes). Die Gemeinde kann außerdem eine **Fahrradabstellplatzsatzung** erlassen. Satzungsmuster für eine Spielplatzsatzung und eine Stellplatzsatzung haben der Bayerische Gemeindetag und der Bayerische Städtetag vorformuliert.

Auch Vorgaben zu den **Abstandsflächen** können im Rahmen einer Satzung nach Art. 6 Abs. 5 Satz 2 BayBO für das ganze Gemeindegebiet oder Teile davon getroffen werden. Zudem können nach Maßgabe des Art. 81 Abs. 1 Nr. 6 BayBO z. B. zur Gestaltung des Ortsbildes abweichende Maße der Abstandsflächentiefe festgelegt werden. Bei der Festlegung der Abstandsflächen darf die Gemeinde nur auf die Belichtung, Belüftung, Besonnung und die Wohnqualität abstellen. Es darf nicht in die nach Planungsrecht zu regelnde Bebaubarkeit von Grundstücken eingegriffen werden (z. B. durch Vorgaben zur Freihaltung von Vorgärten).

Die Satzungen nach Art. 81 BayBO bedürfen keiner Genehmigung; sie treten mit ihrer Bekanntmachung in Kraft. Dabei können die örtlichen Bauvorschriften auch im Bebauungsplan aufgenommen werden.

26. Gewerbegebiet (GE)

Nach § 8 BauNVO dienen die Gewerbegebiete vorwiegend zur Unterbringung von „nicht erheblich belästigenden Gewerbebetrieben“. Die Palette der zulässigen Nutzungen im Gewerbegebiet ist sehr breit. Zulässig sind Gewerbebetriebe aller Art, Geschäfts-, Büro- und Verwaltungsgebäude, Tankstellen sowie Anlagen für sportliche Zwecke.

Großflächige Einzelhandelsbetriebe sind in Gewerbegebieten regelmäßig nur dann zulässig, wenn ihre Verkaufsfläche 800 m² nicht überschreitet. Größere Märkte mit negativen Auswirkungen auf Ziele der Raumordnung oder des Städtebaus gehören in

Kerngebiete oder in besonders festgesetzte Sondergebiete (§ 11 Abs. 3 BauNVO). Negative Auswirkungen werden ab einer Verkaufsfläche von 800 m^2 bzw. 1.200 m^2 Geschossfläche vermutet.

Die Orientierungswerte für die GRZ in Gewerbegebieten betragen 0,8 und für die GFZ 2,4.

27. Grundflächenzahl (GRZ)

Die GRZ gibt an, wie viel **Quadratmeter Grundfläche je Quadratmeter Grundstücksfläche** zulässig sind (§ 19 BauNVO), d.h. in welchem Umfang der Bauwerber sein Grundstück mit Bauanlagen überbauen darf. Bei der Ermittlung der Grundfläche sind die Grundflächen von Garagen und Stellplätzen mit ihren Zufahrten sowie von Nebenanlagen mitzurechnen. Die im Bebauungsplan festgesetzte Grundfläche darf durch die Grundflächen dieser Anlagen nochmals bis zu 50 % überschritten werden, höchstens jedoch bis zu einer GRZ von 0,8 (§ 19 Abs. 4 BauNVO).

Beispiel:

Die Grundstücksfläche beträgt 1.000 m^2, und die GRZ ist auf 0,4 festgesetzt. Daher darf der Bauwerber ein Gebäude mit max. 400 m^2 Grundfläche planen. Für die Garage mit Zufahrt und das Gartenhäuschen kann eine zusätzliche GRZ von 0,2, d.h. 200 m^2 Grundfläche angesetzt werden (zur Beurteilung von Tiefgaragen vgl. Stichwort „Tiefgaragenbonus", Nr. 45).

28. Industriegebiet (GI)

Nach § 9 BauNVO sind im Industriegebiet Gewerbe aller Art, und zwar vorwiegend solche Betriebe zulässig, die in anderen Baugebieten nicht gestattet werden können. Es handelt sich hier in der Regel um Betriebe, die nach dem Bundes-Immissionsschutzgesetz zu genehmigen sind, wie z.B. Bitumenmischanlagen, Gießereien, Schlachtereien etc. Die Orientierungswerte betragen für die GRZ 0,8 und die GFZ 2,4.

29. Innenbereich

(Vgl. hierzu die Stichworte „Außenbereich“ und „Einfügen“, Nr. 2 und 18.)

30. Kerngebiet (MK)

Nach § 7 BauNVO dienen Kerngebiete vorwiegend der Unterbringung von Handel und zentralen Wirtschafts-, Verwaltungs- und Kultureinrichtungen. Das Kerngebiet zeichnet sich somit durch Geschäfts-, Büro- und Verwaltungsgebäude, Einzelhandelsbetriebe, Gaststätten und sonstige nicht wesentlich störende Gewerbebetriebe aus. Zulässig sind auch Anlagen für kirchliche, soziale, gesundheitliche und sportliche Zwecke sowie Tankstellen; Wohnungen sind jedoch nur im Zusammenhang mit Gewerbebetrieben oder nach besonderen Festsetzungen des Bebauungsplans zulässig.
Die Orientierungswerte betragen für die GRZ 1,0 und die GFZ 3,0.

31. Kleinsiedlungsgebiet (WS)

Nach § 2 BauNVO sind in diesem Gebiet Kleinsiedlungen einschließlich Wohngebäuden mit entsprechenden Nutzgärten und landwirtschaftlichen Nebenerwerbsstellen zulässig. Gestattet sind auch Läden und Wirtschafts- sowie nicht störende Handwerksbetriebe, die der Versorgung des Gebiets dienen.
Kleinsiedlungsgebiete sind heute kaum mehr anzutreffen.

32. Mischgebiet (MI)

Nach § 6 BauNVO sind in Mischgebieten Wohnungen und Gewerbebetriebe, die das Wohnen nicht wesentlich stören, zulässig. Nicht wesentlich störende Gewerbebetriebe sind Geschäfts- und Bürogebäude, Einzelhandelsbetriebe und Gartenbaubetriebe, aber auch Gaststätten und Beherbergungsgewerbe. Darüber hinaus werden Anlagen für kirchliche, kulturelle, soziale, gesundheitliche und sportliche Zwecke gestattet. Vergnügungsstätten dürfen in Mischgebieten nur dann erlaubt werden, wenn sie eine relativ geringe Nutzfläche haben (Schwellenwert ca. 100 m^2) und in dem Teil des Mischgebiets errichtet werden, der überwiegend durch gewerbliche Nutzung geprägt ist.

In Mischgebieten soll ein ausgewogenes Verhältnis zwischen Wohn- und Gewerbenutzung bestehen. In der Praxis können dann Probleme entstehen, wenn eine Nutzung immer stärker zunimmt. Wenn in einem durch Bebauungsplan festgesetzten Mischgebiet beispielsweise die Wohnnutzung 2/3 der vorhandenen Nutzungen erreicht hat, so ist eine weitere Genehmigung von Wohngebäuden nicht mehr zulässig.

33. Nachfolgekostenverträge

Der Gesetzgeber hat die Zulässigkeit von Nachfolgekostenverträgen in § 11 Abs. 1 Nr. 3 BauGB geregelt. Danach können sich Bauwillige gegenüber der Gemeinde durch Vertrag verpflichten, Kosten und sonstige Aufwendungen zu übernehmen, die der Gemeinde für städtebauliche Maßnahmen sowie Anlagen und Einrichtungen, die der Allgemeinheit dienen, entstehen. Die Verträge sind nur dann rechtlich zulässig, wenn die Kosten und Aufwendungen für städtebauliche Maßnahmen **Voraussetzung oder Folge des vom Bauwilligen geplanten Vorhabens** sind (BVerwG, Urteil vom 16.5.2000, Az.: 4 C 4.99, NVwZ 2000, S. 1285).

Beispiel:

Die Gemeinde schließt mit einem Bauträger einen Vertrag, in dem sich dieser verpflichtet, pauschal 50 €/m^2 Wohnfläche an die Gemeinde für Folgekosten (Erweiterung des Kindergartens, Schulgebäude, Feuerwehrhaus und Friedhof) zu bezahlen. Ein solcher Vertrag ist unwirksam, wenn die Gemeinde nicht nachweist, dass die Infrastruktureinrichtungen konkret für die städtebaulichen Maßnahmen notwendig sind. Wenn die Gemeinde z. B. für ein Baugebiet keinen neuen Kindergarten benötigt, da die Anzahl der zu erwartenden Kinder keinen Neubau, auch nicht für eine Kindergartengruppe, erfordert, so kann sie hierfür auch keine Nachfolgekosten fordern. Auch die Erweiterung eines Friedhofs kann regelmäßig bei einem Baugebiet nicht in Rechnung gestellt werden, da es hier an der „unmittelbaren" Kausalität fehlt.

Darüber hinaus dürfen Nachfolgekosten nur dann gefordert werden, wenn sie **„angemessen"** sind. Zur Beurteilung können der Planungsgewinn und das Investitionsvolumen als Anhaltspunkte herangezogen werden. Zu beachten ist, dass die Gemeinde keinen Anspruch auf „Abschöpfung des Planungsgewinns" hat, sondern nur den **Aufwendungsersatz** für ihr entstandene oder entstehende Kosten fordern kann. Das Bundesverwaltungsgericht sieht einen Folgekostenvertrag auch dann als rechtlich zulässig an, wenn der Infrastrukturbedarf für städtebauliche Maßnahmen durch die **Planung und Bebauung mehrerer Bebauungsplangebiete** verursacht wird. Erforderlich ist dann eine **Gesamtkonzeption der Gemeinde**, in der nachvollziehbar dargelegt wird, dass durch diese Überplanung von bisher unbebauten Grundstücken Investitionskosten für öffentliche Einrichtungen entstehen, die sie zu tragen hätte. Zudem muss die Gemeinde transparent und kontrollierbar belegen, dass ein zeitlicher Zusammenhang zwischen den realistischerweise verwirklichungsfähigen Bebauungsplänen und dem Bedarf an öffentlichen Einrichtungen besteht.

Wenn ein Vertrag über unzulässige Nachfolgekosten abgeschlossen wurde, kann der Vertragspartner die Leistung von der Gemeinde zurückfordern (BVerwG, Urteil vom 29.1.2009, Az.: 4 C 15.07, KommJur 2009, S. 312).

Daher ist ein Vertrag rechtlich problematisch, in dem z. B. ein Bauträger der Gemeinde für die Baureifmachung von Grundstücken einen Pauschalbetrag von 100.000 € oder mehr anbietet. Es handelt sich hier nicht um eine Schenkung, da mit diesem Geldbetrag erreicht werden soll, dass die Gemeinde von ihrer Planungshoheit in einer bestimmten Weise Gebrauch macht. Eine echte Spende muss jedoch ohne jeden Zusammenhang mit einer hoheitlichen Maßnahme der Gemeinde erfolgen. Die Gemeinden müssen beachten, dass unzulässige finanzielle Zuwendungen **strafrechtliche Konsequenzen** gemäß § 331 StGB haben können.

34. Naturschutzrechtliche Eingriffsregelung

Die naturschutzrechtliche Eingriffsregelung in der Bauleitplanung wurde zum 1.5.1993 durch die §§ 8a ff. BNatSchG eingeführt und stellt ein zentrales Thema des Planungs- und Umweltrechts dar. Das Baugesetzbuch hat die im Bundesnaturschutzgesetz enthaltene Eingriffsregelung übernommen und diese fortentwickelt. Die naturschutzrechtliche Eingriffsregelung ist im Rahmen der **Umweltprüfung** bei der Aufstellung eines Bauleitplans zu behandeln und im **Umweltbericht** darzustellen. Der Ausgleich eines planbedingten Eingriffs in Natur und Landschaft muss nicht im Baugebiet vorgenommen werden. In § 1a Abs. 3 Satz 3 BauGB wird eine Aufhebung der engen räumlichen Verknüpfung von Eingriff und Ausgleich ermöglicht.

Der Begriff des Eingriffs ist in § 14 Abs. 1 BNatSchG definiert. Danach sind **Eingriffe in Natur und Landschaft** Veränderungen der Gestalt oder Nutzung von Grundflächen oder Veränderungen des mit der belebten Bodenschicht in Verbindung stehenden Grundwasserspiegels, die die Leistungsfähigkeit des Naturhaushalts oder das Landschaftsbild erheblich beeinträchtigen können.

Nach § 18 Abs. 1 BNatSchG ist bei **Eingriffen aufgrund** der Aufstellung, Änderung, Ergänzung oder Aufhebung **von Bauleitplänen** über die Vermeidung, den Ausgleich und den Ersatz nach den Vorschriften des Baugesetzbuchs zu entscheiden. Hierzu bestimmt § 1a Abs. 3 BauGB, dass der Ausgleich der zu erwartenden Eingriffe in Natur und Landschaft durch geeignete **Darstellungen nach § 5 BauGB** als Flächen zum Ausgleich und **Festsetzungen nach § 9 BauGB** als Flächen oder Maßnahmen zum Ausgleich erfolgt. Sofern dies mit einer geordneten städtebaulichen Entwicklung und den Zielen der Raumordnung sowie des Naturschutzes und der Landschaftspflege vereinbar ist, können die Darstellungen und Festsetzungen auch an anderer Stelle als am Ort des Eingriffs erfolgen (vgl. auch § 200a BauGB). Des Weiteren bestimmt § 1a Abs. 3 Satz 4 BauGB, dass anstelle von Darstellungen und Festsetzungen auch **vertragliche Vereinbarungen oder sonstige geeignete Maßnahmen zum Ausgleich** auf von der Gemeinde bereitgestellten Flächen getroffen werden können. In der Praxis bietet es sich insbesondere bei größeren Bauprojekten an, vertragliche Vereinbarungen mit dem Bauherrn über die Ausgleichsmaßnahmen gemäß § 11 Abs. 1 Nr. 2 BauGB zu treffen.

Bei einer Baulandausweisung können die Belange von Natur und Landschaft nur dann ordnungsgemäß abgewogen werden, wenn im Rahmen der Umweltprüfung eine ökologische Bestandsaufnahme erfolgt ist (§ 2 Abs. 4 BauGB).

Im Rahmen der Bestandsaufnahme sind die bereits vorhandenen Entscheidungsgrundlagen (Biotopkartierung etc.) heranzuziehen und die Auswirkungen der geplanten baulichen Maßnahmen auf die Umwelt, wie Pflanzen und Tiere, Luftstrom und Klimaveränderung sowie das Grundwasser und das Landschaftsbild zu prüfen. Dabei ist zunächst im Rahmen der Abwägung über das **„Ob“** von **Maßnahmen zur Vermeidung und zum Ausgleich** eingriffsbedingter Beeinträchtigungen zu entscheiden. In einem zweiten Schritt wird die Frage des **„Wie“** der Vermeidung und des Ausgleichs von Eingriffen im Rahmen der Abwägung gelöst. Bei der Bestandsaufnahme sind neben den zur Überbauung vorgesehenen Grundstücksflächen auch die örtlichen Verkehrsflächen zu berücksichtigen. Die Intensität dieser Erhebung hängt von der Wertigkeit von Natur und Landschaft im Plangebiet ab. Generell bezieht sich die Umweltprüfung auf das, was nach gegenwärtigem Wissensstand und allgemein anerkannten Prüfmethoden sowie nach Inhalt und Detaillierungsgrad des Bauleitplans in angemessener Weise verlangt werden kann (§ 2 Abs. 4 Satz 3 BauGB).

Dabei sind primär das **Vermeidungsgebot sowie die Minderung von Eingriffen** im Bebauungsplanverfahren zu prüfen. So hat die Gemeinde nach § 1a Abs. 1 BauGB stets zu berücksichtigen, dass mit Grund und Boden sparsam und schonend umgegangen werden soll und Bodenversiegelungen auf das notwendige Maß zu begrenzen sind. Zudem besteht die planungsrechtliche Pflicht der Gemeinde, bei der Aufstellung eines Bebauungsplans eine nachhaltige städtebauliche Entwicklung zu gewährleisten und dazu beizutragen, eine menschenwürdige Umwelt zu sichern und die natürlichen Lebensgrundlagen zu schützen und zu entwickeln (§ 1 Abs. 5 BauGB).

Es ist jedoch **kein Ausgleich** erforderlich, wenn der Eingriff bereits vor der planerischen Entscheidung erfolgt ist oder zulässig war (§ 1a Abs. 3 Satz 5 BauGB). Durch das BauGB 2007 wurde den Gemeinden zudem die Möglichkeit eröffnet, **Bebauungspläne der Innenentwicklung im beschleunigten Verfahren** (§ 13a BauGB) aufzustellen. Bei Bebauungsplänen der Innenentwicklung findet die naturschutzrechtliche Eingriffsregelung keine Anwendung, wenn die gesamte Grundfläche der festgesetzten Räume max. 20.000 m^2 umfasst (§ 13a Abs. 2 Nr. 4 BauGB). Anderes gilt, wenn mit einem Bebauungsplan Außenbereichsflächen überplant werden sollen.

Wenn die naturschutzrechtliche Eingriffsregelung anwendbar ist, so gilt zur Kostentragung Folgendes:

Da bei ökologischen Ausgleichsmaßnahmen das Verursacherprinzip gilt, hat nicht die Gemeinde die Kosten der Ausgleichsmaßnahmen zu tragen, sondern der Vorhabenträger. Beim Bebauungsplan kann dem Ausgleich dadurch entsprochen werden, dass ökologische Festsetzungen **im Bebauungsplangebiet** den Ausgleich regeln oder der Ausgleich **außerhalb des Bebauungsplangebiets** auf einem Grundstück erfolgt, welches **im Eigentum der Gemeinde** steht. Es genügt auch, wenn auf dem Ausgleichsgrundstück dinglich gesichert ist, dass Ausgleichsmaßnahmen durchgeführt, unterhalten und auf Dauer belassen werden können. In diesem Fall werden die Regelungen über die Herstellung der Ausgleichsmaßnahmen oder die entsprechende Kostentragung zwischen der Gemeinde und dem Bauherrn in einem städtebaulichen Vertrag getroffen.

§ 9 Abs. 1 Nr. 20 BauGB ermöglicht die Festsetzung von Ausgleichsmaßnahmen im Bebauungsplan. Als konkrete Festsetzungen im Baugebiet selbst kommen Vorgaben über das Anpflanzen von Bäumen, aber auch Maßnahmen (wie z. B. die Begrünung von Dächern) in Betracht. Ausgleichsmaßnahmen sind weiter Festsetzungen über die Anlage von ökologischen Grünflächen für das gesamte Baugebiet sowie Vorgaben zum Schutz, zur Pflege und Wiederherstellung bestimmter Biotope einschließlich deren Vernetzung sowie die naturnahe Gestaltung von Freiflächen.

Nach § 9 Abs. 1a BauGB können die Flächen oder Maßnahmen zum Ausgleich an anderer Stelle den Grundstücken, auf denen Eingriffe zu erwarten sind, ganz oder teilweise **zugeordnet** werden. Eine solche Zuordnung ist nicht erforderlich, wenn eine vertragliche Sicherung erfolgt (§ 1a Abs. 3 Satz 4 BauGB). Bei Ausgleichsmaßnahmen an anderer Stelle des Gemeindegebiets ohne entsprechende Zuordnung oder im Gebiet einer anderen Gemeinde wird die Gemeinde mit dem Grundstückseigentümer die Planung und Realisierung der Ausgleichsmaßnahmen sowie die zu übernehmenden Kosten vertraglich regeln. Es ist die Aufgabe der Gemeinde, im Rahmen der Abwägung nach § 1 Abs. 7 BauGB zu entscheiden, in welchem Umfang die Ausgleichsmaßnahmen durch das Baugebiet veranlasst wurden. Sofern die ökologischen Maßnahmen mehrere Baugebiete betreffen, sollte auch eine anteilige Kostenverteilung erfolgen. In Bayern wurde vom Bayerischen Staatsministerium für Wohnen, Bau und Verkehr der **Leitfaden** „Bauen im Einklang mit Natur und Landschaft" herausgegeben, der die Handhabung der naturschutzrechtlichen Eingriffsregelung erleichtern soll.

Der Leitfaden sieht zwei Vorgehensweisen vor. Das **vereinfachte Verfahren,** welches mit einer Checkliste erfolgt, kann dann angewendet werden, wenn folgende Voraussetzungen gegeben sind:

- Bei der Art der baulichen Nutzung muss es sich um ein reines Wohngebiet oder um ein allgemeines Wohngebiet handeln.
- Beim Maß der baulichen Nutzung darf die festgelegte GRZ nicht größer als 0,3 und der Geltungsbereich des Bebauungsplans größer als 2 ha sein.
- Die Gemeinde muss einen Bebauungsplan mit integriertem Grünordnungsplan aufstellen, bei dem eine Bestandsaufnahme erfolgt sowie grünordnerische Festsetzungen eingearbeitet werden.

- Im Baugebiet dürfen nur Flächen liegen, die eine geringe Bedeutung für Natur und Landschaft haben.
- Im Bebauungsplan sind geeignete Maßnahmen zur Begrünung und Lebensraumverbesserung vorgesehen.
- Die Flächeninanspruchnahme sowie der Versicherungsgrad werden durch geeignete Maßnahmen (insbesondere durch eine flächensparende Siedlungsform) im Bebauungsplan begrenzt.
- Es liegt ein ausreichender Flurabstand zum Grundwasser vor. Quellen und Quellenfluren sowie Wasser führende Schichten (Hangschichtwasser und regelmäßig überschwemmte Bereiche) bleiben unberührt (Auenschutz).
- Maßnahmen zur Versickerung sind im Baugebiet vorgesehen.
- Bei der Planung des Baugebiets wurde auf Frischluftschneisen (Täler, Straßen) und zugehörige Kaltluftentstehungsgebiete (Wiesen, Felder, Parks, Wälder) geachtet.
- Das Baugebiet grenzt an die bestehende Bebauung an.
- Für die landschaftstypische Einbindung sind geeignete Maßnahmen vorgesehen.

Sofern ein vereinfachtes Verfahren nicht anwendbar ist, ist bei der naturschutzrechtlichen Eingriffsregelung das **Regelverfahren** durchzuführen. Folgende Verfahrensschritte sind vorzunehmen:

- **Bestandserfassung und -bewertung**
  Im Rahmen der **Bestandsaufnahme** wird der Zustand von Natur und Landschaft erfasst und bewertet.
  Für das **Schutzgut „Arten und Lebensräume"** werden die im Untersuchungsraum vorhandenen Flächen je nach ihren Merkmalen und Ausprägungen den **Biotop- und Nutzungstypen (BNT)** der Biotopwertliste zugeordnet. Der naturschutzfachliche Wert des BNT wird durch **Wertpunkte (WP)** entsprechend der Biotopwertliste ausgedrückt:
  - BNT ohne naturschutzfachliche Bedeutung gemäß Biotopwertliste werden mit 0 WP bewertet.

- BNT mit einer geringen naturschutzfachlichen Bedeutung gemäß Biotopwertliste (1–5 WP) werden pauschal mit 3 WP bewertet.
- BNT mit einer mittleren naturschutzfachlichen Bedeutung gemäß Biotopwertliste (6–10 WP) werden pauschal mit 8 WP bewertet.
- BNT mit einer hohen naturschutzfachlichen Bedeutung werden nicht pauschal, sondern mit dem konkreten Wert gemäß Biotopwertliste (11–15 WP) bewertet.

- **Ermittlung der Eingriffsschwere**
  In einem zweiten Schritt werden die möglichen Auswirkungen des Eingriffs auf die Funktions- und Leistungsfähigkeit des Naturhaushaltes und des Landschaftsbildes **prognostiziert.** Die Erheblichkeit der Beeinträchtigung ist von der **Intensität des Eingriffs** – also von der Stärke, Dauer und Reichweite der Wirkungen sowie von der Empfindlichkeit der betroffenen Schutzgüter – abhängig.
  Die **Ausgestaltung der geplanten Bebauung** (insbesondere Anordnung und Dichte) beeinflusst die Intensität der konkreten Beeinträchtigung der Landschaft. Somit kann die Schwere der Beeinträchtigung von Natur und Landschaft überschlägig aus dem Maß der vorgesehenen baulichen Nutzung abgeleitet werden. Hierzu dient die Grundflächenzahl (GRZ).

- **Ermittlung des Ausgleichsbedarfs**
  Vor der Ermittlung des Ausgleichsbedarfs wird geprüft, ob Beeinträchtigungen so weit wie möglich **vermieden werden können.** Sind Vermeidungsmaßnahmen vorgesehen, die Beeinträchtigungen zumindest teilweise vermeiden können, werden diese über einen Planungsfaktor durch Abschläge beim ermittelten Ausgleichsbedarf berücksichtigt.
  Nunmehr wird der **Umfang des erforderlichen Ausgleichsbedarfs** ermittelt.
  Der Verlust von flächenbezogen bewertbaren Merkmalen und Ausprägungen von BNT ist maßgebend für die Bestimmung des rechnerisch mittelbaren Ausgleichsbedarfs.

Ausgleichs-bedarf	=	Eingriffs-fläche	x	Wertpunkte BNT/ m^2 Eingriffsfläche	x	Beeinträchtigungs-faktor (GRZ oder 1)	–	Planungs-faktor

Der Planungsfaktor (Vermeidungsmaßnahmen) führt zu einer maximalen Reduzierung des Ausgleichsbedarfs bis zu 20 %.

> **Beispiel aus dem Leitfaden:**
>
> Auf der Eingriffsfläche befinden sich im Ausgangszustand 10.000 m^2 intensiv bewirtschaftete Äcker inklusive mehrjähriger Ackerbrachen (BNT = geringe Bedeutung mit 2–5 WP). Auf dieser Eingriffsfläche ist eine Ausweisung von Wohnbauland (GRZ 0,4) vorgesehen. Der Ausgleichsbedarf wird durch eine Multiplikation von 10.000 m^2 mit 3 WP und dem Beeinträchtigungsfaktor 0,4 berechnet. Dies ergibt einen Ausgleichsbedarf von 12.000 WP. Ist neben der Ausweisung einer GRZ von 0,4 eine dichtere Bebauung von 0,6 auf 5.000 m^2 der Eingriffsfläche vorgesehen, erhöht sich der Ausgleichsbedarf entsprechend um 3.000 WP.

- **Ermittlung von Ausgleichsmaßnahmen**
  Zunächst bedarf es einer Erfassung und Bewertung des Ausgangszustands der in Betracht kommenden Ausgleichsflächen. Anzumerken ist, dass das Baugesetzbuch es ermöglicht, den Ausgleich nicht nur räumlich getrennt vom Baugebiet, sondern **in zeitlicher Hinsicht** bereits vor den Baumaßnahmen durchzuführen (§ 135a Abs. 2 BauGB).
  Ausgleichsmaßnahmen müssen eine ökologische **Aufwertung** für den Naturhaushalt bewirken. Maßgebend für die Bestimmung der Aufwertung sind die Biotop- und Nutzungstypen (BNT) der Biotopwertliste. Während die Ausgleichsmaßnahmen die Funktionsbeeinträchtigung eines Schutzgutes sowohl im räumlichen als auch im gleichen Funktionszusammenhang ausgleichen, ist nach § 200 Abs. 1 BauGB der Ausgleich auch durch **Ersatzmaßnahmen**, die unabhängig von einem unmittelbar räumlichen Zusammenhang zum Eingriffsort vorgenommen werden, möglich.

Der Ausgleichsumfang ergibt sich durch die Multiplikation der Größe der Ausgleichsflächen mit der Aufwertung in Wertpunkten.

> **Beispiel aus dem Leitfaden:**
>
> Für den Ausgleichsbedarf von 12.000 WP für den Eingriff in den BNT Äcker inklusive mehrjähriger Ackerbrachen infolge einer geplanten Wohnbebauung kann etwa auf einem bisherigen Intensivgrünland entlang eines Baches durch Entwicklung und Pflege eines Gewässerrandstreifens eine Aufwertung von 7 WP erreicht werden (Ausgangszustand: Intensivgrünland = 3 WP, Zielzustand: Gewässerbegleitgehölz mit überwiegend einheimischen, standortgerechten Arten = 9 WP; Differenz = 6 WP). Somit kann der Ausgleichsbedarf mit der Ausgleichsmaßnahme auf einer Fläche von 2.000 m^2 abgedeckt werden (2.000 m^2 x 6 WP = 12.000 WP).

- **Berücksichtigung der Entwicklungszeit von Ausgleichsmaßnahmen**

Anhand des Ausgleichskonzepts können der Umfang und die Bewertung der Ausgleichsmaßnahmen vorgenommen werden. Maßgebend ist der Vergleich des Zustands der Ausgleichsflächen vor (**Ausgangszustand**) und nach einer Entwicklungszeit von 25 Jahren nach Durchführung der Ausgleichsmaßnahmen **(Prognosezustand**). In zeitlicher Hinsicht ist ein Ausgleich grundsätzlich anzunehmen, wenn sich die Funktionen des jeweils beeinträchtigten Schutzgutes auf der Ausgleichsfläche innerhalb von 25 Jahren wieder in dem Maße entwickeln, wie es vor dem Eingriff der Fall war. Sofern die Maßnahmen eine längere Entwicklungszeit als 25 Jahre benötigen, erfolgt ein entsprechender Abschlag von dem Biotopwert (bei 26 bis 49 Jahren Entwicklungszeit ein WP, bei 50 bis 79 Jahren zwei WP, bei mehr als 80 Jahren 3 WP).

Insofern ist es für die Gemeinde sinnvoll, bereits heute Ausgleichsmaßnahmen durchzuführen, die auf dem **Ökokonto der Gemeinde** gebucht werden. Bei späteren Eingriffen im Rahmen einer Bauleitplanung können diese Maßnahmen mit den bereits erreichten Wertpunkten eingebracht werden.

35. Planreife des Bebauungsplans

Ein Bauvorhaben kann auch dann genehmigt werden, wenn der Bebauungsplan noch nicht fertig ist, aber Planreife i.S.d. § 33 BauGB vorliegt.

Voraussetzung hierfür ist, dass

- die Öffentlichkeits- und Behördenbeteiligungen durchgeführt wurden,
- das Vorhaben den künftigen Festsetzungen des Bebauungsplans nicht entgegensteht,
- der Antragsteller diese Festsetzungen für sich anerkennt und
- die Erschließung gesichert ist.

Notwendig ist weiter, dass der Bebauungsplan nicht nur diese formellen Schritte durchlaufen hat, sondern auch inhaltlich genehmigungsfähig ist (materielle Planreife).

Sofern z.B. von den Fachbehörden im Bebauungsplanverfahren gravierende Bedenken vorgetragen wurden (z.B. immissionsschutzrechtliche Bedenken), ist die Planreife nicht anzunehmen.

Beim vorhabenbezogenen Bebauungsplan ist eine Planreife erst dann gegeben, wenn auch der Durchführungsvertrag zwischen der Gemeinde und dem Vorhabenträger abgeschlossen wurde.

36. Planungsschadensrecht

Das Planungsschadensrecht ist in den Vorschriften der §§ 39ff. BauGB geregelt. Die Vorschriften gewähren den Berechtigten bei Änderung der zulässigen baulichen Nutzung Entschädigungsansprüche.

Dabei regelt § 39 BauGB den **Vertrauensschaden** (vgl. Stichwort „Vertrauensschaden“, Nr. 49). Nach dieser Vorschrift wird einem Eigentümer oder sonstigen Nutzungsberechtigten eine Entschädigung für wertlos gewordene Aufwendungen (einschließlich der Erschließungsabgaben) gewährt, die im Vertrauen auf den Bestand eines rechtsverbindlichen Bebauungsplans zur Vorbereitung einer planmäßigen Nutzung gemacht und durch eine Planänderung, -ergänzung oder -aufhebung entwertet werden.

Entschädigungen bei Festsetzungen von fremden Nutzungen sowie Geh-, Fahr- und Leitungsrechten sind in den §§ 40, 41 BauGB geregelt. Sofern im Bebauungsplan Festsetzungen auf Privatgrund für öffentliche Grün- oder Verkehrsflächen oder für Flächen zum Schutz, zur Pflege und zur Entwicklung von Natur und Landschaft getroffen werden, hat der Grundstückseigentümer einen Entschädigungsanspruch, wenn er durch die Festsetzungen einen spürbaren Vermögensnachteil erlitten hat.

Die Grundnorm des Planungsschadensrechts stellt § 42 BauGB dar. Sie betrifft vor allem die planerische Herabzonung. Dabei differenziert der Gesetzgeber in § 42 Abs. 2 und 3 BauGB zwischen ausgeübter und noch nicht ausgeübter Nutzung. Die Beeinträchtigung einer bereits ausgeübten Nutzung wiegt dabei schwerer als der Verlust eines noch nicht wahrgenommenen Nutzungsrechts. Eine **nicht ausgeübte Nutzung kann** unter bestimmten Voraussetzungen nach Ablauf von sieben Jahren ab Zulässigkeit der Nutzung entschädigungslos **entzogen werden.**

Allgemeine Voraussetzung für die Anwendung des § 42 Abs. 1 BauGB ist, dass die **zulässige Nutzung** eines Grundstücks aufgehoben oder geändert wird. Daraus folgt, dass eine zulässige Nutzung gegeben sein muss, d.h. ein Baurecht gemäß §§ 30, 34 oder 35 BauGB besteht und auch die Erschließung gesichert ist. Dabei liegt eine gesicherte Erschließung auch dann vor, wenn sich die Erschließungspflicht der Gemeinde zu einem Erschließungsanspruch verdichtet hat (vgl. § 123 Abs. 3 BauGB).

Die zulässige Nutzung muss **aufgehoben oder geändert** werden. Dies liegt z.B. vor, wenn die Gemeinde Baulücken **im Innenbereich** überplant und eine geringere Nutzung vorsieht, als sich aus dem Rahmen der Umgebungsbebauung ergibt. Auch die Reduzierung des Maßes der baulichen Nutzung im Rahmen einer **Bebauungsplanänderung** stellt eine solche Wertminderung dar.

Voraussetzung ist, dass durch die Aufhebung oder Reduzierung des Baurechts eine nicht nur unwesentliche Wertminderung der zulässigen Nutzung des Grundstücks eingetreten ist. Eine Wertminderung von ca. 3,5 % ist noch unwesentlich (vgl. Battis/Krautzberger/Löhr, Kommentar zum Baugesetzbuch, § 42 BauGB Rn. 6).

Ein Entschädigungsanspruch besteht gemäß § 42 Abs. 2 BauGB, wenn die zulässige Nutzung eines Grundstücks innerhalb einer **Frist von sieben Jahren** zulässigerweise aufgehoben oder geändert wird. Dabei bemisst sich die Entschädigung nach dem **Unterschiedsbetrag** zwischen dem Wert, den das Grundstück aufgrund der zulässigen Nutzung hat, und dem Wert, der sich infolge der Aufhebung oder Änderung für das Grundstück ergibt.

Die Berechnung der Siebenjahresfrist richtet sich **bei einer Änderung eines Bebauungsplans** danach, wann das Baurecht entstanden ist. Wenn der Bebauungsplan z. B. 2010 bekannt gemacht wurde und die Erschließung 2017 erfolgt ist, so beginnt die Siebenjahresfrist ab 2017 zu laufen.

Sofern ein Grundstück im **unbeplanten Innenbereich** überplant wird, richtet sich die Siebenjahresfrist nach dem Zeitpunkt, zu dem die Umgebungsbebauung entstanden ist, durch die die Bebauung des Grundstücks zulässig geworden ist. Wurden z. B. die Nachbargrundstücke im Jahr 2017 mit vielgeschossiger Bebauung bebaut, lag der Fristbeginn für die Siebenjahresfrist für das Baugrundstück, welches nunmehr mit einer zweigeschossigen Bebauung durch einen Bebauungsplan überplant wird, auch im Jahr 2017.

Nach **Ablauf der Siebenjahresfrist** kann der Eigentümer nach § 42 Abs. 3 BauGB nur eine **Entschädigung für Eingriffe in eine ausgeübte Nutzung** verlangen, vorausgesetzt es ist eine nicht unwesentliche Wertminderung des Grundstücks eingetreten.

Sofern das Grundstück nicht bebaut wurde, aber z. B. eine Bebauung mit einem viergeschossigen Wohngebäude zulässig gewesen wäre und nach Ablauf von sieben Jahren durch Bebauungsplan eine zweigeschossige Wohnbebauung festgesetzt wird, kann somit keine Entschädigung verlangt werden. Es lag keine ausgeübte Nutzung vor, sodass keine Entschädigung in Betracht kommt.

37. Privilegierte Vorhaben

Die privilegierten Vorhaben sind in § 35 Abs. 1 BauGB geregelt. Sie dürfen nach dem „Plankonzept des Gesetzgebers“ im Außenbereich (vgl. hierzu I. 2.) errichtet werden, wenn keine gravierenden öffentlichen Belange (§ 35 Abs. 3 BauGB) entgegenstehen. Privilegiert sind die **land- und forstwirtschaftlichen Betriebe** sowie Vorhaben, die diesen Betrieben **dienen** (z. B. landwirtschaftliches Wohngebäude, Aussiedlerhaus). Weiter zählen hierzu Anlagen, die wegen ihrer besonderen Anforderungen an die Umgebung, wegen ihrer nachteiligen Wirkung auf die Umgebung oder wegen ihrer besonderen Zweckbestimmung nur im Außenbereich ausgeführt werden sollen. Bei der Auslegung der Vorschrift ist der Gesetzeszweck zugrunde zu legen, wonach der Außenbereich grundsätzlich von Bebauung freigehalten werden soll. Daher werden strenge Anforderungen an die Privilegierung gestellt. Sie wird z. B. bejaht bei Kiesgruben und Mobilfunkanlagen (§ 35 Abs. 1 Nr. 3 BauGB), nicht jedoch bei Golfanlagen, Wochenendhäusern, Berghütten (Ausnahme: wenn sie der Allgemeinheit zur Verfügung stehen) oder Campingplätzen. Privilegiert sind auch **Windkraftanlagen** (§ 35 Abs. 1 Nr. 5 BauGB) und **Freiflächenphotovoltaikanlagen** in der Nähe von Autobahnen und Bahnanlagen (§ 35 Abs. 1 Nr. 8 BauGB) sowie bei landwirtschaftlichen Betrieben (§ 35 Abs. 1 Nr. 9 BauGB).

Bei den **privilegierten landwirtschaftlichen Betrieben** muss eine Landwirtschaft vorliegen, d. h. insbesondere der Ackerbau, die Wiesen- und Weidewirtschaft einschließlich Pensionstierhaltung **mit überwiegend eigener Futtergrundlage,** die gartenbauliche Erzeugung, der Erwerbsobstbau, der Weinanbau, die berufsmäßige Imkerei und die berufsmäßige Binnenfischerei (§ 201 BauGB). Ein landwirtschaftlicher Betrieb liegt nur dann vor, wenn es sich um ein auf Dauer gedachtes lebensfähiges Unternehmen handelt (zur privilegierten Schafzucht, BVerwG, Urteil vom 11.10.2012, Az.: 4 C 9.11, ZfBR 2013, S. 45). Grundsätzlich muss daher die Landwirtschaft auf Generationen ausgerichtet sein, was insbesondere beim Vollerwerbslandwirt der Fall ist.

Aber auch Nebenerwerbslandwirte können Vorhaben nach § 35 Abs. 1 Nr. 1 BauGB errichten, wenn die landwirtschaftliche Tätigkeit nicht nur eine Liebhaberei darstellt. Dabei ist für die Beurteilung der Nachhaltigkeit bei einem Nebenerwerbsbetrieb die Gewinnerzielungsabsicht ein wichtiges Indiz. Weitere Kriterien sind die Größe der landwirtschaftlichen Nutzflächen, die Betriebsform und Organisation, das aufgewendete Kapital, der Bestand an Tieren und Maschinen etc. Auch bei einem landwirtschaftlichen Nebenerwerbsbetrieb kann neben einem Wohngebäude ein Austragshaus im Außenbereich beansprucht werden (so die Gemeinsame Bekanntmachung der Bayerischen Staatsministerien für Wohnen, Bau und Verkehr sowie für Ernährung, Landwirtschaft und Forsten vom 7. Juli 2021, BayMBl Nr. 523).

Ein privilegiertes Vorhaben kann dann unzulässig sein, wenn öffentliche Belange entgegenstehen (BVerwG, Urteil vom 19.6.1991, Az.: 4 C 11.89, NuR 1992, S. 29). Hierfür reicht es im Regelfall nicht aus, dass Belange des Natur- und Landschaftsschutzes tangiert werden. Jedoch können Belange des Natur- und Landschaftsschutzes auch privilegierten Vorhaben entgegenstehen, wenn z. B. das Gebiet durch eine Landschaftsschutzverordnung geschützt ist und das Vorhaben landschaftsschutzrechtlich unzulässig ist (BVerwG, Urteil vom 20.10.1987, Az.: 4 C 75.76, DÖV 1979, S. 212).

Ein privilegiertes Vorhaben ist nur dann im Außenbereich zulässig, wenn die **Erschließung gesichert ist.** Die Erschließung ist gesichert, wenn damit gerechnet werden kann, dass sie bis zur Herstellung des Bauwerks, spätestens jedoch bis zur Gebrauchsabnahme funktionsfähig und auf Dauer angelegt ist. Dabei sind die Anforderungen an eine ausreichende Erschließung nach den jeweiligen Gegebenheiten des Vorhabens im Außenbereich auszurichten. Es können somit nicht die strengen Anforderungen an die Erschließung wie im Innenbereich gestellt werden, sondern es reichen Mindesterfordernisse aus. Hierzu gehören die geordnete Abwasserbeseitigung, die Trink- und Betriebswasserversorgung sowie eine ausreichende Zufahrtsmöglichkeit. Für einen Kleinbetrieb kann nicht stets ein asphaltierter Weg gefordert werden; vielmehr ist auf den konkreten An- und Abfahrtsverkehr abzustellen.

38. Raumordnung

Die Vorgaben für die Raumordnung in Bayern sind im Bayerischen Landesentwicklungsprogramm vom 16. Mai 2023 festgelegt. Das Landesentwicklungsprogramm wird von der Bayerischen Staatsregierung mit Zustimmung des Bayerischen Landtags als Verordnung erlassen. Es enthält verbindliche Ziele sowie Grundsätze. Die Gemeinden müssen ihre Bauleitpläne gemäß § 1 Abs. 4 BauGB diesen **Zielen der Raumordnung anpassen**. Im Landesentwicklungsprogramm wird unter dem Begriff Raumstruktur das Zentrale-Orte-System geregelt. Die Städte und Gemeinden sind eingeteilt in die Metropolen München, Nürnberg/Fürth/Erlangen/Schwabach, Augsburg, in die Regionalzentren Ingolstadt, Regensburg, Würzburg, die 47 Oberzentren sowie über 200 Mittelzentren. Weitere zentrale Orte sind die Grundzentren, die in den Regionalplänen festgelegt werden.

Für die Gemeinden finden sich wichtige Aussagen insbesondere in den Zielen zur Siedlungsstruktur. Als verbindliches Ziel ist festgelegt, dass in den Siedlungsgebieten die vorhandenen Potenziale der Innenentwicklung möglichst vorrangig zu nutzen sind. Ausnahmen sind dann zulässig, wenn Potenziale der Innenentwicklung nicht zur Verfügung stehen. Des Weiteren ist es ein Ziel der Innenentwicklung, neue Siedlungsflächen **in Anbindung an geeignete Siedlungseinheiten** auszuweisen. Ausnahmen vom Anbindegebot sind in Kap. 3.3 geregelt, z.B. für militärische Konversionsflächen, für Standorte für Beherbergungsbetriebe in Fremdenverkehrsgemeinden sowie für Gewerbe- und Industriegebiete unter Ausschluss von Einzelhandelsnutzungen an einer Autobahnanschlussstelle oder an einer Anschlussstelle einer vierstreifigen autobahnähnlich ausgebauten Straße oder einem Gleisanschluss.

39. Raumordnungsverfahren

Im Raumordnungsverfahren wird durch die Bezirksregierungen geprüft, ob raumbedeutsame Planungen oder Maßnahmen mit den Erfordernissen der Raumordnung übereinstimmen (§ 15a ROG). Ein Raumordnungsverfahren wird nur dann durchgeführt, wenn eine Planung überörtliche Auswirkungen hat. Dies ist z. B. der Fall, wenn in einer Gemeinde mit 5.000 Einwohnern ein Möbelmarkt mit 2.000 m^2 Nutzfläche errichtet werden soll (§ 11 Abs. 3 BauNVO). Das Raumordnungsverfahren ist innerhalb von sechs Monaten abzuschließen (§ 15 Abs. 7 ROG); sein Ergebnis ist von den Behörden, öffentlichen Planungsträgern und den Gemeinden bei Entscheidungen über die Zulässigkeit des Vorhabens entsprechend zu berücksichtigen.

40. Regionale Planungsverbände

Die in Bayern eingerichteten 18 Regionalen Planungsverbände arbeiten auf der Grundlage des Bayerischen Landesentwicklungsprogramms die Regionalpläne aus, die die anzustrebende räumliche Ordnung und Entwicklung einer Region als **Ziele der Raumordnung und Landesplanung** festlegen (Art. 17 BayLplG). Die Regionalen Planungsverbände sind mit den Oberbürgermeistern, Bürgermeistern und Landräten einer Region besetzt; der Regionalplan wird durch die jeweilige (Bezirks-)Regierung für verbindlich erklärt.

In den Regionalplänen werden z. B. Gemeinden als Grundzentren festgelegt sowie Aussagen zum Siedlungswesen, zur gewerblichen Wirtschaft, zur Freizeit und Erholung, zu den regionalen Grünzügen sowie zu **Vorranggebieten für die Windkraft** gemacht. Die Gemeinde muss sich im Vorfeld einer Bauleitplanung mit diesen Zielaussagen auseinandersetzen, da konkrete Ziele des Regionalplans zwingendes Recht für die gemeindliche Bauleitplanung darstellen (§ 4 Abs. 1 ROG, § 1 Abs. 4 BauGB).

41. Sondergebiet (SO)

Nach § 11 Abs. 1 BauNVO kann im Rahmen der Bauleitplanung ein Gebiet, das sich von den sonstigen Baugebieten wesentlich unterscheidet, als Sondergebiet dargestellt und festgesetzt werden. Insbesondere kommen hierfür Sondergebiete, die der Erholung dienen (§ 10 BauNVO), sowie Gebiete für Einkaufszentren und großflächige Einzelhandelsbetriebe (§ 11 Abs. 3 BauNVO) in Betracht. Die Gemeinde kann aber auch **sonstige Gebiete** als Sondergebiete festsetzen. Voraussetzung hierfür ist, dass sie sich von den sonstigen Baugebieten der Baunutzungsverordnung unterscheiden (§ 11 Abs. 1 BauNVO). Zulässig ist es dabei auch, ein Sondergebiet für ein einzelnes Grundstück festzusetzen (z.B. Sondergebiet „Beherbergungsgewerbe"), wenn diese Festsetzung aus städtebaulichen Gründen notwendig ist. Auf diese Weise kann z.B. eine Fremdenverkehrsgemeinde verhindern, dass ein bestehendes Hotel zu Zweitwohnungen umgenutzt wird (vgl. auch BVerwG, Urteil vom 18.10.2017, Az.: 4 CN 6.17, NVwZ 2018, S. 828).

42. Splittersiedlung

Unter einer Splittersiedlung ist eine unorganische Streubebauung im Außenbereich zu verstehen. Im Außenbereich ist ein Bauvorhaben dann unzulässig, wenn die Entstehung, Verfestigung oder Erweiterung einer Splittersiedlung zu befürchten ist (§ 35 Abs. 3, Nr. 7 BauGB). Die Gefahr der Entstehung einer Splittersiedlung wird bei der Errichtung von Wohngebäuden im Außenbereich regelmäßig der Fall sein. Dies gilt auch für die erste Errichtung eines Wohngebäudes im Außenbereich, wenn damit die Befürchtung begründet wird, dass aufgrund der Bezugsfallwirkung eine Splittersiedlung entstehen wird (vgl. BVerwG, Beschluss vom 2.9.1999, Az.: 4 B 27.99, ZfBR 2000, S. 278; Urteil vom 19.4.2012, Az.: 4 C 10.11, ZfBR 2012, S. 570).

43. Städtebauliche Entwicklungsmaßnahme

Die städtebauliche Entwicklungsmaßnahme dient dazu, Ortsteile und andere Teile des Gemeindegebiets

- entsprechend ihrer besonderen Bedeutung für die städtebauliche Entwicklung und Ordnung der Gemeinde oder
- entsprechend der angestrebten Entwicklung des Landesgebiets oder der Region

erstmalig zu entwickeln oder im Rahmen einer städtebaulichen Neuordnung einer neuen Entwicklung zuzuführen (§ 165 Abs. 2 BauGB).

Die städtebauliche Entwicklungsmaßnahme soll insbesondere der **Deckung eines erhöhten Bedarfs von Wohn- und Arbeitsstätten sowie zur Errichtung von Gemeinbedarfs- und Folgeeinrichtungen oder zur Wiederverwertung von Brachflächen** dienen.

Dabei entbindet die städtebauliche Entwicklungsmaßnahme die Gemeinde nicht von einer Bauleitplanung; vielmehr soll sie der Gemeinde die Möglichkeit geben, ein Baugebiet **zügig** zu erschließen. Im Entwicklungsgebiet soll die Gemeinde die Grundstücke (notfalls durch Enteignung) erwerben, baureif machen und an Bauwillige weiterveräußern. Mit der Entscheidung der Gemeinde, ein Gebiet als städtebaulichen Entwicklungsbereich zu entwickeln, werden die Bodenpreise „eingefroren“, d.h., es tritt keine Erhöhung des Bodenwerts der Grundstücke im Entwicklungsgebiet infolge der Bauleitplanung ein. Die Gemeinde soll die Finanzmittel, die sie durch den Erwerb der Grundstücke zum sog. Anfangswert und die Veräußerung zum künftigen Endwert (Baulandpreis) erhält, für die Finanzierung der Erschließung und Infrastruktur des Gebiets verwenden. Erschließungsbeiträge dürfen nicht mehr gesondert erhoben werden.

Sofern sich bei der Gemeinde nach Durchführung der Maßnahme ein Überschuss ergibt, ist dieser den Eigentümern anteilig auszuzahlen (§ 171 Abs. 1, § 156a BauGB).

Da die Gemeinde bereits mit dem Beschluss über die förmliche Festlegung des städtebaulichen Entwicklungsbereichs **(Entwick-**

lungssatzung) das Recht der Enteignung hat (§ 169 Abs. 3 BauGB), ist die Aufstellung der Entwicklungssatzung an strenge Voraussetzungen gebunden. Die Gemeinde muss vorab **Voruntersuchungen** durchführen, in denen sie die städtebaulichen Gründe für die geplante Festsetzung des konkreten Entwicklungsbereichs ermittelt, und auch Alternativstandorte prüfen. Des Weiteren darf die Gemeinde eine städtebauliche Entwicklungsmaßnahme nur beschließen, wenn das allgemeine Städtebaurecht (Bebauungsplan, städtebaulicher Vertrag) nicht ausreicht, um die städtebaulichen Ziele der Gemeinde durchzusetzen. Die städtebauliche Entwicklungsmaßnahme stellt das scharfe Schwert des Planungsrechts dar. Sie ist somit nur als **„Ultima Ratio“** (letztes Mittel) zulässig.

44. Städtebauliche Verträge

Die städtebaulichen Verträge sind in § 11 BauGB geregelt. Dabei ist nicht jeder Vertrag, den die Gemeinde z. B. beim Erwerb eines Grundstücks abschließt, als städtebaulicher Vertrag zu qualifizieren. Ein solcher Vertrag liegt nur dann vor, wenn die Gemeinde als Hoheitsträger (z. B. im Zusammenhang mit der Bauleitplanung) einen solchen Vertrag abschließt (Gemeinde fasst Grundsatzbeschluss, dass Bauleitpläne nur noch aufgestellt werden, wenn sie vorab die Grundstücke erwerben kann).

Da in diesen Fällen der Bürger der Gemeinde nicht als gleichberechtigter Partner gegenübersteht, hat der Gesetzgeber für den städtebaulichen Vertrag bestimmte Schutzvorschriften zugunsten des Vertragspartners der Gemeinde festgelegt, die zwingend eingehalten werden müssen.

Hierzu gehört insbesondere das sog. **Kopplungsverbot**, d. h., die Gemeinde darf keine Vereinbarung mit einem Bauwilligen abschließen, wenn er auch ohne diese Vereinbarung einen Anspruch auf Erteilung der Baugenehmigung hätte (§ 11 Abs. 2 Satz 2 BauGB). Des Weiteren darf die Gemeinde keine Leistung fordern, die in keinem Zusammenhang mit der Baumaßnahme steht (vgl. „Nachfolgekostenverträge“, Nr. 30). Schließlich muss das **Gebot der Angemessenheit** von Leistung und Gegenleistung gewahrt sein (§ 11 Abs. 2 Satz 1 BauGB).

Nach § 11 Abs. 1 Nr. 1 BauGB kann die Gemeinde Verträge über Vorbereitung und Durchführung städtebaulicher Maßnahmen abschließen. Hierunter fallen z.B. Verträge über die Übernahme von Planungskosten (Grundstückseigentümer in einem Baugebiet verpflichten sich, der Gemeinde die Planungskosten für die Bauleitplanung zu erstatten) sowie die **Erschließungsverträge**.

Nach § 11 Abs. 1 Nr. 2 BauGB sind vertragliche **Vereinbarungen zur Sicherung bestimmter städtebaulicher Ziele** zulässig. Hierzu gehören z.B. die Verträge über den **naturschutzrechtlichen Ausgleich.**

Auch kann die Gemeinde bei einem Bebauungsplan für ein Hotel eine Fremdenverkehrsdienstbarkeit vereinbaren oder bei der Errichtung von Geschosswohnungsbau einen Vertrag mit dem Bauträger abschließen, nach dem ein bestimmter Anteil der Wohnungen für den **sozialen Wohnungsbau** bereitgestellt werden muss.

Des Weiteren sind Verträge zulässig, die **der Deckung des Wohnbedarfs der ortsansässigen Bevölkerung** dienen (BGH, Urteil vom 2.10.1998, Az.: V ZR 45/98, NJW 1999, S. 208). In Verdichtungsräumen und in Fremdenverkehrsbereichen werden heute häufig sog. Zwischenerwerbsmodelle **(Einheimischenmodelle)** getätigt. Danach stellt die Gemeinde nur noch dann einen Bebauungsplan für ein Wohngebiet auf, wenn die Grundstückseigentümer sich vorab verpflichten, einen bestimmten Anteil ihrer Grundstücksflächen, z.B. 50 %, an die Gemeinde zu veräußern. Die Gemeinde erwirbt somit einen Miteigentumsanteil an den Grundstücken. Ein angemessener Kaufpreis muss jedoch beim Erwerb der Grundstücke gezahlt werden; er entspricht dem jeweiligen Verkehrswert. Die Grundstückseigentümer werden dadurch gesichert, dass ihnen ein Rücktrittsrecht vom Vertrag eingeräumt wird, wenn der Bebauungsplan nicht innerhalb einer bestimmten Frist (z.B. 3 Jahre) rechtsgültig wird.

Die Eigentümer können dann ihre Restflächen frei veräußern, während die Gemeinde ihre Flächen nach Richtlinien an ortsansässige Bürger vergibt. In einem Urteil vom 8.5.2013 hat der Europäische Gerichtshof (Rs. C-197/11, C-203/11 über ein flämisches Dekret über die Grundstücks- und Immobilienpolitik) grundsätzlich Einheimischenmodelle, mit denen **sozial schwache Bürger** preiswerteres Bauland erhalten können, für rechtmäßig erklärt. Der Gesetzgeber hat den mit der Europäischen Kommission erzielten Kompromiss in § 11 Abs. 1 Nr. 2 BauGB eingearbeitet und festgelegt, dass die Gemeinde im Rahmen eines städtebaulichen Vertrags den Erwerb angemessenen Wohnraums durch **einkommensschwächere und weniger begüterte Personen der örtlichen Bevölkerung** regeln darf. So dürfen bei der Auswahlentscheidung über Bewerber für ein Einheimischenmodell die Ortsbezugskriterien maximal zu 50 % in die Bewertung einfließen. Die Sozialkriterien müssen mindestens 50 Punkte erreichen. Zu den Sozialkriterien zählen neben dem Vermögen und dem Einkommen auch weitere Kriterien, z.B. die Zahl der im Haushalt lebenden Kinder, der Familienstand sowie die häusliche Pflege naher Angehöriger. Die Punktezahl, die ein Bewerber maximal bei den Sozialkriterien erreichen kann, darf durch Ortsbezugspunkte (z.B. für fünf Jahre Ortsansässigkeit max. 50 Punkte) nicht übertroffen werden.

Dabei müssen bei Einheimischenmodellen die **Einkommens- und Vermögensgrenzen** der Bewerber wie folgt berücksichtigt werden. Nach dem Leitlinienkompromiss dürfen Bewerber maximal über ein **Einkommen** in Höhe des durchschnittlichen Jahreseinkommens eines Steuerpflichtigen innerhalb der Gemeinde verfügen. Zur Obergrenze ist ein Freibetrag in Höhe von 7.000 € je unterhaltspflichtigem Kind hinzuzurechnen. Wenn sich beispielsweise ein Paar mit zwei Kindern bewirbt, dürfen die addierten Einkommen das doppelte Durchschnittseinkommen zuzüglich zwei Freibeträgen nicht überschreiten. Bei den **Vermögensobergrenzen** dürfen Bewerber maximal über ein Vermögen in Höhe des Grundstückswerts im Einheimischenmodell verfügen. Immobilieneigentum außerhalb der betreffenden Gemeinde wird als Vermögen angerechnet.

Nach § 11 Abs. 1 Nr. 3 BauGB kann die Gemeinde Verträge abschließen, durch die sich die Bauwilligen verpflichten, die **Folgekosten bei einem Bebauungsplan** zu tragen (vgl. auch Stichwort „Nachfolgekostenverträge", Nr. 33).

45. Tiefgaragenbonus

Es wurde bereits bei den Stichworten „Geschossflächenzahl" (Nr. 24) und „Grundflächenzahl" (Nr. 27) ausgeführt, dass Garagen und Stellplätze unter bestimmten Voraussetzungen die zulässige Grundfläche überschreiten dürfen.

Eine weitere Vergünstigung gewährt § 21a Abs. 4 BauNVO für Tiefgaragen. So wird die Geschossfläche für Flächen von Garagen dann nicht angerechnet, wenn dies im Bebauungsplan ausdrücklich so festgesetzt ist.

Die Anforderungen an den Bau und Betrieb von Garagen sind in der Garagen- und Stellplatzverordnung (GaStellV, zuletzt geändert vom 23.12.2024, GVBl. S. 605, 619) geregelt.

46. Umweltprüfung im Rahmen der Bauleitplanung

a) Allgemeines

Die Angleichung des Rechts der räumlichen Planung an das europäische Umweltrecht wurde durch die Plan-UP-Richtlinie im deutschen Städtebau- und Raumordnungsrecht umgesetzt.

Die Umweltprüfung ist in die bestehenden Verfahrensschritte der Bauleitplanung integriert (§ 2 Abs. 4 BauGB). Die Umweltprüfung ist als **Regelverfahren** für grundsätzlich alle Bauleitpläne ausgestaltet und führt als einheitliches Trägerverfahren die bauplanungsrechtlich relevanten Umweltverfahren zusammen. In der Umweltprüfung werden die voraussichtlich erheblichen Umweltauswirkungen ermittelt, beschrieben und bewertet. Damit erfasst die Umweltprüfung vollständig die Anforderungen einer Umweltverträglichkeitsprüfung für die Bauleitplanung.

Nach § 13a BauGB kann für Bebauungspläne der Innenentwicklung ein beschleunigtes Verfahren durchgeführt werden. Beim beschleunigten Verfahren entfällt die Umweltprüfung (vgl. Stichwort „Beschleunigtes Verfahren“, Nr. 13).

b) Scoping im Rahmen der Bauleitplanung

Verfahrensrechtlich wird die Umweltprüfung (naturschutzrechtliche Eingriffsregelung, FFH-Verträglichkeitsprüfung etc.) durch das Scoping-Verfahren in der Bauleitplanung verknüpft. Gegenstand dieses Scoping-Verfahrens ist gemäß § 2 Abs. 4 Satz 2 BauGB, in einem frühen Stadium für die Bauleitplanung festzulegen, welche Umweltuntersuchungen im Einzelnen vorzunehmen sind.

Die Gemeinde entscheidet somit bei der Aufstellung eines Bauleitplans, in welchem Umfang und Detaillierungsgrad die Ermittlung der Belange des Umweltschutzes für die sachgerechte Abwägung erforderlich ist. Durch die Einführung der frühzeitigen Trägerbeteiligung (z. B. Kreisbauamt, Naturschutzbehörde, Immissionsschutzbehörde, Wasserwirtschaftsamt) mit der Pflicht, sich im Hinblick auf den erforderlichen Umfang und Detaillierungsgrad bei der Zusammenstellung des Abwägungsmaterials zu äußern (§ 4 Abs. 1 BauGB), erleichtert das Scoping-Verfahren der Gemeinde die Entscheidung über die Prüfungstiefe. In der frühzeitigen Öffentlichkeitsbeteiligung nach § 3 Abs. 1 BauGB können die Bürger auch zum erforderlichen Umfang und Detaillierungsgrad der Umweltprüfung Stellung nehmen. Scoping dient somit dazu, durch frühzeitige Einbeziehung externen Sachverstands in den Planungsprozess sowohl Ermittlungsfehler als auch unnötigen Aufwand bei der Zusammenstellung des Abwägungsmaterials zu vermeiden. Zugleich soll dies zur Straffung des Verfahrens beitragen, da hierdurch die Wahrscheinlichkeit verringert wird, dass aufgrund der im Rahmen der späteren formalen Beteiligung eingehenden Stellungnahmen der Planentwurf nachträglich ergänzt und erneut ausgelegt werden muss.

c) Umweltbericht

Nach § 2a BauGB hat die Gemeinde grundsätzlich bei jedem Aufstellungsverfahren (Neuaufstellung oder Änderung) eines Bauleitplans (Flächennutzungsplan oder Bebauungsplan) in einem Umweltbericht die ermittelten und bewerteten Belange des Umweltschutzes darzulegen. Ein Umweltbericht ist dann nicht erforderlich, wenn keine Umweltprüfung durchgeführt wird (vgl. Stichwort „Beschleunigtes Verfahren", Nr. 13).

Der Umweltbericht bildet einen gesonderten Teil der Begründung des Bauleitplans. Die Anforderungen an den Umweltbericht und seine Bestandteile sind in Anlage 1 zum Baugesetzbuch dargestellt.

Im Umweltbericht sind folgende Umweltbelange gemäß § 1 Abs. 6 Nr. 7 BauGB zu prüfen:

a) Auswirkungen auf Tiere, Pflanzen, Boden, Wasser, Luft, Klima; das Wirkungsgefüge zwischen ihnen; Landschaft, biologische Vielfalt,

b) Erhaltungsziele und der Schutzzweck der FFH- und Vogelschutzgebiete,

c) umweltbezogene Auswirkungen auf den Menschen, seine Gesundheit und die Bevölkerung insgesamt,

d) umweltbezogene Auswirkungen auf Kulturgüter und sonstige Sachgüter,

e) Vermeidung von Emissionen, sachgerechter Umgang mit Abfällen und Abwässern,

f) Nutzung erneuerbarer Energien; sparsame und effiziente Nutzung von Energie,

g) Darstellungen von Landschafts- und sonstigen Plänen, insbesondere des Wasser-, Abfall- und Immissionsschutzrechts,

h) Erhaltung der bestmöglichen Luftqualität in Gebieten mit Immissionsgrenzwerten, die durch Rechtsverordnung zur Erfüllung europarechtlicher Vorgaben festgelegt sind,

i) Wechselwirkungen zwischen den einzelnen Belangen a), c) und d).

Nach § 1a BauGB besteht die Verpflichtung, mit Grund und Boden **sparsam und schonend** umzugehen, und zur Verringerung der zusätzlichen Inanspruchnahme von Flächen für bauliche Nutzungen sind die Möglichkeiten der Entwicklung der Gemeinde insbesondere durch Wiedernutzbarmachung von Flächen, Nachverdichtung und andere **Maßnahmen zur Innenentwicklung** zu nutzen sowie Bodenversiegelungen auf das notwendige Maß zu begrenzen. Dabei dürfen nach § 1a Abs. 2 Satz 2 BauGB landwirtschaftliche oder als Wald genutzte Flächen nur im notwendigen Umfang umgenutzt werden. Des Weiteren ist in § 1a Abs. 3 BauGB die naturschutzrechtliche Eingriffsregelung sowie in § 1a Abs. 4 BauGB die Anwendbarkeit der Vorschriften des Bundesnaturschutzgesetzes über die Zulässigkeit und Durchführung von Eingriffen in FFH-Gebieten und europäischen Vogelschutzgebieten einschließlich der Einholung der Stellungnahme der Kommission aufgeführt.

Dabei lässt sich nicht allgemein festlegen, was unter „erheblichen Umweltauswirkungen einer Bauleitplanung“ zu verstehen ist. Vielmehr hat die Gemeinde als Trägerin der Planungshoheit die Aufgabe, dies im jeweiligen Fall selbst festzulegen.

Gemäß § 2 Abs. 4 Satz 3 BauGB bezieht sich die Umweltprüfung auf das, was nach gegenwärtigem Wissensstand und allgemein anerkannten Prüfmethoden sowie nach Inhalt und Detaillierungsgrad des Bauleitplans angemessener Weise verlangt werden kann. Dabei gilt der Grundsatz, dass umso stärker die Eingriffe in Natur und Landschaft oder die Immissionen einer Anlage sind, desto tiefer die Umweltprüfung vorzunehmen ist.

Die **Ermittlung** und Bewertung **der voraussichtlichen erheblichen Umweltauswirkungen** in der Bauleitplanung richtet sich nach den Vorgaben der dem Baugesetzbuch beigefügten Anlage 1 zu § 2 Abs. 4, §§ 2a und 4c. Die Ermittlung und Bewertung besteht beim Umweltbericht gemäß der Anlage 1 aus

I. Einleitung
   - Kurzdarstellung des Inhalts und der wichtigsten Ziele des Bauleitplans.

- Darstellung der in Fachgesetzen und Fachplänen festgelegten Ziele des Umweltschutzes.
- Darstellung der Art, wie diese Ziele und die Umweltbelange bei der Planaufstellung berücksichtigt wurden.

II. Hauptteil

- Beschreibung und Bewertung der voraussichtlichen erheblichen Umweltauswirkungen, die in der Umweltprüfung ermittelt werden
- Bestandsaufnahme:
  - Darstellung des Umweltzustands des/der in Rede stehenden Gebiete(s)
  - Prognose über die Entwicklung des Umweltzustandes:
    - bei Durchführung der Planung
    - bei Nichtdurchführung (sog. Null-Variante)
- Prüfung von Vermeidungs-, Verringerungs- und Ausgleichsmaßnahmen
- Anderweitige Planungsmöglichkeiten:

  Alternativen zur vorgesehenen Planung unter Berücksichtigung der durch die Planung angestrebten Ziele und des räumlichen Geltungsbereichs

III. Sonstige Angaben

- Darstellung der Untersuchungsmethodik:

  Verfahren, Technik, Schwierigkeiten
- Vorgesehene Maßnahmen zum Monitoring
- Zusammenfassung

Nach der Gesetzesbegründung wird mit dieser Anlage ein **Prüfschema** für die Zusammenstellung des umweltbezogenen Abwägungsmaterials vorgegeben.

Für die Praxis bedeutet dies, dass die Gemeinden aufgrund der vorhandenen Planunterlagen (Arten- und Biotopschutzprogramm, Wasserschutzgebiete, Naturschutzgebiete, Landschaftsschutzgebiete, Waldfunktionsplan, Landesentwicklungsprogramm, Regionalplan etc.) die rechtlichen und fachlichen Vorgaben des Umweltschutzes für eine Bauleitplanung ermitteln und in den Umweltbericht einstellen sollten. Des Weiteren sind für das zur Bebauung vorgesehene Gebiet **Aussagen bezüglich der Schutzgüter Mensch, Tiere, Pflanzen, Boden, Wasser, Luft, Klima, Landschaft, Kultur etc. sowie der jeweiligen Wechselwirkung zu treffen.** In diesem Zusammenhang ist z.B. darzustellen, ob Immissionen von Straßen und gewerblichen Betrieben zu einer Gemengelage mit einer Wohnbebauung führen (§ 50 Bundes-Immissionsschutzgesetz) oder ob der Naturhaushalt durch ein Baugebiet erheblich beeinträchtigt wird und welche weiteren Auswirkungen auf die Umweltbelange eintreten können.

Im Rahmen des Bauleitplanverfahrens ist der Umweltbericht fortzuschreiben. Die Gemeinde hat aufgrund der Anregungen der Öffentlichkeit und der Träger öffentlicher Belange zu entscheiden, welche Ergänzungen bzw. Änderungen im Umweltbericht aufzunehmen sind. Dies ergibt sich aus § 2a Satz 2 BauGB, der eine Anpassung des Umweltberichts nach dem Verfahrensstand fordert.

Bei der **Bekanntmachung des Bebauungsplans im Internet** gemäß § 3 Abs. 2 BauGB soll die Gemeinde auch die nach ihrer Einschätzung wesentlichen bereits vorliegenden **umweltbezogenen Stellungnahmen** beifügen. Sofern sich im Rahmen der öffentlichen Bekanntmachung des Bebauungsplans durch die Beteiligung der Öffentlichkeit und der Fachbehörden Änderungen beim Umweltbericht ergeben, sind diese einzuarbeiten.

d) Prüfung der Umweltbelange in der Abwägung

Ziel des Gesetzgebers war es, für die Planungspraxis **keine neuen materiellen Anforderungen** aufzustellen, sondern im Rahmen von Verfahrensschritten die Arbeitsschritte festzulegen, die bei der Zusammenstellung des umweltrelevanten Abwägungsmaterials für eine sachgerechte Abwägung erforderlich sind. In der Praxis sind jedoch für die ordnungsgemäße Abwägung der Umweltbelange, des Immissionsschutzes und des Naturschutzes regelmäßig Sachverständigengutachten notwendig.

Die Abarbeitung aller für die Bauleitplanung umweltrelevanten Belange erfolgt in der **Umweltprüfung,** die als formales Trägerverfahren ausgestaltet ist. Auf diese Weise können umweltbezogene Maßgaben und Verfahren wie z. B. naturschutzrechtliche Eingriffsregelung und die Verträglichkeitsprüfung nach der FFH-Richtlinie in einen einheitlichen Prüfablauf integriert werden.

So sieht § 2 Abs. 4 des BauGB vor, dass für die materiellrechtlichen Belange des Umweltschutzes nach § 1 Abs. 6 Nr. 7 und § 1a BauGB eine Umweltprüfung durchgeführt wird, in der die voraussichtlichen erheblichen Umweltauswirkungen **ermittelt, beschrieben und bewertet** werden.

Voraussetzung für eine ordnungsgemäße Abwägung der Belange des Umweltschutzes ist die Durchführung der Umweltprüfung im Rahmen der in die Bauleitplanung integrierten Verfahrensschritte.

Im Rahmen der Abwägung ist zu entscheiden, ob die Umweltbelange zutreffend behandelt wurden und der Umweltbericht unverändert bleibt und wie die Vorgaben des Berichts im Bauleitplan umgesetzt werden. Folgende Themen sind abzuarbeiten:

- Überprüfung der Ermittlung und Bewertung der im Umweltbericht dargestellten voraussichtlichen erheblichen Umweltauswirkungen der Planung gemäß der Anlage 1 zu § 2 Abs. 4, §§ 2a und 4c BauGB.
- Einstellung des im Umweltbericht dargestellten Ergebnisses der ermittelten und bewerteten Umweltbelange in die Abwägung.

In der Regel wird die Gemeinde im Abwägungsverfahren nicht erneut prüfen müssen, ob die Intensität und Detailliertheit der Untersuchungen der Umweltbelange zutreffend bestimmt wurde (Immissionsschutzgutachten etc.), wenn sie dies bereits im Vorfeld des Bauleitplans nach § 2 Abs. 4 Satz 3 BauGB festgelegt hat und diese Entscheidung von den Trägern öffentlicher Belange gemäß § 4 Abs. 1 BauGB geprüft wurde. Sofern jedoch ein Dissens zwischen der Festlegung der Gemeinde und den Stellungnahmen der Träger öffentlicher Belange zum Umfang und Detaillierungsgrad der Umweltprüfung vorliegt, sollte sich die Gemeinde damit in der Abwägung vertieft befassen.

e) Alternativprüfung im Rahmen der Gewichtung der Umweltbelange

Bei der Darstellung, welche Alternativen zur beabsichtigten Bauleitplanung von der Gemeinde geprüft wurden, werden unter Berücksichtigung des Abschichtungsverfahrens die Intensität und der Detaillierungsgrad auf der Flächennutzungsplan- und der Bebauungsplanebene unterschiedlich sein. Die Frage, nach welchen Kriterien zu beurteilen ist, welche **Planungsalternativen** in welcher Intensität zu prüfen sind, beantwortet sich nach der bisherigen Rechtslage.

Insofern fordert die Rechtsprechung zu Straßenplanungen, dass ernsthaft in Betracht kommende Alternativplanungen so weit untersucht werden müssen, bis erkennbar wird, dass sie nicht eindeutig vorzugswürdig sind. Demgegenüber hat das Bundesverwaltungsgericht zur Bauleitplanung entschieden, dass dem Abwägungsgebot genügt wird, wenn mögliche in Betracht kommende Alternativen zu dem Planentwurf geprüft werden. Sofern die dem Bebauungsplanverfahren zugrunde liegende Planung jedoch als einzig richtige angesehen wird, kann eine Alternative verworfen werden, ohne alternative Planentwürfe zu erstellen.

Entscheidend für die Abwägung bei der Bauleitplanung ist somit, ob Umweltbelange durch eine Planung beeinträchtigt werden und sich eine Alternativplanung deshalb aufdrängt, da das städtebauliche Konzept auf diese Weise umweltverträglicher realisiert werden kann. Bezogen auf den Standort gilt der Grundsatz, dass Alternativen insbesondere dann zu prüfen sind, wenn die in Angriff genommene Planung besonders schwerwiegende Eingriffe in die Umwelt mit sich bringt.

Regelmäßig wird eine Prüfung von **Standortalternativen** für ein neues Baugebiet auf der Ebene des **Flächennutzungsplans** vorgenommen (vgl. Vorgabe des Umweltberichts in Anlage 1 zum BauGB,

Anm. 2d). Im **Bebauungsplanverfahren** wird dagegen nicht mehr über die Alternativen zu dem Standort des Baugebiets entschieden, sondern darüber, welche alternativen Maßnahmen zur Vermeidung von Eingriffen in Natur und Landschaft durch eine Optimierung der Planung in Betracht kommen (z. B. durch eine andere Stellung von Gebäuden).

f) Abschichtungen in der Umweltprüfung

In § 2 Abs. 4 Satz 5 BauGB wird die Abschichtungswirkung zwischen Flächennutzungsplanverfahren und Bebauungsplanverfahren geregelt. Die Umweltprüfung soll im nachfolgenden Bauleitplanverfahren auf zusätzliche oder andere erhebliche Aspekte beschränkt werden, wenn für das Plangebiet bereits vorher in einem Flächennutzungsplan oder Bebauungsplanverfahren eine Umweltprüfung stattgefunden hat. Nach der Gesetzesbegründung soll sich die Abschichtungswirkung auch für höherstufige Planungen ergeben können. Dies bedeutet, dass eine Umweltprüfung, die in einem Bebauungsplanverfahren erfolgt ist, auch bei der Aufstellung/Änderung eines Flächennutzungsplans berücksichtigt werden kann. Dabei wird der Umfang der Abschichtungswirkung von der Intensität und Detailgenauigkeit der durchgeführten Umweltprüfung sowie dem zeitlichen Abstand von Umweltprüfung und Planung abhängen. Je länger die Umweltprüfung zurückliegt, desto eher können sich die Verhältnisse derart geändert haben, dass die Prüfung nur noch eingeschränkt oder nicht mehr verwendet werden kann.

Die Umweltprüfung im Rahmen des **Flächennutzungsplanverfahrens** kann in der Regel nur generelle Aussagen zu den Auswirkungen eines Baugebiets (Gewerbegebiet, Mischgebiet, Wohngebiet etc.) auf die Umwelt treffen, da es insbesondere bei der Neuaufstellung von Flächennutzungsplänen nicht möglich ist, für das gesamte Gemeindegebiet Untersuchungen über Umweltbelastungen anzustellen. Hinzu kommt, dass im Flächennutzungsplan z. B. Darstellungen der Innenerschließung von Baugebieten nicht vorgesehen sind und eine Vielzahl von Konfliktpotenzialen erst durch die Präzisierung der Nutzungen (Baudichte, Verkehrsaufkommen, Immissionen, Eingriffe in Natur und Landschaft etc.) beurteilt werden kann. Sofern eine Änderung des Flächennutzungsplans für ein einzelnes Baugebiet (z.B. Sondergebiet Einzelhandelsgroßprojekt) erfolgt, ist es möglich, im Flächennutzungsplanänderungsverfahren die Umweltprüfung intensiver und detaillierter vorzunehmen. Jedoch wird in der Praxis zu entscheiden sein, ob eine detaillierte Umweltprüfung nicht dem Bebauungsplanverfahren vorbehalten werden sollte, da im Regelfall die Flächennutzungsplanänderung und Bebauungsplanaufstellung parallel erfolgen und im Rahmen des Bebauungsplanverfahrens die Umweltbelastungen wesentlich konkreter beurteilt werden können. Sofern eine solche Vorgehensweise im Rahmen des Scoping festgelegt wird, muss im Umweltbericht zur Flächennutzungsplanänderung eine entsprechende Verweisung auf die Umweltprüfung im Bebauungsplan aufgenommen werden.

Die Abschichtungswirkung zwischen **Bebauungsplanverfahren und nachfolgendem Zulassungsverfahren** ist in § 17 Abs. 3 UVPG geregelt. Auch hier gilt, dass die Umweltverträglichkeitsprüfung im Zulassungsverfahren auf zusätzliche oder andere erhebliche Umweltauswirkungen beschränkt werden soll, wenn eine Umweltprüfung in dem Aufstellungsverfahren für den Bebauungsplan durchgeführt wurde und im nachfolgenden Zulassungsverfahren eine zusätzliche Umweltverträglichkeitsprüfung notwendig ist.

g) Monitoring

Nach § 4c BauGB überwachen die Gemeinden die erheblichen Umweltauswirkungen, die aufgrund der Durchführung der Bauleitpläne eintreten, um insbesondere unvorhergesehene nachteilige Auswirkungen frühzeitig zu ermitteln und in der Lage zu sein, geeignete Maßnahmen zur Abhilfe zu ergreifen.

Dabei obliegt der Gemeinde die Verpflichtung, bereits im **Umweltbericht** die geplanten **Maßnahmen zur Überwachung** der erheblichen Auswirkungen der Durchführung des Bauleitplans auf die Umwelt darzustellen. Die Träger öffentlicher Belange sind nach § 4 Abs. 3 BauGB verpflichtet, die Gemeinde nach Abschluss des Verfahrens zur Aufstellung des Bauleitplans zu unterrichten, wenn ihnen Kenntnisse vorliegen, dass die Durchführung des Bauleitplans erhebliche Auswirkungen auf die Umwelt hat.

Somit sind die Gemeinden im Rahmen des Monitoring verpflichtet, die erheblichen Auswirkungen der Durchführung der Bauleitpläne auf die Umwelt zu überwachen.

47. Urbanes Gebiet

Nach § 6a BauNVO dienen Urbane Gebiete dem Wohnen sowie der Unterbringung von Gewerbebetrieben und sozialen, kulturellen und anderen Einrichtungen, die die Wohnnutzung nicht wesentlich stören. Die Nutzungsmischung muss **nicht gleichgewichtig** sein. Die Palette der zulässigen Nutzungen weist Ähnlichkeiten zum Mischgebiet auf. Der Gebietscharakter unterscheidet sich aber von dem eines Mischgebiets, dass hier auch die Unterbringung von sozialen, kulturellen und anderen Einrichtungen, die die Wohnnutzung nicht wesentlich stören, für den Gebietscharakter prägend ist.

Allgemein zulässig sind Wohngebäude, Geschäfts- und Bürogebäude, Einzelhandelsbetriebe, Schank- und Speisewirtschaften sowie Betriebe des Beherbergungsgewerbes, sonstige Gewerbebetriebe sowie Anlagen für Verwaltungen, für kirchliche, kulturelle, soziale, gesundheitliche und sportliche Zwecke.

§ 6a Abs. 4 BauNVO enthält über die bestehenden Gliederungsmöglichkeiten des § 1 Abs. 4 bis 9 BauNVO hinaus weitere **Differenzierungsmöglichkeiten**, mit denen das Ziel verfolgt wird, die Wohnnutzung in dem Baugebiet zu stärken. So kann festgesetzt werden, dass in Gebäuden im Erdgeschoss an der Straßenseite eine Wohnnutzung nicht oder nur ausnahmsweise zulässig ist oder oberhalb eines im Bebauungsplan bestimmten Geschosses nur Wohnungen zulässig sind oder ein im Bebauungsplan bestimmter Anteil der zulässigen Geschossfläche für Wohnungen bzw. für Gewerbe zu verwenden ist.

Im urbanen Gebiet sind wesentlich höhere Geschossflächenzahlen zulässig, als dies im Wohngebiet, im Mischgebiet oder im Gewerbegebiet der Fall ist. So beträgt z.B. im Wohngebiet und im Mischgebiet der Orientierungswert für die Geschossflächenzahl 1,2, im Gewerbegebiet 2,4; dagegen ist im urbanen Gebiet eine Geschossflächenzahl von 3,0 zulässig. Bezogen auf die Immissionen wird im urbanen Gebiet tagsüber in der TA Lärm ein höherer Dauerschallleistungspegel von 63 dB als im Mischgebiet (60 dB) gestattet.

Insofern kann das vom Gesetzgeber 2017 im Bauplanungsrecht eingeführte urbane Gebiet für die Innenentwicklung von Städten und Gemeinden das Miteinander von Wohnen und Arbeiten erleichtern.

48. Veränderungssperre

Die Veränderungssperre ist ein Mittel zur Sicherung eines Bebauungsplans. Sie wird von der Gemeinde als Satzung beschlossen und hat die Wirkung, dass Bauvorhaben im Gebiet des Bebauungsplanentwurfs nicht durchgeführt oder bauliche Anlagen nicht beseitigt werden dürfen sowie erhebliche oder wesentlich wertsteigernde Veränderungen von Grundstücken und baulichen Anlagen nicht vorgenommen werden dürfen (§ 14 Abs. 1 BauGB). Die Gemeinde kann aber einer Ausnahme von der Veränderungssperre zustimmen.

Die Veränderungssperre setzt voraus, dass bereits ein wirksamer Beschluss über die **Aufstellung eines Bebauungsplans** gefasst wurde. Die Gemeinde kann die Aufstellung des Bebauungsplans und die Veränderungssperre auch in der gleichen Sitzung beschließen. Es ist jedoch erforderlich, dass der Aufstellungsbeschluss bereits bekannt gemacht ist, bevor die Veränderungssperre bekannt gemacht wird. Des Weiteren müssen dem Bebauungsplanaufstellungsbeschluss bereits in einem Mindestmaß konkrete Planvorstellungen zugrunde liegen (BayVGH, Beschluss vom 24.5.2000, Az.: 26 N 99.969, BayVBl. 2000, S. 722; BVerwG, Urteil vom 30.8.2012, Az.: 4 C 1.11, ZfBR 2013, S. 42 zu

Mobilfunkanlagen), da die Veränderungssperre **zur Sicherung einer Planung** notwendig sein muss (z. B. Aussagen zur künftigen Nutzung).

Eine Veränderungssperre soll der Gemeinde die Möglichkeit geben, eine Bauleitplanung durchzuführen, ohne Entschädigungsansprüchen ausgesetzt zu sein. Sie gilt grundsätzlich 2 Jahre; die Gemeinde kann die Frist um ein Jahr verlängern (§ 17 Abs. 1 BauGB). Unter besonderen rechtlichen oder sonstigen Gründen (z. B. Baugebiet mit Altlasten) kann die Frist um ein weiteres Jahr verlängert werden.

Sofern die Veränderungssperre länger als 4 Jahre dauert, hat der betroffene Bauherr einen Anspruch auf angemessene Entschädigung in Geld (§ 18 BauGB).

Zu beachten ist, dass die Veränderungssperre einem Bauvorhaben nicht entgegengehalten werden kann, das bereits vor ihrem Inkrafttreten baurechtlich genehmigt wurde (§ 14 Abs. 3 BauGB). Auch werden Bauvorhaben, von denen die Gemeinde nach Maßgabe des Bauordnungsrechts Kenntnis erlangt hat und die vor Inkrafttreten der Veränderungssperre hätten errichtet werden dürfen, von der Veränderungssperre nicht erfasst (dies betrifft Bauvorhaben, die nach dem Freistellungsverfahren zulässig sind, hierzu BVerwG, Urteil vom 30.8.2012, Az.: 4 C 1.11, ZfBR 2013, S. 42).

Wenn sich eine Planung nur über ein Jahr hinzieht und nur ein einzelnes Bauvorhaben beantragt wird, das nicht mit dem künftigen Plankonzept in Einklang steht, so genügt anstelle einer Veränderungssperre die **Zurückstellung des Baugesuchs** nach § 15 BauGB. Danach muss die Baugenehmigungsbehörde auf Antrag der Gemeinde die Entscheidung über die Zulässigkeit des Vorhabens für einen Zeitraum von bis zu 12 Monaten aussetzen, wenn durch die Genehmigung die von der Gemeinde vorgesehene Planung erschwert oder unmöglich gemacht wird. Sofern die Gemeinde im Flächennutzungsplan Vorhaben gemäß § 35 Abs. 1 Nr. 2 bis 6 BauGB (z. B. Windkraftanlagen) regelt, kann gemäß § 15 Abs. 3 BauGB eine Zurückstellung eines Vorhabens bis zu 2 Jahren erfolgen.

49. Vertrauensschaden

Nach § 39 BauGB kann ein Betroffener eine Entschädigung in Geld verlangen, wenn er im Vertrauen auf einen rechtsverbindlichen Bebauungsplan Aufwendungen gemacht hat und diese Aufwendungen durch die Änderung oder Aufhebung des Bebauungsplans an Wert verlieren. Wenn z. B. die Gemeinde durch die Änderung eines Bebauungsplans die Anzahl der zulässigen Wohneinheiten in einem Wohngebäude nachträglich begrenzt (§ 9 Abs. 1 Nr. 6 BauGB) und der Eigentümer dadurch nutzlose Planungsaufwendungen hatte, so kann er die Architektenkosten von der Gemeinde verlangen. Voraussetzung ist aber, dass der Eigentümer **in seinem Vertrauen schützenswert** ist. Dies ist z. B. dann nicht anzunehmen, wenn auf dem Grundstück noch kein Baurecht bestand, da die Erschließung nicht vorhanden ist.

50. Vorhaben- und Erschließungsplan

Der Vorhaben- und Erschließungsplan ist die Planungsgrundlage für einen vorhabenbezogenen Bebauungsplan, der im kooperativen Zusammenwirken zwischen Gemeinde und einem Investor aufgestellt wird. Es handelt sich dabei um eine **Paketlösung aus drei Teilen: dem Vorhaben- und Erschließungsplan des Investors, dem gemeindlichen Bebauungsplan und dem** zwischen Vorhabenträger und Gemeinde abzuschließenden **Durchführungsvertrag.**

Der Vorteil dieses in § 12 BauGB geregelten Instruments liegt darin, dass die Gemeinde von den Planungs- und den Erschließungskosten entlastet wird. Auch hat die Gemeinde größere planerische Gestaltungsmöglichkeiten, da sie in der Plansatzung Vorgaben aufnehmen kann, die über den Festsetzungskatalog des § 9 BauGB und die Baunutzungsverordnung hinausgehen. Die Realisierung des Projekts wird mit entsprechenden Sicherungen zugunsten der Gemeinde im Durchführungsvertrag abgesichert.

Die Verfahrensschritte im Überblick:

- Vorlage eines Planentwurfs hinsichtlich eines Vorhabens und der Erschließungsmaßnahmen durch den Investor
- Abstimmung mit der Gemeinde und den Fachbehörden
- Aushandeln des Durchführungsvertrags über das Vorhaben und die Erschließungsmaßnahmen
- Antrag des Vorhabenträgers auf Einleitung des Satzungsverfahrens und Entscheidung der Gemeinde hierüber nach pflichtgemäßem Ermessen (§ 12 Abs. 2 BauGB)
- Beteiligung der Öffentlichkeit und der berührten Fachbehörden sowie Abstimmung mit benachbarten Gemeinden durch
  - a) Anhörung der Träger öffentlicher Belange auch zur Prüfungstiefe der Umweltprüfung (§ 4 Abs. 1 BauGB)
  - b) frühzeitige Öffentlichkeitsbeteiligung (§ 3 Abs. 1 BauGB)
  - c) Veröffentlichung des Bebauungsplanentwurfs im Internet des Planentwurfs (§ 3 Abs. 2 BauGB)
- Abschluss des Durchführungsvertrags (vor Satzungsbeschluss)
- Satzungsbeschluss
- ggf. Genehmigungsverfahren
- Bekanntmachung der Satzung
- baurechtliches Genehmigungsverfahren
- Monitoring.

Es ist auch beim vorhabenbezogenen Bebauungsplan möglich, das beschleunigte Verfahren (§ 13a BauGB) anzuwenden, wenn es sich um ein Vorhaben der Innenentwicklung handelt. In diesem Fall bestehen Verfahrenserleichterungen, und die Umweltprüfung entfällt (vgl. Stichwort „Beschleunigtes Verfahren“, Nr. 13).

Zusammenfassend kann das Instrument des Vorhaben- und Erschließungsplans vor allem für Einzelprojekte empfohlen werden. Die Gemeinde kann mit diesem Instrument etwa sicherstellen, dass z. B. ein größeres Wohnbauprojekt, ein Altenpflegeheim oder ein Hotel nicht nur geplant, sondern auch realisiert wird. Darauf hinzuweisen ist, dass das Vorhaben bezüglich des Maßes der baulichen Nutzung konkret im **Vorhaben- und Erschließungsplan** bestimmt werden muss.

Bei der Art der baulichen Nutzung kann die Gemeinde gemäß § 12 Abs. 3a BauGB im vorhabenbezogenen Bebauungsplan ein Baugebiet (z. B. Gewerbegebiet) festsetzen, wenn sie darauf hinweist, dass im Rahmen der festgesetzten Nutzungen nur solche Vorhaben zulässig sind, zu deren Durchführung sich der Vorhabenträger im **Durchführungsvertrag** verpflichtet. Insofern ist im Durchführungsvertrag das konkrete Vorhaben, z. B. Lebensmittelmarkt, zu vereinbaren. Dieses Vorgehen ermöglicht eine flexible Verfahrensweise, da im Fall einer zulässigen Nutzungsänderung in dem festgesetzten Gewerbegebiet nicht der Bebauungsplan geändert werden muss, sondern nur eine neue Regelung im Durchführungsvertrag vorzunehmen ist.

Beim Vorhaben- und Erschließungsplan stellt sich die Frage, ob der Durchführungsvertrag **ausschreibungspflichtig** ist, wenn die Gemeinde das betreffende Baugrundstück an den Investor veräußert und dieser eine Bauverpflichtung eingeht. Der Bundesgesetzgeber hat durch § 99 Abs. 3 GWB geregelt, dass ein „Bauauftrag" nur dann ausschreibungspflichtig ist, wenn die Bauleistungen **unmittelbar der öffentlichen Hand zugutekommen.** Dies ist dann der Fall, wenn die Gemeinde über den Kaufpreis hinaus einen wirtschaftlichen Vorteil durch den Kaufvertrag vereinbart hat (hierzu EuGH, Urteil vom 29.10.2009, Rs. C-536/07, EuZW 2010, S. 58).

51. Wohngebiet

In der Baunutzungsverordnung wird zwischen „reinen Wohngebieten" (WR; § 3 BauNVO) und „allgemeinen Wohngebieten" (WA; § 4 BauNVO) sowie Gebieten zur Erhaltung und Entwicklung der Wohnnutzung, „besondere Wohngebiete" (WB; § 4a BauNVO) unterschieden.

- Die **reinen Wohngebiete** dienen **nur** dem Wohnen.
  Außer Wohngebäuden können auch Gebäude zugelassen werden, die der Betreuung und Pflege ihrer Bewohner dienen (z. B. Altenpflegeheime). Ferner sind Räume für freiberuflich Tätige nach § 13 BauNVO zulässig. Mit der BauNVO 2013 hat der Gesetzgeber in den reinen Wohngebieten Anlagen zur Kinderbetreuung zugelassen, die den Bedürfnissen der Bewohner des Gebiets dienen.
  Der Orientierungswert für die GRZ beträgt 0,4, für die GFZ 1,2.
- Die **allgemeinen Wohngebiete** dienen **vorwiegend** dem Wohnen.
  Dort sind neben Wohngebäuden die der Versorgung des Gebiets dienenden Läden, Gastwirtschaften und nicht störenden Handwerksbetriebe zulässig. Ebenfalls zulässig sind Anlagen für kirchliche, kulturelle, soziale, gesundheitliche und sportliche Zwecke sowie Räume für freie Berufe.
  Der Orientierungswert für die GRZ beträgt 0,4, für die GFZ 1,2.
- **Besondere Wohngebiete** sind überwiegend bebaute Gebiete, die aufgrund der ausgeübten Wohnnutzung und der vorhandenen sonstigen Anlagen (z. B. Läden, Hotels, Geschäfts- und Bürogebäude etc.) eine besondere Eigenart aufweisen und in denen unter Berücksichtigung dieser Eigenart die Wohnnutzung erhalten und fortentwickelt werden soll. Auch besondere Wohngebiete dienen **vorwiegend** dem Wohnen. Dabei kann die Gemeinde in diesen Gebieten durch Bebauungsplan festsetzen, dass z. B. im ersten Obergeschoss nur Wohnungen zulässig sind (§ 4a Abs. 4 BauNVO).
  Der Orientierungswert für die GRZ beträgt 0,6, für die GFZ 1,6.

II. Die Behandlung des Bauantrags in der Gemeinderatssitzung

1. Baugesetzbuch und Bayerische Bauordnung

Der **Bauantrag** ist nach Art. 64 Abs. 1 BayBO (neu gefasst durch das Gesetz vom 23.12.2024, GVBl. S. 619) schriftlich bei der unteren Bauaufsichtsbehörde einzureichen. Diese setzt formlos unverzüglich die Gemeinde über Eingang und Inhalt in Kenntnis.

Dieses Inkenntnissetzen ist noch nicht das Ersuchen um das gemeindliche Einvernehmen nach § 36 BauGB (vgl. Stichwort „Einvernehmen", Nr. 19), sondern nur um eine Information, dass ein Bauantrag bei der Bauaufsichtsbehörde vorliegt. Mit dem Bauantrag hat der Bauherr alle für die Beurteilung des Bauvorhabens und die Bearbeitung des Bauantrags erforderlichen Unterlagen einzureichen.

In den meisten Bauaufsichtsbehörden gilt zudem die **Digitale Bauantragsverordnung** – DBauV – vom 2. Februar 2021 (GVBl. S. 26). Nach § 2 DBauV können Bauanträge und Anträge auf Vorbescheid etc. digital bei der Bauaufsichtsbehörde sowie nach § 5 DBauV Freistellungsanträge digital bei der Gemeinde eingereicht werden.

Nach Art. 65 Abs. 1 BayBO ist die Bauaufsichtsbehörde verpflichtet, nach Eingang des Bauantrags innerhalb **von drei Wochen** den Bauantrag und die Bauvorlagen auf Vollständigkeit zu prüfen. Ist der Bauantrag unvollständig oder weist erhebliche Mängel auf, fordert die Bauaufsichtsbehörde den Bauherrn zur Behebung der Mängel innerhalb einer angemessenen Frist auf. Werden die Mängel nicht innerhalb der Frist behoben, gilt der Antrag als zurückgenommen.

Sobald der Bauantrag und die Bauvorlagen für die Entscheidung der Gemeinde über ihr **Einvernehmen nach § 36 BauGB** hinreichend vollständig ist, hat die Bauaufsichtsbehörde unverzüglich die Gemeinde zu beteiligen. Über die Zulässigkeit von Vorhaben im Innenbereich (§ 34 BauGB), im Außenbereich (§ 35 BauGB), bei planreifen Bebauungsplänen (§ 33 BauGB) und bei Befreiungen (§ 31 BauGB) darf eine Baugenehmigung nur erteilt werden, wenn die Gemeinde hierzu ihr Einvernehmen erteilt hat. Nur bei Bauanträgen im Geltungsbereich eines qualifizierten Bebauungsplanes nach § 30 BauGB ist das gemeindliche Einvernehmen nicht erforderlich.

Verweigert der Gemeinderat zu Unrecht das Einvernehmen, so kann die Bauaufsichtsbehörde im Wege der Ersatzvornahme das verweigerte Einvernehmen ersetzen und die Baugenehmigung erteilen. Der Bundesgerichtshof (BGH, Urteil vom 16.9.2010, Az.: III ZR 29/10, NVwZ 2011, S. 249) hat für den Fall des rechtswidrig verweigerten Einvernehmens entschieden, dass hier nicht die Gemeinde **entschädigungspflichtig** wird, sondern die Bauaufsichtsbehörde. Nach seiner Auffassung ist die Bauaufsichtsbehörde verpflichtet, ein rechtswidrig verweigertes Einvernehmen zu ersetzen und die Baugenehmigung zu erteilen. Sofern sie dies nicht tut, wird sie entschädigungspflichtig.

Weicht das Vorhaben von den Festsetzungen des Bebauungsplans ab, so bedarf es einer Befreiung, die von der unteren Bauaufsichtsbehörde nur erteilt werden darf, wenn das gemeindliche Einvernehmen vorliegt.

Wenn das Bauvorhaben in einem Gebiet liegt, für welches die Gemeinde erst beschlossen hat, einen **Bebauungsplan aufzustellen** oder einen bestehenden Bebauungsplan zu ändern, kann eine Genehmigung gemäß § 33 BauGB erteilt werden (vgl. Stichwort „Planreife des Bebauungsplans", Nr. 35); auch hierzu ist das gemeindliche Einvernehmen zwingend notwendig.

Bei Bauvorhaben, die innerhalb der **im Zusammenhang bebauten Ortsteile** liegen, wird die Baugenehmigung gemäß § 34 BauGB im gemeindlichen Einvernehmen erteilt.

Gleiches gilt für Vorhaben, die im **Außenbereich** (vgl. Stichwort „Außenbereich", Nr. 2) gelegen sind; die Entscheidung nach § 35 BauGB wird ebenfalls im Einvernehmen mit der Gemeinde getroffen.

Sofern die Bauaufsichtsbehörde feststellt, dass ein Bauantrag für ein Wohnbauvorhaben nicht mit dem Bauplanungsrecht vereinbar ist (kein Einfügen nach § 34 BauGB, keine Befreiungsmöglichkeit von den Festsetzungen eines Bebauungsplans nach

§ 31 BauGB, keine Zulässigkeit eines Wohnbauvorhabens am Ortsrand im Außenbereich nach § 35 Abs. 2 BauGB), kann sie gleichwohl die Erteilung der Baugenehmigung nicht ablehnen. Vielmehr muss sie die Gemeinde nach Art. 82c BayBO auffordern zu prüfen, ob sie die Zustimmung nach § 36a BauGB für eine Genehmigung nach dem Bau-Turbo (§ 246e BauGB) erteilt.

Denn nach § 246e BauGB kann ein Wohnbauvorhaben, welches vom Baugesetzbuch und der Baunutzungsverordnung abweicht, gleichwohl mit Zustimmung der Gemeinde genehmigt werden. Diese Zustimmung kann die Gemeinde erteilen, wenn das Vorhaben ihren städtebaulichen Vorstellungen entspricht.

Wenn die Gemeinde die Zustimmung verweigert, kann diese nicht von der Bauaufsichtsbehörde ersetzt werden.

Bei der Einreichung des Bauantrags ist von der Bauaufsichtsbehörde stets vorab zu prüfen, ob es sich überhaupt um ein **genehmigungspflichtiges Vorhaben** handelt. Der Gesetzgeber hat in der Bauordnung eine Vielzahl von kleineren Vorhaben (z. B. Grenzgaragen bis 50 m^2, sonstige Gebäude ohne Feuerungsanlagen bis 75 m^3) verfahrensfrei gestellt (Art. 57 BayBO).

Für Bauvorhaben, die im Geltungsbereich eines rechtsgültigen qualifizierten Bebauungsplans liegen, gilt das **Freistellungsverfahren** (Art. 58 BayBO). Es kommt bei allen Bauvorhaben mit Ausnahme der Sonderbauten zur Anwendung.

Bei Vorhaben, die der Freistellung unterliegen, muss die Gemeinde die Zulässigkeit des Vorhabens grundsätzlich nicht prüfen; die Beachtung des Bebauungsplans und der sonstigen Vorschriften obliegt dem privaten Bauherrn. Regelmäßig wird die Gemeinde jedoch in einem Grobcheck den Bauantrag darauf durchsehen, ob die Festsetzungen des Bebauungsplans eingehalten sind, die Erschließung gesichert ist und der Stellplatznachweis vorliegt. Sofern die Gemeinde Bedenken hat, das Bauvorhaben im Freistellungsverfahren zuzulassen, kann sie den Bauherrn auf die Durchführung des Genehmigungsverfahrens verweisen. Ansonsten darf der Bauherr ohne Baugenehmigung bauen.

Die **Nachbarbeteiligung** erfolgt gemäß Art. 66 BayBO. Der Bauherr oder sein Beauftragter hat den Nachbarn, den Lageplan und Bauzeichnungen zur Zustimmung vorzulegen. Hat ein Nachbar nicht zugestimmt, so ist diesem eine Ausfertigung der Baugenehmigung zuzustellen.

2. Prüfung von Bauvorhaben nach dem Baugesetzbuch

Das Baugesetzbuch regelt in vier verschiedenen Paragrafen die Bebaubarkeit von Grundstücken, also ob und wie gebaut werden darf. Es handelt sich dabei um die §§ 30, 33, 34 und 35 BauGB.

Wenn der Bauherr nach einer dieser Vorschriften bauen darf, so hat er einen **Rechtsanspruch auf Baugenehmigung.**

a) Baurecht nach § 34 BauGB – Einfügen –

§ 34 BauGB setzt voraus, dass für das Grundstück kein rechtswirksamer qualifizierter Bebauungsplan besteht und das Grundstück im Ort liegt. Das Bauvorhaben ist zulässig, wenn es sich in die Eigenart der näheren Umgebung einfügt und die Erschließung gesichert ist (vgl. Stichwort „Einfügen", Nr. 18).

b) Baurecht nach § 30 BauGB – Bebauungsplan –

Durch einen qualifizierten Bebauungsplan (vgl. Stichwort „Bauleitplanung", Nr. 5) sind abschließend die Art, das Maß, die Bauweise und die Verkehrsflächen geregelt. Der Bauwerber muss sich an die Vorschriften des Bebauungsplans halten.

Zu beachten ist, dass § 30 BauGB stets einen **fertigen, d.h. bekannt gemachten Bebauungsplan** voraussetzt.

Wenn der Bauwerber mit seinem Bauvorhaben z.B. aufgrund der topografischen Besonderheiten seines Grundstücks die Festsetzungen des Bebauungsplans nicht einhält, kommt eine **Befreiung nach § 31 BauGB** in Betracht. Erforderlich ist grundsätzlich, dass durch die Befreiung die Grundzüge der Planung nicht berührt werden. Weitere Voraussetzung ist, dass die Befreiung dem Wohl der Allgemeinheit nach § 31 Abs. 2 BauGB dient, die Befreiung städtebaulich vertretbar ist oder die Durchführung des Bebauungsplans zu einer offenbar nicht beabsichtigten Härte führen würde. Zudem lässt § 31 Abs. 3 BauGB Befreiungen zugunsten des Wohnungsbaus auch dann zu, wenn die Grundzüge der Planung berührt werden (vgl. das Stichwort „Befreiungen von den Festsetzungen“, Nr. 13).

Dabei ist stets zu prüfen, ob die Abweichung unter Würdigung der nachbarlichen Interessen zugelassen werden kann. So ist z. B. eine Befreiung unzulässig, wenn in einem reinen Wohngebiet ein Gewerbebetrieb zugelassen werden soll; in diesem Fall können die Nachbarn darauf vertrauen, dass das Wohngebiet nicht umgewidmet wird.

c) Baurecht nach § 33 BauGB – Planreife – (vgl. Stichwort „Planreife“, Nr. 35)

In Gebieten, für die ein Beschluss über die Aufstellung eines Bebauungsplans gefasst ist, d. h. ein Bebauungsplan noch im Verfahren ist, hat der Bauwerber die Möglichkeit, sein Baurecht auf § 33 BauGB zu stützen, d. h., er verpflichtet sich, nach den Festsetzungen des künftigen Bebauungsplans zu bauen. Er kann aber auch – wenn der Bebauungsplan einen Innerortsbereich überplant – einen Bauantrag nach § 34 BauGB stellen. Wenn sich das Vorhaben in die Umgebungsbebauung einfügt, so ist das Bauvorhaben zulässig, auch wenn es nicht den Festsetzungen des Bebauungsplanentwurfs entspricht. Dieses Ergebnis kann vermieden werden, wenn die Gemeinde den Bebauungsplanentwurf durch eine Veränderungssperre sichert (vgl. Stichwort „Veränderungssperre“, Nr. 48).

d) Baurecht gemäß § 35 BauGB – Außenbereich –

Liegt das Vorhaben im Außenbereich, so hat die Gemeinde zunächst zu prüfen, ob es sich um ein privilegiertes Vorhaben i.S.d. § 35 Abs. 1 BauGB handelt (vgl. Stichwort „Privilegierte Vorhaben“, Nr. 37). Sollen bestehende, zulässigerweise errichtete Bauvorhaben im Außenbereich neu errichtet, erweitert oder umgenutzt werden, so kommt eine erleichterte Zulassung gemäß § 35 Abs. 4 BauGB in Betracht.

Ein Baurecht kann in Ausnahmefällen auch nach § 35 Abs. 2 BauGB gegeben sein. Diese Vorschrift lautet: „Sonstige Vorhaben können im Einzelfall zugelassen werden, wenn ihre Ausführung oder Benutzung **öffentliche Belange nicht beeinträchtigt**“.

Dabei werden nach § 35 Abs. 3 BauGB öffentliche Belange bereits dann beeinträchtigt, wenn der Flächennutzungsplan eine Fläche für die Landwirtschaft für das Grundstück darstellt.

Es gilt der Grundsatz, dass nur die privilegierten Vorhaben nach § 35 Abs. 1 BauGB im Außenbereich bevorzugt sind; die sonstigen Vorhaben unterliegen einem grundsätzlichen Bauverbot mit Ausnahmevorbehalt. Die städtebauliche Vorstellung des Gesetzgebers ist von dem Grundsatz geprägt, dass der Außenbereich von baulichen Anlagen freigehalten wird, die ihrem Wesen nach dort nicht hingehören.

Die Gemeinde hat die Möglichkeit, im Außenbereich befindliche Grundstücke, die in Ortsrandlage gelegen sind, durch eine **Abrundungssatzung** in den Zusammenhang bebauter Ortsteile einzugliedern (§ 34 Abs. 4 Nr. 3 BauGB). Für Weiler im Außenbereich kann eine sog. **Lückenfüllungssatzung erlassen werden** (§ 35 Abs. 6 BauGB vgl. Stichwort „Außenbereich“, Nr. 2).

III. Aufstellung eines Bebauungsplans

Untersuchungen von Urteilen der Oberverwaltungsgerichte haben ergeben, dass die Normenkontrollanträge (§ 47 VwGO) gegen Bebauungspläne bis zu 50 % erfolgreich sind. Dies liegt zum einen daran, dass von der Gemeinde erwartet wird, sämtliche privaten und öffentlichen Belange, die im Bauleitplanverfahren vorgebracht werden, rechtlich zutreffend einzuordnen und abzuwägen. Dabei überprüfen die Gerichte nicht nur den Bebauungsplan im Hinblick auf das Vorbringen des Normenkontrollklägers, sondern der gesamte Bebauungsplan unterliegt der Rechtskontrolle. Zum anderen stellen die Gerichte hohe Anforderungen, wenn in sog. Konfliktlagen geplant wird (z. B. Nebeneinander Wohnen/Landwirtschaft, Wohnen/Gewerbe, Wohnen/Sport, Wohnen/Verkehr). Die Gemeinden sind daher gut beraten, wenn sie sich fachlich qualifizierter Planer bedienen und für die Abwägung bei Bebauungsplänen in Konfliktlagen entsprechende gutachtliche Stellungnahmen, z. B. zum Immissionsschutz, einholen (vgl. Stichwort „Bebauungsplan“, Nr. 12).

Die folgenden Schemata enthalten Ziffern, die jeweils im Anschluss erläutert werden.

Schema 1: „Aufstellung eines Bebauungsplans“

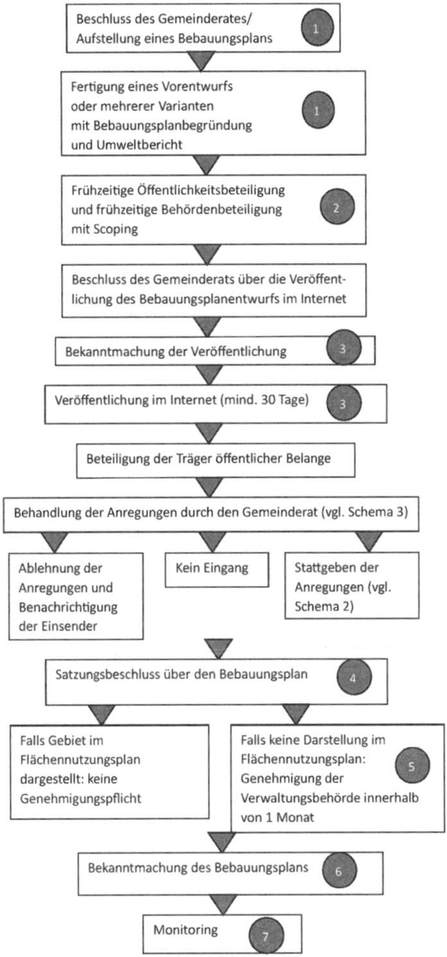

① Vgl. Stichworte „Bauleitplanung“, Nr. 5, „Bebauungsplan“, Nr. 12, und „Veränderungssperre“, Nr. 48.
Die Gemeinden haben nach § 1 Abs. 3 BauGB Bauleitpläne aufzustellen, sobald und soweit es für die städtebauliche Entwicklung und Ordnung erforderlich ist. Das Verfahren richtet sich nach den §§ 2, 3 und 4 BauGB.
Die Gemeinde kann einen Bebauungsplan der Innenentwicklung nach § 13a BauGB im beschleunigten Verfahren aufstellen. Die frühzeitige Öffentlichkeits- und Trägerbeteiligung ist dann entbehrlich und es bedarf keiner Umweltprüfung.

② Die **frühzeitige Öffentlichkeitsbeteiligung** ist in § 3 Abs. 1 BauGB geregelt, nach § 4 Abs. 1 BauGB sind die **Träger öffentlicher Belange** entsprechend zu unterrichten und zur Äußerung auch im Hinblick auf den erforderlichen Umfang und den Detaillierungsgrad der Umweltprüfung aufzufordern. Vgl. Stichwort „Beteiligung der Öffentlichkeit“, Nr. 16; Scoping vgl. „Umweltprüfung“, Nr. 46 b).

③ Der **Aufstellungsbeschluss** für den Bebauungsplan ist bekannt zu machen. Die Form der Bekanntmachung richtet sich nach der gemeindlichen Geschäftsordnung. Der Aufstellungsbeschluss dokumentiert nach außen, dass die Gemeinde für das konkrete Gebiet Planungsabsichten hat; er ist Voraussetzung für den Erlass einer Veränderungssperre.
Der Bebauungsplanentwurf ist nach § 3 Abs. 2 BauGB mit dem Erläuterungsbericht für die Dauer eines Monats (mindestens 30 Tage) **im Internet zu veröffentlichen. Zusätzlich zur Veröffentlichung sind eine oder mehrere andere leicht zu erreichende Zugangsmöglichkeiten, etwa durch öffentlich zugängliche Lesegeräte oder durch eine öffentliche Auslegung, zur Verfügung zu stellen.** Sofern die Gemeinde eine öffentliche Auslegung durchführt, sind Ort und Dauer der Auslegung mindestens 1 Woche vorher ortsüblich bekannt zu machen, mit dem Hinweis darauf, dass Anregungen während der Auslegungsfrist vorgebracht werden können (§ 3 Abs. 2 BauGB). Die Fachbehörden sind von der öffentlichen Auslegung zu benachrichtigen.
Die eingegangenen Stellungnahmen der Bürgerschaft und der Träger öffentlicher Belange sind gemäß § 1 Abs. 5 bis 7 BauGB, § 2 Abs. 3 BauGB **abzuwägen.**
Sofern der Bauleitplan geändert oder ergänzt wird, ist er erneut im Internet zu veröffentlichen und sind andere Zugangsmöglichkeiten etwa durch erneute Auslegung zu ermöglichen. Auch sind Stellungnahmen erneut einzuholen (§ 4 Abs. 3 BauGB).

④ Der **Satzungsbeschluss** nach § 10 Abs. 1 BauGB ist der Abschluss des Planaufstellungsverfahrens. Die Satzung tritt aber erst mit Bekanntmachung in Kraft.

⑤ Nach § 10 Abs. 2 i.V.m. § 6 Abs. 4 BauGB bedürfen Bebauungspläne, die nicht aus dem Flächennutzungsplan entwickelt sind, der **Genehmigung** der höheren Verwaltungsbehörde. Die Entwicklungspflicht gilt nicht für Bebauungspläne der Innenentwicklung nach § 13 BauGB. Das Genehmigungsverfahren entfällt auch, wenn das Baugebiet im Flächennutzungsplan rechtswirksam ausgewiesen ist, d.h., nach Satzungsbeschluss kann die Gemeinde die ortsübliche Bekanntmachung vornehmen.
Wenn die höhere Verwaltungsbehörde bei den genehmigungspflichtigen Bebauungsplänen nicht innerhalb von 1 Monat eine Ablehnung bzw. Beanstandung vornimmt und die Frist nicht verlängert wurde, so wird die Genehmigung/Nichtbeanstandung fingiert (§ 6 Abs. 4 Satz 4 BauGB, § 10 Abs. 2 BauGB). Einer Genehmigung bedarf es nicht, wenn ein Bebauungsplan der Innenentwicklung im beschleunigten Verfahren (§ 13a BauGB) aufgestellt wird.

⑥ Der genehmigungspflichtige Bebauungsplan tritt mit der Bekanntmachung in Kraft, mit der die Gemeinde bekannt gibt, dass die höhere Verwaltungsbehörde den Plan genehmigt hat. In der Bekanntmachung ist darauf hinzuweisen, wo der Bebauungsplan eingesehen werden kann (§ 10 Abs. 3 Satz 3 BauGB).

⑦ Nach § 4c BauGB überwachen die Gemeinden, ob aufgrund der Durchführung eines Bebauungsplans (unvorhergesehene) erhebliche Umweltauswirkungen eintreten (vgl. Stichwort „Umweltprüfung", Nr. 46).

Hinweis: In Bayern wird die Genehmigung von nicht aus dem Flächennutzungsplan entwickelten Bebauungsplänen der kreisangehörigen Gemeinden im Regelfall vom Landratsamt erteilt (§ 2 Abs. 3 der Zuständigkeitsverordnung im Bauwesen – ZustVBau).

Schema 2: „Beanstandung/teilweise Genehmigung des Bebauungsplans"

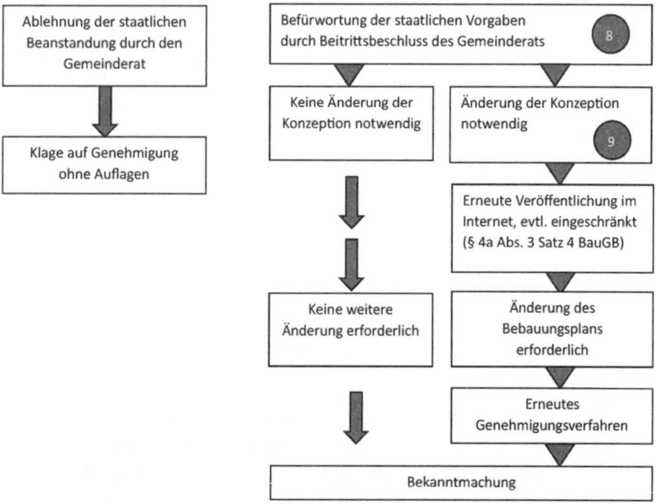

⑧ Wird eine Genehmigung mit Maßgaben erteilt, die über rein redaktionelle Korrekturen hinausgehen, muss sich die Gemeinde durch Beschluss des Gemeinderats den Bebauungsplan in der Fassung zu eigen machen, die er durch die Genehmigung erhalten hat (sog. Beitrittsbeschluss).

⑨ Wenn ein Bebauungsplan geändert werden soll, ist das Verfahren über die Aufstellung von Bauleitplänen entsprechend anzuwenden (§ 1 Abs. 8 BauGB). Etwas anderes gilt nur bei der vereinfachten Änderung nach § 13 BauGB, die im Regelfall nur zulässig ist, wenn die Grundzüge der Planung nicht berührt werden.

Schema 3: „Behandlung der in der im Rahmen der Veröffentlichung im Internet oder der öffentlichen Auslegung vorgebrachten Anregungen"

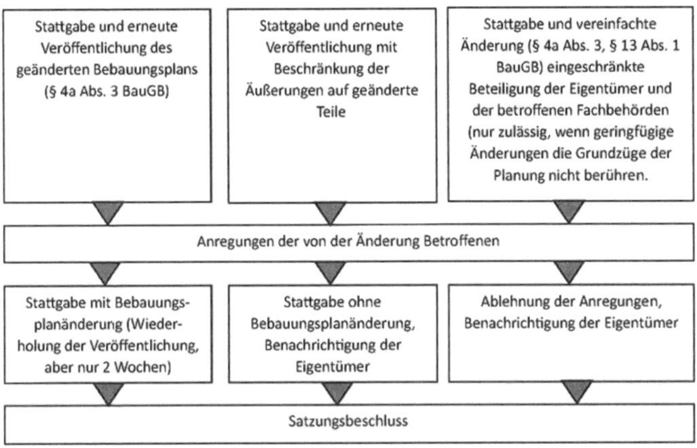

IV. Vergaberecht

1. Vergaberecht in der kommunalen Praxis

Das Vergaberecht sichert einen sparsamen und wirtschaftlichen Umgang mit Steuer- und Haushaltsmitteln und gewährleistet zugleich einen transparenten und fairen Bieterwettbewerb.

a) Welches Vergaberecht greift für meine Ausschreibung?

Kernfrage jeder Vergabe ist zu Beginn: Bin ich „drüber oder drunter"? Gemeint sind die EU-Schwellenwerte.

Oberhalb der Schwellenwerte besteht eine Pflicht zur europaweiten Ausschreibung. Zudem existiert ein sehr effektiver Rechtsschutz für die Bieter, die bei einer Ausschreibung nicht zum Zuge kommen bzw. wenn Vergaberechtsverstöße vorliegen, vgl. unten c) Informationsschreiben.

Unterhalb der Schwellenwerte gilt ein Haushaltsvergaberecht, das primär einer sparsamen und wirtschaftlichen Beschaffung der öffentlichen Hand dient. Die kommunalen Haushaltsverordnungen (§ 31 Abs. 2 KommHV-Kameralistik bzw. § 30 Abs. 2 KommHV-Doppik) erklären bei der Vergabe von Aufträgen und dem Abschluss von Verträgen die Vergabegrundsätze für anwendbar, die das Staatsministerium des Innern, für Sport und Integration im Einvernehmen mit dem Staatsministerium der Finanzen und für Heimat bekannt gibt. Damit angesprochen sind die IMBek Vergabe von Aufträgen im kommunalen Bereich (IMBek).

Diese IMBek sind in den vergangenen Jahren – der Coronapandemie, dem Ukrainekrieg und der aktuellen Polykrise geschuldet – deutlich vereinfacht und liberalisiert worden. Den vorläufigen Schlusspunkt hat das 2. Modernisierungsgesetz Bayern gesetzt, mit dem ein Art. 20 im Bayerischen Gesetz über wirtschaftliche und vergaberechtliche Vorschriften (BayWiVG) eingeführt worden ist, der nunmehr deutlich höhere Wertgrenzen für Direktvergaben und freihändige Vergaben setzt.

Unterhalb der Schwellenwerte besteht kein vergleichbar effektiver Rechtsschutz. Bei **Bauleistungen** sind zwar die VOB-Stellen der Regierungen von Oberbayern, von Schwaben etc. zuständig und können mit aufsichtlichen Mitteln eine Vergabe untersuchen. Da im Unterschwellenbereich jedoch (in Bayern) vor dem Zuschlag kein Informationsschreiben mit einer Absage an die unterliegenden Bieter versandt werden muss und ein einmal wirksam erteilter Zuschlag nicht mehr aufgehoben werden kann, kommt ein Rechtsschutz gegen die Vergabe selbst in der Regel zu spät. Bei groben Vergabeverstößen (z. B. der erstplatzierte Bieter wird übergangen und das ortsansässige Unternehmen beauftragt) sind hier nur Schadensersatzansprüche denkbar.

Exkurs: Gemeindliche Unternehmen

Ein Gestaltungsmittel im Unterschwellenbereich kann die Auslagerung auf ein gemeindliches Unternehmen sein. Das Haushaltsvergaberecht nach den Kommunalhaushaltsverordnungen greift nämlich direkt nur für die Gemeinde, den Markt oder die Stadt selbst. Über § 9 Eigenbetriebsverordnung findet es ebenfalls auf gemeindliche Eigenbetriebe Anwendung (was folgerichtig ist, denn diese sind nur haushalterisch, aber nicht rechtlich verselbstständigt, Art. 88 Abs. 1 GO). Bei Kommunalunternehmen in der Rechtsform der Anstalt des Öffentlichen Rechts (Anstalt d.Ö.R.) oder einer privatwirtschaftlich verfassten GmbH einer Gemeinde greift das Vergaberecht hingegen nur, wenn dies ausdrücklich in der Satzung oder dem Gesellschaftsvertrag angeordnet ist.

b) Die EU-Schwellenwerte

Die EU-Schwellenwerte werden in EU-Richtlinien alle zwei Jahre – ihrerseits auf der Grundlage völkerrechtlicher Vorgaben – neu festgesetzt. Sie liegen seit 1.1.2026 für

- Bauleistungen bei netto 5,404 Mio. Euro,
- Lieferungen und Dienstleistungen bei netto 216.000 Euro,
- Sektorentätigkeiten bei netto 5,404 Mio. Euro (Bauleistungen) bzw. netto 443.000 Euro (Liefer- und Dienstleistungsaufträge) und
- für soziale und andere besondere Dienstleistungen bei netto 750.000/1.000.000 Euro.

c) Wie schätzt man den Auftragswert?

Die Anforderungen an eine ordnungsgemäße Auftragswertschätzung regelt § 3 der Vergabeverordnung (VgV): Zunächst ist von einem Netto-Auftragswert (ohne Umsatzsteuer) auszugehen (§ 3 Abs. 1 Satz 1 VgV). Enthält ein Vertrag Optionen (z.B. ein stufenweise geschlossener Architektenvertrag) oder Verlängerungen (z.B. ein zweijähriger Vertrag über Reinigungsleistungen, der sich aber um jeweils ein Jahr verlängert, wenn er nicht fristgerecht zum Ablauf gekündigt wird), dann kommt es auf den gesamten Auftrag an.

§ 3 Abs. 2 VgV stellt klar, dass die Auftragswertschätzung nicht mit Umgehungsabsicht vorgenommen werden darf. Es kommt damit auf eine ordnungsgemäße Schätzung **zu Beginn** einer Ausschreibung an. Ist ein Auftraggeber zu dem Ergebnis gelangt, dass der Auftrag unterhalb der Schwellenwerte liegen müsste, und liegt es überraschend dann doch darüber, macht das die Unterschwellenvergabe nicht rechtswidrig. Maßgebend ist der Zeitpunkt der Auftragsbekanntmachung bzw. die Einleitung des Vergabeverfahrens an (§ 3 Abs. 3 VgV). Aber Achtung: Je näher die eigene Schätzung schon am EU-Schwellenwert liegt, desto strenger werden die Anforderungen der Rechtsprechung an eine ordnungsgemäße Dokumentation der Schätzung.

Bei Bauleistungen sollte darauf geachtet werden, wie alt die zugrunde liegende Kostenberechnung schon ist (z. B. durch ein etwas längeres Förderverfahren, zwischenzeitliche Bürgerbegehren etc.). Baukostensteigerungen und auch das Risiko von künftigen Preissteigerungen bei mehrjähriger Bauzeit sind zu berücksichtigen.

Eine Auftragswertschätzung bei einer Unterschwellenvergabe sollte deshalb anhand früherer vergleichbarer Ausschreibungen (zzgl. Baukosten- bzw. Preissteigerung), von Nachbargemeinden und evtl. einer Markterkundung dokumentiert werden.

d) Losweise Vergabe

Nach § 97 Abs. 4 GWB, § 5 EU Abs. 2 VOB/A sind Aufträge bei den Bauvorhaben in der Menge aufgeteilt (Teillose) und getrennt nach Art oder Fachgebiet (Fachlose) zu vergeben, um kleinen und mittleren Unternehmen auch mit örtlichem oder regionalem Bezug eine größere Chance einzuräumen, bei der Auftragsvergabe den Zuschlag zu erhalten. Das gilt über und unter den EU-Schwellenwerten.

Mehrere Lose eines einheitlichen Auftrags sind zu addieren (§ 3 Abs. 7 VgV). Übersteigt die Summe aller Lose den EU-Schwellenwert, sind grundsätzlich alle Lose EU-weit auszuschreiben. Der Auftraggeber bzw. die Gemeinde kann sich nicht einer EU-Ausschreibung durch eine fach- oder teillosweise Vergabe entziehen.

Dennoch gibt es eine Gestaltungsmöglichkeit: das sog. 20 %-Kontingent. „Kleinlose" unter 1.000.000 Euro (Bauaufträge) bzw. unter 80.000 Euro (Liefer- und Dienstleistungen) können bis max. 20 % des Gesamtauftragswertes nach Unterschwellen-Vergaberecht der VOB/A bzw. IMBek vergeben werden (§ 3 Abs. 9 VgV).

Beispiel:

Der Neubau eines Rathauses kostet 10 Mio. Euro. 20 % dieser Bauleistungen (= max. 2 Mio. Euro) und bis zu 1 Mio. Euro je einzelnem Baugewerk dürfen unterschwellig nach der IMBek vergeben werden und müssen nicht EU-weit ausgeschrieben werden. So könnten also Erdbauarbeiten, Baumeister etc. europaweit vergeben werden. Besonders sensible Gewerke wie die lufttechnischen Anlagen mit z. B. 700.000 Euro, die Wärmeversorgung mit z. B. 500.000 Euro könnten unterschwellig mit Einholung von drei Angeboten vergeben werden.

e) Exkurs: Architekten- und Planervergaben

Früher waren die Auftragswerte von Architekten, Tragwerksplanern, Fachplanern und Freianlagenplanern gemäß § 3 Abs. 7 Satz 2 VgV nicht zu addieren, sondern konnten getrennt betrachtet werden. Aufgrund einer Klage der EU-Kommission gegen Deutschland ist § 3 Abs. 7 Satz 2 VgV im August 2023 gestrichen worden.

Das Bayerische Innenministerium (Rundschreiben vom 31.1.2024) und Bauministerium (Rundschreiben vom 18.12.2023) verfolgen bislang einen pragmatischen Ansatz und wollen nur solche Planungsleistungen addieren, die in einem **engen funktionalen Zusammenhang** stehen, wenn also die Planung integral und lückenlos aufeinander abgestimmt sein soll oder komplexe Ingenieurbauwerke oder hoch technisierte Gebäude im Raum stehen. Ist dies nicht der Fall, d. h., geht es um Standard-Planungen für eine Kita, eine Grundschule, ein Rathaus etc., soll weiterhin eine getrennte Betrachtung der Auftragswerte möglich sein. Bleibt der Planer damit unter der EU-Schwelle von 216.000 Euro, kann dieser weiterhin unterschwellig vergeben werden.

Achtung bei Fördermitteln: Die Bayerischen Rundschreiben gelten nur für bayerische Fördermittel und bereits nicht für Bundes-Zuwendungen. Jedenfalls bei Maßnahmen, die mit EU-Mitteln gefördert werden, sind die Auftragswerte der Planungsleistungen immer zu addieren, sonst droht bei Verstößen gegen Vergabevorschriften eine Rückforderung der EU-Mittel (siehe unten 5.).

f) Abgrenzung von Bau- und Liefer-/Dienstleistungsaufträgen

Ob eine Bauleistung vorliegt (Schwellenwert netto 5,404 Mio. Euro) oder eine Liefer-/Dienstleistung (Schwellenwert netto 216.000 Euro) macht einen großen Unterschied. Die Zuordnung kann mitunter kompliziert werden.

Beispiel:

Eine Kommune vergibt die Errichtung einer Freiflächenphotovoltaikanlage auf einer stillgelegten Deponie. Die Photovoltaikmodule machen einen Auftragswert von ca. 70 % aus, die Bauleistungen (Fundamente, Elektroinstallation, Erdverkabelung etc.) rund 30 %. Laut Rechtsprechung kommt den Bauleistungen ein prägender Charakter zu, sodass insgesamt ein Bauauftrag vorliegt.

Die Bauleistungen dürfen aber in keinem Fall nur Nebenleistungen sein. Wenn eine Lieferung und Installation von Technik erforderlich ist, um erstmals ein Bauwerk funktionsfähig herzustellen, besteht Argumentationsbedarf, dass es sich um einen Bauauftrag mit entsprechend hohem Schwellenwert handelt.

2. Die Wahl der richtigen Verfahrensart

Die Wahl der richtigen Verfahrensart hängt davon ab, ob ein Auftrag ober- oder unterhalb der EU-Schwellenwerte vergeben wird.

a) Oberschwellenbereich

Im Oberschwellenbereich kann ein Auftraggeber zwischen einem offenen Verfahren und einem Nicht-Offenen Verfahren frei wählen (§ 14 Abs. 2 VgV und § 3a EU Abs. 2 VOB/A).

Bei einem **offenen Verfahren** kann nach einer EU-Auftragsbekanntmachung jedes interessierte Unternehmen ein Angebot abgeben (§ 15 Abs. 1 VgV und § 3 EU VOB/A Nr. 1). Gerade bei Bauvergaben, bei denen in der Regel allein der niedrigste Preis das Zuschlagskriterium ist, bietet sich ein offenes Verfahren an. Es ist schnell (da nur eine Stufe), und es wird ein möglichst großer Bieterwettbewerb eröffnet.

Beim **nicht offenen Verfahren** erfolgt ebenfalls eine EU-Auftragsbekanntmachung. Es kann in der ersten Stufe des Teilnahmewettbewerbs jeder interessierte Bewerber einen Teilnahmeantrag einreichen. Anhand von zuvor definierten Eignungskriterien (wie Umsatz, Referenzen über vergleichbare Leistungen, Zertifizierungen etc.) fordert der Auftraggeber nur eine begrenzte Anzahl von Unternehmen zum Angebot auf (= Stufe 2).

Das nicht offene Verfahren dauert aufgrund seiner zwei Stufen rund doppelt so lange. Das Verfahren bietet sich insbesondere an, wenn eine aufwendige Qualitätswertung der Angebote Zuschlagskriterium ist.

In beiden Regelverfahren darf über die Angebotsinhalte aber nicht verhandelt werden (Verhandlungsverbot gemäß § 15 Abs. 5 i. V. m. § 16 Abs. 9 VgV).

Alle anderen Verfahrensarten, d. h. insbesondere das **Verhandlungsverfahren mit Teilnahmewettbewerb** oder der seltenere **wettbewerbliche Dialog** dürfen nur gewählt werden, wenn dies durch Gesetz gestattet ist. Fallgruppen finden sich in § 14 Abs. 3 VgV und § 3a EU Abs. 3 VOB/A, insbesondere bei innovativen Lösungen oder wenn der Auftrag aufgrund konkreter Umstände (Komplexität, rechtliche/finanzielle Risiken etc.) nicht ohne vorherige Verhandlungen vergeben werden kann.

Eine Sonderregelung enthält § 74 VgV auch für **Architekten- und Ingenieurleistungen**, deren Lösung sich vorab noch nicht eindeutig und erschöpfend beschreiben lässt. Damit gemeint ist der Planungsteil (= Leistungsphasen 2 und 3). Wenn „nur" noch die Ausführungsplanung, also das Ausplanen eines bereits vorliegenden Entwurfs ab der Leistungsphase 5 oder gar nur die Bauüberwachung (Leistungsphase 8) nochmals neu vergeben werden, sind das eindeutig und erschöpfend beschreibbare Leistungen. Hier muss ein Regelverfahren gewählt werden.

Unter noch engeren Voraussetzungen kann ausnahmsweise auch ein **Verhandlungsverfahren ohne Teilnahmewettbewerb**, also mit einem geschlossenen Kreis von Bietern, die der Auftraggeber zum Angebot auffordert, gewählt werden. Dies kann möglich sein, wenn

- in einem vorausgegangenen offenen oder nicht offenen Verfahren keine Angebote eingegangen sind;
- aus technischen Gründen oder wegen des Schutzes von ausschließlichen Rechten (sog. Ausschließlichkeitsrecht), insbesondere von gewerblichen Schutzrechten, kein Wettbewerb vorhanden ist;
- im Anschluss an einen Planungswettbewerb (nach den Richtlinien für Planungswettbewerbe) die Planungsleistungen an einen der Preisträger vergeben werden sollen.

Anwendungsfälle zum Ausschließlichkeitsrecht:

Beispiel:

Soll eine Schule erweitert werden, die vor 20 Jahren von einem Architekten geplant worden ist und nach ihrem Erscheinungsbild eine eigenschöpferische Gestaltung aufweist, kann ein Urheberrecht vorliegen, das eine Direktvergabe rechtfertigt und einer Ausschreibung entgegensteht. Der Architekt als Urheber kann mit einer Unterlassungsklage verhindern, dass ein dritter Planer Hand an sein Werk anlegt. Um dies zu vermeiden, können einer Kommune in den Architektenverträgen weitgehende Nutzungs-, Verwertungs- und Änderungsrechte am Urheberrecht eingeräumt werden.

Beispiel:

Auch das Eigentum eines bestimmten Investors an einem Schlüsselgrundstück, z. B. direkt neben dem Rathaus der Gemeinde, kann es rechtfertigen, den Neubau eines Bürgerhauses als Anker der Neuen Mitte einer Gemeinde direkt an den Investor zu vergeben.

b) Unterschwellenbereich

Im Unterschwellenbereich regelt die IMBek Vergabe von Aufträgen im kommunalen Bereich die Wahl der Verfahrensart (siehe www.stmi.bayern.de/a-z/anzeigen/vergaben-im-kommunalen-bereich).

Insbesondere finden sich in der IMBek gegenüber dem „staatlichen Vergaberecht" erhöhte Wertgrenzen. So darf nach Nr. 1.2.1 IMBek und Art. 20 BayWiVG ein **Direktauftrag** ohne Durchführung eines Vergabeverfahrens bis zu einer Wertgrenze von

- netto 250.000 Euro bei Bauleistungen und
- netto 100.000 Euro bei Liefer-, Dienst- oder freiberuflichen Leistungen

erteilt werden.

Diese Wertgrenze kann bei Bauleistungen je Gewerk (!) und bei Liefer- und Dienstleistungen je Auftrag in Anspruch genommen werden, der an denselben Auftragnehmer vergeben wird. Eine gewisse Unsicherheit in der kommunalen Praxis resultiert aus der weiteren Einschränkung, dass der Haushaltsgrundsatz der Sparsamkeit und Wirtschaftlichkeit zu beachten und die Manipulations- und Korruptionsgefahren zu minimieren sind, was „je nach der Eigenart des Auftrags beispielsweise eine formlose Abfrage bei mehreren Anbietern, eine Recherche im Internet oder eine ex-ante-Veröffentlichung erforderlich" mache.

Eine Markterkundung unter Einholung mehrerer sog. indikativer (= unverbindlicher) Angebote hilft bei der Absicherung einer Direktvergabe. Im Zweifel ist aber eine freihändige Vergabe mit mindestens drei Angeboten der sicherste Weg.

Nach Nr. 1.2.2 IMBek und Art. 20 BayWiVG sind weiterhin eine **Verhandlungsvergabe** bzw. **freihändige Vergabe** und eine **beschränkte Ausschreibung ohne Teilnahmewettbewerb** bis zu einer Wertgrenze von

- netto 1.000.000 Euro bei Bauleistungen und
- bis zur EU-Schwelle, d.h. derzeit netto 216.000 Euro bei Liefer-, Dienst- oder freiberuflichen Leistungen,

möglich.

Da bei einer **beschränkten Vergabe** das Nachverhandlungsverbot gilt, empfiehlt sich in der Regel, die Verhandlungsvergabe bzw. freihändige Vergabe zu wählen. Bei Verhandlungsvergaben sind mindestens drei, bei beschränkten Ausschreibungen mindestens drei bis zehn Bewerber (abhängig von der Auftragswerthöhe) zum Angebot aufzufordern. Mindestens ein Bewerber (ab netto 75.000 Euro Auftragswert sogar mindestens drei Bewerber) muss seinen Sitz außerhalb des eigenen Landkreises des Auftraggebers haben (Nr. 1.5.2 IMBek).

Bei der Vergabe von Bauleistungen ist eine freihändige Vergabe nach Nr. 1.2.2 IMBek allerdings ab einem voraussichtlichen Auftragswert von netto 250.000 Euro nur nach einer vorherigen Ex-ante-Veröffentlichung (also einer Art „Bekanntmachung light") möglich (siehe Nr. 1.3 IMBek). Nach dieser Ex-ante-Bekanntmachung muss eine Wartefrist von 7 Kalendertagen abgewartet werden, innerhalb derer interessierte Unternehmen „ihren Hut in den Ring werfen können".

Für **Architekten- und Planervergaben** sieht Nr. 1.2.3 IMBek vor, dass diese grundsätzlich im Wettbewerb zu vergeben sind, der bereits gewährleistet ist, wenn mindestens drei geeignete Bewerber zur Angebotsabgabe aufgefordert werden und auf den Haushaltsgrundsatz der Sparsamkeit und Wirtschaftlichkeit geachtet wird.

Nr. 5.1 IMBek ermöglicht schließlich, bis zu einem Auftragswert von netto 100.000 Euro die **Angebote per einfacher E-Mail** einzuholen (> 100.000 Euro muss die Vergabe als e-Vergabe über eine Vergabeplattform oder postalisch erfolgen).

Die Freiräume, die der Freistaat Bayern den Kommunen eröffnet hat, sollten genutzt werden. Gerade bei Architekten- und Planervergaben führt eine enge Auslegung der Vergabeverordnung (VgV) zu einer Vielzahl an VgV-Verfahren selbst für Kleinmaßnahmen. Dem europäischen Binnenmarkt ist auch nicht gedient, wenn schon Fachplanungsleistungen mit einem Auftragswert von 80.000 Euro EU-weit ausgeschrieben werden. Der Freistaat Bayern wollte hier bewusst die Möglichkeit eröffnen, Auftragsvergaben weiterhin mit lediglich drei Vergleichsangeboten durchzuführen. Dies bedarf lediglich einer hinreichenden Dokumentation, warum die Planervergaben nicht untrennbar eng funktional miteinander verbunden sind.

Für Gemeinde, Landkreise und Bezirke	**Bauleistungen**	**Lieferungen und Dienstleistungen**	**Architektenleistungen**
Offenes Verfahren oder nicht offenes Verfahren	≥ 5.404.000 Euro (§ 3a EU Abs. 1 Satz 1 VOB/A)	≥ 216.000 Euro (§ 14 Abs. 2 VgV) Sonderfall: Soziale und besondere Dienstleistungen netto 750.000 Euro	Sonderfall: Verhandlungsverfahren ≥ 216.000 Euro (§ 74 VgV)
Freihändige Vergabe/Verhandlungsvergabe oder beschränkte Ausschreibung ohne Teilnahmewettbewerb	< netto 1.000.000 Euro je Gewerk (Art. 20 Abs. 2 Nr. 2 BayWiVG i.V.m Nr. 1.2.2 IMBek) Achtung: Ex-ante-Bekanntmachung ab netto 250.000 Euro (Nr. 1.3 IMBek) Ex-Post-Bekanntmachung ab netto 25.000 Euro (Nr. 1.4 IMBek)	< netto 221.000 Euro (Art. 20 Abs. 1 Nr. 2 BayWiVG Nr. 1.2.2. IMBek) Ex-Post-Bekanntmachung ab netto 25.000 Euro (Nr. 1.4 IMBek)	wie Liefer- und Dienstleistungen

Für Gemeinde, Landkreise und Bezirke	Bauleistungen	Lieferungen und Dienstleistungen	Architektenleistungen
Direktauftrag	≤ netto 250.000 Euro (Art. 20 Abs. 2 Nr. 1 BayWiVG i. V. m. Nr. 1.2.1 IMBek) Haushaltsgrundsatz der Sparsamkeit und Wirtschaftlichkeit zu beachten, z. B. „eine formlose Abfrage bei mehreren Anbietern, Recherche im Internet oder ex-ante-Veröffentlichung“ mit Dokumentation (Nr. 1.2.1 Satz 5 und Satz 7)	≤ netto 100.000 Euro (Art. 20 Abs. 1 Nr. 1 BayWiVG i. V. m. Nr. 1.2.1 IMBek) Haushaltsgrundsatz der Sparsamkeit und Wirtschaftlichkeit zu beachten, z. B. „eine formlose Abfrage bei mehreren Anbietern, Recherche im Internet oder ex-ante-Veröffentlichung“ mit Dokumentation (Nr. 1.2.1 Satz 5 und Satz 7)	wie Liefer- und Dienstleistungen

c) Funktionale Ausschreibungen (Planen und Bauen)

Alternativ zum klassischen Weg gesonderter VgV-Ausschreibung als umfassende Planung (Leistungsphasen 1 bis 9) und eine gewerkeweise Ausschreibung der Bauleistungen mit Leistungsverzeichnissen bietet sich eine Funktionalausschreibung als zusammengefasste Vergabe an einen sog. **Totalunternehmer** (§ 7c EU VOB/A) an. Diese ist mit dem Gebot der losweisen, mittelstandsfreundlichen Vergabe aus § 97 Abs. 4 GWB vereinbar.

Die (zu begründende) Voraussetzung einer Funktionalausschreibung ist, dass „es nach Abwägen aller Umstände zweckmäßig ist, abweichend von § 7b EU Abs. 1 VOB/A zusammen mit der Bauausführung auch den Entwurf für die Leistung dem Wettbewerb zu unterstellen, um die technisch, wirtschaftlich und gestalterisch beste sowie funktionsgerechteste Lösung der Bauaufgabe zu ermitteln".

Diese Begründung erfordert ein **Abwägen aller Umstände** unter Berücksichtigung des Interesses kleinerer und mittlerer Unternehmer an einer klassischen losweisen Ausschreibung. **Nicht ausreichend** ist nur die Berufung auf eine schnellere Bauausführung, eine Leistung aus einer Hand und Kostenvorteile. Entscheidend ist, dass gerade gezielt auf die Expertise der Bieter am Markt zurückgegriffen wird. Dies kann insbesondere bei **Systembauweisen** und vorgefertigten Bauweisen (Holzbau- oder Holzhybridbauweise) gut begründet werden (siehe auch Vergabehandbuch des Bundes – VHB Bund – in Anhang 9 Abschnitt C). Hilfreich sind auch konkrete Umstände des Einzelfalls, etwa ein An-/Umbau einer Schule im laufenden Betrieb bei einer besonders beengten Baustelleneinrichtung o. Ä. Eine Funktionalausschreibung kommt weiterhin bei besonders komplexen Vorhaben und/oder Bauvorhaben mit hohen Technikanteilen (z. B. Kläranlagen, Abfallverbrennungsanlage, Schwimmbad, Krankenhaus etc.) in Betracht.

Häufig stellt sich die **teilfunktionale Ausschreibung (im Gegensatz zur vollfunktionalen Ausschreibung)** als vorzugswürdig dar, bei der der Auftraggeber noch die ersten Leistungsphasen (Leistungsphase 1 bis 4) von Planern erbringen lässt, um auf der Grundlage der Entwurfsplanung mit Kostenberechnung einen Förder- und Bauantrag stellen zu können.

Die große Kunst einer Funktionalausschreibung liegt darin, einerseits qualitative Leitplanken zu setzen, die die notwendige Mindestqualität sichern, andererseits aber einen hinreichenden Planungsspielraum für den Totalunternehmer zu belassen. Ein Zuschlag auf das Angebot nur anhand des **niedrigsten Preises** scheidet bei Funktionalausschreibungen aus.

Als Verfahrensart drängt sich ein **Verhandlungsverfahren mit Teilnahmewettbewerb** auf. Das offene und nicht offene Verfahren sind aufgrund des Nachverhandlungsverbots (§ 15 EU Abs. 3 VOB/A) ungeeignet.

3. Auftragsänderungen

a) Ausschreibungspflicht wesentlicher Änderungen

Nicht nur die erstmalige Vergabe eines öffentlichen Auftrags ist ausschreibungspflichtig. Wesentliche Änderungen erfordern nach § 132 Abs. 1 Satz 1 GWB eine Neuausschreibung. Wesentlich sind solche Änderungen, die sich erheblich vom ursprünglichen Auftrag unterscheiden (§ 132 Abs. 1 Satz 2 GWB).

Das Gesetz gibt hierfür Regelbeispiele (§ 132 Abs. 1 Satz 3 GWB). Wesentlich sind insbesondere Änderungen, die dazu führen, dass ein ganz anderer Bieterkreis in Betracht gekommen wäre (Nr. 1). Ein Großauftrag wird z.B. so eingekürzt, dass auch kleine Unternehmen hätten mitbieten können. Problematisch ist außerdem die Änderung des wirtschaftlichen Gleichgewichts zugunsten des Auftragnehmers (Nr. 2). Wenn z.B. das Planungsbüro die Kosten falsch kalkuliert hat und die Kommune bereit wäre, das Honorar anzuheben, oder wenn z.B. die Bauzeit nachträglich verlängert werden soll. Eine dritte Fallgruppe ist die erhebliche Ausweitung des Umfangs eines Auftrags (Nr. 3 GWB). Eine Kommune hat z.B. einen Planungsauftrag für einen Kita-Anbau um zwei Gruppen vergeben; im Nachhinein soll auf vier Gruppen erweitert werden. Letztlich ist auch das Austauschen des Auftragnehmers (Nr. 4) eine wesentliche Änderung. Ein Unternehmen verkauft z.B. eine bestimmte Unternehmenssparte; der öffentliche Auftrag mit der Gemeinde soll auf den Erwerber übergehen.

b) Ausnahme von der Ausschreibungspflicht

Auftragserweiterungen bis zu **10 %** (bei Liefer- und Dienstleistungen) bzw. **15 %** bei Bauleistungen sind jeweils bis zum EU-Schwellenwert **ohne** weitere **Rechtfertigung** nach § 132 Abs. 3 GWB als sog. Bagatelländerungen immer möglich. Hat ein Architekt den Zuschlag auf ein Gesamthonorarangebot von 400.000 Euro erhalten, kann also ein Nachtrag bis zu 40.000 Euro ohne weitere Begründung vereinbart werden.

Weiterhin sind vergaberechtlich alle Änderungen privilegiert, die schon im ursprünglichen Vertrag als klare, genaue und eindeutig formulierte Optionen angelegt waren (§ 132 Abs. 2 Nr. 1 GWB).

Ahnt man schon, dass bestimmte Auftragserweiterungen anstehen (z.B. man noch weitere IT-Hardware für Verwaltung oder Schulen beschaffen will), sollte dies schon in der ursprünglichen Ausschreibung als **Bedarfsposition** (Option) vorgesehen werden. Zwar sind Bedarfspositionen nicht unbegrenzt möglich, aber 10 bis 20 % des Auftragswerts können mit entsprechender Begründung vorgesehen werden.

Als weitere Ausnahme ermöglicht § 132 Abs. 2 Satz 1 Nr. 2 GWB, zusätzliche Liefer-, Bau- oder Dienstleistungen zu beauftragen, die erforderlich geworden und nicht in den ursprünglichen Vergabeunterlagen vorgesehen sind, sofern ein **Wechsel des Auftragnehmers** aus wirtschaftlichen oder technischen Gründen nicht erfolgen kann und (kumulativ!) mit erheblichen Schwierigkeiten oder beträchtlichen Zusatzkosten für den öffentlichen Auftraggeber verbunden wäre.

Schließlich sind Änderungen nach § 132 Abs. 2 Satz 1 Nr. 3 GWB ausschreibungsfrei, deren Anlass für den Auftraggeber im Rahmen seiner Sorgfaltspflicht **nicht vorhersehbar** waren, wenn sich aufgrund der Änderung der Gesamtcharakter des Auftrags nicht verändert. Am obigen Beispiel der Kita-Erweiterung: Lässt sich begründen, dass der Betreuungsmehrbedarf nicht vorhersehbar war (z.B. sprunghafter Anstieg der Betreuungsplätze durch Flüchtlingswelle, Anspruch auf Ganztagesbetreuung etc.), kann eine Auftragserweiterung, statt zwei nun vier Kitagruppen zu bauen, im Einzelfall rechtfertigbar sein.

Bei zusätzlichen Leistungen (§ 132 Abs 2 Satz 1 Nr. 2 GWB) oder Änderungen infolge Unvorhersehbarkeit (Nr. 3) darf der Preis des ursprünglichen Auftrags um **nicht mehr als 50 % des Werts** erhöht werden. Diese 50 %-Schwelle gilt bei mehreren aufeinanderfolgenden Änderungen für den Wert jeder Einzeländerung.

Hinweis:

Werden Änderungen mit hinreichender Zäsur, z. B. in einer Gemeinderatssitzung im März und sodann wieder im September eines Jahres beschlossen, können diese auch jeweils getrennt betrachtet werden.

4. In-House-Vergaben und öffentlich-öffentliche Zusammenarbeit

Eine Ausschreibung kann entbehrlich sein, wenn ein Auftrag „in-house" von einer (kommunalen) Mutter an ihre Eigengesellschaft vergeben wird (§ 108 Abs. 1 GWB). Gemeinden können damit öffentliche Aufträge an von ihnen beherrschte Tochtergesellschaften (z. B. eine GmbH, die über die Gesellschafterversammlung von der Gemeinde dirigiert werden kann) vergeben. Wichtig ist, dass kein privater Mitgesellschafter (auch nicht mit Splitterbeteiligungen) besteht. Zu untersuchen und begründen ist, ob das Unternehmen im Wesentlichen (> 80 %) mit marktfernen Aufgaben der Daseinsvorsorge, mit denen es betraut worden ist, tätig ist (z. B. ein kommunaler Wasserversorger oder Verkehrsbetrieb) oder ob die Tätigkeiten sehr marktnah und wettbewerblich sind (z. B. Strom- oder Gaslieferungen einer Stadtwerke GmbH an einem liberalisierten Markt im Wettbewerb mit anderen Energieversorgern).

Neben der rein gemeindeinternen In-house-Vergabe, die von der kommunalen Mutter an die Tochter, aber auch von Schwester- zu Schwestergesellschaft oder von Mutter- an Enkelgesellschaft etc. denkbar ist, privilegiert § 108 Abs. 6 GWB auch die öffentlich-öffentliche Zusammenarbeit zwischen Kommunen, Landkreisen und/oder anderen öffentlich-rechtlichen Körperschaften. Entscheidend ist, dass hier ein echtes **kooperatives Konzept** vereinbart wird, also jeder Partner seine Leistung beiträgt; eine bloße Kostenerstattung (Gemeinde A macht, Gemeinde B zahlt), reicht nicht aus.

5. Worauf ist bei geförderten Maßnahmen zu achten?

Wenn eine Maßnahme aus staatlichen Mitteln bezuschusst wird, hat das Vergaberecht eine Doppelrelevanz. Bei Vergabeverstößen droht nicht nur ein Nachprüfungsverfahren, sondern – viel empfindlicher – eine Rückforderung von Zuwendungen. Förderbescheide von EU, Bund oder Land machen in sehr unterschiedlicher Intensität Auflagen zur Einhaltung des Vergaberechts. Die Auflagen sind vor allem in den Allgemeinen Nebenbestimmungen für Zuwendungen zur Projektförderung an kommunale Körperschaften (ANBest-K) festgelegt.

	Rückforderungen der Fördermittel drohen:	**Hinweis**
Bayerische Förderbescheide	bei Verstoß gegen Vergabegrundsätze: ▪ Förderbescheide mit ANBest-K vor 2023: Jeder Vergabeverstoß sanktionsrelevant ▪ Förderbescheide 2023 bis 2025: Förderschädlich i. d. R. nur Direktauftrag, wenn der Förderbescheid nicht individuell strengere Förderauflagen enthält. ▪ ab 2026: keine ANBest-K mehr!	Seit dem 1.1.2026 sind die ANBest-K in Bayern abgeschafft. Eine Abänderung der ANBest-K in alten Förderbescheiden kann mit einem Änderungsbescheid beantragt werden.
Bundes-Förderungen	bei Verstoß gegen Vergabegrundsätze (ANBest-GK Bund).	Bei kofinanzierten Projekten, die mit Bundes- und Landesmitteln gefördert werden, wird empfohlen, den Bundesfördergeber zu kontaktieren.

Bauen

	Rückforderungen der Fördermittel drohen:	**Hinweis**
EU-Förderungen	bei jedem Verstoß auch gegen untergeordnete Vergabevorschriften. Es gilt ein 25-seitiger Sanktionskatalog („Leitlinien für die Festsetzung von Finanzkorrekturen, die bei Verstößen gegen die Vorschriften für die Vergabe öffentlicher Aufträge auf von der EU im Rahmen der geteilten Mittelverwaltung finanzierte Ausgaben anzuwenden sind“)	Eine gewisse Förderkürzung sollte bei EU-geförderten Projekten einkalkuliert werden. Fall: Hat die Gemeinde bei einer Vergabe > 30.000 Euro keinen Wettbewerbsregisterauszug für den erfolgreichen Bieter vor dem Zuschlag eingeholt (§ 6 Abs. 1 Wettbewerbsregistergesetz), droht eine Kürzung i. H. v. 10 %.

6. Worauf muss ich bei Auftragsbekanntmachungen achten?

§ 122 GWB verlangt, die Anforderungen an die Eignung zwingend schon in der Auftragsbekanntmachung bekannt zu machen. Es reicht nicht, wenn in der Auftragsbekanntmachung lediglich pauschal auf die Auftragsunterlagen verwiesen wird. Fehlen Eignungskriterien in der Auftragsbekanntmachung, sind sie nicht wirksam aufgestellt. Der Ausschluss eines Bieters mangels Erfüllung der nicht wirksam bekannt gemachten Eignungskriterien wäre daher vergaberechtswidrig. Zulässig ist ein Direktlink (sog. deeplink) auf die Eignungskriterien in der Auftragsbekanntmachung.

Sind Mindestanforderungen auslegungsbedürftig, ist auf den objektiven Empfängerhorizont eines verständigen Bieters abzustellen (§§ 133, 157 BGB). Verbleiben Unklarheiten, geht dies stets zulasten des Auftraggebers.

7. Wie wähle ich die „richtigen" Eignungs- und Zuschlagskriterien?

Öffentliche Aufträge dürfen nach § 122 GWB nur an fachkundige und leistungsfähige Unternehmen ohne Ausschlussgründe vergeben werden; die Eignung bemisst sich ausschließlich an der Befähigung und Erlaubnis zur Berufsausübung, der wirtschaftlichen, finanziellen sowie technischen und beruflichen Leistungsfähigkeit und muss stets auftragsbezogen und verhältnismäßig sein. Zulässig sind u.a. Anforderungen an Registereintragungen, Mindestumsätze, Versicherungen und Referenzen, wobei Mindestumsätze regelmäßig auf das Doppelte des Auftragswerts begrenzt sind, Versicherungsdeckungen marktüblich bleiben müssen und Referenzen vergleichbar sowie zeitlich angemessen sein sollen.

Losvergaben erfordern eine differenzierte Betrachtung, Newcomer dürfen ihre Leistungsfähigkeit auch durch alternative Nachweise belegen, und bei Architekten gelten besondere, wettbewerbsfreundliche Vorgaben (§ 75 VgV).

Hinweis:

Über allem steht der Verhältnismäßigkeitsgrundsatz: Je stärker Eignungsanforderungen den Wettbewerb beschränken, desto gewichtiger müssen sie begründet und dokumentiert werden.

Zugleich bestehen begrenzte Möglichkeiten zur Nachforderung fehlender Unterlagen, nicht jedoch zur inhaltlichen Nachbesserung ungeeigneter Referenzen.

8. Zuschlagskriterien

Der Zuschlag in Vergabeverfahren wird auf das wirtschaftlichste Angebot erteilt (§ 127 Abs. 1 GWB). Das wirtschaftlichste Angebot bestimmt sich nach dem besten Preis-Leistungs-Verhältnis. Zu dessen Ermittlung können neben dem Preis oder den Kosten auch qualitative, umweltbezogene oder soziale Aspekte berücksichtigt werden.

Gemeinden haben bei der Wahl der Zuschlagskriterien einen **weiten Ermessens- und Gestaltungsspielraum.** Grenzen werden nur dadurch gezogen, dass die Zuschlagskriterien so bestimmt sein müssen, dass die Möglichkeit eines wirksamen Wettbewerbs gewährleistet wird, der Zuschlag nicht willkürlich erteilt werden kann und eine wirksame Überprüfung möglich ist, ob und inwieweit die Angebote die Zuschlagskriterien erfüllen (§ 127 Abs. 3 und 4 GWB). Bei Zuschlagskriterien genügt im Übrigen – ganz anders als bei Eignungskriterien (siehe oben 6.) –, wenn diese erst aus den Vergabeunterlagen hervorgehen.

Essenziell ist das **Verbot der Doppelwertung.** D. h., dasselbe Kriterium darf nicht gleichzeitig auf Eignungs- und Zuschlagsebene bewertet werden; ein „Mehr an Eignung" kann keine schlechtere Wirtschaftlichkeit ausgleichen.

Eine **Ausnahme von dem Verbot** gilt bei Referenzen: Referenzen dürfen ausnahmsweise doppelt, d. h. auf Eignungs- und Zuschlagsebene, berücksichtigt werden, wenn sie unterschiedlich ansetzen: unternehmensbezogene Referenzen zur Eignung („Ist das Unternehmen grundsätzlich leistungsfähig?") und auftragsbezogene Referenzen als Zuschlagskriterium („Ist das konkrete Projektteam das geeignetste"?), vgl. § 58 Abs. 2 Satz 2 Nr. 2 VgV.

Bei der **Qualitätswertung** kommen häufig Schulnotensysteme zum Einsatz: 5 Punkte gibt es bei einer sehr guten Leistung, 0 Punkte bei einer gänzlich unzureichenden Leistung. Dabei muss die Gemeinde nicht im Detail vorab festlegen, welche Leistung zu welcher Punktzahl führt; sie darf Wertungsspielräume nutzen, solange die bekannt gemachten Zuschlagskriterien eingehalten und Bieter nicht diskriminiert werden. Dies ist gerechtfertigt, da häufig erst mit der Angebotsvorlage im Vergleich der Bieter erkennbar wird, wer den besten Lösungsvorschlag unterbreitet.

Je offener die Zuschlagskriterien formuliert sind, desto genauer müssen die Wertungsschritte und die Gründe für die Notenvergabe nachvollziehbar dokumentiert werden. Ein gestuftes System aus Ober- und Unterkriterien (mit Gewichtungen) hat sich deshalb bewährt, um Transparenz zu schaffen und sachfremde Erwägungen zu vermeiden.

Beispiel:

In den Zuschlagskriterien werden als Oberkriterien z. B. Preis, Qualifikation und Erfahrung des Projektteams, auftragsbezogenes Gesamtkonzept sowie Bietergespräch mit jeweils 10 bis 30 % und als Unterkriterien z. B. Herangehensweise an Auftragsausführung, Personaleinsatzplan und Präsenz vor Ort mit jeweils 10 % definiert.

Eine Besonderheit gilt bei Funktionalausschreibungen. Wie oben (siehe 2. c) ausgeführt, ist Wesensmerkmal einer Funktionalausschreibung, dass diese für planerische Lösungen der Bieter offen sein muss. Mit anderen Worten können qualitativ sehr unterschiedliche Angebote zu erwarten sein (z.B. modulare Bauweise, Container-Bauweise, individuell geplante, aber vorgefertigte Holzsystembauweise bei Schulbauerweiterung). Aufgrund dieser Offenheit für Umsetzungsvorschläge scheidet ein Zuschlag wie bei klassischen Bauausschreibungen allein anhand des **niedrigsten Preises** aus.

Mit dem Angebot sollte daher unbedingt von den Bietern ein **Lösungsvorschlag** mit einer **technischen Baubeschreibung** verlangt werden, die in planerischer und baufachlich-qualitativer Sicht zu bewerten sind. Der Lösungsvorschlag ist also neben dem Preis mit einem erheblichen Gewicht auch anhand qualitativer Kriterien zu bewerten. Das setzt seitens des Auftraggebers wiederum eine planerische bzw. Fachkompetenz voraus, um die Angebote angemessen bewerten zu können. Erforderlichenfalls ist ein externer Architekt für das Wertungsgremium (zumindest beratend) hinzuzuziehen.

9. Festpreisvergabe

Eine vergaberechtskonforme Alternative ist außerdem die Festpreisvergabe, bei der der Auftraggeber einen festen Preis oder ein Festhonorar vorgibt und den Zuschlag ausschließlich nach qualitativen Kriterien vergibt. Dieses Verfahren entspricht den Haushaltsgrundsätzen der Sparsamkeit und Wirtschaftlichkeit nicht nur i.S.d. Minimalprinzips (möglichst preiswert einkaufen), sondern auch des Maximalprinzips (für ein festes Budget die bestmögliche Leistung erhalten). Insbesondere bei Planungsleistungen kann die Festpreisvergabe ungesunde Preisunterbietungswettbewerbe und Dumpinghonorare vermeiden, die später zu Qualitätsverlusten und Folgekosten führen können. Auch bei der Teilnahme an Förderprogrammen gewährleistet eine Festpreisvergabe eine hohe Budget- und Kostensicherheit.

Beispiel:

Bei der Inanspruchnahme von Leistungen im Rahmen des Digitalpakts erhält der Bieter den Zuschlag, der die meisten Geräte für den Festpreis von 250.000 Euro angeboten hat.

10. Was muss Bestandteil der Vergabeunterlagen sein?

Die **Vergabeunterlagen** müssen **unentgeltlich, uneingeschränkt, vollständig und direkt abgerufen** werden können (§ 41 VgV bzw. § 11 EU Abs. 3 VOB/A) und auf der Vergabeplattform eingestellt werden.

Sie bestehen in der Regel aus:

- Anschreiben (Aufforderung zur Teilnahme oder Angebot),
- Bewerbungsbedingungen mit Eignungs- und Zuschlagskriterien,
- Vertragsunterlagen (Leistungsbeschreibung und Vertragsbedingungen) mit VOB/B bzw. VOL/B

Musterverträge bietet der R. Boorberg Verlag an, z. B. HAV-KOM; Muster für die Vergabeunterlagen sind auch im VHB Bayern, für Liefer-/Dienstleistungen im VHL Bayern zu finden.

Hinweis:

Ein Vergabeverstoß läge vor, wenn erst nach dem Vergabeverfahren mit dem Gewinner des Vergabeverfahrens der Vertrag über den Auftrag ausgehandelt werden würde. Es ist deshalb ratsam, für die **Erstellung aufwendiger Vertragsunterlagen** einen gewissen Vorlauf eines Vergabeverfahrens **zeitlich einzukalkulieren**.

11. Exkurs: Produktneutrale Ausschreibung

Das Leistungsbestimmungsrecht steht dem Auftraggeber zu, er kann sich entscheiden, welche qualitativen Anforderungen er stellt. Grundsätzlich unzulässig ist allerdings eine produktbezogene Ausschreibung, d.h. ein Leistungsverzeichnis bzw. eine Leistungsbeschreibung müssen produktneutral sein (§ 31 Abs. 6 VgV bzw. § 7 EU Abs. 2 VOB/A). Unzulässig ist auch eine verdeckte produktbezogene Ausschreibung, bei der zwar kein Hersteller mit Produkt direkt benannt wird, aber durch die technischen Mindestanforderungen faktisch nur ein Produkt übrig bleibt. Es gibt aber Fälle, in denen technische Beschreibungen an ihre Grenzen stoßen, so z.B. bei der Sanitärausstattung oder Elektroschalterprogrammen. In diesen Fällen sind **Leitfabrikate** zulässig (z.B. bei Schaltern „Gira oder vergleichbar“).

Ausnahmsweise kann eine **produktscharfe Ausschreibung** sachlich gerechtfertigt sein, was bereits in der Auftragsbekanntmachung hinreichend begründet werden muss.

Beispiel:

Verfügt eine Schule schon über 100 digitale Displays eines bestimmten Herstellers, und sollen nun 15 weitere angeschafft werden, können die Ersatzteilhaltung, die Schulung des Lehrpersonals und Wartungsarbeiten der IT-Abteilung es rechtfertigen, die Beschaffung produktscharf auszuschreiben.

12. Angebotsprüfung und Ausschluss von Angeboten

Die Angebotsprüfung erfolgt im offenen Verfahren in vier Stufen:

(1) **Formelle Prüfung** auf Vollständigkeit und Ausschlussgründen

(2) **Eignungsprüfung** mit Ausschlussgründen

(3) **Rechnerische**, technische und wirtschaftliche **Prüfung** (einschl. Preise)

(4) Eigentliche **Zuschlagswertung**

Diese Reihenfolge ist grundsätzlich einzuhalten. Allerdings ermöglicht § 42 Abs. 3 VgV, im **offenen Verfahren** die Angebotsprüfung vor der Eignungsprüfung durchzuführen.

a) Erste Stufe: Formelle Prüfung

In der formellen Prüfung werden insbesondere Ausschlussgründe geprüft. Zwingend (d.h. ohne Ermessen) auszuschließen sind nach § 57 Abs. 1 VgV (ähnlich § 16 EU VOB/A) Angebote,

- die nicht form- oder fristgerecht eingegangen sind, es sei denn, der Bieter hat dies nicht zu vertreten (Nr. 1),
- die nicht alle (nach-)geforderten Unterlagen enthalten (Nr. 2),
- in denen Änderungen des Bieters an seinen Eintragungen nicht zweifelsfrei sind (Nr. 3),
- bei denen Änderungen (wie eigene Formblätter, Streichungen) oder Ergänzungen an den Vergabeunterlagen vorgenommen worden sind (Nr. 4) und
- die nicht alle erforderlichen Preisangaben enthalten, es sei denn, es handelt sich um unwesentliche Einzelpositionen, deren Einzelpreise den Gesamtpreis nicht verändern oder die Wertungsreihenfolge und den Wettbewerb nicht beeinträchtigen (Nr. 5).
- Auszuschließen sind auch nicht ausdrücklich zugelassene Nebenangebote (Nr. 6).

Das **Nachfordern fehlender oder unvollständiger Unterlagen** regelt § 56 VgV (ähnlich § 16a EU VOB/A). Dabei wird zwischen unternehmensbezogenen Unterlagen (§ 56 Abs. 2 VgV), also solchen, die die Eignungskriterien betreffen, und leistungsbezogenen Unterlagen (§ 56 Abs. 3 VgV), also solchen, die die Zuschlagskriterien betreffen, unterschieden.

Offensichtliche Tippfehler, Rechenfehler o.Ä. dürfen aufgeklärt oder fehlende Angaben nachgefordert werden, wenn es sich um **unternehmensbezogene Unterlagen** handelt. Eine Nachforderung darf allerdings nicht dazu dienen, inhaltlich unzureichende Erklärungen nachzubessern. Eine schlechte Referenz darf also nicht durch eine bessere ausgetauscht werden.

Eine Nachforderung von **leistungsbezogenen Unterlagen**, die Zuschlagskriterien betreffen, ist grundsätzlich ausgeschlossen (§ 56 Abs. 3 Satz 1 VgV). Sinn und Zweck ist es, nachträgliche Manipulationen (aufgrund der Kenntnis des Auftraggebers von den anderen Angeboten) von vornherein auszuschließen.

Das Nachfordern steht bei Liefer- und Dienstleistungen nach dem Wortlaut des § 56 Abs. 2 VgV („kann") im Ermessen des Auftraggebers, das nach dem Haushaltsgrundsatz der Sparsamkeit und Wirtschaftlichkeit auszuüben ist. Weiterhin gilt der Grundsatz der Gleichbehandlung (Selbstbindung der Verwaltung). Wenn von einem nachgefordert wird, müssen alle diese Chance erhalten. Bei Bauleistungen ist die Nachforderung nach § 16a EU VOB/A ohnehin Pflicht.

Fehlende Unterlagen werden mit angemessener Frist von in der Regel bis zu sechs Kalendertagen nachgefordert (vgl. § 16 EU Abs. 4 VOB/A). Werden die nachgeforderten Unterlagen nicht fristgerecht eingereicht, ist ein Angebot ebenfalls zwingend auszuschließen (§ 57 Abs. 1 Nr. 2 VgV bzw. § 16 EU Abs. 5 VOB/A). Es darf keine zweite Chance zum erneuten Nachreichen eröffnet werden.

b) Zweite Stufe: Eignungsprüfung

Nach § 122 Abs. 1 GWB werden öffentliche Aufträge an fachkundige und leistungsfähige (geeignete) Unternehmen vergeben, die nicht nach den §§ 123 oder 124 GWB ausgeschlossen worden sind.

Zu den Eignungskriterien und den zulässigen Eignungsnachweisen siehe oben ab 6.

Zwingende Ausschlussgründe zählt § 123 GWB abschließend auf. Die Katalogstraftaten des § 123 Abs. 1 GWB sind in der Praxis eher selten erfüllt (Bildung krimineller Vereinigungen, Terrorismusfinanzierung, Geldwäsche, Betrug etc.). Relevant kann das **Nichtabführen von Steuern**, sonstigen Abgaben, **Sozialversicherungsbeiträgen** nach § 123 Abs. 4 GWB sein, wenn dies durch rechtskräftige Gerichts- oder bestandskräftige Verwaltungsentscheidung festgestellt wurde (z. B. bei Beschäftigung von Scheinselbständigen, Unregelmäßigkeiten bei geringfügig Beschäftigten).

Von praktischer Relevanz der in § 124 GWB aufgeführten **fakultativen Ausschlussgründe** sind insbesondere die Insolvenz (Nr. 2), schwere Verfehlungen (Nr. 3), Kartellabreden (Nr. 4) oder nachweisliche Schlechtleistungen eines Unternehmens (Nr. 7). Der Ausschluss darf bei fakultativen Gründen aber **kein Automatismus** sein. Vorher muss der Auftraggeber auf der Grundlage einer Anhörung eine **Prognoseentscheidung** anstellen, ob der Bieter trotz des Ausschlussgrundes eine ordnungsgemäße Erfüllung des Auftrags erwarten lässt.

Liegt ein zwingender oder fakultativer Ausschlussgrund vor, sind Bieter für einen Zeitraum von 5 Jahren (zwingender Ausschlussgrund) bzw. 3 Jahren (fakultativer Ausschlussgrund) von öffentlichen Aufträgen gesperrt (§ 126 GWB). Da eine solche Auftragssperre in manchen Branchen mit (Tiefbau, Krankenhausbau etc.) existenzbedrohend sein könnte, haben die Bieter aber die Möglichkeit, eine sog. **Selbstreinigung** zu betreiben (siehe § 125 GWB).

c) Dritte Stufe: Rechnerische, technische und wirtschaftliche Prüfung

Auf der dritten Stufe werden Angebote rechnerisch auf ihre Preise und deren Plausibilität geprüft, z. B. ob eine unzulässige Mischkalkulation vorliegt (also Preisbestandteile von einer Position in eine andere verschoben werden). Bei einem Angebot mit unangemessen niedrigen Preisen oder Kosten muss der Auftraggeber **Aufklärung** verlangen (§ 60 VgV, § 16d EU Abs. 2 Nr. 1 VOB/A); ein gezielter Verdrängungswettbewerb ist unzulässig. Auch wenn das Verbot unauskömmlicher Preise vor allem den Auftraggeber schützen soll, können Mitbewerber verlangen, dass die Vergabestelle ab den nachfolgenden Aufgreifschwellen in eine nähere Prüfung der Preisbildung eintritt:

- bei einem Abstand von 20 % zu dem Zweitplatzierten (sog. absolute Aufgreifschwelle)
- bei einem Abstand ≥ 10 % (sog. relative Aufgreifschwelle) und weiteren Anhaltspunkten (z. B. Null-Euro-Positionen etc.).

13. Zuschlag

Der Zuschlag muss nach § 127 Abs. 1 GWB und § 57 Abs. 1 VgV auf das wirtschaftlichste Angebot erfolgen und beendet das Vergabeverfahren. Mit dem Zuschlag kommt außerdem der Vertrag zustande. Ein einmal wirksam erteilter Zuschlag kann nicht mehr aufgehoben werden (siehe § 168 Abs. 2 Satz 1 GWB).

Ein Zuschlag kann nur innerhalb der **Bindefrist** erfolgen. Nur innerhalb der Bindefrist ist ein Bieter an sein Angebot gebunden. Ein **verspäteter Zuschlag**, d. h. nach Ablauf der Bindefrist, ist zwar nicht vergaberechtswidrig. Nach allgemeinen Grundsätzen muss ein verspäteter Zuschlag als neues Angebot vom Auftragnehmer aber angenommen werden (§ 150 Abs. 1 BGB). (Aber Achtung Förderrecht: Manche Fördergeber sehen in einem verspäteten Zuschlag einen unzulässigen Direktauftrag und damit einen schweren Vergabeverstoß!)

a) Beschlussfassung des Gemeinderats

Die Entscheidung über den Zuschlag obliegt der allgemeinen Kompetenzverteilung in einer Gemeinde: Bei Geschäften der laufenden Verwaltung (Art. 37 Abs. 1 Nr. 1 BayGO) oder bei ausdrücklicher Bevollmächtigung des ersten Bürgermeisters durch diesen, ansonsten durch den Gemeinderat oder einen Ausschuss (Art. 29 und 32 GO). Es gelten die Regelungen für Ladung, Beschlussfähigkeit und Beschlussfassung (siehe 1. Kapitel, ab III.).

Gemäß Art. 52 Abs. 2 BayGO sind grundsätzlich alle Sitzungen öffentlich, soweit nicht das Wohl der Allgemeinheit oder berechtigte Ansprüche Einzelner entgegenstehen. Nach einem Rundschreiben des Bayerischen Innenministeriums (IMS vom 24.9.2019) sind Vergabeentscheidungen für Liefer- und Dienstleistungen, Bauleistungen und freiberufliche Leistungen „tendenziell **in nichtöffentlicher Sitzung zu beraten und zu beschließen**". Das BayStMI fordert aber eine Einzelfallbegründung zum Geheimwettbewerb bzw. der Geheimhaltungspflicht des Submissionsergebnisses (= Zusammenfassung aller Angebote, die bei Angebotsöffnung (Submissionstermin) protokolliert wurden) sowie Betriebs- und Geschäftsgeheimnissen der Bieter. Eine Restgefahr bleibt aber, dass ein unberechtigter Ausschluss der Öffentlichkeit zur Unwirksamkeit des Gemeinderatsbeschlusses führt. Der erste Bürgermeister würde dann beim Vertragsschluss als Vertreter ohne Vertretungsmacht handeln (Art. 38 Abs. 1 GO i. V. m. §§ 177 ff. BGB).

Diesem Problem kann auf zweierlei Art und Weise begegnet werden:

In der zügigen **Variante** bevollmächtigt der Gemeinderat schon bei Einleitung des Vergabeverfahrens die Verwaltung, innerhalb eines bestimmten Budgets das Vergabeverfahren bis zum Zuschlag durchzuführen. Nachteil: Dieser Beschluss ist öffentlich zu fassen, die Bieter könnten Kenntnis vom Budget erhalten.

In **Variante 2** berät der Gemeinderat (oder Ausschuss) die Angebote in nichtöffentlicher Sitzung intensiv vor. Die Beschlussfassung erfolgt in öffentlicher Sitzung dann nur unter Nennung des Erstplatzierten (im Übrigen „zweitplatzierter Bieter", „drittplatzierter Bieter" usw.). Dieses Vorgehen ist rechtssicher, allerdings muss eine nichtöffentliche Sitzung vor der öffentlichen Sitzung stattfinden.

b) Informationsschreiben

Im Oberschwellenbereich muss zwingend vor Zuschlagserteilung ein Informationsschreiben nach § 134 GWB an die unterliegenden Bieter versandt werden. Frühestens 10 Tage nach der Absendung des Schreibens (bei elektronischem Versand) darf der Zuschlag erteilt bzw. der Vertrag geschlossen werden. Ein öffentlicher Auftrag ist von Anfang an unwirksam, wenn der öffentliche Auftraggeber gegen § 134 GWB verstoßen hat (§ 135 Abs. 1 GWB).

Inhaltlich muss ein Informationsschreiben eine konkrete Begründung enthalten und grundsätzlich zumindest auf jedes Oberkriterium der Zuschlagsmatrix eingehen. Eine verbale Begründung genügt, ein Anspruch der Bieter auf Mitteilung der konkreten Punktzahlen besteht nicht. Schlussendlich ist der Tag des frühesten Zuschlags zu benennen. Nur bei Bauleistungen wird ein Submissionsergebnis mit den Preisen unverzüglich nach Angebotsöffnung veröffentlicht (§ 14 EU Abs. 6 VOB/A), bei Lieferungen und Dienstleistungen besteht hingegen ein Geheimwettbewerb.

Das Informationsschreiben hat den Sinn und Zweck, dass unterliegende Bieter darüber entscheiden können, ob sie ein Nachprüfungsverfahren zu den Vergabekammern einleiten. Im Falle eines solchen Nachprüfungsantrags kann ein Zuschlagsverbot erteilt werden, bis über den Antrag entschieden ist. Die Folge kann ein mehrmonatiger Stopp des Projekts sein.

c) Rügen

Vergabeverstöße können von den (potenziellen) Bietern bei den Vergabekammern gerügt und ein Vergabenachprüfungsverfahren nach sich ziehen. Berechtigte Rügen können dabei Anlass zur Selbstkorrektur sein, das Vergabeverfahren kann zurückgesetzt werden. Unberechtigte Rügen sollten aus formalen Gründen abgewiesen werden, ohne ungefragte Informationen offenzulegen.

14. Exkurs: Rechtsdienstleistungsgesetz: Wer darf Vergabeverfahren betreuen?

Einige Vergaberechtskanzleien gehen mit Abmahnungen wegen vorgeblicher Wettbewerbsverstöße nach dem UWG gegen Fachplaner, Beschaffungsdienstleister und sogar Gemeinden vor, indem sie geltend machen, dass die Begleitung von Vergabeverfahren gegen das Rechtsdienstleistungsgesetz (RDG) verstoße, da Rechtsdienstleistungen grundsätzlich nur von zugelassenen Anwälten erbracht werden dürften; erste Gerichte sind dieser Auffassung bereits gefolgt. Demgegenüber erlaubt § 5 RDG Rechtsdienstleistungen als Nebenleistung, wenn sie zum typischen Berufsbild gehören, was nach überwiegender Ansicht für Architekten, Ingenieure, Projektsteuerer und Beschaffungsdienstleister gilt, die Vergabeverfahren betreuen. Unzulässig wird die Tätigkeit jedoch dort, wo individuelle Vertragsgestaltungen vorgenommen, Bieterrügen rechtlich beantwortet oder Nachprüfungsverfahren geführt werden. Den Gemeinden ist daher zu raten, in Leistungsbeschreibungen klarzustellen, dass lediglich die **fachlich-technische Durchführung des Vergabeverfahrens geschuldet** ist und keine Rechtsdienstleistungen i.S.d. RDG.

4. Kapitel
Personal in den Gemeinden

I. Beschäftigte – Beamte

1. Welches Personal wird in den Gemeinden beschäftigt?

Bei den Kommunen in Bayern, d.h. bei Gemeinden, Landkreisen und Bezirken, sind ca. 320.000 Mitarbeiter beschäftigt. Davon sind ca. 35.000 Beamte und ca. 258.000 Tarifbeschäftigte. Im Gegensatz dazu beschäftigt der Freistaat Bayern ca. 400.000 Mitarbeiter, davon ca. 230.000 Beamte und 170.000 Beschäftigte.

Wie den o.g. Zahlen entnommen werden kann, sind 89 % der Beschäftigten in den Kommunen Tarifbeschäftigte (Angestellte und Arbeiter) und nur 11 % der Beschäftigten Beamte. Das Spektrum der Mitarbeiter reicht von den Verwaltungskräften über Auszubildende, Erzieherinnen bis hin zum Wasserwart.

2. Warum können die Gemeinden eigenes Personal beschäftigen?

Nach Art. 28 Abs. 2 Satz 1 GG und Art. 83 Abs. 1 BV haben die Gemeinden ein verfassungsrechtlich geschütztes **Selbstverwaltungsrecht.** Dies bedeutet, dass die Gemeinden das Recht haben, alle Angelegenheiten der örtlichen Gemeinschaft im Rahmen der Gesetze in eigener Verantwortung zu regeln. Dieses Merkmal der Eigenverantwortlichkeit findet seinen Ausdruck in den sog. Gemeindehoheiten. So besteht in der einzelnen Kommune:

- die Gebietshoheit (Befugnis innerhalb des Gemeindegebiets Hoheitsgewalt auszuüben),
- die Rechtsetzungshoheit (das Recht, ihre Angelegenheiten durch Satzung zu regeln),

- die **Personalhoheit** (die Befugnis, eigenes Personal auszuwählen, einzustellen, zu befördern und zu entlassen),
- die **Organisationshoheit** (das Recht, die eigene Verwaltung zu organisieren),
- die Planungshoheit (die Befugnis, die eigenen Angelegenheiten aufgrund eigener Konzeption und Schwerpunktsetzung zu erledigen) und nicht zuletzt
- die Finanzhoheit (die Befugnis einer eigenverantwortlichen Bewirtschaftung der Einnahmen und Ausgaben).

Die **Personalhoheit** ist somit ein wesentlicher Teil des kommunalen Selbstverwaltungsrechts. Sie umfasst das „Ob" und das „Wie" der Einstellung und den Einsatz des Personals. Aus diesem Grund werden personalrechtliche Entscheidungen von den Kommunen im Rahmen der Gesetze nach eigenem Ermessen getroffen und sind deshalb nur im Hinblick auf Rechtsverletzungen von der Rechtsaufsicht überprüfbar (vgl. Art. 109 Abs. 1 GO).

3. Welches Personal muss die Gemeinde beschäftigen?

Nach Art. 42 Abs. 1 GO **müssen** die Gemeinden das fachlich geeignete Verwaltungspersonal anstellen, das erforderlich ist, um den ordnungsgemäßen Gang der Geschäfte zu gewährleisten. Diese Vorschrift regelt somit die Pflicht der Gemeinde, das erforderliche Personal anzustellen, d.h. dasjenige, das zur Erfüllung **aller** Aufgaben erforderlich ist. Diese Vorschrift ist die Ursache für die große Bandbreite der Beschäftigten bei den Kommunen.

Diese Regelung führt im Ergebnis dazu, dass die Gemeinden angehalten sind, qualifiziertes Personal, d.h. ausgebildetes Personal zu beschäftigen. Grundsätzlich lässt Art. 42 Abs. 1 GO offen, ob es sich bei dem Personal um Tarifbeschäftigte oder Beamte handeln muss. **Ausbildungsplätze** können von den Gemeinden in beiden Rechtsverhältnissen angeboten werden. Gerade auch im Hinblick auf die demografische Entwicklung erscheint eine verstärkte Initiative der Gemeinden zu eigener Ausbildung unverzichtbar. Es handelt sich dabei um wichtige Maßnahmen im

Zusammenhang mit einem Personalentwicklungskonzept. Auch wenn Ausbildung Geld kostet (Lehrgangsgebühren, Arbeitszeit des Ausbilders usw.), ist die Ausbildung von eigenem Personal eine wichtige Investition in die Zukunft.

In diesem Zusammenhang darf auch die Weiterqualifizierung des vorhandenen Personals nicht aus den Augen verloren werden. Neben der Ausbildung ist auch eine **gezielte Fort- und Weiterbildung** des Personals erforderlich. Gerade die von den Gemeinden zu erbringenden Dienstleistungen für den Bürger, die eine umfassende Handlungskompetenz (d.h. neben der reinen Fachkompetenz ist auch soziale Kompetenz, Medienkompetenz usw. erforderlich) der Beschäftigten voraussetzen, können unter Berücksichtigung des Grundsatzes der Rechtssicherheit auf Dauer nur dann erfüllt werden, wenn auch die Möglichkeit zur Fort- und Weiterbildung besteht. Hierfür sollten in den jeweiligen Personalhaushalten Ansätze vorgesehen werden, die eine gezielte Weiterentwicklung des Personals fördern und zulassen.

Nach Art. 42 Abs. 2 Nr. 2 GO **sollen** kreisangehörige Gemeinden mindestens einen **Beamten der dritten Qualifikationsebene (früherer Begriff gehobener Dienst)** beschäftigen. Diese Vorgabe entfällt nur dann, wenn die Gemeinde einen berufsmäßigen ersten Bürgermeister hat, der diese Befähigung besitzt, oder die Gemeinde einer Verwaltungsgemeinschaft angehört (für die Verwaltungsgemeinschaft ist in Art. 7 Abs. 1 Satz 2 VGemO eine vergleichbare Regelung enthalten).

Kreisfreie Gemeinden und Große Kreisstädte **müssen** mindestens einen **Juristen** beschäftigen, soweit nicht der Oberbürgermeister diese Befähigung besitzt.

Diese Vorgaben bzw. Verpflichtungen werden von den Rechtsaufsichtsbehörden auch im Rahmen der Vorlage der Haushaltspläne (einschl. Stellenplan) überwacht.

4. Wie viel Personal braucht eine Gemeinde?

Wie viel Personal eine Gemeinde tatsächlich braucht, hängt im Wesentlichen von Aufbau und Struktur der Verwaltung ab. Daneben spielt eine entscheidende Rolle, welche Aufgaben z.B. vom Bauhof wahrgenommen werden, ob die Gemeinde ein eigenes Wasserwerk, eine eigene Kläranlage, ein Freizeitbad, gemeindliche Kindergärten oder weitere Einrichtungen betreibt.

Als **Anhaltspunkt** für das Personal in der **„Kernverwaltung“** kann bei Gemeinden mit bis zu 10.000 Einwohnern folgende Faustregel dienen:

„Zwei Planstellen pro 1.000 Einwohner“.

Diese Faustregel kann nur zur Orientierung dienen. Entscheidend sind in jedem Fall die konkreten örtlichen Verhältnisse. Eine Überprüfung vieler kommunaler Verwaltungen hat gezeigt, dass Gemeindeverwaltungen tendenziell eher zu wenig Personal haben, d.h. somit schlanke Verwaltungen sind.

Letzte Klarheit, wie viel Personal mit welcher Wertigkeit bei der jeweiligen Organisationsstruktur und Aufgabenstellung tatsächlich beschäftigt werden muss, kann nur ein Organisationsgutachten hinsichtlich Stellenbemessung und Stellenbewertung bringen. Solche Gutachten werden u.a. vom Bayerischen Kommunalen Prüfungsverband, aber auch privaten Beratungsfirmen erstellt. Häufig können jedoch erste Anhaltspunkte aus einem Vergleich mit Gemeinden gleicher Größenordnung und ähnlicher Verwaltungs- und Aufgabenstruktur erlangt werden (interkommunale Vergleiche).

5. Wer ist für personalrechtliche und personalwirtschaftliche Entscheidungen zuständig?

Nach Art. 43 Abs. 1 Satz 1 Nr. 1 und 2 GO ist der Gemeinderat zuständig,

1. die **Beamten** der Gemeinde ab der Besoldungsgruppe A 9 zu ernennen, zu befördern, zu einem anderen Dienstherren abzuordnen oder zu versetzen, in den Ruhestand zu versetzen oder zu entlassen und
2. die **Arbeitnehmer** der Gemeinde ab Entgeltgruppe 9 oder einem entsprechenden Entgelt einzustellen, höherzugruppieren und zu entlassen.

Der Gemeinderat kann (Ermessensentscheidung) diese Befugnisse einem **beschließenden Ausschuss** (in der Regel dem Personalausschuss) übertragen, und zwar auch Angelegenheiten, die einer Genehmigungspflicht unterliegen. Personalausschüsse sind jedoch keine notwendigen Ausschüsse.

Nach Art. 43 Abs. 2 GO trifft der **erste Bürgermeister** in Gemeinden die oben genannten Entscheidungen für Beamte bis zur Besoldungsgruppe A 8 bzw. bis zur Entgeltgruppe EG 8 sowie für Beschäftigte mit einem entsprechenden Entgelt. Für diesen Personenkreis liegt die alleinige Entscheidungskompetenz somit beim ersten Bürgermeister.

In kreisfreien Gemeinden besteht daneben auch die Möglichkeit, diese Befugnisse für Beamte bis einschließlich zur Besoldungsgruppe A 14 und bis zur Entgeltgruppe EG 14 auf den Oberbürgermeister zu übertragen.

Für einen solchen **Beschluss** ist die Mehrheit der stimmberechtigten Mitglieder des Gemeinderats erforderlich. Er gilt üblicherweise bis zum Ende der jeweiligen Wahlzeit, kann aber mit der gleichen Mehrheit des Gemeinderats wieder aufgehoben werden. In der Praxis hat es sich bewährt, von diesen Delegationsmöglichkeiten Gebrauch zu machen.

Nach Art. 37 Abs. 4 GO führt der erste Bürgermeister die **Dienstaufsicht** über die Beamten und Tarifbeschäftigten der Gemeinde. In diesem Zusammenhang legt Art. 43 Abs. 3 GO fest, dass der erste Bürgermeister **Dienstvorgesetzter** der Gemeindebeamten ist. Der erste Bürgermeister hat somit ein uneingeschränktes Weisungsrecht gegenüber allen Bediensteten. Er ist dafür verantwortlich, dass die Beschäftigten der Gemeinde ihre Pflichten erfüllen, keine Gesetze verletzen oder Verstöße gegen sonstige Vorschriften begehen. Zu diesen Befugnissen gehören auch das Recht und die Pflicht der Aufsicht, Beanstandung, der dienstlichen Beurteilung, die Verteilung der Dienstaufgaben, der Personaleinsatz, die Umsetzung von Dienstkräften innerhalb der Gemeinde, die Gewährung von Urlaub und Dienstbefreiung, die Regelungen des Parteiverkehrs usw.

Dies bedeutet im Ergebnis, dass der erste Bürgermeister für personelle und organisatorische Entscheidungen so lange zuständig ist, als nicht die Befugnisse des Gemeinderats aus Art. 43 Abs. 1 GO berührt werden. Solange sich aus den Organisationsmaßnahmen des ersten Bürgermeisters keine Einstellungen, Beförderungen, Höhergruppierungen, Herabgruppierungen, Entlassungen usw. ergeben, liegt die Zuständigkeit beim ersten Bürgermeister. Hat jedoch eine Organisationsmaßnahme z. B. gleichzeitig eine Beförderung zum Anlass, ist die Zuständigkeit des Gemeinderats nach Art. 43 GO gegeben.

6. Welche haushaltsrechtlichen Voraussetzungen müssen geschaffen werden?

Der **Stellenplan** ist Bestandteil des Haushaltsplans (siehe im 2. Kapitel unter II. 5.) und muss konkret angepasst werden. Er bildet nicht nur die Grundlage für die Veranschlagung der Personalausgaben, sondern er ist auch zwingende Voraussetzung für die beamtenrechtliche Einweisung in Planstellen und die Bewirtschaftung von Stellen der Beschäftigten. Der Stellenplan ist das haushaltsrechtliche Instrument zur Personalbewirtschaftung unter Berücksichtigung des jeweiligen Haushaltsjahres. Bei der Aufstellung des Stellenplans sind die besoldungs- und tarifrechtlichen Vorschriften zu beachten. Die Stellen werden in den Stellenplan mit ihrem jeweiligen Stellenwert aufgenommen und, soweit sie besetzt sind, mit den entsprechenden Haushaltsmitteln versehen.

Damit bei einer Gemeinde ein Beamter oder Beschäftigter eingestellt, befördert oder höhergruppiert werden kann, müssen im Stellenplan die jeweiligen haushaltsrechtlichen Voraussetzungen geschaffen werden. Eine Änderung des Stellenplans ist während des Haushaltsjahres nur durch eine Nachtragshaushaltssatzung möglich.

Damit eine vernünftige Personalwirtschaft und Personalentwicklung möglich ist, ist zudem Voraussetzung, dass im Zuge der Aufstellung des Personalhaushalts auch die notwendigen haushaltsrechtlichen und finanziellen Voraussetzungen geschaffen werden. Dies bedeutet, dass bei Bedarf entsprechende Haushaltsstellen mit den jeweiligen Haushaltsmitteln eingerichtet werden;

so z. B. neben den Haushaltsstellen für Vergütungen und Gehälter auch Haushaltsstellen für Aus- und Fortbildung, Elemente der leistungsorientierten Bezahlung (Prämien, Zulagen) usw.

7. Wie sind die Rechtsverhältnisse der Beschäftigten geregelt?

Die Rechtsverhältnisse der Beschäftigten sind nicht durch Gesetz geregelt, sondern durch **Tarifverträge** oder **Einzelverträge.** Seit dem 1.10.2005 gilt der Tarifvertrag für den öffentlichen Dienst (TVöD) für alle Kommunen unabhängig von ihrer jeweiligen Einwohnerzahl, die Mitglied beim Kommunalen Arbeitgeberverband Bayern sind **(Tarifbindung).** In allen anderen Fällen ist die jeweilige Gemeinde nicht tarifgebunden.

Dies bedeutet, es könnten im Rahmen der Vertragsfreiheit BGB-Verträge geschlossen werden. In diesem Zusammenhang ist jedoch **Art. 43 Abs. 4 GO** zu beachten. Nach dieser Vorschrift müssen die Arbeitsbedingungen und die Vergütungen der Arbeitnehmer angemessen sein. Bis zum 31.7.2004 galten sie als angemessen, wenn sie für die Angestellten dem BAT und für die Arbeiter dem BMT-G und die ergänzenden Tarifverträge in der für die kommunalen Arbeitgeber in Bayern geltenden Fassung entsprachen. Dies bedeutete, dass zwar individuelle Arbeitsverträge geschlossen werden konnten, die sich aber im Hinblick auf die Arbeitsbedingungen und Löhne bzw. Gehälter an den jeweiligen Tarifverträgen zu orientieren hatten. Löhne und Gehälter galten dabei als angemessen, wenn sie dem BAT bzw. dem BMT-G entsprachen. Unter dem Grundsatz der Einheitlichkeit des öffentlichen Dienstes dürfen die Beschäftigten nicht besser oder schlechter gestellt werden als die staatlichen Beschäftigten bzw. tarifgebundenen Beschäftigten. Eine nicht angemessene Vergütung könnte somit von der Rechtsaufsichtsbehörde beanstandet werden.

Seit 1.8.2004 sind die weitergehenden Vorgaben des Art. 43 Abs. 4 Satz 2 GO entfallen. Dies bedeutet, dass Kommunen, die nicht tarifgebunden sind, etwas mehr Spielraum beim Abschluss von BGB-Verträgen erlangen. Wie viel Gestaltungsspielraum kommunalen Arbeitgebern tatsächlich zugestanden wird, hängt jedoch davon ab, ob die Rechtsaufsichtsbehörden und Verwaltungsgerichte die Angemessenheit der Arbeitsbedingungen sowie die Bezahlung auch in Zukunft an den geltenden Tarifverträgen messen werden. Bisher sind tatsächlich keine allzu großen Gestaltungsspielräume zu erkennen.

Die Einzelarbeitsverträge mit den Beschäftigten müssen **schriftlich** geschlossen werden. Bei einem Arbeitsvertrag handelt es sich um ein privatrechtliches Rechtsgeschäft. Im Falle von Streitigkeiten sind die Arbeitsgerichte zuständig.

Mit der Tarifeinigung vom 9.2.2005 über den Tarifvertrag für den öffentlichen Dienst (TVöD) wurde eine grundlegende Reform des Tarifrechts für den öffentlichen Dienst abgeschlossen. Die bisherigen Manteltarife wurden zum 1.10.2005 grundsätzlich abgelöst (BAT-VKA und BMT-G). Seitdem gilt ein einheitliches Tarifrecht für alle Tarifbeschäftigten im kommunalen öffentlichen Dienst. Ziele, die die Verhandlungen entscheidend geprägt haben, waren

- die Lösung vom Beamtenrecht,
- die Stärkung von Effizienz und Effektivität,
- die Steigerung der Wettbewerbsfähigkeit und eine stärkere Kunden- und Marktorientierung,
- die Schaffung von mehr Transparenz und die Gewährleistung von einfachen, klaren und nachvollziehbaren Regelungen

und nicht zuletzt

- die Schaffung von mehr Flexibilität bei den Feldern
  - Arbeitszeit,
  - Entgeltgestaltung,
  - leistungsorientierte Bezahlung,

auch durch eine stärkere Spartenorientierung und Öffnungsklauseln für Regelungen auf landesbezirklicher Ebene.

Was bedeutet dies für die Praxis?
Kommunen, die Mitglied im Kommunalen Arbeitgeberverband (KAV) sind, waren aufgrund der Tarifbindung gezwungen, die Rechtsverhältnisse ihrer Tarifbeschäftigten in den TVöD überzuleiten (hierzu wurde ein eigener Überleitungstarifvertrag – TVÜ vereinbart). Entscheidungen der Gremien waren hierzu in einem ersten Schritt nicht erforderlich. Bei der weiteren Umsetzung (z. B. Einführung der leistungsorientierten Bezahlung im Jahr 2007) waren jedoch auch Entscheidungen durch die zuständigen Gremien zu treffen.

Kommunen, die nicht Mitglied in einem Kommunalen Arbeitgeberverband sind, aber kraft einzelvertraglicher Anordnung den BAT bzw. BMT-G für anwendbar erklärt haben, hatten dann in den TVöD (ohne zusätzliche Beschlüsse und Vertragsänderungen) auf der Basis des TVÜ überzuleiten, wenn in den bisherigen Arbeitsverträgen die folgende oder eine entsprechende Formulierung verwendet wurde: „Es findet der BAT/BMT-G in seiner jeweiligen Fassung bzw. die ihn ergänzenden, ändernden oder ablösenden Tarifverträge Anwendung."

In allen anderen Fällen bestand die freiwillige Möglichkeit zur Überleitung in den TVöD. Im Regelfall waren hierzu allerdings ein Beschluss des zuständigen Gremiums und der Abschluss von Änderungsverträgen erforderlich. Da eine gewisse Anzahl von Kommunen in Bayern nicht Mitglied beim Kommunalen Arbeitgeberverband ist, konnte nicht ausgeschlossen werden, dass diese Situation zu einer Zersplitterung bzw. Auseinanderentwicklung der Arbeitsverhältnisse, der Arbeitsbedingungen und der Bezahlung innerhalb der kommunalen Ebene führen wird. Dies könnte einerseits die Konkurrenzsituation zwischen kommunalen Arbeitgebern verschärfen, andererseits stellt sich aber auch die Frage, inwieweit die Einheitlichkeit der Arbeitsverhältnisse innerhalb des „kommunalen öffentlichen Dienstes" aufrechterhalten werden kann. Bisher sind solche Entwicklungen nicht erkennbar, stattdessen ist eine Zunahme der Mitgliedschaften beim KAV Bayern feststellbar. Wie sich die Herausforderungen der Zukunft wie z. B. bei der Personalgewinnung oder aber dem Personalerhalt lösen lassen, bleibt abzuwarten. Hier werden mehr Flexibilität und eine Weiterentwicklung des Tarifrechts erforderlich werden.

Hinsichtlich der Dauer der durchschnittlichen regelmäßigen wöchentlichen Arbeitszeit für die Tarifbeschäftigten im kommunalen Bereich gilt die 39-Stunden-Woche. Für die Beamten gilt seit 1.9.2013 wieder die 40-Stunden-Woche.

8. Welche Pflichten haben Beschäftigte?

Tarifbeschäftigte im öffentlichen Dienst haben im Wesentlichen folgende Pflichten:

- Arbeitspflicht (einschl. Pünktlichkeit, Überstunden, Nebentätigkeiten usw.),
- allgemeine und staatspolitische Verhaltenspflichten (z. B. Gebot der Neutralität und Verfassungstreue),
- Gehorsamspflicht (steht dem Direktionsrecht des Arbeitgebers – Weisungsrecht – gegenüber),
- Schweigepflicht (Geheimhaltungspflicht),
- Uneigennützigkeit (Verbot der Annahme von Geschenken) sowie
- Haftung für Schäden.

Im Falle von Pflichtverletzungen (wie z. B. dem unentschuldigten Fernbleiben vom Dienst) hat der Arbeitgeber die Möglichkeit, dienstaufsichtliche Maßnahmen einzuleiten. Je nach Grad der Pflichtverletzung sind unterschiedliche arbeitsrechtliche Maßnahmen (wie Abmahnung, Kündigung, in besonderen Fällen auch strafrechtliche Anzeige) möglich.

9. Welche Ansprüche hat ein Beschäftigter?

Die Tarifbeschäftigten im öffentlichen Dienst haben folgende Ansprüche:

- Entgelt,
- weitere Sozialleistungen,

- Urlaub und Arbeitsbefreiung,
- Zusatzversorgung sowie
- Einsicht in die Personalakten.

10. Was versteht man unter Eingruppierung?

Die umfangreichen und schwierigen Verhandlungen zum TVöD haben es nicht erlaubt, auch neue Tatbestände für die Eingruppierung abschließend zu verhandeln und eine neue Entgeltordnung zu entwickeln. In der zweiten Jahreshälfte 2007 wurden Verhandlungen über neue Regelungen zur Eingruppierung und eine neue Entgeltordnung aufgenommen, die im Jahr 2016 erfolgreich abgeschlossen werden konnten. Zum 1.1.2017 ist die Entgeltordnung zum TVöD-VKA in Kraft getreten. Die §§ 12, 13 TVöD-VKA entsprechen im Grundsatz weitgehend den früheren Eingruppierungsbestimmungen des BAT.

Die Zugehörigkeit eines Beschäftigten zu einer Entgeltgruppe ist für das Arbeitsverhältnis von zentraler Bedeutung und wird **Eingruppierung** genannt. Für seine Tätigkeit erhält der Beschäftigte sein Entgelt. Die Tarifbeschäftigten erhalten ihr Entgelt innerhalb der vom Arbeitgeber zugewiesenen Aufgaben nach der tatsächlich ausgeübten Tätigkeit. Für die richtige Eingruppierung müssen somit die jeweiligen **Tätigkeitsmerkmale,** aber auch **persönliche Anforderungen** (evtl. geforderte Ausbildung oder abgelegte Prüfungen) erfüllt werden. Der Beschäftigte ist in der Entgeltgruppe eingruppiert, deren Tätigkeitsmerkmalen die gesamte von ihm nicht nur vorübergehend auszuübende Tätigkeit entspricht.

Tätigkeitsmerkmale sind die Beschreibung der im TVöD-VKA Bereich anfallenden Tätigkeiten, die je nach dem von den Tarifvertragsparteien zuerkannten Wert den Entgeltgruppen zugeordnet sind. Die Einführung von Tätigkeitsmerkmalen beruht auf dem Anspruch auf tarifgerechte Bezahlung und arbeitsgerichtliche Nachprüfbarkeit. Ein weiterer zentraler Begriff in diesem Zusammenhang ist **der Arbeitsvorgang.** Die gesamte Tätigkeit des Arbeitnehmers ist deshalb anhand aller vorhandenen Arbeitsvorgänge zu bewerten. Dabei ist das zeitliche Maß zu berücksichtigen. Die reine Anzahl der Arbeitsvorgänge ist unbeachtlich. Zuerst ist jeder Arbeitsvorgang für sich zu bewerten und festzustellen, welche Tätigkeitsmerkmale erfüllt werden. Zuletzt erfolgt die Bewertung der gesamten Tätigkeit. Dabei ist zu überprüfen, ob insgesamt mindestens zur Hälfte Arbeitsvorgänge anfallen, die einem Tätigkeitsmerkmal entsprechen, um zu einer korrekten Eingruppierung zu kommen.

Tarifautomatik bedeutet: Wenn ein Beschäftigter die Tätigkeitsmerkmale (einschließlich der persönlichen Anforderungen) einer Entgeltgruppe erfüllt, dann ist er in die jeweilige Entgeltgruppe eingruppiert. Die Eingruppierung ist somit eine zwingende rechtliche Folge!

Gegenüberstellung Entgeltgruppen und Besoldungsgruppen (vereinfachte Darstellung):

TVöD	Qualifikationsebene	Beamter der Besoldungsgruppe
E 1, E 2,	erste	A 3, A 4
E 3		A 5
	zweite	
E 5, E 6		A 6
E 7		A 7
E 8		A 8
E 9a		A 9
E 9b	dritte	A 9 als „Einstieg“ in die
E 9c, E 10		A 10
E 11		A 11
E 12		A 12/A 13
E 13,	vierte	A 13 als „Einstieg“ in die
E 14		A 14
E 15		A 15
E 15 Ü		A 16

11. Wie setzt sich das Entgelt zusammen?

Der TVöD beinhaltet eine einheitliche Entgelttabelle (Sonderregelungen z.B. für den Sozial- und Erziehungsdienst, für Krankenhäuser, Alten- und Pflegeheime). Er kennt keine familienbezogenen Bestandteile (Orts- und Sozialzuschlag) sowie Bezahlungselemente mehr, die nicht tätigkeits- oder leistungsbezogen sind. Zulagen und Zuschläge werden auf einige wenige Erschwernisse oder besondere Bedingungen der Tätigkeit beschränkt. Die Bezahlung setzt sich deshalb zusammen aus dem:

- **Entgelt**
  (15 Entgeltgruppen in zwei Grundentgelt- und vier Entwicklungsstufen)
- **Zulagen und Zuschläge**
- **Leistungsorientierte Bezahlung**
  (derzeit 2 % der Entgeltsumme mit der Möglichkeit der freiwilligen Erhöhung durch den Arbeitgeber; Orientierung an der Steigerung der Arbeitsquantität, -qualität oder des wirtschaftlichen Erfolgs).

12. Was ist Voraussetzung für eine Höhergruppierung?

Eine Höhergruppierung von Tarifbeschäftigten ist vorzunehmen, wenn die **Tätigkeitsmerkmale der nächsthöheren Entgeltgruppe** erfüllt werden. Übt der Beschäftigte die Tätigkeit nicht nur vorübergehend aus, sondern ist ihm diese Aufgabe auf Dauer zugewiesen und erfüllt diese Aufgabe die Tätigkeitsmerkmale, z.B. der nächsthöheren Entgeltgruppe, so hat er nach sechs Monaten einen einklagbaren Anspruch, nach dieser Entgeltgruppe bezahlt zu werden.

Dies bedeutet im Ergebnis, dass der Entscheidungsspielraum des zuständigen Organs des Arbeitgebers (Gemeinderat, beschließender Ausschuss oder erster Bürgermeister) eingeschränkt ist, weil hier ein **Anspruch** entstanden ist, der, sollte der Beschluss bzw. Vollzug verweigert werden, vor den Arbeitsgerichten eingeklagt werden kann.

Herabgruppierungen haben in der Praxis nur eine untergeordnete Bedeutung, da sie nur im Rahmen einer Änderungskündigung bzw. einer einvernehmlichen Vertragsänderung geregelt werden können.

13. Wie kann ein Arbeitsverhältnis beendet werden?

Im Arbeitsrecht sind folgende Beendigungsgründe denkbar:

- Kündigung (ordentliche – außerordentliche – Änderungskündigung),
- Auflösungsvertrag (vertragliche Einigung, dass das Arbeitsverhältnis beendet wird) und
- Ausscheiden aus dem Erwerbsleben (Erreichen der Altersgrenze, Berufs-/Erwerbsunfähigkeit, Tod).

Zu beachten ist in diesem Zusammenhang, dass auch ein Arbeitsverhältnis im öffentlichen Dienst nicht ohne Weiteres durch Kündigung beendet werden kann. Für Beschäftigte besteht nach einer entsprechend langen Beschäftigungszeit (in der Regel 15 Jahre und Vollendung des 40. Lebensjahres) der Status der Unkündbarkeit, in dem ein Arbeitsverhältnis nur noch in sehr engen Grenzen beendet werden kann.

14. Warum gibt es Beamte, und wie ist ihr Rechtsverhältnis geregelt?

Art. 33 Abs. 4 GG legt den sog. **Funktionsvorbehalt** fest. Dies bedeutet, die Ausübung hoheitsrechtlicher Befugnisse soll – von Ausnahmen abgesehen – Beamten vorbehalten sein. Auch wenn sich der Schwerpunkt der Aufgabenstellung im öffentlichen Dienst weitgehend hin zur Daseinsvorsorge verlagert hat, bildet den Kernbereich jedoch nach wie vor die sog. Eingriffsverwaltung. Der Funktionsvorbehalt sieht vor, dass hoheitliche Befugnisse nur von Beschäftigten wahrzunehmen sind, die in einem öffentlich-rechtlichen Dienst- und Treueverhältnis stehen. Dieser Grundsatz gilt auch für die Kommunen, auch wenn in der

Praxis diese Aufgaben sowohl von Beamten als auch von Tarifbeschäftigten wahrgenommen werden.

Das Wesen des Beamtenverhältnisses ist in erster Linie gekennzeichnet durch eine Reihe besonderer Rechte und Pflichten. Der Beamte steht zu seinem Dienstherrn in einem öffentlich-rechtlichen **Dienst- und Treueverhältnis.** Um das Bestehen eines Beamtenverhältnisses eindeutig beweisen zu können, enthält das Beamtenrecht strenge Formvorschriften. So sind darin u.a. Regelungen enthalten, dass Änderungen im Status (Grundverhältnis) des Beamten nur durch Urkunden (Ernennungen) vorgenommen werden können.

Das Beamtenrecht ist **öffentliches Recht.** Es gehört sowohl zum Staatsrecht als auch zum Verwaltungsrecht. Zum Beamtenrecht zählen nicht nur die Beamtengesetze, sondern auch ergänzende Vorschriften zum Urlaubsrecht, Reisekostenrecht, Beihilferecht, Besoldungsrecht usw.

Aufgrund der Föderalismusreform haben sich gerade im Bereich des öffentlichen Diensts erhebliche Veränderungen ergeben. Der Bund hat danach die Gesetzgebungskompetenz für ein sog. Beamtenstatusgesetz, darin sollen alle grundsätzlichen für einen einheitlichen Vollzug des Statusrechts der Beamten erforderlichen Regelungen festgeschrieben werden. Daneben wird der Bund für seine Beamten, Richter und Soldaten ein eigenes Laufbahnrecht, Besoldungs- und Versorgungsrecht erlassen. Die Länder ihrerseits haben die Gesetzgebungskompetenz für ein eigenständiges Laufbahn-, Besoldungs- und Versorgungsrecht. Das Beamtenstatusgesetz ist zum 1.4.2009 in Kraft getreten.

Der Freistaat Bayern hat von seiner Gesetzgebungskompetenz umfassend Gebrauch gemacht. Zum 1.1.2011 sind ein Bayerisches Beamtengesetz (BayBG), ein Leistungslaufbahngesetz (LlbG), ein Bayerisches Beamtenbesoldungsgesetz (BayBesG) und ein Bayerisches Beamtenversorgungsgesetz (BayBeamtVG) in Kraft getreten.

15. Was sind die wesentlichen Unterschiede zwischen Beamten und Tarifbeschäftigten?

Kennzeichen	Tarifbeschäftigte	Beamte
Rechtsnatur	Privatrechtliches Vertragsverhältnis	Öffentlich-rechtliches Dienst- und Treueverhältnis
Begründung	Abschluss eines Arbeitsvertrages	Ernennung (Verwaltungsakt)
Rechtsgrundlagen	§§ 611 ff. BGB; Tarifverträge (z. B. TVöD)	GG, BV, Bundes- und Landesgesetze, Verordnungen usw.
Einwertung	Tätigkeitsmerkmale lt. Tarifvertrag	Einzeldienstpostenbewertung (u. a. gesetzliche Regelungen)
Bezahlung	Vergütungsprinzip (Vergütung für geleistete Dienste)	Alimentationsprinzip (amtsangemessener Unterhalt)
Alterssicherung	Gesetzliche Rente plus Zusatzversorgung (= Betriebsrente)	Versorgung
Rechtsweg	Arbeitsgerichte	Verwaltungsgerichte

16. Welche wichtigen beamtenrechtlichen Begriffe gibt es?

Mit dem Begriff des **Dienstherrn** werden alle juristischen Personen des öffentlichen Rechts bezeichnet, die das Recht besitzen, Beamtenverhältnisse zu begründen bzw. aufrechtzuerhalten. Dienstherren sind somit Körperschaften, Anstalten und Stiftungen des öffentlichen Rechts. Auf die Kommunen übertragen sind dies Gemeinden, Landkreise, Bezirke, Verwaltungsgemeinschaften usw.

Der **obersten Dienstbehörde** sind wichtige Zuständigkeiten beim Vollzug des Beamtenrechts wie auch bei besoldungsrechtlichen Entscheidungen übertragen. Oberste Dienstbehörde bei Staatsbeamten ist das jeweils zuständige Ministerium, bei Kommunalbeamten die nach dem Kommunalverfassungsrecht zuständigen Organe.

Bei Gemeinden ist dies im Regelfall der Gemeinderat. In Fällen, in denen der erste Bürgermeister kraft Gesetzes oder aufgrund Übertragung zuständig ist, nimmt er diese Funktion wahr.

Der **Dienstvorgesetzte** entscheidet im Beamtenrecht über die persönlichen Angelegenheiten der ihm nachgeordneten Beamten. Dienstvorgesetzter bei Gemeindebeamten ist der erste Bürgermeister (Art. 43 Abs. 3 GO); bei Beamten von Verwaltungsgemeinschaften der Gemeinschaftsvorsitzende (Art. 6 Abs. 2 VGemO); bei Beamten der Landkreise der Landrat (Art. 38 Abs. 3 LKrO).

17. Welche Pflichten haben Beamte?

a) **Allgemeine staatspolitische Pflichten**

- Treuepflicht (Pflicht zum Bekenntnis zur freiheitlich demokratischen Grundordnung),
- Pflicht zur Unparteilichkeit (Beamten sind Diener des ganzen Volkes!),
- Pflicht zur Mäßigung und Zurückhaltung (bei politischer Betätigung auch außerhalb des Dienstes),
- Streikverbot (Beamte haben kein Streikrecht) sowie
- Diensteid (jeder Beamte muss den Diensteid leisten).

b) **Pflichten bei der Amtsausübung**

- Dienstleistungspflicht (einschließlich der Pflicht zur Mehrarbeit, Übernahme von Nebentätigkeiten),
- Pflicht zur Uneigennützigkeit (aus seiner Stellung darf er keine persönlichen Vorteile ziehen),
- Gehorsamspflicht (d.h., er muss seine Vorgesetzten beraten, unterstützen, dienstliche Anordnungen ausführen und allgemeine Richtlinien befolgen),
- Amtsverschwiegenheit (gilt auch nach Beendigung des Beamtenverhältnisses),
- bürgerfreundliches Verhalten sowie
- Residenzpflicht (Einschränkung der Freizügigkeit).

Hinweis:

Ein Teil dieser Beamtenpflichten gilt auch für Beamte im Ruhestand oder ausgeschiedene Beamte.

c) **Außerdienstliche Pflichten**
Auch das außerdienstliche Verhalten der Beamten kann zu einer dienstrechtlichen Würdigung führen. Je nach Art der verletzten Pflichten und der einschlägigen Vorschriften können beamtenrechtliche, disziplinarische, besoldungsrechtliche, strafrechtliche oder haftungsrechtliche Folgen eintreten. Eine **Pflichtverletzung** kann aber auch mehrere dieser Folgen nach sich ziehen. Im Beamtenrecht ist nur in besonders schweren Fällen die Entlassung möglich. Liegt ein Dienstvergehen (schuldhafte Verletzung einer Dienstpflicht) vor, kann ein Disziplinarverfahren, an dessen Ende disziplinarrechtliche Maßnahmen stehen, eingeleitet werden. Im Besoldungsrecht besteht die Möglichkeit des Verlustes der Bezüge oder Teile hiervon. Im Strafrecht besteht die Möglichkeit der Geldbuße oder einer sonstigen Strafe, während im Haftungsrecht der Schadenersatz (im Regelfall bei grob fahrlässigem oder vorsätzlichem Verhalten) möglich ist.

18. Welche Rechte hat ein Beamter?

Aufgrund der besonders engen Bindung des Beamten an seinen Dienstherren, die deutlich über den Rahmen eines Arbeitsverhältnisses hinausgeht, ergeben sich für den Beamten auch gesetzlich garantierte Rechte:

- Anspruch auf Grundrechtsschutz;
- Anspruch auf Fürsorge und Schutz, d.h. den Beamten und seine Familie auch nach Beendigung des Beamtenverhältnisses abzusichern und den Beamten bei seiner amtlichen Tätigkeit zu schützen (z.B. Regelungen zum Mutterschutz, Erziehungsurlaub, Teilzeitarbeit, Schwerbehinderung, Jugendarbeitsschutz, aber auch Dienstunfallfürsorge usw.);

- nichtvermögensrechtliche Ansprüche (u.a. Führung von Amtsbezeichnungen, Urlaub, Dienstbefreiung, Einsicht in die Personalakten, Ausübung von Nebentätigkeiten);
- vermögensrechtliche Ansprüche (Besoldung, Versorgung und sonstige Fürsorgeleistungen).

a) Ernennung – Beförderung

Die **Ernennung** ist ein zentraler Begriff im Beamtenrecht. Sie ist erforderlich u.a. zur Begründung und zur Änderung eines Beamtenverhältnisses. Die Beamtenverhältnisse werden unterschieden nach dem Dienstherrn (Staatsbeamte oder Kommunalbeamte), nach der Dauer – Beamtenverhältnis auf Lebenszeit (Regelfall), Beamtenverhältnis auf Zeit (z.B. berufsmäßige Bürgermeister, berufsmäßige Gemeinderatsmitglieder), Beamtenverhältnis auf Widerruf (während der Ausbildung), Beamtenverhältnis auf Probe (z.B. laufbahnrechtliche Probezeit, aber auch bei Übertragung eines Amtes mit leitender Funktion auf Probe) und dem Ehrenbeamtenverhältnis (z.B. bei ehrenamtlichen Bürgermeistern).

Je nach Vorbildung und Ausrichtung werden die einzelnen Beamten **Qualifikationsebenen** zugeordnet. In der Kommunalverwaltung bei kreisangehörigen Gemeinden gibt es im Regelfall Beamtenverhältnisse der zweiten Qualifikationsebene (A 6 bis A 9 + Z) und der dritten Qualifikationsebene (A 9 bis A 13), vereinzelt auch in der vierten Qualifikationsebene (A 13 bis A 16).

Der Zugang zu allen öffentlichen Ämtern erfolgt nach dem **Leistungsprinzip** (vgl. Art. 33 Abs. 2 GG). Dies bedeutet, dass er jedem Bewerber in gleicher Weise zusteht. Maßgebend für die Einstellung, aber auch für die Beförderung sind allein Eignung, Befähigung und fachliche Leistung des Bewerbers. Der Befähigung und Leistung ist so weit als möglich nach dem Wettbewerbsprinzip (dem Einstellungsprüfung, Qualifikationsprüfung, Prüfungen, z.B. im Rahmen der modularen Qualifizierung, dienen) Rechnung zu tragen.

Voraussetzung für eine **Beförderung** ist zum einen, dass im Stellenplan die betreffende Stelle mit der entsprechenden Wertigkeit ausgebracht ist. Zum anderen, dass die Kriterien des Leistungsprinzips (Eignung, Befähigung, fachliche Leistung) erfüllt sowie ggf. weitere beamtenrechtliche Voraussetzungen erfüllt sind und dass ein entsprechender Beschluss des Gemeinderats vorliegt. Entscheidend ist in diesem Zusammenhang, dass der Beamte im Regelfall **keinen Anspruch auf Beförderung** (Ernennung) hat. Dies gilt auch in den Fällen, in denen im Stellenplan seine Stelle bereits mit der höheren Wertigkeit ausgebracht ist.

Bei der Ausbringung von Planstellen für Beförderungsämter ist daneben zu beachten, dass diese nur eingerichtet werden dürfen, wenn sich die Wertigkeit der zugeordneten Funktionen wesentlich von der niedrigeren Besoldungsgruppe abhebt. Um bei allen Dienstherren vergleichbare Beförderungschancen zu schaffen, schrieb in der Vergangenheit § 26 BBesG Obergrenzen für Beförderungsämter vor (sog. **Stellenschlüssel**). D. h., Beförderungsämter dürfen nach einem vorgeschriebenen prozentualen Anteil an der Gesamtzahl aller Planstellen innerhalb einer Laufbahngruppe gewisse Grenzwerte nicht überschreiten. In Bayern regelt dies zwischenzeitlich Art. 26 BayBesG. Diese Vorgaben müssen von jeder Gemeinde eingehalten werden und werden von der Rechtsaufsichtsbehörde im Rahmen des Stellenplans überprüft. Diese Regelung gilt nur für die Beamten, nicht für die Tarifbeschäftigten und schränkt die Personalbewirtschaftung und damit auch den Spielraum der Gemeinden ein. Sie enthält aber nur noch Regelungen ab der Besoldungsgruppe A 15 aufwärts und hat deshalb im Bereich der kreisangehörigen Gemeinden nur noch geringe Bedeutung.

Im Weiteren kennt das Beamtenrecht Beförderungswartezeiten, während dieser Beamte nicht befördert werden können.

b) Besoldung – Versorgung

Der Beamte schuldet seinem Dienstherrn seine gesamte Arbeitskraft. Der Dienstherr ist daher verpflichtet, dem Beamten einen lebenslänglichen und ausreichenden Unterhalt zu gewährleisten **(Alimentationsprinzip).** Der Beamte hat somit einen **Anspruch auf Besoldung und Versorgung.**

Der Begriff der **Besoldung** umfasst neben den Dienstbezügen, die sich aus Grundgehalt, Familienzuschlag, Zulagen (ggf. Prämien und Vergütungen) zusammensetzen, auch Fürsorgeleistungen wie z.B. Beihilfen. Zu den hergebrachten Grundsätzen des Berufsbeamtentums zählt auch der **Gesetzesvorrang der Besoldung,** d.h., dass die Besoldung nur nach Maßgabe gesetzlicher Regelungen geleistet werden darf. In diesem Zusammenhang ist zu beachten, dass auch hier die Gemeinden an die geltenden Vorschriften gebunden sind. Das ist in erster Linie das Bayerische Besoldungsgesetz. Dabei ist speziell zu beachten, dass nach Art. 3 BayBesG Beamten auch nur die Leistungen gewährt werden dürfen, die gesetzlich geregelt sind. Etwas anderes gilt nur in den Fällen, in denen auch der Staat seinen Beamten eine Leistung gewährt.

Hinweis:

Über Art. 101 BayBesG gilt das auch für Beschäftigte der Kommunen. Hier dürfen Leistungen nur aufgrund tarifrechtlicher Regelungen (einschließlich KAV-Hauptausschussbeschlüsse) gewährt werden, bzw. wenn sie auch vom Freistaat Bayern gewährt werden.

Den Prinzipien der lebenslangen Anstellungen und des amtsangemessenen Unterhalts (für den Beamten und seine Familie), die beide zu den hergebrachten Grundsätzen des Berufsbeamtentums gehören, trägt die **Versorgung** der Beamten Rechnung. Dabei ist zu beachten, dass die Versorgungsbezüge keine Versicherungsleistungen wie Renten aus der gesetzlichen Rentenversicherung sind, sondern die Versorgung entspringt der Fürsorgepflicht der Dienstherren. Bei der Versorgung wird unterschieden zwischen der Versorgung für Beamte (Ruhegehalt), für Hinterbliebene (Witwen-/Witwergeld, Waisengeld, Sterbegeld) usw., aber auch der Unfallfürsorge (Unfallleistungen, Sachschadenersatz). In Bayern sind alle Gemeinden bis 100.000 Einwohner Pflichtmitglieder beim Bayerischen Versorgungsverband. Mit Eintritt des Versorgungsfalls übernimmt der Versorgungsverband die Versorgungsleistungen. Der Dienstherr leistet für die aktiven Beamten, aber auch für die Versorgungsempfänger Umlagezahlungen an den Versorgungsverband. Über die so entstehende Umlagegemeinschaft wird ein Risikoausgleich zwischen den Mitgliedern erreicht.

19. Welche Fälle der Beendigung eines Beamtenverhältnisses gibt es?

Der Beamte kann die ihm von der Verfassung vorbehaltenen Aufgaben nur dann in vollem Umfang unbefangen erfüllen, wenn er rechtlich und wirtschaftlich abgesichert ist. Diese Sicherheit bieten ihm zum einen das Beamtenverhältnis auf Lebenszeit, das den Regelfall bildet, und das sog. Alimentationsprinzip. Ein solches Beamtenverhältnis kann deshalb nur unter den gesetzlich geregelten Voraussetzungen und in der gesetzlich vorgeschriebenen Form beendet werden. In folgenden Fällen tritt eine Beendigung des Beamtenverhältnisses ein:

- Tod des Beamten,
- Verlust der Beamtenrechte (z.B. Freiheitsstrafe wegen einer vorsätzlichen Tat von mindestens einem Jahr),
- Entfernung aus dem Dienst (im Zuge eines Disziplinarverfahrens),
- Entlassung (durch Verwaltungsakt auf eigenen Antrag, Dienstunfähigkeit, ...) oder
- Eintritt in den Ruhestand (durch Dienstunfähigkeit, Erreichen der Altersgrenze oder auf Antrag).

20. In welchem Rechtsverhältnis liegt die Zukunft?

Ein **einheitliches Dienstrecht** für den öffentlichen Dienst liegt nach wie vor in weiter Ferne. Es wird somit auch in Zukunft eine Unterscheidung zwischen Tarifbeschäftigten und Beamten geben. Aufgrund der verfassungsrechtlichen Vorgaben wird es auf absehbare Zeit für hoheitliche Aufgaben und besondere herausgehobene Funktionen notwendig sein, dass die Gemeinden Beamte beschäftigen. Diesem Umstand trägt auch Art. 42 GO Rechnung. Bereits heute überwiegen in den Gemeindeverwaltungen die Tarifbeschäftigten. Diese Situation wird sich in den nächsten Jahren, nicht zuletzt aufgrund der zurückgehenden Ausbildungszahlen im Beamtenbereich, weiter verstärken. Welches der beiden Rechtsverhältnisse die wirtschaftlichere Lösung darstellt, kann dahingestellt bleiben, denn letztendlich ist nicht allein eine Ausbildung, Qualifikation oder ein Status entscheidend, sondern immer nur der Mensch, der die jeweilige Aufgabe erfüllt.

II. Zum Rechtsverhältnis des ersten Bürgermeisters

Entscheidungsmöglichkeiten des Gemeinderats im Zusammenhang mit dem Rechtsverhältnis des ersten Bürgermeisters

1. Welche Rechtsstellung hat der erste Bürgermeister?

Der erste Bürgermeister ist Beamter der Gemeinde (vgl. Art. 34 Abs. 1 Satz 1 GO). In kreisangehörigen Gemeinden bis zu 2.500 Einwohnern ist der erste Bürgermeister ehrenamtlich tätig, der Gemeinderat kann aber durch Satzung, die spätestens am 90. Tag vor der Wahl erlassen sein muss, bestimmen, dass der erste Bürgermeister berufsmäßig wird. In kreisangehörigen Gemeinden, die mehr als 2.500 Einwohner haben, ist der erste Bürgermeister im Regelfall berufsmäßig tätig. In Gemeinden, die mehr als 2.500, aber höchstens 5.000 Einwohner haben, kann der erste Bürgermeister ehrenamtlich tätig sein, wenn der Gemeinderat dies bis zum 90. Tag vor der Wahl durch Satzung bestimmt. In allen anderen Fällen ist der Bürgermeister berufsmäßig tätig.

Das Nähere über das Rechtsverhältnis des ersten Bürgermeisters wird im Kommunalen Wahlbeamtengesetz (KWBG) geregelt.

2. Entscheidungen des Gemeinderats im Zusammenhang mit berufsmäßigen Bürgermeistern

a) Festlegung der Besoldung

Die Besoldung der berufsmäßigen Bürgermeister ist mit Inkrafttreten des Gesetzes über Kommunale Wahlbeamte (KWBG) klar geregelt und eine eindeutige Zuordnung der konkreten Besoldungsgruppe für jeden Einwohnerbereich vorgenommen worden. Aufgrund dieser gesetzlichen Festlegung bedarf es bei den reinen Besoldungsleistungen, wie Grundbesoldung und Familienzuschlag, keinerlei Beschlussfassung durch den Gemeinderat mehr.

Hinweis:

Zulagen werden kommunalen Wahlbeamten nicht gewährt.

Daneben erhalten kommunale Wahlbeamte auf der Basis des Art. 46 KWBG eine steuerfreie Dienstaufwandsentschädigung. Sie ist durch Beschluss des Gemeinderats festzusetzen und muss sich innerhalb der Rahmenbeträge, die in Anlage 2 zum KWBG festgesetzt sind, bewegen.

Ferner erhalten berufsmäßige Bürgermeister eine Reisekostenvergütung auf der Basis des Bayerischen Reisekostengesetzes (BayRKG). Soweit die Gemeinde keinen Dienstwagen zur Verfügung stellt, erfolgt hier in vielen Fällen eine Festsetzung einer Reisekostenpauschale nach Art. 19 BayRKG. Hierfür ist ein Beschluss des Gemeinderats erforderlich.

b) Anrechnung von Zeiten einer ehrenamtlichen Tätigkeit

In Fällen, in denen der berufsmäßige Bürgermeister in einer vorherigen Periode ehrenamtlich tätig war und während dieser ehrenamtlichen Tätigkeit überwiegend für die Gemeinde tätig geworden ist, hat er nach Art. 50 Nr. 2 KWBG einen Anspruch, dass der Gemeinderat dies durch einen Beschluss feststellt, der dann von der Rechtsaufsichtsbehörde zu bestätigen ist. In diesem Fall gilt diese Zeit als Dienstzeit nach Art. 21 KWBG. Diese

Vorschrift kommt im Regelfall bei Bürgermeistern zum Tragen, die während ihrer ehrenamtlichen Tätigkeit keinen Beruf ausüben oder nur noch einer Teilzeitbeschäftigung nachgehen.

Anmerkung:

Die Vorschrift des Art. 51 KWBG, wonach der Gemeinderat entscheiden kann, dass die Versorgung eines ehemaligen ersten Bürgermeisters bis zur Vollendung des 62. Lebensjahres ruht, wenn der Beamte ohne wichtigen Grund sich nicht zur Wiederwahl stellt, hat in der Praxis keine große Bedeutung. In aller Regel liegen persönliche, gesundheitliche, familiäre oder sonstige Gründe vor, die eine Anwendung der Vorschriften ausschließen.

3. Entscheidungen des Gemeinderats im Zusammenhang mit ehrenamtlichen ersten Bürgermeistern

a) Entschädigung des ehrenamtlichen ersten Bürgermeisters

Der ehrenamtliche erste Bürgermeister hat einen Rechtsanspruch auf Entschädigung (Art. 53 ff. KWBG). Auf diese Entschädigung kann er nicht verzichten. Die Entschädigung muss sich innerhalb der in der Anlage 3 zum KWBG festgelegten Rahmensätze bewegen; sie muss angemessen sein. Kriterien für die Festsetzung der Entschädigung sind zum einen die **Einwohnerzahl,** zum anderen **Inhalt, Umfang und Schwierigkeitsgrad der Verwaltungsaufgaben.**

Die Entschädigung ist vom Gemeinderat durch Beschluss (im Regelfall in nichtöffentlicher Sitzung) **mit Einverständnis** des Bürgermeisters festzusetzen (vgl. Art. 54 KWBG). Der Bürgermeister darf an der Beratung und Abstimmung nicht teilnehmen (vgl. Art. 49 Abs. 1 GO). Kommt innerhalb von zwei Monaten nach Beginn der ersten Amtszeit ein solcher Beschluss nicht zustande, wird die Entschädigung von der Rechtsaufsichtsbehörde festgesetzt. Bei einer wesentlichen Änderung der Verwaltungsverhältnisse ist eine neue Festsetzung der Entschädigung auch während der laufenden Periode möglich.

Nach Art. 53 Abs. 5 Satz 1 KWBG wird bei vollständiger oder teilweiser Verhinderung die Entschädigung zwei Monate weiter gewährt. Bei **längerer Abwesenheit** kann die Entschädigung ganz oder teilweise aufgrund eines Gemeinderatsbeschlusses weiter gewährt werden (das gilt insbesondere für Zeiten ehrenamtlicher Bürgermeisterinnen, die vergleichbar mit den Mutterschutzfristen des Beamtenrechts und Arbeitsrechts sind; hier reduziert sich aufgrund der Fürsorgepflicht das Ermessen auf Null).

Neben der Entschädigung haben ehrenamtliche Bürgermeister einen Anspruch auf Ersatz der angefallenen Reisekosten (auch in pauschalierter Form; vgl. Art. 19 BayRKG). Im Regelfall ist hierfür ein Gemeinderatsbeschluss erforderlich.

b) Überbrückungshilfe

Im Falle des Ausscheidens hat ein ehrenamtlicher erster Bürgermeister unter bestimmten Voraussetzungen Anspruch auf Überbrückungshilfe (vgl. Art. 58 KWBG). Da es sich hierbei um eine gesetzliche Leistung handelt, ist weder ein Antrag noch ein Gemeinderatsbeschluss erforderlich.

c) Ehrensold

Ehrenamtlichen ersten und weiteren Bürgermeistern kann unter bestimmten Voraussetzungen ein freiwilliger Ehrensold gewährt werden. Erste Bürgermeister haben, wenn sie bestimmte Voraussetzungen erfüllen, sogar einen Anspruch auf einen sog. Pflichtehrensold (Art. 59ff. KWBG).

d) Pflichtehrensold

Anspruchsvoraussetzungen:

- 12 Jahre erster Bürgermeister in derselben Gemeinde (11 Jahre, 6 Monate, 1 Tag reichen!),
- kein Anspruch auf Versorgung aus der Bürgermeistertätigkeit,
- Vollendung des 60. Lebensjahres oder
- Ausscheiden aus dem Amt wegen Dienstunfähigkeit (hier reicht eine Wartezeit von 10 Jahren – bzw. 9 Jahre, 6 Monate, 1 Tag!).

Höhe: Ein Drittel der zuletzt bezogenen Bruttoentschädigung (bei einer Amtszeit von 12 Jahren, 37 % bei 18 Jahren, 40 % bei 24 Jahren, 43 % bei mehr als 30 Jahren).

Der Gemeinderat muss auch bei der Gewährung von Pflichtehrensold einen **Beschluss** fassen.

e) Freiwilliger Ehrensold

Anspruchsvoraussetzungen:

- 10jährige Amtszeit als erster und/oder weiterer Bürgermeister in derselben Gemeinde (9 Jahre, 6 Monate, 1 Tag reichen!),
- kein Anspruch auf Versorgung aus Bürgermeistertätigkeit,
- 60. Lebensjahr vollendet oder Dienstunfähigkeit.

Höhe: Der **freiwillige Ehrensold** kann bis zum festgelegten Höchstsatz von derzeit 1.328,78 € festgesetzt werden (wird bei Besoldungserhöhungen – A-Besoldungsgruppen – dynamisiert).

Bei der Gewährung von freiwilligem Ehrensold handelt es sich um eine **Ermessensentscheidung** des Gemeinderats. Es ist somit ein Gemeinderatsbeschluss erforderlich. Dieser Beschluss kann bereits vor dem Ausscheiden des Bürgermeisters vom amtierenden Gemeinderat getroffen werden. Das neu gewählte Gremium kann in einem solchen Fall nur noch einen weitergehenden Beschluss fassen; eine Kürzung ist ausgeschlossen.

Sonderfall: Sollte ein festgesetzter Pflichtehrensold niedriger ausfallen als der geregelte Höchstbetrag des freiwilligen Ehrensolds (derzeit 1.328,78 €), kann bis zum Erreichen dieses Höchstsatzes zusätzlich durch den Gemeinderat per **Beschluss** ein freiwilliger Ehrensold gewährt werden.

f) Versagung – Rücknahme

Gemäß Art. 59 Abs. 5 KWBG **kann** die Bewilligung von Ehrensold zurückgenommen werden, wenn sich der Bürgermeister als nicht würdig erweist. Dies bedeutet, dass die Gewährung von Ehrensold in einem solchen Fall auch von Anfang an verweigert werden kann. Der Gemeinderat hat im Einzelfall nach genauer

Prüfung und Würdigung des gesamten Sachverhalts über die Versagung bzw. Rücknahme des Ehrensolds nach **pflichtgemäßem Ermessen** zu entscheiden.

Von dem Begriff „nicht würdig erweisen“ wird vor allem ein vorsätzliches negatives oder strafbares Handeln erfasst, aber auch ein Handeln aus Eigennutz kann unter bestimmten Voraussetzungen die Unwürdigkeit begründen.

5. Kapitel
Haftungsfragen im kommunalen Bereich

I. Grundsätzliches

1. Was bedeutet Haftung?

Der Begriff der Haftung hat im BGB verschiedene Bedeutungen. Häufig ist damit ein Verpflichtetsein des Schuldners gemeint, d.h. sein Einstehenmüssen für eine Schuld. Dieses Einstehenmüssen für seine Schuld oder für eine Schuld kann verschiedene Folgen auslösen.

Beispiel:

Ein Kind benützt die Schaukel eines gemeindlichen Kinderspielplatzes. Die Schaukel bricht zusammen, und das Kind wird verletzt. Ein solcher Tatbestand führt zu einer zivilrechtlichen Haftung. Die Gemeinde haftet für den aus der Benutzung der Schaukel entstehenden Schaden. Das können Behandlungskosten, das kann Schmerzensgeld sein. Weil es sich hierbei um eine Körperverletzung handelt, kann ein solches Ereignis auch die strafrechtliche Verantwortlichkeit nach sich ziehen, d. h. ein staatsanwaltschaftliches Ermittlungsverfahren, das unter Umständen gegen die Bezahlung eines Geldbetrags oder einer Geldbuße – vom ersten Bürgermeister selbst zu bezahlen – eingestellt wird. Sollte der zuständige erste Bürgermeister auch noch eine Amtspflicht verletzt haben, könnte sich hieran auch noch ein Disziplinarverfahren anschließen. Dies zeigt: Haftung hat viele Gesichter und viele Aspekte.

2. Haftung bei hoheitlicher Tätigkeit

In diesem Zusammenhang ist der Begriff der Amtshaftung von Bedeutung. Amtshaftung ist die Haftung des Staates oder einer anderen juristischen Person des öffentlichen Rechts (z.B. eine Gemeinde) für ein schadenersatzpflichtiges Verhalten eines „Bediensteten". Anstelle des Begriffs Bediensteter verwendet die Rechtssprache den Begriff des sog. Beamten im haftungsrechtlichen Sinn. Das sind aber nicht nur die Mitarbeiter und Mitarbeiterinnen in einem Beamtenstatus, sondern alle Beschäftigten der Gemeinde, aber auch erste Bürgermeister (unabhängig von ihrem Status, ob sie berufsmäßig oder ehrenamtlich tätig werden), ehrenamtliche Gemeinderatsmitglieder sowie ehrenamtlich tätig werdende Gemeindebürger. Verletzt ein solcher Beamter im haftungsrechtlichen Sinn bei der Ausübung einer hoheitlichen Tätigkeit eine ihm gegenüber einem Dritten (Bürger, Gewerbetreibender usw.) obliegende Amtspflicht, haftet gemäß § 839 BGB i.V.m. Art. 34 GG allein die Gemeinde als Rechtsträger. In der Praxis versucht die Gemeinde ihr Haftungsrisiko dadurch zu minimieren, dass sie eine sog. **kommunale Haftpflichtversicherung** abschließt. Ist die Gemeinde einem Dritten gegenüber aufgrund einer Amtspflichtverletzung schadenersatzpflichtig geworden und entsteht ihr dadurch selbst ein Schaden, stellt sich die Frage, inwieweit ein Rückgriff auf den Beschäftigten, ehrenamtlichen oder hauptamtlichen Bürgermeister bzw. ehrenamtlich tätig werdende Gemeindebürger oder Gemeinderatsmitglieder möglich ist.

3. Rückgriff – Regress

Für die in der Gemeinde beschäftigten Beamten regelt § 48 BeamtStG (Beamtenstatusgesetz), dass ein Rückgriff nur bei grober Fahrlässigkeit oder Vorsatz möglich ist. Im allgemeinen Arbeitsrecht für die Tarifbeschäftigten der Gemeinde gilt das Gleiche (vgl. § 3 Abs. 6 TVöD). Für berufsmäßige und ehrenamtliche Bürgermeister regelte früher das KWBG den Rückgriffsanspruch des Dienstherrn, heute ist auch hier § 48 BeamtStG anzuwenden. Für ehrenamtlich tätige Bürger und damit auch für Gemeinderatsmitglieder gilt dagegen Art. 20 Abs. 4 Satz 2 GO. Danach richtet sich die Haftung gegenüber der Gemeinde (Innenhaftung) nach den für den ersten Bürgermeister geltenden Vorschriften (§ 48 BeamtStG) und tritt nur ein, wenn Vorsatz oder grobe Fahrlässigkeit zur Last liegt. Im Wesentlichen besteht hier somit grundsätzlich Deckungsgleichheit beim Rückgriff der Gemeinde auf den jeweils Handelnden. Es muss in jedem Fall ein vorsätzliches oder grob fahrlässiges Handeln vorliegen.

Damit die Gemeinde einen Regressanspruch durchsetzen kann, müssen folgende Voraussetzungen erfüllt sein:

- es muss eine schädigende Handlung vorliegen,
- der Schaden muss durch den „Bediensteten“ herbeigeführt worden sein,
- dabei muss eine Pflichtverletzung vorliegen,
- diese Pflichtverletzung muss rechtswidrig erfolgt sein,
- es muss ein Verschulden vorliegen und
- es muss ein Schaden eingetreten sein, für den die Pflichtverletzung die Ursache gebildet hat (sog. Kausalität).

Was bedeutet dies im Einzelnen?

Eine schädigende Handlung liegt vor, wenn durch das Handeln des „Bediensteten“ der Kommune selbst ein sog. **unmittelbarer Schaden oder Eigenschaden** entsteht bzw. wenn die Kommune einem Dritten Schadenersatz zu leisten hat (sog. mittelbarer Schaden oder Fremdschaden). Der Schaden muss **durch** einen „Beschäftigten“ verursacht worden sein. Dabei muss eine **Pflichtverletzung** begangen worden sein. Eine Pflichtverletzung kann z. B. durch aktives Tun oder auch Unterlassen begangen werden. Dabei werden im Regelfall alle Pflichten erfasst, die sich aus dem jeweiligen Rechtsverhältnis ergeben. Eine solche Pflichtverletzung ist rechtswidrig, wenn der jeweilige „Bedienstete“ keine Rechtfertigungsgründe hat. Es reicht aber nicht aus, dass ein rechtswidriges Handeln vorliegt, sondern es muss auch noch ein Verschulden vorliegen, das mindestens den Grad der **groben Fahrlässigkeit** oder des **Vorsatzes** erreicht hat. Unter Vorsatz versteht man das Wissen und Wollen des pflichtwidrigen Verhaltens bzw. des Unterlassens eines gebotenen Verhaltens. Grobe Fahrlässigkeit liegt dagegen vor, wenn die im Verkehr objektiv erforderliche Sorgfalt in einem besonders schweren Maße verletzt wird und das nicht beachtet wird, was jedem hätte einleuchten müssen oder wer die einfachsten ganz nahe liegenden Überlegungen nicht anstellt. Verletzt der „Bedienstete“ nun vorsätzlich oder grob fahrlässig die ihm obliegenden Pflichten, so hat er der Gemeinde den daraus entstehenden Schaden zu ersetzen (Kausalität).

Somit müssen eine Reihe von Voraussetzungen erfüllt sein, bis tatsächlich die Gemeinde einen Regressanspruch gegenüber einem „Bediensteten“ geltend machen und durchsetzen kann.

Eine weitere Einschränkung besteht bei Gemeinderatsmitgliedern, soweit das Handeln durch die Fassung von **Beschlüssen** betroffen ist. Hier regelt Art. 51 Abs. 2 Satz 2 GO, dass die Haftung gegenüber der Gemeinde nicht ausgeschlossen ist, wenn das Abstimmungsverhalten eine vorsätzliche Pflichtverletzung darstellt. Dies bedeutet, dass Gemeinderatsmitglieder nur dann zur Haftung herangezogen werden können, wenn die Pflichtverletzung in einem vorsätzlich rechtswidrig gefassten Beschluss besteht. Obwohl hier der Gesetzgeber die Rückgriffshaftung für Gemeinderatsmitglieder noch einmal eingeschränkt hat, gibt es in der Praxis dennoch Fälle, in denen es zu solchen Rückgriffshaftungen kommen kann. So hat der Bundesgerichtshof wiederholt Fälle entschieden, die im Zusammenhang mit vorsätzlich rechtswidrigen Beschlüssen, z. B. im Bereich des Bauplanungsrechts, stehen.

Zur Klarstellung: Über Art. 20 Abs. 4 Satz 2 GO gelten für Gemeinderatsmitglieder die Regeln für erste Bürgermeister (§ 48 BeamtStG). Art. 51 Abs. 2 GO beschränkt jedoch im Falle des Handelns durch Beschlüsse den Rückgriff durch die Gemeinde auf vorsätzliches Handeln. Zwar soll Art. 51 Abs. 2 GO die Gemeinderatsmitglieder vor Sanktionen schützen, nachdem es sich jedoch um Landesrecht handelt, kann er diese Funktion aber nur eingeschränkt erfüllen. Da Bundesrecht Art. 51 Abs. 2 GO vorgeht, schützt er nicht vor Strafverfolgung (z. B. Delikte, die im StGB geregelt werden. Beleidigung, Untreue …) oder zivilrechtlichen Schadenersatzansprüchen nach dem BGB. Die Vorschrift kann somit nicht vor Außenhaftung schützen, wohl aber vor der Innenhaftung. Dies gilt z. B. für einen auf Art. 20 Abs. 4 GO gestützten Schadenersatzanspruch oder aber für Regressansprüche, die sich auf ein grob fahrlässiges Handeln stützen. Liegt jedoch eine vorsätzliche Pflichtverletzung vor, gilt der Haftungsausschluss nicht.

Beispiel:

Im Zuge eines Bebauungsplanverfahrens befasst sich der Stadtrat mit der Überplanung mehrerer Baugrundstücke als gemeindliche Grünfläche. Aus den vorliegenden Stellungnahmen der Fachbehörden ergibt sich eindeutig, dass der beabsichtigte Beschluss rechtswidrig ist. Aus „übergeordneten Gesichtspunkten" beschließt der Gemeinderat dennoch die Überplanung. Der Bürgermeister hält den Beschluss für rechtswidrig und beanstandet ihn. Er setzt den Vollzug aus und legt ihn der Rechtsaufsichtsbehörde zur Entscheidung vor (Art. 59 Abs. 2 GO). Die Rechtsaufsichtsbehörde überprüft den Beschluss und teilt der Gemeinde mit, dass der Beschluss aufzuheben ist. Der Gemeinderat lehnt dies in seiner nächsten Sitzung ab und bestätigt den bisher gefassten Beschluss. Spätestens ab diesem Zeitpunkt handelt es sich um einen vorsätzlich rechtswidrig gefassten Beschluss. Entsteht hieraus den Eigentümern der als Grünfläche überplanten Grundstücke ein Schaden, hat die Gemeinde ihn nach § 839 BGB i. V. m. Art. 34 GG im Wege der Amtshaftung zu ersetzen. Die Stadt hat dann in einem weiteren Schritt die Gemeinderatsmitglieder über Art. 20 Abs. 4 Satz 2, Art. 51 Abs. 2 Satz 2 GO in Regress zu nehmen. (Auf die Problematik der Zurechnung der Beschlussfassung wird gesondert eingegangen.)

4. Haftung bei fiskalischer Tätigkeit

Handelt ein „Beschäftigter" nicht hoheitlich, sondern fiskalisch, d. h., wird er im Bereich des Privatrechts tätig, haftet er für Schäden, die er Dritten schuldhaft zugefügt hat. Sofern er deswegen jedoch in Anspruch genommen wird, hat er gegenüber der Gemeinde einen Freistellungsanspruch. Dies bedeutet, auch bei der fiskalischen oder privatrechtlichen Tätigkeit kann die Kommune im Außenverhältnis einem Dritten gegenüber schadenersatzpflichtig werden. Da sie nicht selbst tätig werden kann, muss sie sich durch Organe oder sonstige Bedienstete vertreten lassen. Diese Tätigkeit wird der Gemeinde als Rechtsträger grundsätzlich zugerechnet (sog. **Organhaftung**). Wird die Gemeinde aufgrund der Zurechnungsvorschriften (§§ 89, 31 BGB oder §§ 278, 831 BGB) von einem Dritten in Anspruch genommen, kann sie im Innenverhältnis den „Bediensteten“, der das schädigende Ereignis vorsätzlich oder grob fahrlässig verursacht hat, in Rückgriff nehmen.

> **Hinweis:**
>
> Beim Thema Rückgriff – Regress gelten die bei der Haftung bei hoheitlicher Tätigkeit gemachten Ausführungen entsprechend.

a) Zusätzliche Aspekte

(1) Beamte im haftungsrechtlichen Sinn und der Sorgfaltsmaßstab fachlicher Laien

Beamte i.S.d. Amtshaftungsrechts sind außer den Beamten im staatsrechtlichen Sinne (z.B. Laufbahnbeamte, kommunale Wahlbeamte) auch all diejenigen Personen – ohne Rücksicht auf ihre staatsrechtliche Qualifikation –, die hoheitliche Aufgaben ausüben, die ihnen vom Staat oder von einer sonst dazu befugten Körperschaft anvertraut worden sind. Aus dieser Definition leitet sich ab, dass Beamte im haftungsrechtlichen Sinn somit auch Gemeinderats- und Stadtratsmitglieder, aber auch Kreisräte sind. Zum sog. **Sorgfaltsmaßstab** für fachliche Laien, insbesondere zur Pflicht, sich die erforderliche Rechtskenntnis zu verschaffen, ist eine Vielzahl von gerichtlichen Entscheidungen ergangen. Dabei haben die Gerichte wiederholt festgestellt, dass kommunale Gremien Entscheidungen grundsätzlich nicht nach laienhaftem Ermessen treffen dürfen. Für die Verschuldensfrage wurde von den Gerichten dabei auf die Kenntnisse und Einsichten abgestellt, die für die Führung des betreffenden Amtes im Durchschnitt erforderlich sind, und nicht auf die Fähigkeiten, über die das Gemeinde- oder Stadtratsmitglied tatsächlich verfügt. Die notwendigen Rechts- und/oder Verwaltungskenntnisse muss das jeweilige Mitglied besitzen oder sich verschaffen. Für die Mitglieder kommunaler Vertretungskörperschaften gelten keine milderen Sorgfaltsmaßstäbe. Im sozialen

Rechtsstaat kann der Einzelne von den Gemeinde- und Stadtratsmitgliedern erwarten, dass sie bei ihren Amtstätigkeiten den nach § 276 BGB zu verlangenden Standard der im Verkehr erforderlichen Sorgfalt einhalten. Andernfalls würde das Schadensrisiko in unzumutbarer Weise auf den Bürger verlagert. So fordert die Rechtsprechung, dass sich gerade Gemeinde- und Stadtratsmitglieder auf ihre Entscheidungen sorgfältig vorzubereiten haben und soweit ihnen die eigene Sachkunde fehlt, den Rat ihrer Verwaltung, die Empfehlung von Fachbehörden oder notfalls auch außerhalb der Verwaltung stehende „Sachverständige" zuzuziehen haben. Letzteres gilt insbesondere dann, wenn von den Empfehlungen einer oder mehrerer Fachbehörden abgewichen werden soll.

Fazit:

Gemeinde- oder Stadtratsmitglieder können sich bei der Ausübung ihres Amtes nicht darauf berufen, dass es sich bei ihnen um den „rechtsunkundigen Bürger" handelt. Die Rechtsprechung legt an sie einen eindeutig strengeren Maßstab an. Die Rechtsprechung erwartet Vorbereitung, eine inhaltliche Auseinandersetzung mit den zu beschließenden Inhalten und in den Fällen, in denen der Einzelne über die notwendigen Rechts- und Verwaltungskenntnisse nicht verfügt, die Verpflichtung, vor der Entscheidung zuverlässigen (juristischen, technischen …) Rat einzuholen. Dies gilt insbesondere dann, wenn von den Empfehlungen der Verwaltung, fachkundiger Stellen oder Fachbehörden abgewichen werden soll.

(2) Beschlüsse des Gemeinderats, von Ausschüssen und deren Zurechnung

Hinter diesem Thema versteckt sich die Frage, was geschieht in Fällen, in denen das jeweilige Beschlussorgan nicht einstimmig, sondern mit dem in der Niederschrift festgehaltenen Abstimmungsergebnis entscheidet. Bei einstimmigen Ergebnissen kann das Abstimmungsverhalten dem einzelnen Gemeinderats- oder Ausschussmitglied unmittelbar zugeordnet werden. Der Nachweis erfolgt durch die Sitzungsniederschrift (vgl. Art. 54 GO). Inhalt und Umfang der Sitzungsniederschrift werden konkret durch die Geschäftsordnung des Gemeinderats geregelt. In der kommunalen Praxis ist es heute üblich, nur noch Ergebnisprotokolle zu fertigen, in denen das Abstimmungsergebnis festgehalten wird. Wer wie abgestimmt hat, kann den Protokollen im Regelfall nicht mehr entnommen werden.

Was bedeutet es nun, wenn aus einem vorsätzlich rechtswidrigen Beschluss, der mit 7:5 Stimmen gefasst wurde, sich ein Schaden ergibt und sich die Frage nach dem Regress und Rückgriff auf die Gemeinderats-/Ausschussmitglieder stellt. Die herrschende Meinung geht heute sowohl in der strafrechtlichen wie auch in der zivilrechtlichen Beurteilung dahin, dass prinzipiell die Entscheidungen von Kollegialorganen den einzelnen Mitgliedern zugerechnet werden. Dies bedeutet, dass in den Fällen, in denen das Abstimmungsverhalten nicht nachgewiesen werden kann, das Wesen einer Kollektiventscheidung darin besteht, dass sich jedes Mitglied des Gemeinderats oder Ausschusses grundsätzlich dessen Entscheidung zurechnen lassen muss. Eine Zurechnung ist jedoch dann nicht mehr gerechtfertigt, wenn das Gemeinderatsmitglied mit einer dokumentierten ablehnenden Stimmabgabe zum Ausdruck bringt, dass es die Mitverantwortung für den Beschluss nicht übernehmen möchte.

b) Was bedeutet dies für die Praxis?

Kommt es im Rahmen einer Abstimmung zu einem 7:5 Beschluss, würde diese Entscheidung allen anwesenden Mitgliedern zugerechnet. Das einzelne Gemeinderats-/Ausschussmitglied hätte jedoch die Möglichkeit, im Vorfeld einer Abstimmung einen Geschäftsordnungsantrag zur namentlichen Abstimmung zu stellen. Hierfür ist jedoch erforderlich, dass es dem Mitglied gelingt, einen Mehrheitsbeschluss herbeizuführen. Da davon im Einzelfall nicht immer ausgegangen werden kann, sieht Art. 54 Abs. 1 Satz 3 GO vor, dass jedes Mitglied verlangen kann, dass in der Niederschrift festgehalten wird, wie es abgestimmt hat. Dieser Anspruch besteht nach herrschender Meinung bis zur Genehmigung der Niederschrift. Im vorliegenden Fall würde dies bedeuten, dass das Gemeinderats-/Ausschussmitglied, dem es nicht gelungen ist, über den Geschäftsordnungsantrag eine namentliche Abstimmung zu erreichen, im Anschluss an die Abstimmung zu Protokoll geben kann, dass es sein Abstimmungsverhalten in der Niederschrift dokumentiert haben möchte. Dieser Antrag kann bis zur Genehmigung der Niederschrift im Regelfall im Rahmen der nächsten Sitzung gestellt werden.

5. Strafrechtliche Verantwortlichkeit

In der kommunalen Praxis gibt es immer wieder Fälle, die nicht nur zu einer zivilrechtlichen Haftung führen, sondern auch ein strafrechtliches Verfahren nach sich ziehen. Entscheidend ist in diesem Fall, inwieweit es sich bei kommunalen Amtsträgern um Amtsträger i.S.d. § 11 StGB handelt.

Während Laufbahnbeamte und kommunale Wahlbeamte unstrittig zu diesem Begriff erfasst werden, stellt sich die Frage, ob dieser Begriff auch für Gemeinde- und Stadtratsmitglieder gilt. Der Gesetzgeber geht davon aus, dass die Legislative, also die gesetzgebende Gewalt im Ganzen, von dem Begriff der Amtsträgerschaft nicht erfasst werden soll. Dies bedeutet, Abgeordnete des Bundestags und der Landtage werden von diesem Begriff nicht erfasst. Bei einem Gemeinde- oder Stadtrat handelt es sich jedoch um ein Organ der Exekutive, d.h. der vollziehenden Gewalt (vgl. Art. 29 GO, wonach die Gemeinde durch den Gemeinderat verwaltet wird, soweit nicht der erste Bürgermeister selbstständig entscheidet). Dies bedeutet, dass die Gemeinde- und Stadtratsmitglieder in den Organen bis auf ganz wenige Ausnahmen Verwaltungstätigkeit ausüben. Die Mitglieder dieser Gremien sind somit grundsätzlich dazu bestellt, Aufgaben der öffentlichen Verwaltung wahrzunehmen. Aus diesem Umstand wurde in der Vergangenheit die Eigenschaft als Amtsträger i.S.v. § 11 Abs. 1 Nr. 2c StGB abgeleitet. In seinem Urteil vom 9.5.2006 hat der BGH jedoch festgestellt, dass kommunale Mandatsträger **keine Amtsträger** sind. Etwas anderes gilt nur in den Fällen, in denen sie mit konkreten Verwaltungsaufgaben betraut werden, die über ihre Mandatstätigkeit in den kommunalen Vertretungen und den zugehörigen Ausschüssen hinausgehen. Im entschiedenen Fall war zu klären, inwieweit ein Stadtratsmitglied von den sog. **Korruptionstatbeständen** der §§ 331 ff. StGB, die zu den sog. Amtsdelikten gehören, erfasst werden kann. Als Ergebnis ist festzuhalten, dass die Tätigkeit als Gemeinderats-/Stadtratsmitglied im Regelfall nicht den Begriff des Amtsträgers (§ 11 Abs. 1 Nr. 2 StGB) erfüllt. Etwas anderes gilt nur dann, wenn darüber hinaus das Gemeinde-/Stadtratsmitglied mit konkreten Verwaltungsfunktionen auf Gemeindeebene (z. B. sog. Referenten) befasst wird. In einem solchen Fall ist von Amtsträgerschaft auszugehen mit der Folge, dass sog. Amtsdelikte auch von der Strafverfolgungsbehörde verfolgt werden können. Eine Strafbarkeit im Rahmen der sonstigen Delikte des Strafgesetzbuchs bleibt hiervon jedoch unberührt, d. h., dass kommunale Mandatsträger von Straftatbeständen, die quasi von „jedermann" verwirklicht werden können, durchaus erfasst werden.

Der BGH kam deshalb im entschiedenen Fall zu dem Ergebnis, dass die Vorschriften der §§ 331 ff. StGB auf das Stadtratsmitglied nicht anzuwenden sind, weil § 108e StGB (Abgeordnetenbestechung) eine abschließende Spezialregelung enthält (im vorliegenden Fall waren hierfür jedoch die Tatbestandsmerkmale nicht erfüllt). Inzwischen wurde jedoch § 108e StGB dahin gehend ergänzt, dass er auch für Vertreter kommunaler Organe Anwendung findet!

Unter Berücksichtigung der gemachten Ausführungen sollte eine verantwortungsvolle Wahrnehmung und Amtsausübung als Gemeinde- oder Stadtratsmitglied resultieren, um das eventuelle Risiko einer strafrechtlichen Verantwortung zu minimieren.

II. Was habe ich zu beachten, wie kann ich mich schützen?

Die bisher gemachten Ausführungen sollen nicht erschrecken oder abschrecken, sie sollen sensibilisieren und die Voraussetzung für eine verantwortungsvolle Ausübung des Mandats als Gemeinde- und Stadtratsmitglied schaffen. Auch wenn die Anzahl der Strafverfahren im kommunalen Bereich statistisch gesehen zugenommen haben mag, stellt die Inanspruchnahme von Gemeinde- und Stadtratsmitgliedern im Wege der Haftung oder aber der strafrechtlichen Verantwortlichkeit immer noch eine Ausnahme dar.

Wichtig ist in einem ersten Schritt das Bewusstsein, dass mit dem auszuübenden Amt ein hohes Maß an Verantwortung verbunden ist. Dieses Bewusstsein sollte das Handeln bestimmen und leiten.

Die Rechtsprechung verlangt eine **gewissenhafte Vorbereitung** auf die Sitzungen. Aufgrund der im Regelfall in der Geschäftsordnung getroffenen Festlegungen über Zeitpunkt, Form und Art der Einladung zu den Sitzungen ist heute gewährleistet, dass eine den Grundsätzen der Rechtsprechung Rechnung tragende Vorbereitung auf die einzelnen Tagesordnungspunkte möglich erscheint.

In den Fällen, in den das jeweilige Gemeinde-/Stadtratsmitglied über die notwendigen Fachkenntnisse nicht selbst verfügt, besteht die Möglichkeit, die eigene Verwaltung oder aber sonstige fachkundige Stellen heranzuziehen. Die Kommunen haben vielfältige Partner an ihrer Seite. Dies beginnt bei **Fachbehörden** bis hin zu den **Rechtsaufsichtsbehörden**, deren Aufgabe nicht nur die Überwachung, sondern vor allem die Beratung der jeweiligen Kommune ist. Aber auch andere Institutionen wie die **kommunalen Spitzenverbände**, Einrichtungen wie der **Bayerische Kommunale Prüfungsverband**, der **Kommunale Unfallversicherungsverband Bayern**, die **kommunalen Haftpflichtversicherer** etc. stehen den Gemeinden als Partner zur Seite.

Besondere Sorgfalt ist in den Fällen an den Tag zu legen, in denen entweder Stellungnahmen, Rechtsgutachten, Berichte, technische Gutachten oder sonstige Unterlagen vorliegen und mit dem jeweiligen Beschluss sich über die Empfehlungen und Ergebnisse hinweggesetzt werden soll.

Gelangt man im Rahmen einer Sitzung zu der Erkenntnis, dass der jeweilige Tagesordnungspunkt noch nicht entscheidungsreif ist, besteht die Möglichkeit, durch einen Geschäftsordnungsantrag zu beschließen, dass der Punkt in die nächste Sitzung vertagt wird, um mit weiteren geeigneten Maßnahmen und Schritten Entscheidungsreife zu erlangen.

Für den Fall, dass eine Beschlussfassung bevorsteht, bei der man Bedenken im Hinblick auf die mögliche Rechtmäßigkeit des Beschlusses hat, besteht die Möglichkeit, entweder einen Geschäftsordnungsantrag auf namentliche Abstimmung zu stellen oder aber von Art. 54 GO Gebrauch zu machen und in der Niederschrift das eigene Abstimmungsverhalten festhalten zu lassen. Sollten sich rechtliche Bedenken aus dem Beschluss eines beschließenden Ausschusses ergeben, besteht nach Art. 32 Abs. 3 Satz 1 GO die Möglichkeit, die Nachprüfung durch den Gemeinderat zu beantragen (Mehrheiten beachten). In gravierenden Fällen besteht für das einzelne Gemeinderatsmitglied aber auch die Möglichkeit, im Wege einer Aufsichtsbeschwerde an die zuständige Rechtsaufsichtsbehörde (formloser Rechtsbehelf) heranzutreten und den Beschluss überprüfen zu lassen.

Wichtig ist in diesem Zusammenhang aber auch, sorgfältig mit den eigenen Rechten umzugehen. Die kommunale Praxis zeigt, dass nur ein verschwindend geringer Prozentsatz von Gemeinderats- oder Ausschussbeschlüssen als rechtswidrig anzusehen ist, der den Einsatz der jeweiligen Handlungsmöglichkeiten und -mittel rechtfertigt. Es wäre nicht zweckdienlich, mit Kanonen auf Spatzen zu schießen, d.h. in jedem Einzelfall eine namentliche Abstimmung zu beantragen oder bei jeder Beschlussfassung das eigene Abstimmungsverhalten dokumentiert haben zu wollen. Hier sind Eigenverantwortung und Augenmaß gefordert.

Die Gemeinde versucht ihr Risiko durch den Abschluss von Versicherungen zu minimieren. Neben der **kommunalen Haftpflichtversicherung** gehören hierzu auch Versicherungen wie z.B. die Vermögenseigenschadenversicherung oder aber auch der Abschluss einer Rechtsschutzversicherung. Für kommunale Mandatsträger könnte es sich durchaus anbieten, über den Abschluss einer Amts- und Diensthaftpflichtversicherung nachzudenken. Eine Amtshaftpflichtversicherung bietet den Mitgliedern kommunaler Gremien persönlichen Versicherungsschutz für die Haftung im Zusammenhang mit Schäden, die sie im Rahmen ihrer dienstlichen Tätigkeit Dritten zugefügt haben. Eine Diensthaftpflichtversicherung bietet dagegen die Möglichkeit, sich vor Schadenersatzansprüchen des „Dienstherrn" bei schuldhaft verursachten Eigenschäden zu schützen. Festzuhalten ist jedoch, dass beide Versicherungen dann nicht eintreten, wenn vorsätzliches Handeln zur Last gelegt wird. Ob das einzelne Gemeinde-/Stadtratsmitglied darüber hinaus eine **Rechtsschutzversicherung** abschließt, muss im Einzelfall selbst entschieden werden. Zwar verfügen die Kommunen häufig über eine Rechtsschutzversicherung, jedoch gibt es aufgrund einzelner Ausschlusstatbestände Konstellationen, die den Abschluss einer eigenen Rechtsschutzversicherung sinnvoll erscheinen lassen können.

III. Spenden und Sponsoring im kommunalen Bereich

Spenden, Schenkungen und ähnliche Zuwendungen, aber auch Sponsoringleistungen sind gerade für kommunale oder gemeinnützige Zwecke wegen des damit verbundenen bürgerschaftlichen Engagements nicht zuletzt aus gesellschaftspolitischer Sicht zu begrüßen. Gleichwohl sind sie in den letzten Jahren verstärkt in den Blickwinkel der Staatsanwaltschaften geraten. Für kommunale Wahlbeamte (Bürgermeister, Landräte, Bezirkstagspräsidenten) besteht aufgrund deren Einwerbung und Entgegennahme das Risiko, staatsanwaltschaftlichen Ermittlungen im Hinblick auf den Verdacht der **Vorteilsannahme** (§§ 331 ff. StGB) ausgesetzt zu sein.

Ausgangspunkt bildet hierzu die aufgrund des Korruptionsbekämpfungsgesetzes vom 13.8.1997 vorgenommene Änderung des Straftatbestands der Vorteilsannahme (§ 331 StGB). Durch dieses Änderungsgesetz wurde der Tatbestand der Vorteilsannahme deutlich erweitert. Damit hat sich auch das Risiko für kommunale Wahlbeamte im Hinblick auf die Einwerbung und

Entgegennahmen von Spenden und ähnlichen Zuwendungen deutlich erhöht. Während früher eine Vorteilsannahme nur vorlag, wenn der Amtsträger für eine konkrete Diensthandlung Vorteilgegenleistungen versprechen ließ oder annahm, umfasst der Straftatbestand der Vorteilsannahme nun nicht nur eigene Vorteile, sondern ausdrücklich auch Vorteile für Dritte und damit auch uneigennütziges Handeln des Amtsträgers (z. B. für die eigene Gemeinde). Erforderlich ist zwar nach wie vor eine sog. Unrechtsvereinbarung zwischen Zuwendungsempfänger und Zuwendungsgeber, die aber nur im Hinblick auf die dienstliche Tätigkeit des Amtsträgers bestehen muss. Dieser Zusammenhang wurde gleichzeitig deutlich gelockert. Die angesprochene Gegenleistung des Amtsträgers muss nicht wie in der Vergangenheit eine konkretisierbare Diensthandlung sein, zwischenzeitlich ist es bereits ausreichend, dass eine Gewährung oder Forderung lediglich im Hinblick auf die allgemeine Dienstausübung erfolgt. Nachdem kommunale Wahlbeamte Amtsträger i.S.d. § 11 Abs. 1 Nr. 2 StGB sind und zudem regelmäßig auch einen dienstlichen Kontakt zu den jeweiligen Spendern und Gebern haben, kann der Eindruck entstehen, dass die Geber mithilfe der jeweiligen Zuwendung an die Kommune oder eine kommunale Einrichtung Einfluss auf bereits vorgenommene oder künftige Diensthandlungen nehmen wollen bzw. ihren Dank ausdrücken wollen. Gerade außerhalb Bayerns kam es seit 1998 regelmäßig zur Einleitung von Strafverfahren gegen kommunale Wahlbeamte im Hinblick auf die Entgegennahme von Spenden, Schenkungen und ähnliche Zuwendungen. Die sich daran anschließende Diskussion auf Bundes- und Landesebene führte dazu, dass auf der Bundesebene eine Lösung des Problems nicht erreicht werden konnte. Auf Landesebene hat das Bayerische Staatsministerium des Innern gemeinsam mit dem Bayerischen Staatsministerium der Justiz und den kommunalen Spitzenverbänden in Bayern eine **Handlungsempfehlung für den Umgang mit Spenden, Schenkungen und ähnlichen Zuwendungen für kommunale/gemeinnützige Zwecke** erarbeitet und mit Schreiben vom 27.10.2008 veröffentlicht. Ziel der Handlungsempfehlungen ist es, ein ausgewogenes Verfahren zu entwickeln, das einerseits die kommunalen Wahlbeamten so weit wie möglich vor den dargestellten strafrechtlichen Risiken schützt, daneben aber den damit verbundenen Verwaltungsaufwand überschaubar hält und insbesondere die Spendenbereitschaft nicht beeinträchtigt.

Die Empfehlung gibt **Hinweise zum Umgang mit Spenden, Schenkungen und ähnlichen Zuwendungen**, nicht nur, wenn sie der Gemeinde selbst zugutekommen, sondern auch, wenn sie an Dritte weitergeleitet werden sollen, weil sie sich an der Erfüllung gemeindlicher Aufgaben beteiligen. Nicht erfasst werden Zuwendungen, deren Entgegennahme nach der allgemeinen Verkehrsanschauung als sozialadäquat (sozialüblich) gelten. Entscheidendes Merkmal ist die Trennung von Einwerbung, Annahme und Kontrolle des Zuwendungsvorgangs.

1. Annahme unter Vorbehalt

Nach Art. 37 Abs. 1 Satz 1 Nr. 1 GO kann der erste Bürgermeister, der die Gemeinde nach außen vertritt (vgl. Art. 38 Abs. 1 GO), **Spenden und sonstige Zuwendungen** Dritter zur Erfüllung der gemeindlichen Aufgaben **einwerben**. Im Hinblick auf die geänderte Vorschrift des § 331 StGB wird jedoch empfohlen, dass die Leistungen nicht unmittelbar und sofort durch den ersten Bürgermeister selbst, sondern erst nach einer entsprechenden **Beschlussfassung durch den Gemeinderat** (bzw. eines beschließenden Ausschusses) angenommen werden. In der Praxis empfiehlt es sich im Regelfall, die Zuwendungen über einen längeren Zeitraum zu erfassen und deren Annahme turnusmäßig in einer Sitzung (z.B. im vierteljährlichen oder halbjährlichen Rhythmus) durch Beschluss anzunehmen. Daneben wird empfohlen, den Geber der Zuwendung darauf hinzuweisen, dass die Annahme unter dem Vorbehalt der Beschlussfassung des Gemeinderats (bzw. beschließenden Ausschusses) steht.

2. Dokumentation des Zuwendungsangebots

Im Rahmen der Handlungsempfehlung wird geraten, Zuwendungsangebote zu dokumentieren und unverzüglich dem für die Finanzverwaltung zuständigen Kämmerer anzuzeigen. Dabei sind Zweck, Umfang und Art des Zuwendungsangebots (Sach- oder Geldleistung) sowie der Zuwendungsgeber und die Begünstigten in eine **Liste** aufzunehmen. Hierbei empfiehlt es sich, etwaige bestehende, z. B. rechtliche Beziehungen zwischen Gemeinde und Geber, die bei verständiger Würdigung im Zusammenhang mit der gewährten Zuwendung gebracht werden können (insbesondere bereits bestehende, in der jüngeren Vergangenheit liegende oder aber in einem überschaubaren Zeitraum zu erwartende Beziehungen, wie z. B. Verträge, Genehmigungsverfahren, Aufträge usw.), in die Liste mitaufzunehmen. Lediglich bei Bagatellbeträgen kann dies entfallen.

3. Entscheidung über die Annahme durch den Gemeinderat (bzw. beschließenden Ausschuss)

Die Annahme der Zuwendung erfolgt durch Beschluss des Gemeinderats (oder beschließenden Ausschuss). Die Behandlung erfolgt in nichtöffentlicher Sitzung, wenn berechtigte Interessen Einzelner, insbesondere des Zuwendungsgebers oder des begünstigten Dritten, der Öffentlichkeit entgegenstehen (vgl. Art. 52 Abs. 2 GO). Als Maßstab für die Annahme kann Folgendes gelten:

Durch die Annahme darf für einen objektiv unvoreingenommenen Beobachter nicht der Eindruck entstehen, die Gemeinde ließe sich durch die konkrete Zuwendung bei der Aufgabenwahrnehmung beeinflussen. Dies kann insbesondere dann relevant sein, wenn rechtliche Beziehungen zwischen Zuwendungsgeber und der Kommune bestehen. Lässt sich im Einzelfall ein hinreichend begründeter Verdacht einer Beeinflussung nicht plausibel ausräumen (z. B. durch Dokumentation und Darlegung der Gründe für die Recht- und Zweckmäßigkeit der jeweils zu treffenden oder bereits getroffenen Entscheidung), so wird empfohlen, die Zuwendung nicht anzunehmen. Hier ist auf die Eigenverantwortung des Gemeinderats (beschließenden Ausschusses) im Hinblick auf die Würdigung der Umstände des Einzelfalles abzustellen. Liegen solche Gründe jedoch nicht vor, steht der Annahme, die im pflichtgemäßen Ermessen vom Gemeinderat vorzunehmen ist, nichts entgegen. Das Ergebnis wird in der Zuwendungsliste vermerkt, im Falle der Annahme wird die Zuwendung ordnungsgemäß verbucht.

4. Information der Rechtsaufsichtsbehörde

Den Gemeinden wird empfohlen, am Ende des Kalenderjahres eine zusammenfassende **Zuwendungsliste** der Rechtsaufsichtsbehörde zu übermitteln. Damit besteht die Möglichkeit für die Rechtsaufsichtsbehörde, das Verfahren zu überprüfen und zu kontrollieren.

Fazit:

Die unter Beteiligung der kommunalen Spitzenverbände erlassenen Handlungsempfehlungen haben sich aus heutiger Sicht bewährt. Es ist damit gelungen, das strafrechtliche Risiko im Zusammenhang mit der Annahme von Spenden, Schenkungen und ähnlichen Zuwendungen für die kommunalen Mandatsträger erheblich zu reduzieren. Seit Veröffentlichung der Handlungsempfehlungen ist es zu keinen nennenswerten Verfahren im kommunalen Umfeld gekommen. In der Praxis hat sich das vorgeschlagene Verfahren bewährt. Der Verwaltungsaufwand ist im Hinblick auf den damit einhergehenden Erfolg zumutbar. Im kommunalen Bereich ist zudem ein Rückgang von Spenden und ähnlichen Zuwendungen nicht feststellbar. Insoweit wird empfohlen, die Handlungsempfehlung des Bayerischen Staatsministeriums des Innern unverändert anzuwenden.

Anlagen
Muster des Bayerischen Gemeindetags

Anlage 1

Geschäftsordnung des Gemeinderats – Marktgemeinderats – Stadtrats[1] (Geschäftsordnung – GeschO) (Muster für größere Gemeinden/Städte)

Inhaltsverzeichnis

---

1 Im Muster enthaltene, nicht zutreffende Varianten, alternative Formulierungen oder beispielhafte Aufzählungen (in kursiv) sind zu streichen. Die in einzelnen Bestimmungen des Geschäftsordnungsmusters relevanten Beträge, Wertgrenzen oder geschätzten Auftragswerte sind als Bruttobeträge zu verstehen. Alternativ können auch Nettobeträge ausgewiesen werden. Es ist klarzustellen, ob es sich um Netto- oder Bruttobeträge handelt. Die geschlechtsneutrale Formulierung entspricht derjenigen der Gemeindeordnung vom 24.07.2023 (GVBl. S. 385).

§ 8 Vorberatende Ausschüss
§ 9 Beschließende Ausschüsse
§ 10 Rechnungsprüfungsausschuss

IV. Die erste Bürgermeisterin oder der erste Bürgermeister

1. Aufgaben

§ 11 Vorsitz im Gemeinderat
§ 12 Leitung der Gemeindeverwaltung, Allgemeines
§ 13 Einzelne Aufgaben
§ 14 Vertretung der Gemeinde nach außen
§ 15 Abhalten von Bürgerversammlungen
§ 16 Sonstige Geschäfte

2. Stellvertretung

§ 17 Weitere Bürgermeisterinnen und Bürgermeister, weitere Stellvertretung, Aufgaben

V. Ortssprecherinnen und Ortssprecher

§ 18 Rechtsstellung, Aufgaben

B. Der Geschäftsgang

I. Allgemeines

§ 19 Verantwortung für den Geschäftsgang
§ 20 Sitzungen, Beschlussfähigkeit
§ 20a Sitzungsteilnahme durch Ton-Bild-Übertragung
§ 21 Öffentliche Sitzungen
§ 22 Nichtöffentliche Sitzungen

II. Vorbereitung der Sitzungen

§ 23 Einberufung
§ 24 Tagesordnung
§ 25 Form und Frist für die Einladung
§ 26 Anträge

III. Sitzungsverlauf

§ 27 Eröffnung der Sitzung
§ 28 Eintritt in die Tagesordnung
§ 29 Beratung der Sitzungsgegenstände

Der Gemeinderat

....

....

gibt sich aufgrund des Art. 45 Abs. 1 der Gemeindeordnung für den Freistaat Bayern (GO) in der Fassung der Bekanntmachung vom 22. August 1998 (GVBl. S. 796, BayRS 2020-1-1-I), zuletzt geändert durch … (GVBl. S. …), folgende

Geschäftsordnung:

A. Die Gemeindeorgane und ihre Aufgaben

I. Der Gemeinderat

§ 1 Zuständigkeit im Allgemeinen

(1) Der Gemeinderat beschließt über alle Angelegenheiten des eigenen und des übertragenen Wirkungskreises, soweit sie nicht ausdrücklich beschließenden Ausschüssen übertragen sind oder aufgrund eines Gesetzes bzw. einer Übertragung durch den Gemeinderat in die Zuständigkeit der ersten Bürgermeisterin oder des ersten Bürgermeisters fallen.

(2) [1]Der Gemeinderat überträgt die in § 8 genannten Angelegenheiten vorberatenden Ausschüssen zur Vorbereitung der Gemeinderatsentscheidungen und die in § 9 genannten Angelegenheiten beschließenden Ausschüssen zur selbstständigen Erledigung. [2]Er kann sich die Behandlung und Entscheidung im Einzelfall vorbehalten, wenn das die Bedeutung der Angelegenheit erfordert; § 9 Abs. 3 Nr. 3 bleibt unberührt.

§ 2 Aufgabenbereich des Gemeinderats

Der Gemeinderat ist insbesondere für folgende Angelegenheiten zuständig:

1. die Beschlussfassung zu Bestands- oder Gebietsänderungen der Gemeinde und zu Änderungen des Namens der Gemeinde oder eines Gemeindeteils (Art. 2 und 11 GO),

2. die Entscheidung über Ehrungen, insbesondere die Verleihung und die Aberkennung der Ehrenbürgerwürde (Art. 16 GO),
3. die Bildung und die Zusammensetzung der Ausschüsse sowie die Zuteilung der Aufgaben an diese (Art. 32, 33 GO),
4. die Aufstellung von Richtlinien für laufende Angelegenheiten nach Art. 37 Abs. 1 Satz 2 GO,
5. die Verteilung der Geschäfte unter die Gemeinderatsmitglieder (Art. 46 Abs. 1 Satz 2 GO),
6. die Wahlen (Art. 51 Abs. 3 und 4 GO),
7. die Beschlussfassung über Angelegenheiten, zu deren Erledigung die Gemeinde der Genehmigung bedarf (z. B. aufgrund haushaltsrechtlicher Bestimmungen der GO oder Genehmigungsvorbehalte nach KAG, BauGB, KommZG),
8. den Erlass, die Änderung und die Aufhebung von Satzungen und Verordnungen, ausgenommen alle Bebauungspläne und sonstigen Satzungen nach den Vorschriften des Ersten Kapitels des Baugesetzbuchs sowie alle örtlichen Bauvorschriften im Sinn des Art. 81 der Bayerischen Bauordnung, auch in den Fällen des Art. 81 Abs. 2 der Bayerischen Bauordnung,
9. die Beschlussfassung über die allgemeine Regelung der Bezüge der Gemeindebediensteten (z. B. Grundsatzentscheidungen bzgl. Gewährung einer Arbeitsmarktzulage, Verkürzung von Stufenlaufzeiten) und über beamten-, besoldungs-, versorgungs- und disziplinarrechtliche Angelegenheiten der Bürgermeister oder Bürgermeisterinnen und der berufsmäßigen Gemeinderatsmitglieder, soweit nicht das Gesetz über kommunale Wahlbeamte und Wahlbeamtinnen oder das Bayerische Disziplinargesetz etwas anderes bestimmen,
10. die Beschlussfassung über die Haushaltssatzung und über die Nachtragshaushaltssatzungen (Art. 65 und 68 GO),
11. die Beschlussfassung über den Finanzplan (Art. 70 GO),
12. die Feststellung der Jahresrechnung und der Jahresabschlüsse der Eigenbetriebe und der Krankenhäuser mit kaufmännischem Rechnungswesen sowie die Beschlussfassung über die Entlastung (Art. 102 GO),
13. die Entscheidungen im Sinne von Art. 96 Abs. 1 Satz 1 GO über gemeindliche Unternehmen (z. B. Errichtung, Übernahme, Erweiterung, Beteiligung),

14. die hinsichtlich der Eigenbetriebe dem Gemeinderat im Übrigen gesetzlich vorbehaltenen Angelegenheiten (Art. 88 GO),
15. die Bestellung und die Abberufung der Leitung und Stellvertretung des Rechnungsprüfungsamts und der Prüferinnen oder Prüfer (Art. 104 Abs. 3 GO) sowie der Vorschlag von Schöffinnen und Schöffen,
16. die Entscheidung über die Zulässigkeit eines Bürgerbegehrens (Art. 18a Abs. 8 GO) und die Durchführung eines Bürgerentscheids (Art. 18a Abs. 2, Abs. 10 GO),
17. die allgemeine Festsetzung von Abgaben, Tarifen und Entgelten,
18. die Entscheidung über Ernennung, Beförderung, Abordnung, Versetzung, Zuweisung an eine Einrichtung, Ruhestandsversetzung und Entlassung der Beamtinnen und Beamten ab Besoldungsgruppe A 9, soweit diese Befugnisse nicht auf einen Ausschuss übertragen sind,[2]
19. die Entscheidung über Einstellung, Höhergruppierung (nicht nur vorübergehende Übertragung einer höherwertigen Tätigkeit), Abordnung, Versetzung, Zuweisung an einen Dritten, Beschäftigung mittels Personalgestellung und Entlassung der Arbeitnehmerinnen und Arbeitnehmer ab Entgeltgruppe 9a des TVöD oder ab einem entsprechenden Entgelt, soweit diese Befugnisse nicht auf einen Ausschuss übertragen sind,[2]
20. die Entscheidung über Altersteilzeit der Gemeindebediensteten,
21. die Beschlussfassung über die Beteiligung an Zweckverbänden und, soweit hoheitliche Befugnisse übertragen werden, über den Abschluss von Zweckvereinbarungen,
22. die grundsätzlichen Angelegenheiten gemeindlicher Planungen, z. B. der Bauleitplanung, der Ortsplanung, der Landschaftsplanung und der Regional- und Landesplanung, der Gewässerplanung und gemeindeübergreifender Planungen und Projekte,
23. die Namensgebung für Straßen, Schulen und sonstige öffentliche Einrichtungen,

---

2 Diese Regelung ist auf § 9 Abs. 3 Nr. 1 Buchst. b abzustimmen.

24. der Vorschlag, die Entsendung und die Abberufung von Vertreterinnen und Vertretern der Gemeinde in andere Organisationen und Einrichtungen,
25. die Beschlussfassung über die Vereinbarung einer kommunalen Partnerschaft,
26. die grundsätzlichen Angelegenheiten gemeindlich verwalteter Stiftungen, insbesondere Änderungen des Stiftungszwecks,
27. die Angelegenheiten der Sparkassen, soweit die Gemeinde als Träger zur Mitwirkung betroffen ist.

II. Die Gemeinderatsmitglieder

§ 3 Rechtsstellung der ehrenamtlichen Gemeinderatsmitglieder, Befugnisse

(1) Gemeinderatsmitglieder üben ihre Tätigkeit nach ihrer freien, nur durch die Rücksicht auf das öffentliche Wohl bestimmten Überzeugung aus und sind an Aufträge nicht gebunden.

(2) Für die allgemeine Rechtsstellung der Gemeinderatsmitglieder (Teilnahmepflicht, Sorgfalts- und Verschwiegenheitspflicht, Geheimhaltungspflicht, Ausschluss wegen persönlicher Beteiligung, Geltendmachung von Ansprüchen Dritter, Ablehnung, Niederlegung und Verlust des Amtes) gelten die Art. 48 Abs. 1, Art. 20 Abs. 1 bis 3, Art. 56a, Art. 49, 50, 48 Abs. 3 GO sowie Art. 47 bis Art. 49 Gemeinde- und Landkreiswahlgesetz.

(3) Der Gemeinderat kann zur Vorbereitung seiner Entscheidungen durch besonderen Beschluss einzelnen seiner Mitglieder bestimmte Aufgabengebiete (Referate) zur Bearbeitung zuteilen und sie insoweit mit der Überwachung der gemeindlichen Verwaltungstätigkeit betrauen (Art. 46 Abs. 1 Satz 2, Art. 30 Abs. 3 GO).

(4) Zur Ausübung von Verwaltungsbefugnissen sind Gemeinderatsmitglieder nur berechtigt, soweit ihnen die erste Bürgermeisterin oder der erste Bürgermeister im Rahmen der Geschäftsverteilung nach Anhörung der weiteren Bürgermeisterinnen oder Bürgermeister einzelne Befugnisse (§§ 12 bis 16) überträgt (Art. 39 Abs. 2 GO).

(5) [1]Gemeinderatsmitglieder, die eine Tätigkeit nach Absatz 3 oder 4 ausüben, haben ein Recht auf Akteneinsicht innerhalb ihres Aufgabenbereichs. [2]Zur Vorbereitung von Tagesordnungspunkten der nächsten Sitzung erhält jedes Gemeinderatsmitglied nach vorheriger Terminvereinbarung das Recht zur Einsicht in die entscheidungserheblichen Unterlagen, sofern Gründe der Geheimhaltung nicht entgegenstehen. [3]Im Übrigen haben Gemeinderatsmitglieder ein Recht auf Akteneinsicht, wenn sie vom Gemeinderat durch Beschluss mit der Einsichtnahme beauftragt werden. [4]Das Verlangen zur Akteneinsicht ist gegenüber der ersten Bürgermeisterin oder dem ersten Bürgermeister geltend zu machen.

§ 4 Umgang mit Dokumenten und elektronischen Medien[3]

(1) [1]Der Verschwiegenheitspflicht unterfallende schriftliche und elektronische Dokumente sind so aufzubewahren, dass sie dem unbefugten Zugriff Dritter entzogen sind. [2]Im Umgang mit solchen Dokumenten beachten die Gemeinderatsmitglieder Geheimhaltungsinteressen und den Datenschutz. [3]Werden diese Dokumente für die Tätigkeit als Gemeinderatsmitglied nicht mehr benötigt, sind sie zurückzugeben oder datenschutzkonform zu vernichten bzw. zu löschen.

(2) [1]Beschlussvorlagen sind interne Ausarbeitungen der Verwaltung für den Gemeinderat. [2]Eine Veröffentlichung der Beschlussvorlagen und weiterer Sitzungsunterlagen durch Gemeinderatsmitglieder ist nur zulässig, wenn die erste Bürgermeisterin oder der erste Bürgermeister und der Gemeinderat unter Berücksichtigung des Datenschutzes zugestimmt haben und die Unterlagen nur Tatsachen enthalten, die offenkundig sind oder ihrer Bedeutung nach keiner Geheimhaltung bedürfen. [3]Die Veröffentlichung oder Weitergabe von Beschlussvorlagen und weiteren Sitzungsunterlagen zu nichtöffentlichen Sitzungen ist nicht zulässig.

---

3 Die im Rahmen der Mandatsausübung anfallenden Kosten für den Umgang mit elektronischen Dokumenten (Beschaffung eines Empfangsgeräts, Fertigung von Ausdrucken u.a.) und deren Schutz können z.B. über eine monatliche IT-Pauschale abgegolten werden.

(3) Die Gemeinderatsmitglieder, die über die technischen Voraussetzungen zum Versenden und Empfangen elektronischer Post verfügen, können der ersten Bürgermeisterin oder dem ersten Bürgermeister schriftlich eine elektronische Adresse mitteilen, an die Einladungen im Sinne des § 25 übersandt bzw. von der Anträge im Sinne des § 26 versandt werden.[4]

(4) [1]Die Nutzung elektronischer Medien während der Sitzung darf nur erfolgen, soweit durch sie eine aktive Sitzungsteilnahme nicht gefährdet und der Sitzungsverlauf nicht gestört wird. [2]Für die Fertigung von Ton- und Bildaufnahmen durch Gemeinderatsmitglieder gelten § 21 Abs. 2 Sätze 3 und 4 entsprechend.

§ 5 Fraktionen, Ausschussgemeinschaften

(1) [1]Gemeinderatsmitglieder können sich zur Erreichung gemeinsamer Ziele zu Fraktionen zusammenschließen. [2]Eine Fraktion muss mindestens ...[5] Mitglieder haben. [3]Die Bildung und Bezeichnung der Fraktionen sowie deren Vorsitzende und ihre Stellvertretung sind der ersten Bürgermeisterin oder dem ersten Bürgermeister mitzuteilen; diese oder dieser unterrichtet den Gemeinderat. [4]Satz 3 gilt entsprechend für während der Wahlzeit eintretende Änderungen des Stärkeverhältnisses der Fraktionen und Gruppen (Art. 33 Abs. 3 GO).

(2) [1]Einzelne Gemeinderatsmitglieder und kleine Gruppen oder Fraktionen, die aufgrund ihrer eigenen Stärke keine Vertretung in den Ausschüssen erreichen würden, können sich zur Entsendung gemeinsamer Vertreter in die Ausschüsse zusammenschließen (Ausschussgemeinschaften; Art. 33 Abs. 1 Satz 5 GO). [2]Absatz 1 Satz 3 gilt entsprechend.

---

4 Vgl. das Muster „Zugangseröffnung für die elektronische Kommunikation". Die Regelung des § 4 Abs. 3 kann entfallen, wenn die Ladung zur Gemeinderatssitzung, der Versand der Sitzungsunterlagen und die Antragstellung ausschließlich schriftlich (nach § 25 Variante 4, § 26 Variante 1) erfolgen und Niederschriften über öffentliche Sitzungen nicht elektronisch (vgl. § 35 Abs. 3) übermittelt werden sollen.

5 Vorschlag: 3 Mitglieder.

§ 6 Rechtsstellung der berufsmäßigen Gemeinderatsmitglieder, Aufgaben

[1]Die berufsmäßigen Gemeinderatsmitglieder haben in Angelegenheiten ihres Aufgabengebiets Antragsrecht und beratende Stimme (Art. 40 Satz 2 GO). [2]Weichen sie beim Vortrag im Gemeinderat von der Auffassung der ersten Bürgermeisterin oder des ersten Bürgermeisters ab, haben sie darauf ausdrücklich hinzuweisen.

III. Die Ausschüsse

1. Allgemeines

§ 7 Bildung, Vorsitz, Auflösung

Variante 1 (Hare-Niemeyer):

(1) [1]In den Ausschüssen nach § 2 der Satzung zur Regelung von Fragen des örtlichen Gemeindeverfassungsrechts sind die den Gemeinderat bildenden Fraktionen und Gruppen unter Berücksichtigung von Ausschussgemeinschaften gemäß ihren Vorschlägen nach dem Verhältnis ihrer Stärke vertreten (Art. 33 Abs. 1 Satz 2 GO); als Gruppe im Sinne dieser Vorschrift gelten auch einzelne Ratsmitglieder, die keiner Fraktion, Gruppe oder Ausschussgemeinschaft angehören. [2]Die Sitze werden nach dem Verfahren Hare-Niemeyer verteilt. [3]Dabei wird die Zahl der Gemeinderatssitze jeder Fraktion, Gruppe oder Ausschussgemeinschaft mit der Zahl der zu vergebenden Ausschusssitze multipliziert und durch die Gesamtzahl der Gemeinderatssitze geteilt. [4]Jede Fraktion, Gruppe oder Ausschussgemeinschaft erhält zunächst so viele Sitze, wie ganze Zahlen auf sie entfallen. [5]Die weiteren zu vergebenden Sitze sind in der Reihenfolge der höchsten Zahlenbruchteile, die sich bei der Berechnung nach Satz 3 ergeben, auf die Fraktionen, Gruppen oder Ausschussgemeinschaften zu verteilen. [6]Haben Fraktionen oder Gruppen den gleichen Anspruch auf einen Ausschusssitz, so entscheidet die größere Zahl der bei der Gemeinderatswahl auf die Wahlvorschläge der betroffenen Parteien oder Wählergruppen abgegebenen Stimmen; bei Beteiligung einer Ausschussgemeinschaft

entscheidet das Los (*Alternative Losentscheid:* [6]*Haben Fraktionen, Gruppen oder Ausschussgemeinschaften den gleichen Anspruch auf einen Ausschusssitz, so entscheidet das Los*). [7]Wird durch den Austritt oder Übertritt von Gemeinderatsmitgliedern das ursprüngliche Stärkeverhältnis der im Gemeinderat vertretenen Fraktionen und Gruppen verändert, so sind diese Änderungen nach den Sätzen 2 bis 5 auszugleichen (Art. 33 Abs. 3 Satz 1 GO); haben danach Fraktionen, Gruppen oder Ausschussgemeinschaften den gleichen Anspruch auf einen Ausschusssitz, so entscheidet das Los.

Variante 2 (Sainte-Laguë/Schepers):

(1) [1]In den Ausschüssen nach § 2 der Satzung zur Regelung von Fragen des örtlichen Gemeindeverfassungsrechts sind die den Gemeinderat bildenden Fraktionen und Gruppen unter Berücksichtigung von Ausschussgemeinschaften gemäß ihren Vorschlägen nach dem Verhältnis ihrer Stärke vertreten (Art. 33 Abs. 1 Satz 2 GO); als Gruppe im Sinne dieser Vorschrift gelten auch einzelne Ratsmitglieder, die keiner Fraktion, Gruppe oder Ausschussgemeinschaft angehören. [2]Die Sitze werden nach dem Verfahren Sainte-Laguë/Schepers verteilt. [3]Dabei wird die Zahl der Gemeinderatssitze jeder Fraktion, Gruppe oder Ausschussgemeinschaft nacheinander so lange durch 1, 3, 5, 7 usw. geteilt, bis so viele Teilungszahlen ermittelt sind, wie Ausschusssitze zu vergeben sind. [4]Jeder Fraktion, Gruppe oder Ausschussgemeinschaft wird sodann der Reihe nach so oft ein Sitz zugeteilt, wie sie jeweils die höchste Teilungszahl aufweist. [5]Haben Fraktionen, Gruppen oder Ausschussgemeinschaften den gleichen Anspruch auf einen Ausschusssitz, so entscheidet das Los (*Alternative Rückgriff auf die Zahl der Wählerstimmen:* [5]*Haben Fraktionen oder Gruppen den gleichen Anspruch auf einen Ausschusssitz, so entscheidet die größere Zahl der bei der Gemeinderatswahl auf die Wahlvorschläge der betroffenen Parteien oder Wählergruppen abgegebenen Stimmen; bei Beteiligung einer Ausschussgemeinschaft entscheidet das Los*). [6]Wird durch den Austritt oder Übertritt von Gemeinderatsmitgliedern das ursprüngliche Stärkeverhältnis der im Gemeinderat vertretenen Fraktionen und Gruppen verändert, so sind diese Änderungen nach den Sätzen 2 bis 4 auszugleichen; haben danach Fraktio-

Muster

nen, Gruppen oder Ausschussgemeinschaften den gleichen Anspruch auf einen Ausschusssitz, so entscheidet das Los. [7]Das in Satz 2 festgelegte Verfahren ist ausgeschlossen, wenn die Sitzverteilung im Einzelfall zu einer Überaufrundung einer Fraktion, Gruppe oder Ausschussgemeinschaft zu Lasten einer anderen führt und diese Überaufrundung durch alternative Verfahren (Hare-Niemeyer oder d'Hondt) vermieden wird, ohne dass jene Verfahren zu einer Unterrepräsentation anderer Fraktionen, Gruppen oder Ausschussgemeinschaften in Bezug auf deren rechnerische Sitzanteile führen. [8]Eine Überaufrundung im Sinne von Satz 7 liegt vor, wenn das Berechnungsverfahren bei einer Fraktion, Gruppe oder Ausschussgemeinschaft eine Aufrundung um mehr als 0,99 der dieser nach der strengen Proportionalberechnung zustehenden Anzahl der Ausschusssitze bewirkt oder bewirken kann. [9]Bei Anwendung des alternativen Verfahrens nach Hare-Niemeyer wird die Zahl der Gemeinderatssitze jeder Fraktion, Gruppe oder Ausschussgemeinschaft mit der Zahl der zu vergebenden Ausschusssitze multipliziert und durch die Gesamtzahl der Gemeinderatssitze geteilt; jede Fraktion, Gruppe oder Ausschussgemeinschaft erhält zunächst so viele Sitze, wie ganze Zahlen auf sie entfallen; die weiteren zu vergebenden Sitze sind in der Reihenfolge der höchsten Zahlenbruchteile, die sich bei der Berechnung ergeben, auf die Fraktionen, Gruppen oder Ausschussgemeinschaften zu verteilen. [10]Bei Anwendung des alternativen Verfahrens nach d'Hondt wird die Zahl der Gemeinderatssitze jeder Fraktion, Gruppe oder Ausschussgemeinschaft nacheinander so lange durch 1, 2, 3, 4 usw. geteilt, bis so viele Teilungszahlen ermittelt sind, wie Ausschusssitze zu vergeben sind; jeder Fraktion, Gruppe oder Ausschussgemeinschaft wird sodann der Reihe nach so oft ein Sitz zugeteilt, wie sie jeweils die höchste Teilungszahl aufweist.

Variante 3 (D'Hondt):

(1) [1]In den Ausschüssen nach § 2 der Satzung zur Regelung von Fragen des örtlichen Gemeindeverfassungsrechts sind die den Gemeinderat bildenden Fraktionen und Gruppen unter Berücksichtigung von Ausschussgemeinschaften gemäß ihren Vorschlägen nach dem Verhältnis ihrer Stärke vertreten (Art. 33 Abs. 1 Satz 2 GO); als Gruppe im Sinne dieser Vorschrift gelten

auch einzelne Ratsmitglieder, die keiner Fraktion, Gruppe oder Ausschussgemeinschaft angehören. [2]Die Sitze werden nach dem Verfahren d´Hondt verteilt. [3]Dabei wird die Zahl der Gemeinderatssitze jeder Fraktion, Gruppe oder Ausschussgemeinschaft nacheinander so lange durch 1, 2, 3, 4 usw. geteilt, bis so viele Teilungszahlen ermittelt sind, wie Ausschusssitze zu vergeben sind. [4]Jeder Fraktion, Gruppe oder Ausschussgemeinschaft wird sodann der Reihe nach so oft ein Sitz zugeteilt, wie sie jeweils die höchste Teilungszahl aufweist.[5]Haben Fraktionen, Gruppen oder Ausschussgemeinschaften den gleichen Anspruch auf einen Ausschusssitz, so entscheidet das Los (*Alternative Rückgriff auf die Zahl der Wählerstimmen: [5]Haben Fraktionen oder Gruppen den gleichen Anspruch auf einen Ausschusssitz, so entscheidet die größere Zahl der bei der Gemeinderatswahl auf die Wahlvorschläge der betroffenen Parteien oder Wählergruppen abgegebenen Stimmen; bei Beteiligung einer Ausschussgemeinschaft entscheidet das Los*). [6]Wird durch den Austritt oder Übertritt von Gemeinderatsmitgliedern das ursprüngliche Stärkeverhältnis der im Gemeinderat vertretenen Fraktionen und Gruppen verändert, so sind diese Änderungen nach den Sätzen 2 bis 4 auszugleichen; haben danach Fraktionen, Gruppen oder Ausschussgemeinschaften den gleichen Anspruch auf einen Ausschusssitz, so entscheidet das Los. [7]Das in Satz 2 festgelegte Verfahren ist ausgeschlossen, wenn die Sitzverteilung im Einzelfall zu einer Überaufrundung einer Fraktion, Gruppe oder Ausschussgemeinschaft zu Lasten einer anderen führt und diese Überaufrundung durch alternative Verfahren (Hare-Niemeyer oder Sainte-Laguë/Schepers) vermieden wird, ohne dass jene Verfahren zu einer Unterrepräsentation anderer Fraktionen, Gruppen oder Ausschussgemeinschaften in Bezug auf deren rechnerische Sitzanteile führen. [8]Eine Überaufrundung im Sinne von Satz 7 liegt vor, wenn das Berechnungsverfahren bei einer Fraktion, Gruppe oder Ausschussgemeinschaft eine Aufrundung um mehr als 0,99 der dieser nach der strengen Proportionalberechnung zustehenden Anzahl der Ausschusssitze bewirkt oder bewirken kann. [9]Bei Anwendung des alternativen Verfahrens nach Hare-Niemeyer wird die Zahl der Gemeinderatssitze jeder Fraktion, Gruppe oder Ausschussgemeinschaft mit der Zahl der zu vergebenden Ausschusssitze multipliziert und durch die Gesamtzahl der Gemeinderatssitze geteilt; jede Fraktion, Gruppe oder Ausschussgemeinschaft erhält zunächst so viele Sitze, wie ganze Zahlen auf sie entfallen; die weiteren zu vergebenden Sitze sind in der Reihenfolge der höchsten Zahlenbruchteile, die sich bei der Berechnung ergeben, auf die Fraktionen, Gruppen oder Ausschussgemeinschaften zu verteilen. [10]Bei Anwendung des alternativen Verfahrens nach Sainte-Laguë/Schepers wird die Zahl der Gemeinderatssitze jeder Fraktion, Gruppe oder Ausschussgemeinschaft nacheinander so lange durch 1, 3, 5, 7 usw. geteilt, bis so viele Teilungszahlen ermittelt sind, wie Ausschusssitze zu vergeben sind; jeder Fraktion, Gruppe oder Ausschussgemeinschaft wird sodann der Reihe nach so oft ein Sitz zugeteilt, wie sie jeweils die höchste Teilungszahl aufweist.

(2) Für jedes Ausschussmitglied *wird/werden* für den Fall seiner Verhinderung auf Vorschlag der Fraktion, Gruppe oder Ausschussgemeinschaft *eine Stellvertreterin oder ein Stellvertreter/ eine erste und eine zweite Stellvertretung* namentlich bestellt.

Alternative (gleiche Stellvertretungsreihenfolge):

(2) Für die Mitglieder eines Ausschusses werden für den Fall ihrer Verhinderung je Fraktion, Gruppe oder Ausschussgemeinschaft auf deren Vorschlag stellvertretende Mitglieder in einer bestimmten Reihenfolge namentlich bestellt.

(3) [1]Den Vorsitz in den Ausschüssen führt die erste Bürgermeisterin oder der erste Bürgermeister, einer ihrer oder seiner Stellvertretungen oder ein von der ersten Bürgermeisterin oder vom ersten Bürgermeister bestimmtes Gemeinderatsmitglied (Art. 33 Abs. 2 Satz 1 GO). [2]Ist die den Vorsitz übernehmende Person bereits Mitglied des Ausschusses, nimmt deren Stellvertretung für die Dauer der Übertragung den Sitz im Ausschuss ein (Art. 33 Abs. 2 Satz 2 GO). [3]Den Vorsitz im Rechnungsprüfungsausschuss führt ein vom Gemeinderat bestimmtes Ausschussmitglied (Art. 103 Abs. 2 GO).

(4) Der Gemeinderat kann Ausschüsse jederzeit auflösen (Art. 32 Abs. 5 GO); das gilt nicht für Ausschüsse, die gesetzlich vorgeschrieben sind.

2. Aufgaben der Ausschüsse

§ 8 Vorberatende Ausschüsse

(1) [1]Vorberatende Ausschüsse haben die Aufgabe, die ihnen übertragenen Gegenstände für die Beratung in der Vollversammlung des Gemeinderats vorzubereiten und einen Beschlussvorschlag zu unterbreiten. [2]Berührt eine Angelegenheit das Arbeitsgebiet mehrerer vorberatender Ausschüsse, können diese zu gemeinsamen Sitzungen zusammentreten.

(2) Es werden folgende vorberatende Ausschüsse mit nachstehendem Aufgabenbereich gebildet:

1. Haupt- und Finanzausschuss:
   a) Vorbereitung der Haushaltssatzung und der Nachtragshaushaltssatzung einschließlich Anlagen und Bestandteilen
   b) ......
2. ...

§ 9 Beschließende Ausschüsse

(1) Beschließende Ausschüsse erledigen die ihnen übertragenen Angelegenheiten selbstständig anstelle des Gemeinderats.

(2) [1]Die Entscheidungen beschließender Ausschüsse stehen unbeschadet Art. 88 GO unter dem Vorbehalt der Nachprüfung durch den Gemeinderat. [2]Eine Nachprüfung muss nach Art. 32 Abs. 3 GO erfolgen, wenn die erste Bürgermeisterin oder der erste Bürgermeister oder deren oder dessen Stellvertretung im Ausschuss, ein Drittel der stimmberechtigten Ausschussmitglieder oder ein Viertel der Gemeinderatsmitglieder die Nachprüfung durch den Gemeinderat beantragt. [3]Der Antrag muss schriftlich, spätestens am siebten Tag nach der Ausschusssitzung bei der ersten Bürgermeisterin oder beim ersten Bürgermeister eingehen. [4]Soweit Beschlüsse die Rechte Dritter berühren, werden sie erst nach Ablauf einer Frist von einer Woche wirksam.

(3) Die beschließenden Ausschüsse haben im Einzelnen folgende Aufgabenbereiche:

1. Haupt- und Finanzausschuss:
   a) Angelegenheiten mit finanziellen Auswirkungen für die Gemeinde, soweit sie keinem anderen Ausschuss übertragen sind:
      – die Bewirtschaftung von Haushaltsmitteln bis zu einem Betrag von ...... € im Einzelfall,
      – der Erlass, die Niederschlagung, die Stundung und die Aussetzung der Vollziehung von Abgaben, insbesondere von Steuern, Beiträgen und Gebühren sowie von sonstigen Forderungen bis zu folgenden Beträgen im Einzelfall:

        – Erlass ...... €
        – Niederschlagung ...... €
        – Stundung ...... €
        – Aussetzung der Vollziehung ...... €

      – die Entscheidung über überplanmäßige Ausgaben bis zu einem Betrag von ...... € und über außerplanmäßige Ausgaben bis zu einem Betrag von ...... € im Einzelfall, soweit sie unabweisbar sind und die Deckung gewährleistet ist (Art. 66 Abs. 1 Satz 1 GO),
      – Entscheidungen jeder Art mit finanziellen Auswirkungen für die Gemeinde, insbesondere der Abschluss von Verträgen und sonstiger Rechtsgeschäfte sowie die Wahrnehmung von Rechten und Pflichten der Gemeinde, bis zu einem Betrag oder – falls dieser nicht feststeht – einer Wertgrenze oder einem geschätzten Auftragswert von ...... €,
      – die Gewährung von Zuschüssen, auch in der Form unentgeltlicher Nutzungsüberlassung von Räumen, an Vereine und Verbände bis zu einem Betrag von ...... € je Einzelfall,
      – Grundsätze für Geldanlagen, für Kreditaufnahmen und für den An- und Verkauf von Wertpapieren,

b) Personalangelegenheiten der gemeindlichen Beamtinnen und Beamten ab Besoldungsgruppe A9 bis Besoldungsgruppe...[6] und der Arbeitnehmerinnen und Arbeitnehmern ab Entgeltgruppe 9a des TVöD oder ab einem entsprechenden Entgelt bis Entgeltgruppe...[7] oder einem entsprechenden Entgelt mit Ausnahme der Bürgermeisterinnen und Bürgermeister und der berufsmäßigen Gemeinderatsmitglieder; die Befugnisse nach Art. 43 Abs. 1 Satz 1 GO werden insoweit hiermit vom Gemeinderat übertragen (Art. 43 Abs. 1 Satz 2 GO); Abs. 3 Nr. 3 bleibt unberührt,
c) personenbezogene Entscheidungen, zu denen die Gemeinde in sonstiger Weise berufen ist, z.B. die Bestätigung der Feuerwehrkommandantin oder des Feuerwehrkommandanten, die Benennung und Abberufung der oder des behördlichen Datenschutzbeauftragten usw.,
d) die Beschaffung von Dienstfahrzeugen für Bürgermeisterinnen und Bürgermeister sowie berufsmäßige Gemeinderatsmitglieder,
e) Abschluss von Zweckvereinbarungen ohne Befugnisübertragungen,

soweit nicht die erste Bürgermeisterin oder der erste Bürgermeister dafür zuständig ist.

2. Bau- und Umweltausschuss:
   a) Erlass, Änderung und Aufhebung von Bebauungsplänen und sonstigen Satzungen nach den Vorschriften des Ersten Kapitels des Baugesetzbuchs sowie aller örtlichen Bauvorschriften im Sinne des Art. 81 der Bayerischen Bauordnung, auch in den Fällen des Art. 81 Abs. 2 der Bayerischen Bauordnung,
   b) Erteilung des gemeindlichen Einvernehmens nach § 36 BauGB, der Zustimmung nach § 36a BauGB und sonstiger Zustimmungen zu Bauvorhaben,
   c) Vergabe von Aufträgen für Bauvorhaben der Gemeinde bis zu einer Wertgrenze von ...... €,

---

6 Diese Regelung ist auf § 2 Nr. 18 abzustimmen.

7 Diese Regelung ist auf § 2 Nr. 19 abzustimmen.

d) Wahrnehmung der Beteiligtenrechte in Raumordnungs- und Planfeststellungsverfahren sowie in der Bauleitplanung anderer Gemeinden,
e) Ausübung von Vorkaufsrechten,
f) grundsätzliche Fragen des Straßenverkehrsrechts, Verkehrsplanungen,
g) Entscheidungen über Widmungen, Umstufungen oder Einziehungen nach Straßen- und Wegerecht,
h) Umlegungsverfahren, Grenzregelungsverfahren,
i) Abschluss von städtebaulichen Verträgen und Erschließungsverträgen,
j) Angelegenheiten des Natur- und Umweltschutzes einschließlich Umweltverträglichkeitsprüfungen,
k) Entscheidungen in Mobilfunkangelegenheiten,
l) ....

soweit nicht die erste Bürgermeisterin oder der erste Bürgermeister dafür zuständig ist.

3. Werkausschuss:
Alle Angelegenheiten der gemeindlichen Eigenbetriebe, soweit nicht der Gemeinderat zur Entscheidung ausschließlich zuständig ist, sich die Entscheidung allgemein vorbehält oder im Einzelfall an sich zieht oder es sich um Angelegenheiten der laufenden Geschäftsführung des Eigenbetriebs handelt.

(4) Bei wiederkehrenden Leistungen ist für die Bemessung von Beträgen oder Wertgrenzen nach Abs. 3 der Zeitraum maßgeblich, für den die rechtliche Bindung bestehen soll; ist dieser Zeitraum nicht bestimmbar, so ist der fünffache Jahresbetrag anzusetzen.

§ 10 Rechnungsprüfungsausschuss

Der Rechnungsprüfungsausschuss prüft die Jahresrechnung und die Jahresabschlüsse der Eigenbetriebe und der Krankenhäuser mit kaufmännischem Rechnungswesen (örtliche Rechnungsprüfung, Art. 103 Abs. 1 GO).

Zusatz für Gemeinden mit Rechnungsprüfungsamt:

[2]Das Rechnungsprüfungsamt ist umfassend als Sachverständiger einzubeziehen (Art. 103 Abs. 3 Satz 2 GO). [3]Besondere Auf-

träge zur Prüfung können dem Rechnungsprüfungsamt nur von der ersten Bürgermeisterin bzw. vom ersten Bürgermeister oder vom Gemeinderat erteilt werden, soweit diese Befugnis nicht auf einen beschließenden Ausschuss übertragen wurde (Art. 104 Abs. 2 GO).

IV. Die erste Bürgermeisterin oder der erste Bürgermeister

1. Aufgaben

§ 11 Vorsitz im Gemeinderat

(1) [1]Die erste Bürgermeisterin oder der erste Bürgermeister führt den Vorsitz im Gemeinderat (Art. 36 GO). [2]Sie oder er bereitet die Beratungsgegenstände vor und beruft die Sitzungen ein (Art. 46 Abs. 2 GO). [3]In den Sitzungen leitet sie oder er die Beratung und die Abstimmung, handhabt die Ordnung und übt das Hausrecht aus (Art. 53 Abs. 1 GO).

(2) [1]Hält die erste Bürgermeisterin oder der erste Bürgermeister Entscheidungen des Gemeinderats oder eines beschließenden Ausschusses für rechtswidrig, verständigt sie oder er den Gemeinderat oder den Ausschuss von ihrer oder seiner Auffassung und setzt den Vollzug vorläufig aus. [2]Wird die Entscheidung aufrechterhalten, führt sie oder er die Entscheidung der Rechtsaufsichtsbehörde herbei (Art. 59 Abs. 2 GO).

§ 12 Leitung der Gemeindeverwaltung, Allgemeines

(1) [1]Die erste Bürgermeisterin oder der erste Bürgermeister leitet und verteilt im Rahmen der Geschäftsordnung die Geschäfte (Art. 46 Abs. 1 GO). [2]Sie oder er kann dabei einzelne ihrer oder seiner Befugnisse den weiteren Bürgermeisterinnen und Bürgermeistern, nach deren Anhörung auch einem Gemeinderatsmitglied und in den Angelegenheiten der laufenden Verwaltung Bediensteten der Gemeinde übertragen (Art. 39 Abs. 2 GO). [3]Geschäftsverteilung und Befugnisregelung sollen übereinstimmen.

(2) [1]Die erste Bürgermeisterin oder der erste Bürgermeister vollzieht die Beschlüsse des Gemeinderats und seiner Ausschüsse

(Art. 36 GO). [2]Über Hinderungsgründe unterrichtet sie oder er den Gemeinderat oder den Ausschuss unverzüglich.

(3) [1]Die erste Bürgermeisterin oder der erste Bürgermeister führt die Dienstaufsicht über die Gemeindebediensteten und übt die Befugnisse der oder des Dienstvorgesetzten gegenüber den Gemeindebeamtinnen und Gemeindebeamten aus (Art. 37 Abs. 4, Art. 43 Abs. 3 GO). [2]Art. 88 Abs. 3 Satz 3 GO bleibt unberührt.

(4) [1]Die erste Bürgermeisterin oder der erste Bürgermeister verpflichtet die weiteren Bürgermeisterinnen und Bürgermeister schriftlich, alle Angelegenheiten geheim zu halten, die im Interesse der Sicherheit oder anderer wichtiger Belange der Bundesrepublik oder eines ihrer Länder Unbefugten nicht bekannt werden dürfen. [2]In gleicher Weise verpflichtet sie oder er Gemeinderatsmitglieder und Gemeindebedienstete, bevor sie mit derartigen Angelegenheiten befasst werden (Art. 56a GO).

§ 13 Einzelne Aufgaben der ersten Bürgermeisterin oder des ersten Bürgermeisters

(1) Die erste Bürgermeisterin oder der erste Bürgermeister erledigt in eigener Zuständigkeit

1. die laufenden Angelegenheiten, die für die Gemeinde keine grundsätzliche Bedeutung haben und keine erheblichen Verpflichtungen erwarten lassen (Art. 37 Abs. 1 Satz 1 Nr. 1 GO),
2. die den Gemeinden durch ein Bundesgesetz oder auf Grund eines Bundesgesetzes übertragenen hoheitlichen Aufgaben in Angelegenheiten der Verteidigung einschließlich des Wehrersatzwesens und des Schutzes der Zivilbevölkerung, soweit nicht für haushalts- oder personalrechtliche Entscheidungen der Gemeinderat zuständig ist (Art. 37 Abs. 1 Satz 1 Nr. 2 GO),
3. die Angelegenheiten, die im Interesse der Sicherheit der Bundesrepublik oder eines ihrer Länder geheim zu halten sind (Art. 37 Abs. 1 Satz 1 Nr. 3 GO),
4. die ihm vom Gemeinderat nach Art. 37 Abs. 2 Satz 1 GO übertragenen Angelegenheiten,

5. die Entscheidung über die Ernennung, Beförderung, Abordnung, Versetzung, Zuweisung an eine Einrichtung, Ruhestandsversetzung und Entlassung von Beamtinnen und Beamten bis zur Besoldungsgruppe A 8 (Art. 43 Abs. 2 Satz 1 GO),
6. die Entscheidung über die Einstellung, Höhergruppierung (nicht nur vorübergehende Übertragung einer höherwertigen Tätigkeit), Abordnung, Versetzung, Zuweisung an einen Dritten, Beschäftigung mittels Personalgestellung und Entlassung von Arbeitnehmerinnen und Arbeitnehmern bis zur Entgeltgruppe 8 des TVöD oder bis zu einem entsprechenden Entgelt (Art. 43 Abs. 2 Satz 1 GO),
7. die vorübergehende Übertragung einer höher zu bewertenden Tätigkeit auf eine Arbeitnehmerin oder einen Arbeitnehmer im Geltungsbereich des TVöD oder eines entsprechenden Tarifvertrags,
8. dringliche Anordnungen und unaufschiebbare Geschäfte (Art. 37 Abs. 3 GO),
9. die Aufgaben als Vorsitzende oder Vorsitzender des Verwaltungsrats selbstständiger Kommunalunternehmen des öffentlichen Rechts (Art. 90 Abs. 3 Satz 2 GO),
10. die Vertretung der Gemeinde in Unternehmen in Privatrechtsform (Art. 93 Abs. 1 GO).
    Variante Übertragung Vertretungsmacht:
    In Bezug auf die … (z.B. Gemeindewerke GmbH)[8] *werden der ersten Bürgermeisterin oder dem ersten Bürgermeister die Entscheidungen über … (z.B. bestimmte in der Gesellschafterversammlung zu beschließende Angelegenheiten; Rechtsgeschäfte bis zu einem bestimmten Betrag, die der Zustimmung der Gesellschafterversammlung bedürfen) zur selbständigen Erledigung übertragen (Art. 37 Abs. 2 Satz 1 GO).*

8 Eine Übertragung der Vertretungsmacht ist je nach Bedeutung der Angelegenheit für die Gemeinde in Bezug auf alle oder auch einzelne gemeindliche Unternehmen in Privatrechtsform jeweils vollständig oder beschränkt auf bestimmte Angelegenheiten, die in die Zuständigkeit der Gesellschafterversammlung oder eines entsprechenden Organs fallen, möglich. Art. 32 Abs. 2 Satz 2 Nr. 7 GO ist zu beachten.

(2) Zu den Aufgaben der ersten Bürgermeisterin oder des ersten Bürgermeisters gehören insbesondere auch:

1. in Personalangelegenheiten der Gemeindebediensteten:
   a) der Vollzug zwingender gesetzlicher oder tarifrechtlicher Vorschriften sowie etwaiger Grundsatzbeschlüsse des Gemeinderats,
   b) Entscheidungen im Zusammenhang mit Nebentätigkeiten.
2. in allen Angelegenheiten mit finanziellen Auswirkungen für die Gemeinde:
   a) die Bewirtschaftung von Haushaltsmitteln
      – im Vollzug zwingender Rechtsvorschriften und im Rahmen von Richtlinien des Gemeinderats, in denen die Leistungen nach Voraussetzung und Höhe festgelegt sind,
      – im Übrigen bis zu einem Betrag von ...... € im Einzelfall[9],
   b) der Erlass, die Niederschlagung, die Stundung und die Aussetzung der Vollziehung von Abgaben, insbesondere von Steuern, Beiträgen und Gebühren sowie von sonstigen Forderungen bis zu folgenden Beträgen im Einzelfall:

      – Erlass ...... €[10]
      – Niederschlagung ...... €[11]
      – Stundung ...... €[12]
      – Aussetzung der Vollziehung ...... €[13]

   c) die Entscheidung über überplanmäßige Ausgaben bis zu einem Betrag von ...... €[14] und über außerplanmäßige Ausgaben bis zu einem Betrag von ...... €[15] im Einzelfall,

---

9 Es wird vorgeschlagen, je nach Größe der Gemeinde 6 bis 8 € (brutto) je Einwohnerin und Einwohner festzusetzen. .

10 Vorschlag: 10 % von Fußnote 9.

11 Vorschlag: 50 % von Fußnote 9.

12 Vorschlag: bis zu einem Jahr wie Fußnote 9, über einem Jahr 50 % davon.

13 Vorschlag: 50 % von Fußnote 9.

14 Vorschlag: 50 % von Fußnote 9.

15 Vorschlag: 25 % von Fußnote 9.

soweit sie unabweisbar sind und die Deckung gewährleistet ist (Art. 66 Abs. 1 Satz 1 GO),

d) Handlungen oder Unterlassen jeder Art mit Auswirkungen für die Gemeinde, insbesondere der Abschluss von Verträgen und sonstiger Rechtsgeschäfte sowie die Wahrnehmung von Rechten und Pflichten der Gemeinde, bis zu einem Betrag oder – falls dieser zum Zeitpunkt der Handlung oder des Unterlassens nicht feststeht – einer Wertgrenze oder einem geschätzten Auftragswert von ...... €[16],

e) Nachträge zu Verträgen und Rechtsgeschäften außerhalb der Bewirtschaftungsbefugnis nach Buchst. a (entweder bereits ohne Nachtrag oder erstmalig aufgrund Summierung mit Nachträgen), die einzeln oder zusammen die ursprünglich vereinbarte Auftragssumme um nicht mehr als 10 %, insgesamt jedoch nicht mehr als ...... €[17] erhöhen,

f) die Gewährung von Zuschüssen, auch in der Form unentgeltlicher Nutzungsüberlassung von Räumen, an Vereine und Verbände bis zu einem Betrag von ...... €[18] je Einzelfall.

3. in allgemeinen Rechts- und Verwaltungsangelegenheiten:

a) die Behandlung von Rechtsbehelfen einschließlich Abhilfeverfahren, die Abgabe von Prozesserklärungen einschließlich Klageerhebung, Einlegung von Rechtsmitteln und Abschluss von Vergleichen sowie die Erteilung des Mandats an eine Prozessbevollmächtigte oder einen Prozessbevollmächtigten, wenn die finanzielle Auswirkung auf die Gemeinde bzw., falls diese nicht bestimmbar ist, der Streitwert voraussichtlich ...... €[19] nicht übersteigt und die Angelegenheit keine grundsätzliche Bedeutung hat,

b) Angelegenheiten des übertragenen Wirkungskreises, soweit sie nicht dem Gemeinderat oder einem Ausschuss vorbehalten sind (§§ 2, 9), insbesondere Staatsangehörigkeits- und Personenstandswesen, Meldewesen, Wahlrecht

16 Vorschlag: wie Fußnote 9.

17 Vorschlag: bis zu 50 % von Fußnote 9.

18 Vorschlag: 10 % von Fußnote 9 im Einzelfall.

19 Vorschlag: wie Fußnote 9.

und Statistik, Gesundheits- und Veterinärwesen, öffentliches Versicherungswesen, Lastenausgleich.

4. in Bauangelegenheiten:
   a) die Abgabe der Erklärung der Gemeinde nach Art. 58 Abs. 1 Satz 1 Nr. 5 bzw. die Mitteilung nach Art. 58 Abs. 2 Satz 6 BayBO,
   b) die Behandlung der Anzeige nach Art. 57 Abs. 5 Satz 2 BayBO,
   c) die Erteilung des gemeindlichen Einvernehmens nach Art. 65 Abs. 1 Satz 4 BayBO, § 36 BauGB und Art. 63 Abs. 3 Satz 2 Halbsatz 1 BayBO für Gebäude der Gebäudeklassen 1 bis 3 sowie für bauliche Anlagen, die keine Gebäude sind, mit einer Höhe bis zu 10 m
      – im Geltungsbereich eines Bebauungsplans nach § 30 Abs. 1 BauGB oder eines vorhabenbezogenen Bebauungsplans nach § 30 Abs. 2 BauGB, soweit für das Vorhaben die Erteilung nur geringfügiger Ausnahmen und Befreiungen nach § 31 BauGB erforderlich ist,[20] oder
      – innerhalb eines im Zusammenhang bebauten Ortsteils,
   d) die Zustimmung nach § 36a BauGB für Gebäude der Gebäudeklassen 1 bis 3 bei Abweichungen, die einem Einzelvorhaben nach § 246e Abs. 1 Satz 1 Nr. 2 oder 3 dienen und keinen erheblichen Abweichungsumfang[21] aufweisen,
      – im Geltungsbereich eines Bebauungsplans nach § 30 Abs. 1 BauGB oder eines vorhabenbezogenen Bebauungsplans nach § 30 Abs. 2 BauGB, oder
      – innerhalb eines im Zusammenhang bebauten Ortsteils,
   e) die Zulassung von isolierten Abweichungen im Sinne des Art. 63 Abs. 3 Satz 1 BayBO,

---

20 Kriterien für die „Geringfügigkeit“ können ggf. unter Berücksichtigung der jeweiligen örtlichen Verhältnisse und der Festsetzungen des betreffenden Bebauungsplans vorab im Rat entwickelt werden.

21 Kriterien für die „Erheblichkeit“ können ggf. unter Berücksichtigung der jeweiligen örtlichen Verhältnisse und der Festsetzungen des betreffenden Bebauungsplans vorab im Rat entwickelt werden.

f) die Erteilung von Negativzeugnissen nach § 28 Abs. 1 Satz 3 BauGB bei Nichtbestehen eines Vorkaufsrechts.

(3) Bei wiederkehrenden Leistungen ist für die Bemessung von Wertgrenzen nach Abs. 2 der Zeitraum maßgeblich, für den die rechtliche Bindung bestehen soll; ist dieser Zeitraum nicht bestimmbar, so ist der fünffache Jahresbetrag anzusetzen.

(4) Soweit die Aufgaben nach Absatz 1 Nr. 7 und Absatz 2 nicht unter Art. 37 Abs. 1 Satz 1 GO fallen, werden sie hiermit der ersten Bürgermeisterin oder dem ersten Bürgermeister gemäß Art. 37 Abs. 2 GO zur selbstständigen Erledigung übertragen.

§ 14 Vertretung der Gemeinde nach außen

(1) Die Befugnis der ersten Bürgermeisterin oder des ersten Bürgermeisters zur Vertretung der Gemeinde nach außen bei der Abgabe von rechtserheblichen Erklärungen (Art. 38 Abs. 1 GO) beschränkt sich auf den Vollzug der einschlägigen Beschlüsse des Gemeinderats und der beschließenden Ausschüsse, soweit die erste Bürgermeisterin oder der erste Bürgermeister nicht gemäß § 13 zum selbstständigen Handeln befugt ist.

(2) Die erste Bürgermeisterin oder der erste Bürgermeister kann im Rahmen ihrer oder seiner Vertretungsbefugnis unter Beachtung des Art. 39 Abs. 2 GO anderen Personen Vollmacht zur Vertretung der Gemeinde erteilen.

§ 15 Abhalten von Bürgerversammlungen

(1) [1]Die erste Bürgermeisterin oder der erste Bürgermeister beruft mindestens einmal jährlich, auf Verlangen des Gemeinderats auch öfter, eine Bürgerversammlung ein (Art. 18 Abs. 1 GO). [2]Den Vorsitz in der Versammlung führt die erste Bürgermeisterin oder der erste Bürgermeister oder eine von ihr oder ihm bestellte Vertretung.

(2) Auf Antrag von Gemeindebürgerinnen und Gemeindebürgern nach Art. 18 Abs. 2 GO beruft die erste Bürgermeisterin oder der erste Bürgermeister darüber hinaus eine weitere Bürgerversammlung ein, die innerhalb von drei Monaten nach Eingang des Antrags bei der Gemeinde stattzufinden hat.

§ 16 Sonstige Geschäfte

Die Befugnisse der ersten Bürgermeisterin oder des ersten Bürgermeisters, die außerhalb der Gemeindeordnung gesetzlich festgelegt sind (z.B. Wahrnehmung der standesamtlichen Geschäfte, Aufnahme von Nottestamenten usw.), bleiben unberührt.

2. Stellvertretung

§ 17 Weitere Bürgermeisterinnen und Bürgermeister, weitere Stellvertretung, Aufgaben

(1) Die erste Bürgermeisterin oder der erste Bürgermeister wird im Fall der Verhinderung von der zweiten Bürgermeisterin oder dem zweiten Bürgermeister und, wenn diese oder dieser ebenfalls verhindert ist, von der dritten Bürgermeisterin oder dem dritten Bürgermeister vertreten (Art. 39 Abs. 1 Satz 1 GO).

(2) Für den Fall gleichzeitiger Verhinderung der Bürgermeisterinnen und Bürgermeister bestimmt der Gemeinderat aus seiner Mitte gemäß Art. 39 Abs. 1 Satz 2 GO weitere Stellvertretungen in folgender Reihenfolge:

....

....

....

(3) Die Stellvertreterin oder der Stellvertreter übt im Verhinderungsfall die gesamten gesetzlichen und geschäftsordnungsmäßigen Befugnisse der ersten Bürgermeisterin oder des ersten Bürgermeisters aus.

(4) [1]Ein Fall der Verhinderung liegt vor, wenn die zu vertretende Person aus tatsächlichen oder rechtlichen Gründen, insbesondere wegen Abwesenheit, Urlaub, Krankheit, vorläufiger Dienstenthebung oder persönlicher Beteiligung nicht in der Lage ist, ihr Amt auszuüben. [2]Ist die zu vertretende Person bei Abwesenheit gleichwohl dazu in der Lage, die Amtsgeschäfte auszuüben und bei Bedarf wieder rechtzeitig vor Ort zu sein, liegt ein Fall der Verhinderung nicht vor.

V. Ortssprecherinnen und Ortssprecher

§ 18 Rechtsstellung, Aufgaben

(1) [1]Ortssprecherinnen und Ortssprecher sind ehrenamtlich tätige Gemeindebürgerinnen oder Gemeindebürger mit beratenden Aufgaben. [2]Sie haben das Recht, an allen Sitzungen des Gemeinderats und seiner Ausschüsse mit beratender Stimme teilzunehmen und Anträge zu stellen.

(2) Ortssprecherinnen und Ortssprecher werden zu den Sitzungen eingeladen; § 25 gilt entsprechend.

B. Der Geschäftsgang

I. Allgemeines

§ 19 Verantwortung für den Geschäftsgang

(1) [1]Gemeinderat und erste Bürgermeisterin oder erster Bürgermeister sorgen für den ordnungsgemäßen Gang der Geschäfte, insbesondere für den Vollzug der gesetzlichen Vorschriften im eigenen und im übertragenen Wirkungskreis und für die Durchführung der gesetzmäßigen Anordnungen und Weisungen der Staatsbehörden. [2]Sie schaffen die dazu erforderlichen Einrichtungen (Art. 56 Abs. 2, Art. 59 Abs. 1 GO).

(2) [1]Eingaben und Beschwerden der Gemeindeeinwohnerinnen und Gemeindeeinwohner an den Gemeinderat (Art. 56 Abs. 3 GO) werden durch die Verwaltung vorbehandelt und sodann dem Gemeinderat oder dem zuständigen beschließenden Ausschuss vorgelegt. [2]Eingaben, die in den Zuständigkeitsbereich der ersten Bürgermeisterin oder des ersten Bürgermeisters fallen, erledigt diese oder dieser in eigener Zuständigkeit; in bedeutenden Angelegenheiten unterrichtet sie oder er den Gemeinderat.

§ 20 Sitzungen, Beschlussfähigkeit

(1) [1]Der Gemeinderat beschließt in Sitzungen (Art. 47 Abs. 1 GO). [2]Eine Beschlussfassung durch mündliche Befragung außerhalb der Sitzungen oder im Umlaufverfahren ist ausgeschlossen.

(2) Der Gemeinderat ist beschlussfähig, wenn sämtliche Mitglieder ordnungsgemäß geladen sind und die Mehrheit der Mitglieder anwesend und stimmberechtigt ist (Art. 47 Abs. 2 GO).

(3) [1]Wird der Gemeinderat wegen Beschlussunfähigkeit in einer früheren Sitzung infolge einer nicht ausreichenden Zahl anwesender Mitglieder zum zweiten Mal zur Verhandlung über denselben Gegenstand zusammengerufen, so ist er ohne Rücksicht auf die Zahl der Erschienenen beschlussfähig. [2]Bei der zweiten Einladung muss auf diese Bestimmung hingewiesen werden (Art. 47 Abs. 3 GO).

§ 20a[22] Sitzungsteilnahme durch Ton-Bild-Übertragung

(1) [1]Gemeinderatsmitglieder *(sowie Ortssprecherinnen und Ortssprecher) (, die wegen .../aus einem wichtigen Grund an einer Teilnahme im Sitzungssaal gehindert sind,)* können an *(öffentlichen)* Sitzungen des Gemeinderats mittels Ton-Bild-Übertragung teilnehmen (Art. 47a GO). *[2]Dies gilt nicht ... (z.B. für bestimmte Gegenstände; sonstige Voraussetzungen); hierauf wird in der Ladung gesondert hingewiesen.* [3]Voraussetzung für die virtuelle Teilnahme an den Sitzungen ist die Unterzeichnung der Belehrung über die Teilnahme an Hybridsitzungen.

(2) [1]Gemeinderatsmitglieder, die mittels Ton-Bild-Übertragung an der Sitzung teilnehmen wollen, müssen dies der ersten Bürgermeisterin oder dem ersten Bürgermeister nach Zugang der Ladung spätestens bis ... schriftlich oder elektronisch mitteilen. *[2]Die Höchstzahl der zuschaltbaren Teilnehmenden ist auf ... begrenzt. [3]Möchten mehr Gemeinderatsmitglieder nach Absatz 1 mittels Ton-Bild-Übertragung teilnehmen als zugelassen, erfolgt die Zulassung nach der Reihenfolge der Anmeldungen (alternativ: entscheidet das Los).*

(3) Wird das Gremium wegen Beschlussunfähigkeit in einer früheren Sitzung zum zweiten Mal zur Verhandlung über densel-

---

22 Dieser Paragraph ist nur zu übernehmen, wenn der Gemeinderat mit Zweidrittelmehrheit eine Sitzungsteilnahme durch Ton-Bild-Übertragung zugelassen hat, vgl. Art. 47a Abs. 1 Sätze 1 und 2 GO.

ben Gegenstand zusammengerufen, findet die Sitzung ohne Ausnahme als Präsenzsitzung statt.

Variante 1: Bereitstellung der Plattform zur audiovisuellen Zuschaltung[23]

(4) *Der Verantwortungsbereich der Gemeinde beschränkt sich auf die Bereitstellung der Plattform zur audiovisuellen Zuschaltung. Ist entweder mindestens ein Gemeinderatsmitglied zugeschaltet oder bestätigt ein Test, dass eine Zuschaltmöglichkeit besteht, wird vermutet, dass der Grund für eine Nichtzuschaltung eines Gemeinderatsmitglieds nicht im Verantwortungsbereich der Gemeinde liegt (Art. 47a Abs. 4 Satz 5 GO).*

Variante 2: Bereitstellung der Hard- und Software ohne laufende Systembetreuung

(4) *Der Verantwortungsbereich der Gemeinde beschränkt sich auf die Bereitstellung der Plattform zur audiovisuellen Zuschaltung und darauf, den Gremienmitgliedern die Hard- und Software in funktionsfähigem Zustand zur Verfügung zu stellen, ohne die laufende Systembetreuung zu übernehmen. Vor Aushändigung der Hard- und Software wurde/wird die Funktionsfähigkeit der Hard- und Software durch die Gemeinde positiv festgestellt. Entsprechend Art. 47a Abs. 4 Satz 5 GO fällt die Nichtzuschaltung eines Gemeinderatsmitglieds daher nicht in den Verantwortungsbereich der Gemeinde, wenn mindestens ein Gemeinderatsmitglied zugeschaltet ist oder ein Test bestätigt, dass eine Zuschaltmöglichkeit besteht (Art. 47a Abs. 4 Satz 6 GO).*

Variante 3: Bereitstellung der Hard- und Software mit laufender Systembetreuung

(4) *Der Verantwortungsbereich der Gemeinde beschränkt sich auf die Bereitstellung der Plattform zur audiovisuellen Zuschaltung und darauf, den Gremienmitgliedern die Hard- und Software in funktionsfähigem Zustand zur Verfügung zu stellen und turnusmäßig Systembetreuungsmaßnahmen durchzuführen. Vor*

23 Auch wenn die Gemeinde den Gremienmitgliedern einen Geldbetrag zur Anschaffung der Hard- und Software zur Verfügung stellt, ist diese Variante zu wählen.

Aushändigung wurde/wird die Funktionsfähigkeit der Hard- und Software durch die Gemeinde positiv festgestellt. Ist die letzte Systembetreuungsmaßnahme turnusgemäß erfolgt und wurde/wird nach Vornahme der letzten Systembetreuungsmaßnahme die Funktionsfähigkeit der Hard- und Software positiv bestätigt, fällt die Nichtzuschaltung eines Gemeinderatsmitglieds entsprechend Art. 47a Abs. 5 Satz 4 GO nicht in den Verantwortungsbereich der Gemeinde, wenn mindestens ein Gemeinderatsmitglied zugeschaltet ist oder ein Test bestätigt, dass eine Zuschaltmöglichkeit besteht (Art. 47a Abs. 4 Satz 6 GO).

(5) Eine Bildunterbrechung durch zugeschaltete Gemeinderatsmitglieder ist auch bei vorübergehendem Verlassen des Platzes untersagt (Art. 47a Abs. 3 Satz 1 GO).

(6) Bei den zugeschalteten Gemeinderatsmitgliedern erfolgt die Abstimmung mündlich nach namentlichem Aufruf durch die Vorsitzende oder den Vorsitzenden *(alternativ: per auf dem Bildschirm im Sitzungssaal sichtbarem Handzeichen)*. Eine Teilnahme an Wahlen ist nicht möglich (Art. 47a Abs. 1 Satz 6 GO).

(7) *Bei Zuschaltung mittels Ton-Bild-Übertragung zu einer nichtöffentlichen Sitzung haben die zugeschalteten Gemeinderatsmitglieder dafür Sorge zu tragen, dass die Übertragung in ihrem Verantwortungsbereich nur von ihnen wahrgenommen wird (Art. 47a Abs. 5 GO).*

§ 21 Öffentliche Sitzungen

(1) Die Sitzungen des Gemeinderats sind öffentlich, soweit nicht Rücksichten auf das Wohl der Allgemeinheit oder auf berechtigte Ansprüche Einzelner entgegenstehen (Art. 52 Abs. 2 GO).

(2) [1]Die öffentlichen Sitzungen des Gemeinderats sind allgemein zugänglich, soweit der für die Zuhörerschaft bestimmte Raum ausreicht. [2]Für die Medien ist stets eine angemessene Zahl von Plätzen freizuhalten. [3]Ton- und Bildaufnahmen jeder Art bedürfen der Zustimmung der oder des Vorsitzenden und des Gemeinderats; sie sind auf Verlangen eines einzelnen Mitglieds hinsichtlich seiner Person zu unterlassen. [4]Ton- und Bildaufnahmen von

Gemeindebediensteten und sonstigen Sitzungsteilnehmenden sind nur mit deren Einwilligung zulässig.[24]

(3) Zuhörende, welche die Ordnung der Sitzung stören, können durch die Vorsitzende oder den Vorsitzenden aus dem Sitzungssaal gewiesen werden (Art. 53 Abs. 1 GO).

§ 22 Nichtöffentliche Sitzungen

(1) [1]In nichtöffentlicher Sitzung werden in der Regel behandelt:

1. Personalangelegenheiten in Einzelfällen,
2. Rechtsgeschäfte in Grundstücksangelegenheiten,
3. Angelegenheiten, die dem Sozial- oder Steuergeheimnis unterliegen.

[2]Außerdem werden in nichtöffentlicher Sitzung behandelt:

1. Angelegenheiten des übertragenen Wirkungskreises, deren nichtöffentliche Behandlung im Einzelfall von der Aufsichtsbehörde verfügt ist,
2. sonstige Angelegenheiten, deren Geheimhaltung durch Gesetz vorgeschrieben oder nach der Natur der Sache erforderlich ist.

(2) [1]Zu nichtöffentlichen Sitzungen können im Einzelfall durch Beschluss Personen, die dem Gemeinderat nicht angehören, hinzugezogen werden, wenn deren Anwesenheit für die Behandlung des jeweiligen Beratungsgegenstandes erforderlich ist. [2]Diese Personen sollen zur Verschwiegenheit nach § 1 Abs. 1 Nr. 1 Verpflichtungsgesetz verpflichtet werden.

(3) Die in nichtöffentlicher Sitzung gefassten Beschlüsse gibt die erste Bürgermeisterin oder der erste Bürgermeister der Öffentlichkeit bekannt, sobald die Gründe für die Geheimhaltung weggefallen sind (Art. 52 Abs. 3 GO).

---

24 Entscheidet sich ein Gemeinderat mit Zweidrittelmehrheit für eine Live-Übertragung öffentlicher Gremiensitzungen im Internet, ist die Aufnahme einer (rechtlich nicht zwingend vorausgesetzten) Regelung in die Geschäftsordnung zur konkreten Ausgestaltung (z.B. welche Gremien; Livestream und/oder Mediathek) und zu den wesentlichen, in Art. 52 Abs. 4 Sätze 2 bis 7 GO angelegten rechtlichen Aspekten an dieser Stelle zu empfehlen.

II. Vorbereitung der Sitzungen

§ 23 Einberufung

(1) [1]Die erste Bürgermeisterin oder der erste Bürgermeister beruft die Gemeinderatssitzungen ein, wenn die Geschäftslage es erfordert oder wenn ein Viertel der Gemeinderatsmitglieder es schriftlich oder elektronisch unter Bezeichnung des Beratungsgegenstandes beantragt (Art. 46 Abs. 2 Sätze 1 und 2 GO). [2]Nach Beginn der Wahlzeit und im Fall des Art. 46 Abs. 2 Satz 2 GO beruft sie oder er die Gemeinderatssitzung so rechtzeitig ein, dass die Sitzung spätestens vier Wochen nach Beginn der Wahlzeit (Art. 46 Abs. 2 Satz 1 GO) oder spätestens am 14. Tag nach Eingang des Verlangens stattfinden kann (Art. 46 Abs. 2 Satz 3 GO).

(2) [1]Die Sitzungen finden im ....

....

statt; sie beginnen in der Regel um ...... Uhr. [2]Regelmäßiger Sitzungstag für Gemeinderatssitzungen ist der .... [3]In der Einladung (§ 25) kann im Einzelfall etwas anderes bestimmt werden.

§ 24 Tagesordnung

(1) [1]Die erste Bürgermeisterin oder der erste Bürgermeister setzt die Tagesordnung fest. [2]Rechtzeitig eingegangene Anträge von Gemeinderatsmitgliedern setzt die erste Bürgermeisterin oder der erste Bürgermeister möglichst auf die Tagesordnung der nächsten Sitzung. [3]Ist das nicht möglich, sind die Anträge in jedem Fall innerhalb von 3 Monaten auf die Tagesordnung einer Gemeinderatssitzung zu setzen. [4]Eine materielle Vorprüfung findet nicht statt.

(2) [1]In der Tagesordnung sind die Beratungsgegenstände einzeln und inhaltlich konkretisiert zu benennen, damit es den Gemeinderatsmitgliedern ermöglicht wird, sich auf die Behandlung der jeweiligen Gegenstände vorzubereiten. [2]Soweit die Konkretisierungen schutzwürdige Daten enthalten, sollten diese den Gemeinderatsmitgliedern regelmäßig gesondert zur Verfügung gestellt werden. [3]Das gilt sowohl für öffentliche als auch für nichtöffentliche Gemeinderatssitzungen.

(3) [1]Die Tagesordnung für öffentliche Sitzungen ist jeweils unter Angabe von Ort und Zeit der Sitzung spätestens am 3. Tag vor der Sitzung ortsüblich bekannt zu machen (Art. 52 Abs. 1 GO). [2]Die Tagesordnung nichtöffentlicher Sitzungen wird nicht bekannt gemacht.

(4) Den örtlichen Medien soll die Tagesordnung jeder öffentlichen Sitzung rechtzeitig mitgeteilt werden.

§ 25 Form und Frist für die Einladung

Variante 1: Elektronische Ladung, Einsatz eines Ratsinformationssystems

(1) [1]Die Gemeinderatsmitglieder werden mit ihrem Einverständnis elektronisch[25] zu den Sitzungen eingeladen, indem der Sitzungstermin und der Sitzungsort durch eine E-Mail und die Tagesordnung durch einen mit dieser E-Mail versandten Link auf ein in einem technisch individuell gegen Zugriffe Dritter geschützten Bereich (Ratsinformationssystem)[26] eingestelltes und abrufbares Dokument mitgeteilt werden. [2]Die Tagesordnung kann bis spätestens zum Ablauf des 3. Tages vor der Sitzung ergänzt werden. [3]Ist eine elektronische Sitzungsladung ausnahmsweise seitens der Gemeinde technisch oder rechtlich unmöglich, werden die Gemeinderatsmitglieder schriftlich unter Beifügung der Tagesordnung sowie weiterer Unterlagen, insbesondere Beschlussvorlagen, soweit diese sachdienlich sind und Gesichtspunkte der Vertraulichkeit sowie des Datenschutzes nicht entgegenstehen, geladen.

(2) Die Tagesordnung geht zu, wenn die E-Mail nach Absatz 1 Satz 1 im elektronischen Briefkasten des Empfängers oder bei seinem Provider abrufbar eingegangen und üblicherweise mit der Kenntnisnahme zu rechnen ist.

(3) [1]Der Tagesordnung sollen weitere Unterlagen, insbesondere Beschlussvorlagen, beigefügt werden, wenn und soweit das sachdienlich ist und Gesichtspunkte der Vertraulichkeit sowie des Datenschutzes nicht entgegenstehen. [2]Die weiteren Unterlagen werden grundsätzlich nur elektronisch im Ratsinformationssystem im Sinne von Absatz 1 Satz 1 zur Verfügung gestellt.

---

25 Vgl. § 4 Abs. 3.

26 Vgl. dazu das Muster „Datenschutzbelehrung Ratsinformationssystem“.

(4) [1]Die Ladungsfrist beträgt … Tage; sie kann in dringenden Fällen auf 3 Tage verkürzt werden. [2]Der Sitzungstag und der Tag des Zugangs der Ladung werden bei der Berechnung der Frist nicht mitgerechnet.

Variante 2: Schriftliche oder elektronische Ladung, Einsatz eines Ratsinformationssystems

(1) [1]Die Gemeinderatsmitglieder werden schriftlich unter Beifügung der Tagesordnung oder mit ihrem Einverständnis elektronisch[27] zu den Sitzungen eingeladen. [2]Im Falle einer elektronischen Einladung werden der Sitzungstermin und der Sitzungsort durch eine E-Mail und die Tagesordnung durch einen mit dieser E-Mail versandten Link auf ein in einem technisch individuell gegen Zugriffe Dritter geschützten Bereich (Ratsinformationssystem)[28] eingestelltes und abrufbares Dokument mitgeteilt. [3]Die Tagesordnung kann bis spätestens zum Ablauf des 3. Tages vor der Sitzung ergänzt werden.

(2) Im Falle der elektronischen Ladung geht die Tagesordnung zu, wenn die E-Mail nach Absatz 1 Satz 2 im elektronischen Briefkasten des Empfängers oder bei seinem Provider abrufbar eingegangen und üblicherweise mit der Kenntnisnahme zu rechnen ist.

(3) [1]Der Tagesordnung sollen weitere Unterlagen, insbesondere Beschlussvorlagen, beigefügt werden, wenn und soweit das sachdienlich ist und Gesichtspunkte der Vertraulichkeit sowie des Datenschutzes nicht entgegenstehen. [2]Die weiteren Unterlagen können schriftlich oder elektronisch im Ratsinformationssystem im Sinne von Absatz 1 Satz 2 zur Verfügung gestellt werden. [3]Hat das Gemeinderatsmitglied sein Einverständnis zur elektronischen Ladung erklärt, werden die weiteren Unterlagen grundsätzlich nur elektronisch bereitgestellt.

(4) [1]Die Ladungsfrist beträgt … Tage; sie kann in dringenden Fällen auf 3 Tage verkürzt werden. [2]Der Sitzungstag und der Tag des Zugangs der Ladung werden bei der Berechnung der Frist nicht mitgerechnet.

---

27 Vgl. § 4 Abs. 3.

28 Vgl. dazu das Muster „Datenschutzbelehrung Ratsinformationssystem".

Variante 3: Schriftliche oder elektronische Ladung (ohne Ratsinformationssystem)

(1) [1]Die Gemeinderatsmitglieder werden schriftlich unter Beifügung der Tagesordnung oder mit ihrem Einverständnis elektronisch[29] zu den Sitzungen eingeladen. [2]Im Falle einer elektronischen Einladung wird die Tagesordnung als nicht veränderbares Dokument durch E-Mail oder, soweit Rücksichten auf das Wohl der Allgemeinheit oder berechtigte Ansprüche Einzelner dies erfordern, in verschlüsselter Form versandt. [3]Die Tagesordnung kann bis spätestens zum Ablauf des 3. Tages vor der Sitzung ergänzt werden.

(2) Im Falle der elektronischen Ladung geht die Tagesordnung zu, wenn sie im elektronischen Briefkasten des Empfängers oder bei seinem Provider abrufbar eingegangen und üblicherweise mit der Kenntnisnahme zu rechnen ist.

(3) [1]Der Tagesordnung sollen weitere Unterlagen, insbesondere Beschlussvorlagen, beigefügt werden, wenn und soweit das sachdienlich ist und Gesichtspunkte der Vertraulichkeit sowie des Datenschutzes nicht entgegenstehen. [2]Die weiteren Unterlagen können schriftlich oder elektronisch gemäß Abs. 1 Satz 2 zur Verfügung gestellt werden; sind schutzwürdige Daten enthalten, erfolgt die elektronische Übermittlung in verschlüsselter Form. [3]Hat das Gemeinderatsmitglied sein Einverständnis zur elektronischen Ladung erklärt, werden die weiteren Unterlagen grundsätzlich nur elektronisch bereitgestellt.

(4) [1]Die Ladungsfrist beträgt … Tage; sie kann in dringenden Fällen auf 3 Tage verkürzt werden. [2]Der Sitzungstag und der Tag des Zugangs der Ladung werden bei der Berechnung der Frist nicht mitgerechnet.

Variante 4: Schriftliche Ladung

(1) [1]Die Gemeinderatsmitglieder werden schriftlich unter Beifügung der Tagesordnung zu den Sitzungen eingeladen. [2]Die Tagesordnung kann bis spätestens zum Ablauf des 3. Tages vor der Sitzung ergänzt werden. [3]Der Tagesordnung sollen weitere Unterlagen, insbesondere Beschlussvorlagen, beigefügt werden, wenn und soweit das sachdienlich ist und Gesichtspunkte der Vertraulichkeit sowie des Datenschutzes nicht entgegenstehen.

---

29 Vgl. § 4 Abs. 3.

(2) [1]Die Ladungsfrist beträgt ... Tage; sie kann in dringenden Fällen auf 3 Tage verkürzt werden. [2]Der Sitzungstag und der Tag des Zugangs der Ladung werden bei der Berechnung der Frist nicht mitgerechnet.

§ 26 Anträge[30]

Variante 1: Schriftliche Anträge

(1) [1]Anträge, die in einer Sitzung behandelt werden sollen, sind schriftlich zu stellen und ausreichend zu begründen. [2]Sie sollen spätestens am ... Tag vor der Sitzung bei der ersten Bürgermeisterin oder beim ersten Bürgermeister eingereicht werden. [3]Soweit ein Antrag mit Ausgaben verbunden ist, die im Haushaltsplan nicht vorgesehen sind, soll er einen Deckungsvorschlag enthalten.

(2) Verspätet eingehende oder erst unmittelbar vor oder während der Sitzung gestellte Anträge können nachträglich in die Tagesordnung aufgenommen werden, wenn

1. die Angelegenheit dringlich ist und der Gemeinderat der Behandlung mehrheitlich zustimmt oder
2. sämtliche Mitglieder des Gemeinderats anwesend sind und kein Mitglied der Behandlung widerspricht.

(3) Anträge zur Geschäftsordnung, z. B. Nichtbefassungsanträge, Zurückziehung eines Antrags u. Ä., *Anträge auf Festsetzung eines Ordnungsgelds nach Art. 53 Abs. 3 GO*[31] oder einfache Sachanträge, z. B. Änderungsanträge, können auch während der Sitzung und ohne Beachtung der Schriftform gestellt werden.

Variante 2: Schriftliche oder elektronische Anträge

(1) [1]Anträge, die in einer Sitzung behandelt werden sollen, sind schriftlich oder elektronisch zu stellen und ausreichend zu begründen. [2]Bei elektronischer Übermittlung sind Geheimhal-

30 Diese Regelung ist auf § 25 abzustimmen.

31 Diese Ergänzung ist zu übernehmen, sofern der Gemeinderat sich auch für ein Gebrauchmachen von der durch Art. 53 Abs. 3 GO eröffneten Möglichkeit zur Festsetzung eines Ordnungsgelds (auch im Wiederholungsfall) entschieden und den unten stehenden § 29 Abs. 8 ebenfalls in seine Geschäftsordnung aufgenommen hat.

tungsinteressen und der Datenschutz zu beachten; schutzwürdige Daten sind in verschlüsselter Form zu übermitteln. [3]Anträge sollen spätestens am ... Tag vor der Sitzung bei der ersten Bürgermeisterin oder beim ersten Bürgermeister eingereicht werden. [4]Soweit ein Antrag mit Ausgaben verbunden ist, die im Haushaltsplan nicht vorgesehen sind, soll er einen Deckungsvorschlag enthalten.

(2) Verspätet eingehende oder erst unmittelbar vor oder während der Sitzung gestellte Anträge können nachträglich in die Tagesordnung aufgenommen werden, wenn

3. die Angelegenheit dringlich ist und der Gemeinderat der Behandlung mehrheitlich zustimmt oder
4. sämtliche Mitglieder des Gemeinderats anwesend sind und kein Mitglied der Behandlung widerspricht.

(3) Anträge zur Geschäftsordnung, z. B. Nichtbefassungsanträge, Zurückziehung eines Antrags u. Ä., *Anträge auf Festsetzung eines Ordnungsgelds nach Art. 53 Abs. 3 GO*[28] oder einfache Sachanträge, z. B. Änderungsanträge, können auch während der Sitzung und ohne Beachtung der Form gestellt werden.

III. Sitzungsverlauf

§ 27 Eröffnung der Sitzung

(1) [1]Die oder der Vorsitzende eröffnet die Sitzung. [2]Sie oder er stellt die ordnungsgemäße Ladung der Gemeinderatsmitglieder sowie die Beschlussfähigkeit des Gemeinderats fest und erkundigt sich nach Einwänden gegen die Tagesordnung. [3]Ferner lässt sie oder er über die Genehmigung der Niederschrift über die vorangegangene öffentliche Sitzung, falls sie mit der Einladung verschickt wurde, abstimmen.

(2) [1]Die Niederschrift über die vorangegangene nichtöffentliche Sitzung liegt während der Dauer der Sitzung zur Einsicht für die Gemeinderatsmitglieder auf *(alternativ: wird bei den Gemeinderatsmitgliedern in Umlauf gesetzt)*. [2]Wenn bis zum Schluss der Sitzung keine Einwendungen erhoben werden, so gilt die Niederschrift als vom Gemeinderat gemäß Art. 54 Abs. 2 GO genehmigt.

Muster

§ 28 Eintritt in die Tagesordnung

(1) [1]Die einzelnen Tagesordnungspunkte werden in der in der Tagesordnung festgelegten Reihenfolge behandelt. [2]Die Reihenfolge kann durch Beschluss geändert werden.

(2) [1]Soll ein Tagesordnungspunkt in nichtöffentlicher Sitzung behandelt werden (§ 22), so wird darüber vorweg unter Ausschluss der Öffentlichkeit beraten und entschieden (Art. 52 Abs. 2 Satz 2 GO). [2]Wird von vornherein zu einer nichtöffentlichen Sitzung eingeladen, gilt die Behandlung in nichtöffentlicher Sitzung als gebilligt, wenn und soweit nicht der Gemeinderat anders entscheidet.

(3) [1]Die oder der Vorsitzende oder eine von ihr oder ihm mit der Berichterstattung beauftragte Person trägt den Sachverhalt der einzelnen Tagesordnungspunkte vor und erläutert ihn. [2]Anstelle des mündlichen Vortrags kann auf schriftliche Vorlagen verwiesen werden.

(4) Zu Tagesordnungspunkten, die in einem Ausschuss behandelt worden sind, ist der Beschluss des Ausschusses bekannt zu geben.

(5) [1]Soweit erforderlich, können auf Anordnung der oder des Vorsitzenden oder auf Beschluss des Gemeinderats Sachverständige zugezogen und gutachtlich gehört werden. [2]Entsprechendes gilt für sonstige sachkundige Personen.

§ 29 Beratung der Sitzungsgegenstände

(1) Nach der Berichterstattung, gegebenenfalls nach dem Vortrag der Sachverständigen, eröffnet die oder der Vorsitzende die Beratung.

(2) [1]Mitglieder des Gemeinderats, die nach den Umständen annehmen müssen, von der Beratung und Abstimmung zu einem bestimmten Punkt der Tagesordnung wegen persönlicher Beteiligung (Art. 49 Abs. 1 GO) ausgeschlossen zu sein, haben dies vor Beginn der Beratung der oder dem Vorsitzenden unaufgefordert mitzuteilen. [2]Entsprechendes gilt, wenn Anhaltspunkte dieser Art während der Beratung erkennbar werden. [3]Das wegen persönlicher Beteiligung ausgeschlossene Mitglied hat während der

Beratung und Abstimmung seinen Platz am Beratungstisch zu verlassen; es kann bei öffentlicher Sitzung im Zuhörerraum Platz nehmen, bei nichtöffentlicher Sitzung verlässt es den Raum.

(3) [1]Sitzungsteilnehmende dürfen das Wort nur ergreifen, wenn es ihnen von der oder dem Vorsitzenden erteilt wird. [2]Die oder der Vorsitzende erteilt das Wort in der Reihenfolge der Wortmeldungen. [3]Bei gleichzeitiger Wortmeldung entscheidet die oder der Vorsitzende über die Reihenfolge. [4]Bei Wortmeldungen „zur Geschäftsordnung" ist das Wort außer der Reihe sofort zu erteilen. [5]Zuhörenden kann das Wort nicht erteilt werden.

(4) [1]Rednerinnen und Redner sprechen von ihrem Platz aus; sie richten ihre Rede an den Gemeinderat. [2]Die Redebeiträge müssen sich auf den jeweiligen Tagesordnungspunkt beziehen.

(5) [1]Während der Beratung über einen Antrag sind nur zulässig:
1. Anträge zur Geschäftsordnung,
2. Zusatz- oder Änderungsanträge oder Anträge auf Zurückziehung des zu beratenden Antrags.

[2]Über Anträge zur Geschäftsordnung ist sofort abzustimmen; eine Beratung zur Sache selbst findet insoweit nicht statt.

(6) Wenn keine Wortmeldungen mehr vorliegen, wird die Beratung von der oder dem Vorsitzenden geschlossen.

(7) [1]Bei Verstoß gegen die vorstehenden Regeln zu Redebeiträgen ruft die oder der Vorsitzende zur Ordnung und macht die betreffende Person auf den Verstoß aufmerksam. [2]Bei weiteren Verstößen kann die oder der Vorsitzende ihr das Wort entziehen.

(8) *Gegen Mitglieder des Gemeinderats, die die Ordnung erheblich stören, kann die oder der Vorsitzende mit Zustimmung des Gemeinderats ein Ordnungsgeld bis zu … (max. 500 €), im Wiederholungsfall bis zu … (max. 1000 €), festsetzen. Ein Wiederholungsfall im Sinne von Satz 1 liegt vor, wenn gegenüber dem Mitglied innerhalb derselben Sitzung bereits ein Ordnungsgeld festgesetzt wurde (Art. 53 Abs. 3 GO).*

(9) [1]Mitglieder des Gemeinderats, die die Ordnung fortgesetzt erheblich stören, sodass der Sitzungsfortgang unmöglich gemacht oder jedenfalls wesentlich erschwert wird, kann die oder der Vorsitzende mit Zustimmung des Gemeinderats von der Sit-

Muster

zung ausschließen. [2]Über den Ausschluss von weiteren Sitzungen entscheidet der Gemeinderat (Art. 53 Abs. 2 GO).

(10) [1]Die oder der Vorsitzende kann die Sitzung unterbrechen oder aufheben, falls Ruhe und Ordnung im Sitzungssaal auf andere Weise nicht wiederhergestellt werden können. [2]Eine unterbrochene Sitzung ist spätestens am nächsten Tag fortzuführen; einer neuerlichen Einladung hierzu bedarf es nicht. [3]Die Beratung ist an dem Punkt fortzusetzen, an dem die Sitzung unterbrochen wurde. [4]Die oder der Vorsitzende gibt Zeit und Ort der Fortsetzung bekannt.

§ 30 Abstimmung

(1) [1]Nach Durchführung der Beratung oder nach Annahme eines Antrags auf „Schluss der Beratung“ schließt die oder der Vorsitzende die Beratung und lässt über den Beratungsgegenstand abstimmen. [2]Sie oder er vergewissert sich zuvor, ob die Beschlussfähigkeit (§ 20 Abs. 2 und 3) gegeben ist.

(2) Stehen mehrere Anträge zur Abstimmung, so wird über sie in der nachstehenden Reihenfolge abgestimmt:

1. Anträge zur Geschäftsordnung,
2. Anträge, die mit dem Beschluss eines Ausschusses übereinstimmen; über sie ist vor allen anderen Anträgen zum gleichen Beratungsgegenstand abzustimmen,
3. weitergehende Anträge; das sind die Anträge, die voraussichtlich einen größeren Aufwand erfordern oder einschneidendere Maßnahmen zum Gegenstand haben,
4. früher gestellte Anträge vor später gestellten, sofern der spätere Antrag nicht unter die Nrn. 1 bis 3 fällt.

(3) [1]Grundsätzlich wird über jeden Antrag insgesamt abgestimmt. [2]Über einzelne Teile eines Antrags wird getrennt abgestimmt, wenn dies beschlossen wird oder die oder der Vorsitzende eine Teilung vornimmt.

(4) [1]Vor der Abstimmung soll der Antrag verlesen werden. [2]Die oder der Vorsitzende formuliert die zur Abstimmung anstehende Frage so, dass sie mit „ja“ oder „nein“ beantwortet werden kann. [3]Grundsätzlich wird in der Reihenfolge „ja“ - „nein“ abgestimmt.

(5) [1]Beschlüsse werden in offener Abstimmung durch Handaufheben oder auf Beschluss des Gemeinderats durch namentliche Abstimmung mit einfacher Mehrheit der Abstimmenden gefasst, soweit nicht im Gesetz eine besondere Mehrheit vorgeschrieben ist. [2]Bei Stimmengleichheit ist der Antrag abgelehnt (Art. 51 Abs. 1 GO); wird dadurch ein ausnahmsweise negativ formulierter Antrag abgelehnt, bedeutet dies nicht die Beschlussfassung über das Gegenteil. [3]Kein Mitglied des Gemeinderats darf sich der Stimme enthalten (Art. 48 Abs. 1 Satz 2 GO).

(6) [1]Die Stimmen sind, soweit erforderlich, durch die Vorsitzende oder den Vorsitzenden zu zählen. [2]Das Abstimmungsergebnis ist unmittelbar nach der Abstimmung bekannt zu geben; dabei ist festzustellen, ob der Antrag angenommen oder abgelehnt ist.

(7) [1]Über einen bereits zur Abstimmung gebrachten Antrag kann in derselben Sitzung die Beratung und Abstimmung nicht nochmals aufgenommen werden, wenn nicht alle Mitglieder, die an der Abstimmung teilgenommen haben, mit der Wiederholung einverstanden sind. [2]In einer späteren Sitzung kann, soweit gesetzlich nichts anderes vorgesehen, ein bereits zur Abstimmung gebrachter Beratungsgegenstand insbesondere dann erneut behandelt werden, wenn neue Tatsachen oder neue gewichtige Gesichtspunkte vorliegen und der Beratungsgegenstand ordnungsgemäß auf die Tagesordnung gesetzt wurde.

§ 31 Wahlen

(1) Für Entscheidungen des Gemeinderats, die in der Gemeindeordnung oder in anderen Rechtsvorschriften als Wahlen bezeichnet werden, gilt Art. 51 Abs. 3 GO, soweit in anderen Rechtsvorschriften nichts Abweichendes bestimmt ist.

(2) [1]Wahlen werden in geheimer Abstimmung mit Stimmzetteln vorgenommen. [2]Ungültig sind insbesondere Neinstimmen, leere Stimmzettel und solche Stimmzettel, die den Namen des oder der Gewählten nicht eindeutig ersehen lassen oder aufgrund von Kennzeichen oder ähnlichem das Wahlgeheimnis verletzen können.

(3) [1]Gewählt ist, wer mehr als die Hälfte der abgegebenen gültigen Stimmen erhält. [2]Ist mindestens die Hälfte der abgegebenen

Stimmen ungültig, ist die Wahl zu wiederholen. [3]Ist die Mehrheit der abgegebenen Stimmen gültig und erhält niemand mehr als die Hälfte der abgegebenen gültigen Stimmen, findet eine Stichwahl unter den beiden sich bewerbenden Personen mit den höchsten Stimmenzahlen statt. [4]Haben im ersten Wahlgang mehr als zwei Personen die gleiche höchste Stimmenzahl, wird die Wahl wiederholt. [5]Haben mehrere Personen die gleiche zweithöchste Stimmenzahl, entscheidet das Los darüber, wer von ihnen in die Stichwahl kommt. [6]Bei Stimmengleichheit in der Stichwahl entscheidet gleichfalls das Los.

§ 32 Anfragen

[1]Die Gemeinderatsmitglieder können in jeder Sitzung nach Erledigung der Tagesordnung an die Vorsitzende oder den Vorsitzenden Anfragen über solche Gegenstände richten, die in die Zuständigkeit des Gemeinderats fallen und nicht auf der Tagesordnung stehen. [2]Nach Möglichkeit sollen die oder der Vorsitzende oder anwesende Gemeindebedienstete solche Anfragen sofort beantworten. [3]Ist das nicht möglich, so werden sie in der nächsten Sitzung oder schriftlich beantwortet. [4]Eine Aussprache über Anfragen findet in der Sitzung grundsätzlich nicht statt.

§ 33 Beendigung der Sitzung

Nach Behandlung der Tagesordnung und etwaiger Anfragen schließt die oder der Vorsitzende die Sitzung.

IV. Sitzungsniederschrift

§ 34 Form und Inhalt

(1) [1]Über die Sitzungen des Gemeinderats werden Niederschriften gefertigt, deren Inhalt sich nach Art. 54 Abs. 1 GO richtet. [2]Die Niederschriften werden getrennt nach öffentlichen und nichtöffentlichen Tagesordnungspunkten geführt. [3]Niederschriften sind jahrgangsweise zu binden.

(2) [1]Als Hilfsmittel für das Anfertigen der Niederschrift können Tonaufnahmen gefertigt werden. [2]Der Tonträger ist unverzüglich nach Genehmigung der Niederschrift zu löschen und darf Außenstehenden nicht zugänglich gemacht werden.

(3) [1]Ist ein Mitglied des Gemeinderats bei einer Beschlussfassung abwesend, so ist dies in der Niederschrift besonders zu vermerken. [2]Jedes Mitglied kann verlangen, dass in der Niederschrift festgehalten wird, wie es abgestimmt hat (Art. 54 Abs. 1 Satz 3 GO).

(4) Die Niederschrift ist von der oder dem Vorsitzenden und von der Schriftführerin oder dem Schriftführer zu unterzeichnen und vom Gemeinderat zu genehmigen (Art. 54 Abs. 2 GO).

(5) Neben der Niederschrift werden Anwesenheitslisten geführt.

§ 35 Einsichtnahme und Abschrifterteilung[32]

(1) In die Niederschriften über öffentliche Sitzungen können alle Gemeindebürgerinnen und Gemeindebürger Einsicht nehmen und sich gegen Kostenerstattung[33] Kopien für den Eigengebrauch erteilen lassen; dasselbe gilt für auswärts wohnende Personen hinsichtlich ihres Grundbesitzes oder ihrer gewerblichen Niederlassungen im Gemeindegebiet (Art. 54 Abs. 3 Sätze 2 bis 4 GO).

(2) [1]Gemeinderatsmitglieder können jederzeit die Niederschriften über öffentliche und nichtöffentliche Sitzungen einsehen und sich Kopien der Niederschriften der öffentlichen Sitzungen für den Eigengebrauch erteilen lassen (Art. 54 Abs. 3 Satz 1 GO). [2]Abschriften von Beschlüssen, die in nichtöffentlicher Sitzung gefasst wurden, können sie verlangen, wenn die Gründe für die Geheimhaltung weggefallen sind (Art. 52 Abs. 3 i.V.m. Art. 54 Abs. 3 Satz 1 GO).

(3) [1]Niederschriften über öffentliche Sitzungen können den Gemeinderatsmitgliedern im Ratsinformationssystem zur Verfü-

32 Absatz 3 ist auf § 25 abzustimmen.

33 Rechtsgrundlage für den Kostenerstattungsbescheid bildet das Bayerische Kostengesetz i. V. m. der Kostensatzung mit kommunalem Kostenverzeichnis (Tarif-Nr. 060 im amtlichen Muster des StMI, BayMBl. 2025 Nr. 118) der Gemeinde.

gung gestellt werden. [2]Gleiches gilt für Beschlüsse, die in nichtöffentlicher Sitzung gefasst wurden, wenn die Gründe für die Geheimhaltung weggefallen sind.

Alternative für Gemeinden ohne Ratsinformationssystem:

(3) [1]Niederschriften über öffentliche Sitzungen können den Gemeinderatsmitgliedern elektronisch zur Verfügung gestellt werden. [2]In diesem Fall werden die Niederschriften als nicht veränderbare Dokumente durch E-Mail oder, wenn schutzwürdige Daten enthalten sind, in verschlüsselter Form übermittelt. [3]Beschlüsse, die in nichtöffentlicher Sitzung gefasst wurden, können elektronisch übermittelt werden, wenn die Gründe für die Geheimhaltung weggefallen sind.

(4) Die Absätze 1 und 2 gelten auch für Niederschriften früherer Wahlzeiten.

(5) In Rechnungsprüfungsangelegenheiten können die Gemeinderatsmitglieder jederzeit die Berichte über die Prüfungen einsehen (Art. 102 Abs. 4 GO); Abschriften werden nicht erteilt.

V. Geschäftsgang der Ausschüsse

§ 36 Anwendbare Bestimmungen

(1) [1]Für den Geschäftsgang der Ausschüsse gelten die §§ 19 bis 35 sinngemäß. [2]Gemeinderatsmitglieder, die einem Ausschuss nicht angehören, erhalten die Ladungen zu den Sitzungen nebst Tagesordnung nachrichtlich.

(2) [1]Mitglieder des Gemeinderats können in der Sitzung eines Ausschusses, dem sie nicht angehören, nur als Zuhörende anwesend sein. [2]Berät ein Ausschuss über den Antrag eines Gemeinderatsmitglieds, das diesem Ausschuss nicht angehört, so gibt der Ausschuss ihm Gelegenheit, seinen Antrag mündlich zu begründen. [3]Satz 1 und 2 gelten für öffentliche und nichtöffentliche Sitzungen.

VI. Bekanntmachung von Satzungen und Verordnungen

§ 37 Art der Bekanntmachung

Variante 1a (analoges Amtsblatt):

Satzungen und Verordnungen werden durch Veröffentlichung im Amtsblatt der Gemeinde amtlich bekannt gemacht.

Variante 1b (ausschließlich digitales Amtsblatt):[34]

[1]Satzungen und Verordnungen werden im ausschließlich digital veröffentlichten Amtsblatt der Gemeinde über das Internet unter ... (URL der öffentlich zugänglichen Internetseite der Gemeinde[35]) amtlich bekannt gemacht. [2]Soweit eine zusätzliche analoge Form der Bekanntmachung gesetzlich zwingend erforderlich ist,[36] erfolgen Bekanntmachungen im ausschließlich digital veröffentlichten Amtsblatt nach Satz 1 und

> *Alternative Niederlegung und Bekanntgabe an der Gemeindetafel:*

zusätzlich durch Niederlegung zur Einsichtnahme in der Verwaltung der Gemeinde und Bekanntgabe der Niederlegung *(alternativ zu ergänzen: durch Anzeige)* an der Gemeindetafel. Die Gemeindetafel *(alternativ zu ergänzen: in Form eines digitalen Bildschirms)* befindet sich am ... in .... Der Anschlag *(alternativ: Die Anzeige)* an der Gemeindetafel erfolgt erst, wenn der bekannt zu machende Text in der Verwaltung niedergelegt ist, und wird frühestens nach 14 Tagen wieder abgenommen *(alternativ: gelöscht).* Es wird schriftlich oder elektronisch festgehalten, wann der Anschlag angebracht *(alternativ: die Anzeige erfolgt ist)* und wann er wieder abgenommen wurde *(alternativ: wann*

---

34 Rechtsgrundlagen: Art. 17 Abs. 3 Satz 2 BayDiG, Art. 26 Abs. 2 Satz 1 Halbs. 1 GO; § 1 Abs. 1, § 2 Nr. 1 BayKommV.

35 Zum Beispiel „www.gemeindename.de/amtlicheBekanntmachungen".

36 Dies ist aktuell bei Bekanntmachungen im Rahmen der Öffentlichkeitsbeteiligung nach § 3 Abs. 2 BauGB der Fall, vgl. Nr. 5.2.9 Rn. 3 der auf der Homepage des Bayerischen Staatsministeriums für Wohnen, Bau und Verkehr veröffentlichten Planungshilfen für die Bauleitplanung, Stand 30.4.2025.

sie wieder gelöscht wurde); dieser Vermerk wird zu den Akten genommen.

Alternative Tageszeitung:

zusätzlich durch Veröffentlichung in dem für amtliche Bekanntmachungen bestimmten Teil des … (Name des regelmäßig erscheinenden Druckwerks bzw. der nicht nur digital erscheinenden Tageszeitung).

Variante 2a (Amtsblatt des Landkreises/des Landratsamtes):

(1) Satzungen und Verordnungen werden durch Veröffentlichung im Amtsblatt des Landkreises/des Landratsamtes amtlich bekannt gemacht.

(2) Wird eine Satzung oder Verordnung ausnahmsweise aus wichtigem Grund auf eine andere in Art. 26 Abs. 2 GO bezeichnete Art amtlich bekannt gemacht, so wird hierauf im Amtsblatt des Landkreises/des Landratsamtes hingewiesen.

Variante 2b (ausschließlich digitales Amtsblatt des Landkreises/des Landratsamtes):[37]

(1) [1]Satzungen und Verordnungen werden durch Veröffentlichung im ausschließlich digital veröffentlichten Amtsblatt *des Landkreises/des Landratsamtes* amtlich bekannt gemacht. Auf die einschlägige öffentlich zugängliche Internetseite *des Landkreises/des Landratsamtes* wird verwiesen. [2]Soweit eine zusätzliche analoge Form der Bekanntmachung gesetzlich zwingend erforderlich ist,[38] erfolgen Bekanntmachungen im ausschließlich digital veröffentlichten Amtsblatt nach Satz 1 und

---

37 Rechtsgrundlagen: Art. 17 Abs. 3 Satz 2 BayDiG, Art. 26 Abs. 2 Satz 2 Halbs. 1 GO; § 1 Abs. 2 Satz 1 Nr. 1, Satz 2, § 2 Nr. 1 BayKommV.

38 Dies ist aktuell bei Bekanntmachungen im Rahmen der Öffentlichkeitsbeteiligung nach § 3 Abs. 2 BauGB der Fall, vgl. Nr. 5.2.9 Rn. 3 der auf der Homepage des Bayerischen Staatsministeriums für Wohnen, Bau und Verkehr veröffentlichten Planungshilfen für die Bauleitplanung, Stand 30.4.2025.

Alternative Niederlegung und Bekanntgabe an der Gemeindetafel:

zusätzlich durch Niederlegung zur Einsichtnahme in der Verwaltung der Gemeinde und Bekanntgabe der Niederlegung *(alternativ zu ergänzen: durch Anzeige)* an der Gemeindetafel. Die Gemeindetafel *(alternativ zu ergänzen: in Form eines digitalen Bildschirms)* befindet sich am ... in ... . Der Anschlag *(alternativ: Die Anzeige)* an der Gemeindetafel erfolgt erst, wenn der bekannt zu machende Text in der Verwaltung niedergelegt ist, und wird frühestens nach 14 Tagen wieder abgenommen *(alternativ: gelöscht)*. Es wird schriftlich oder elektronisch festgehalten, wann der Anschlag angebracht *(alternativ: die Anzeige erfolgt ist)* und wann er wieder abgenommen wurde *(alternativ: wann sie wieder gelöscht wurde)*; dieser Vermerk wird zu den Akten genommen.

Alternative Tageszeitung:

zusätzlich durch Veröffentlichung in dem für amtliche Bekanntmachungen bestimmten Teil des ... (Name des regelmäßig erscheinenden Druckwerks bzw. der nicht nur digital erscheinenden Tageszeitung).

(2) Wird eine Satzung oder Verordnung ausnahmsweise aus wichtigem Grund auf eine andere in Art. 26 Abs. 2 GO bezeichnete Art amtlich bekannt gemacht, so wird hierauf im Amtsblatt *des Landkreises/des Landratsamtes* nach Absatz 1 hingewiesen.

Variante 3 (regelmäßig erscheinendes Druckwerk):

(1) Satzungen und Verordnungen werden durch Veröffentlichung in dem für amtliche Bekanntmachungen bestimmten Teil des (Name des regelmäßig erscheinenden Druckwerks, z. B. der Tageszeitung)

....

amtlich bekannt gemacht.

(2) Wird eine Satzung oder Verordnung ausnahmsweise aus wichtigem Grund auf eine andere in Art. 26 Abs. 2 GO bezeichnete Art amtlich bekannt gemacht, so wird hierauf in dem in Abs. 1 bezeichneten Druckwerk hingewiesen.

Variante 4a (Niederlegung, Anschlag an einer oder mehreren Gemeindetafeln):

(1) [1]Satzungen und Verordnungen werden dadurch amtlich bekannt gemacht, dass sie in der Verwaltung der Gemeinde zur Einsichtnahme niedergelegt werden und die Niederlegung durch Anschlag an *der Gemeindetafel/den Gemeindetafeln* bekanntgegeben wird. [2]Der Anschlag wird an *der Gemeindetafel/den Gemeindetafeln* erst angebracht, wenn die Satzung oder Verordnung in der Verwaltung niedergelegt ist. [3]Er wird *an allen Gemeindetafeln angebracht und* frühestens nach 14 Tagen wieder abgenommen. [4]Es wird schriftlich festgehalten, wann der Anschlag angebracht und wann er wieder abgenommen wurde; dieser Vermerk wird zu den Akten genommen.

(2) Wird eine Satzung oder Verordnung ausnahmsweise aus wichtigem Grund auf eine andere in Art. 26 Abs. 2 GO bezeichnete Art amtlich bekannt gemacht, so wird hierauf durch Anschlag an *der Gemeindetafel/allen Gemeindetafeln* hingewiesen.

(3) Die Gemeindetafel befindet sich am … in … .

Variante mehrere Gemeindetafeln:

(3) Die Gemeinde unterhält folgende Gemeindetafeln:

1.	2. ....
3.	4. ....
5.	6. ....
7.	8. ....
9.	10. ....

Optional: Weitere Gemeindetafeln zu Informationszwecken[39]*:*

(4) [1]Die Gemeinde unterhält zu Informationszwecken folgende weitere Gemeindetafeln:

1.	2.
....	....
3.	4.
....	....
5.	6.
....	....
7.	8.
....	....
9.	10.
....	....

[2]Rechtlich erheblich im Sinne von Art. 26 Abs. 2. Satz 2 GO ist allein der Anschlag an der Gemeindetafel nach Absatz 3.

Variante 4b (Niederlegung, Anzeige an einer oder mehreren digitalen Gemeindetafeln):[40]

(1) [1]Satzungen und Verordnungen werden dadurch amtlich bekannt gemacht, dass sie in der Verwaltung der Gemeinde zur Einsichtnahme niedergelegt werden und die Niederlegung durch Anzeige an *der Gemeindetafel/den Gemeindetafeln* bekanntgegeben wird. [2]Die Anzeige an *der Gemeindetafel/den Gemeindetafeln* erfolgt erst, wenn die Satzung oder Verordnung in der Verwaltung niedergelegt ist. [3]Die Anzeige *erfolgt an allen Gemeindetafeln und* wird frühestens nach 14 Tagen wieder gelöscht. [4]Es wird schriftlich oder elektronisch festgehalten, wann die Anzeige erfolgt ist und wann sie wieder gelöscht wurde; dieser Vermerk wird zu den Akten genommen.

---

39 Diese Regelung ist nicht zwingend und abzustimmen mit Absatz 3.

40 Rechtsgrundlagen: Art. 26 Abs. 2 Satz 2 Halbs. 2 GO; § 1 Abs. 2 Satz 1 Nr. 4, Abs. 3 Satz 1 Nr. 3 und Satz 2, § 1 Abs. 4 und 5, § 2 Nr. 3 Buchst. c, § 3 Satz 1 BayKommV. Ebenfalls möglich ist es, Variante 4a und 4b zu kombinieren und sowohl analoge als auch digitale Gemeindetafeln zu verwenden.

(2) Wird eine Satzung oder Verordnung ausnahmsweise aus wichtigem Grund auf eine andere in Art. 26 Abs. 2 GO bezeichnete Art amtlich bekannt gemacht, so wird hierauf durch Anzeige an *der Gemeindetafel/allen Gemeindetafeln* hingewiesen.

(3) Die Gemeindetafel in Form eines digitalen Bildschirms befindet sich am … in … .

Alternative mehrere Gemeindetafeln:

Die Gemeinde unterhält folgende Gemeindetafeln in Form eines digitalen Bildschirms:

1.	2.
....	....
3.	4.
....	....
5.	6.
....	....

Optional: Weitere Gemeindetafeln zu Informationszwecken[41]*:*

(4) [1]Die Gemeinde unterhält zu Informationszwecken folgende weitere Gemeindetafeln:

1.	2.
....	....
3.	4.
....	....
5.	6.
....	....

[2]Rechtlich erheblich im Sinne von Art. 26 Abs. 2 Satz 2 GO ist allein die Anzeige an der Gemeindetafel nach Absatz 3.

41 Vgl. § 1 Abs. 4 Satz 2 BayKommV und IMS vom 29.12.2023, Ziff. 2. Die Regelung ist nicht zwingend und gegebenenfalls abzustimmen mit Absatz 3.

Variante 5 (Niederlegung, digitale Bekanntmachung):

(1) [1]Satzungen und Verordnungen werden dadurch amtlich bekannt gemacht, dass sie in der Verwaltung der Gemeinde zur Einsichtnahme niedergelegt werden und die Niederlegung digital über das Internet unter .... (URL der öffentlich zugänglichen Internetseite der Gemeinde[42]) bekanntgegeben wird. [2]Die Bekanntgabe auf dieser Internetseite erfolgt erst, wenn die Satzung oder Verordnung in der Verwaltung niedergelegt ist. [3]Sie wird frühestens nach 14 Tagen wieder gelöscht. [4]Es wird schriftlich oder elektronisch festgehalten, wann die digitale Bekanntgabe auf der Internetseite öffentlich verfügbar war und wann sie wieder gelöscht wurde; dieser Vermerk wird zu den Akten genommen.

(2) [1]Soweit eine zusätzliche analoge Form der Bekanntmachung gesetzlich zwingend erforderlich ist,[43] erfolgen Bekanntgaben der Niederlegung unter der in Absatz 1 Satz 1 genannten Internetadresse und zusätzlich durch Anschlag *(alternativ: Anzeige)* an der Gemeindetafel. [2]Die Gemeindetafel *(alternativ: in Form eines digitalen Bildschirms)* befindet sich am ... in ... .

(3) Wird eine Satzung oder Verordnung ausnahmsweise aus wichtigem Grund auf eine andere in Art. 26 Abs. 2 GO bezeichnete Art amtlich bekannt gemacht, so wird hierauf über das Internet unter der öffentlich zugänglichen Internetseite nach Absatz 1 Satz 1 hingewiesen.

Variante 6a (Niederlegung, Tageszeitung):

(1) [1]Satzungen und Verordnungen werden dadurch amtlich bekannt gemacht, dass sie in der Verwaltung der Gemeinde zur Einsicht niedergelegt werden und die Niederlegung durch Mitteilung in dem für amtliche Bekanntmachungen bestimmten Teil des (Name der Tageszeitung)

....

42 Diese Regelung ist nicht zwingend und abzustimmen mit Absatz 3.

43 Dies ist aktuell bei Bekanntmachungen im Rahmen der Öffentlichkeitsbeteiligung nach § 3 Abs. 2 BauGB der Fall, vgl. Nr. 5.2.9 Rn. 3 der auf der Homepage des Bayerischen Staatsministeriums für Wohnen, Bau und Verkehr veröffentlichten Planungshilfen für die Bauleitplanung, Stand 30.4.2025.

bekanntgegeben wird. [2]Die Mitteilung wird erst veröffentlicht, wenn die Satzung oder Verordnung in der Verwaltung der Gemeinde niedergelegt ist.

(2) Wird eine Satzung oder Verordnung ausnahmsweise aus wichtigem Grund auf eine andere in Art. 26 Abs. 2 GO bezeichnete Art amtlich bekannt gemacht, so wird hierauf in dem in Abs. 1 bezeichneten Druckwerk hingewiesen.

Variante 6b (Niederlegung, ausschließlich digitale Tageszeitung):[44]

(1) [1]Satzungen und Verordnungen werden dadurch amtlich bekannt gemacht, dass sie in der Verwaltung der Gemeinde zur Einsicht niedergelegt werden und die Niederlegung durch Mitteilung in dem für amtliche Bekanntmachungen bestimmten Teil der ausschließlich digital auf der Internetseite … (Angabe ohne Pfad[45]) erscheinenden … (Name der Tageszeitung) bekanntgegeben wird. [2]Die Mitteilung wird erst veröffentlicht, wenn die Satzung oder Verordnung in der Verwaltung der Gemeinde niedergelegt ist.

(2) [1]Soweit eine zusätzliche analoge Form der Bekanntmachung gesetzlich zwingend erforderlich ist,[46] erfolgen Bekanntgaben der Niederlegung über die ausschließlich digital erscheinende Tageszeitung und zusätzlich durch Anschlag *(alternativ: Anzeige)* an der Gemeindetafel. [2]Die Gemeindetafel *(alternativ: in Form eines digitalen Bildschirm)* befindet sich am … in … . Der Anschlag *(alternativ: Die Anzeige)* an der Gemeindetafel erfolgt erst, wenn der bekannt zu machende Text in der Verwaltung niedergelegt ist, und wird frühestens nach 14 Tagen wieder ab-

---

44 Rechtsgrundlagen: Art. 26 Abs. 2 Satz 2 Halbs. 2 GO; § 1 Abs. 2 Satz 1 Nr. 3, Abs. 3 Satz 1 Nr. 2 und Satz 2, Abs. 5, § 2 Nr. 3 Buchst. a, § 3 Satz 1 BayKommV. Der Anwendungsbereich dieser Variante dürfte derzeit gering sein, da die überwiegende Zahl der Tageszeitungen als Druckwerk und zusätzlich als digitale Ausgabe verfügbar ist.

45 Zum Beispiel „www.namedertageszeitung.de".

46 Dies ist aktuell bei Bekanntmachungen im Rahmen der Öffentlichkeitsbeteiligung nach § 3 Abs. 2 BauGB der Fall, vgl. Nr. 5.2.9 Rn. 3 der auf der Homepage des Bayerischen Staatsministeriums für Wohnen, Bau und Verkehr veröffentlichten Planungshilfen für die Bauleitplanung, Stand 30.4.2025.

genommen *(alternativ: gelöscht)*. [4]Es wird schriftlich oder elektronisch festgehalten, wann der Anschlag angebracht *(alternativ: die Anzeige erfolgt ist)* und wann er wieder abgenommen wurde *(alternativ: wann sie wieder gelöscht wurde)*; dieser Vermerk wird zu den Akten genommen.

(3) Wird eine Satzung oder Verordnung ausnahmsweise aus wichtigem Grund auf eine andere in Art. 26 Abs. 2 GO bezeichnete Art amtlich bekannt gemacht, so wird hierauf in der in Abs. 1 bezeichneten Tageszeitung hingewiesen.

C. Schlussbestimmungen

§ 38 Änderung der Geschäftsordnung

Vorstehende Geschäftsordnung kann durch Beschluss des Gemeinderats geändert werden.

§ 39 Verteilung der Geschäftsordnung

[1]Jedem Mitglied des Gemeinderats ist ein Exemplar der Geschäftsordnung auszuhändigen. [2]Im Übrigen liegt die Geschäftsordnung zur allgemeinen Einsicht in der Verwaltung der Gemeinde auf.

§ 40 Inkrafttreten

[1]Diese Geschäftsordnung tritt mit Wirkung vom ....

in Kraft. [2]Gleichzeitig tritt die Geschäftsordnung vom ... außer Kraft.

....

(Ort, Datum)

....

(..., Erste Bürgermeisterin oder Erster Bürgermeister)

Muster

Anlage 2

Geschäftsordnung des Gemeinderats – Marktgemeinderats – Stadtrats[1] (Geschäftsordnung – GeschO) (Muster für kleinere Gemeinden/Städte)

Inhaltsverzeichnis

---

1 Im Muster enthaltene, nicht zutreffende Varianten, alternative Formulierungen oder beispielhafte Aufzählungen (in kursiv) sind zu streichen. Die in einzelnen Bestimmungen des Geschäftsordnungsmusters relevanten Beträge, Wertgrenzen oder geschätzten Auftragswerte sind als Bruttobeträge zu verstehen. Alternativ können auch Nettobeträge ausgewiesen werden. Es ist klarzustellen, ob es sich um Netto- oder Bruttobeträge handelt. Die geschlechtsneutrale Formulierung entspricht derjenigen des Gesetzes vom 24.07.2023 (GVBl. S. 385).

Muster

Der Gemeinderat

....

....

gibt sich aufgrund des Art. 45 Abs. 1 der Gemeindeordnung für den Freistaat Bayern (GO) in der Fassung der Bekanntmachung vom 22. August 1998 (GVBl. S. 796, BayRS 2020-1-1-I), zuletzt geändert durch ... (GVBl. S. ...), folgende

Geschäftsordnung:

A. Die Gemeindeorgane und ihre Aufgaben

I. Der Gemeinderat

§ 1 Zuständigkeit im Allgemeinen

Der Gemeinderat beschließt über alle Angelegenheiten des eigenen und des übertragenen Wirkungskreises, soweit sie nicht aufgrund eines Gesetzes bzw. einer Übertragung durch den Gemeinderat in die Zuständigkeit der ersten Bürgermeisterin oder des ersten Bürgermeister fallen.

§ 2 Aufgabenbereich des Gemeinderats

Der Gemeinderat ist insbesondere für folgende Angelegenheiten zuständig:

1. die Beschlussfassung zu Bestands- oder Gebietsänderungen der Gemeinde und zu Änderungen des Namens der Gemeinde oder eines Gemeindeteils (Art. 2 und 11 GO),
2. die Entscheidung über Ehrungen, insbesondere die Verleihung und die Aberkennung der Ehrenbürgerwürde (Art. 16 GO),
3. die Bildung und die Zusammensetzung der Ausschüsse sowie die Zuteilung der Aufgaben an diese (Art. 32, 33 GO),
4. die Aufstellung von Richtlinien für laufende Angelegenheiten nach Art. 37 Abs. 1 Satz 2 GO,
5. die Verteilung der Geschäfte unter die Gemeinderatsmitglieder (Art. 46 Abs. 1 Satz 2 GO),
6. die Wahlen (Art. 51 Abs. 3 und 4 GO),

7. die Beschlussfassung über Angelegenheiten, zu deren Erledigung die Gemeinde der Genehmigung bedarf (z.B. aufgrund haushaltsrechtlicher Bestimmungen der GO oder Genehmigungsvorbehalte nach KAG, BauGB, KommZG),
8. den Erlass, die Änderung und die Aufhebung von Satzungen und Verordnungen,
9. die Beschlussfassung über die allgemeine Regelung der Bezüge der Gemeindebediensteten (z.B. Grundsatzentscheidungen bzgl. Gewährung einer Arbeitsmarktzulage, Verkürzung von Stufenlaufzeiten) und über beamten-, besoldungs-, versorgungs- und disziplinarrechtliche Angelegenheiten der Bürgermeisterinnen oder Bürgermeister und der berufsmäßigen Gemeinderatsmitglieder, soweit nicht das Gesetz über kommunale Wahlbeamte und Wahlbeamtinnen oder das Bayerische Disziplinargesetz etwas anderes bestimmen,
10. die Beschaffung von Dienstfahrzeugen für Bürgermeisterinnen und Bürgermeister,
11. die Beschlussfassung über die Haushaltssatzung und über die Nachtragshaushaltssatzungen (Art. 65 und 68 GO),
12. die Beschlussfassung über den Finanzplan (Art. 70 GO),
13. die Feststellung der Jahresrechnung und der Jahresabschlüsse der Eigenbetriebe und der Krankenhäuser mit kaufmännischem Rechnungswesen sowie die Beschlussfassung über die Entlastung (Art. 102 GO),
14. die Entscheidungen im Sinne von Art. 96 Abs. 1 Satz 1 GO über gemeindliche Unternehmen (z.B. Errichtung, Übernahme, Erweiterung, Beteiligung),
15. die hinsichtlich der Eigenbetriebe dem Gemeinderat im Übrigen gesetzlich vorbehaltenen Angelegenheiten (Art. 88 GO),
16. die Bestellung und die Abberufung der Leitung und Stellvertretung des Rechnungsprüfungsamts und der Prüferinnen oder Prüfer (Art. 104 Abs. 3 GO), die Benennung und Abberufung der oder des behördlichen Datenschutzbeauftragten, die Bestätigung der Feuerwehrkommandantin oder des Feuerwehrkommandanten sowie der Vorschlag von Schöffinnen und Schöffen,
17. die Entscheidung über die Zulässigkeit eines Bürgerbegehrens (Art. 18a Abs. 8 GO) und die Durchführung eines Bürgerentscheids (Art. 18a Abs. 2, Abs. 10 GO),

18. die allgemeine Festsetzung von Abgaben, Tarifen und Entgelten,
19. die Entscheidung über Ernennung, Beförderung, Abordnung, Versetzung, Zuweisung an eine Einrichtung, Ruhestandsversetzung und Entlassung der Beamtinnen und Beamten ab Besoldungsgruppe A 9,
20. die Entscheidung über Einstellung, Höhergruppierung (nicht nur vorübergehende Übertragung einer höherwertigen Tätigkeit), Abordnung, Versetzung, Zuweisung an einen Dritten, Beschäftigung mittels Personalgestellung und Entlassung der Arbeitnehmerinnen und Arbeitnehmer ab Entgeltgruppe 9a des TVöD oder ab einem entsprechenden Entgelt,
21. die Entscheidung über Altersteilzeit der Gemeindebediensteten,
22. die Beschlussfassung über die Beteiligung an Zweckverbänden und über den Abschluss von Zweckvereinbarungen,
23. die grundsätzlichen Angelegenheiten gemeindlicher Planungen, z. B. der Bauleitplanung, der Ortsplanung, der Landschaftsplanung und der Regional- und Landesplanung, der Gewässerplanung und gemeindeübergreifender Planungen und Projekte,
24. die Namensgebung für Straßen, Schulen und sonstige öffentliche Einrichtungen,
25. der Vorschlag, die Entsendung und die Abberufung von Vertreterinnen und Vertretern der Gemeinde in andere Organisationen und Einrichtungen,
26. die Beschlussfassung über die Vereinbarung einer kommunalen Partnerschaft,
27. die grundsätzlichen Angelegenheiten gemeindlich verwalteter Stiftungen, insbesondere Änderungen des Stiftungszwecks.

II. Die Gemeinderatsmitglieder

§ 3 Rechtsstellung der ehrenamtlichen Gemeinderatsmitglieder, Befugnisse

(1) Gemeinderatsmitglieder üben ihre Tätigkeit nach ihrer freien, nur durch die Rücksicht auf das öffentliche Wohl bestimmten Überzeugung aus und sind an Aufträge nicht gebunden.

(2) Für die allgemeine Rechtsstellung der Gemeinderatsmitglieder (Teilnahmepflicht, Sorgfalts- und Verschwiegenheitspflicht, Geheimhaltungspflicht, Ausschluss wegen persönlicher Beteiligung, Geltendmachung von Ansprüchen Dritter, Ablehnung, Niederlegung und Verlust des Amtes) gelten die Art. 48 Abs. 1, Art. 20 Abs. 1 bis 3, Art. 56a, Art. 49, 50, 48 Abs. 3 GO sowie Art. 47 bis Art. 49 Gemeinde- und Landkreiswahlgesetz.

(3) Der Gemeinderat kann zur Vorbereitung seiner Entscheidungen durch besonderen Beschluss einzelnen seiner Mitglieder bestimmte Aufgabengebiete (Referate) zur Bearbeitung zuteilen und sie insoweit mit der Überwachung der gemeindlichen Verwaltungstätigkeit betrauen (Art. 46 Abs. 1 Satz 2, Art. 30 Abs. 3 GO).

(4) Zur Ausübung von Verwaltungsbefugnissen sind Gemeinderatsmitglieder nur berechtigt, soweit ihnen die erste Bürgermeisterin oder der erste Bürgermeister im Rahmen der Geschäftsverteilung nach Anhörung der weiteren Bürgermeisterinnen oder Bürgermeister einzelne Befugnisse (§§ 7 bis 11) überträgt (Art. 39 Abs. 2 GO).

(5) [1]Gemeinderatsmitglieder, die eine Tätigkeit nach Absatz 3 oder 4 ausüben, haben ein Recht auf Akteneinsicht innerhalb ihres Aufgabenbereichs. [2]Zur Vorbereitung von Tagesordnungspunkten der nächsten Sitzung erhält jedes Gemeinderatsmitglied nach vorheriger Terminvereinbarung das Recht zur Einsicht in die entscheidungserheblichen Unterlagen, sofern Gründe der Geheimhaltung nicht entgegenstehen. [3]Im Übrigen haben Gemeinderatsmitglieder ein Recht auf Akteneinsicht, wenn sie vom Gemeinderat durch Beschluss mit der Einsichtnahme beauftragt werden. [4]Das Verlangen zur Akteneinsicht ist gegenüber der ersten Bürgermeisterin oder dem ersten Bürgermeister geltend zu machen.

§ 4 Umgang mit Dokumenten und elektronischen Medien[2]

(1) [1]Der Verschwiegenheitspflicht unterfallende schriftliche und elektronische Dokumente sind so aufzubewahren, dass sie dem unbefugten Zugriff Dritter entzogen sind. [2]Im Umgang mit solchen Dokumenten beachten die Gemeinderatsmitglieder Geheimhaltungsinteressen und den Datenschutz. [3]Werden diese Dokumente für die Tätigkeit als Gemeinderatsmitglied nicht mehr benötigt, sind sie zurückzugeben oder datenschutzkonform zu vernichten bzw. zu löschen.

(2) [1]Beschlussvorlagen sind interne Ausarbeitungen der Verwaltung für den Gemeinderat. [2]Eine Veröffentlichung der Beschlussvorlagen und weiterer Sitzungsunterlagen durch Gemeinderatsmitglieder ist nur zulässig, wenn die erste Bürgermeisterin oder der erste Bürgermeister und der Gemeinderat unter Berücksichtigung des Datenschutzes zugestimmt haben und die Unterlagen nur Tatsachen enthalten, die offenkundig sind oder ihrer Bedeutung nach keiner Geheimhaltung bedürfen. [3]Die Veröffentlichung oder Weitergabe von Beschlussvorlagen und weiteren Sitzungsunterlagen zu nichtöffentlichen Sitzungen ist nicht zulässig.

(3) Die Gemeinderatsmitglieder, die über die technischen Voraussetzungen zum Versenden und Empfangen elektronischer Post verfügen, können der ersten Bürgermeisterin oder dem ersten Bürgermeister schriftlich eine elektronische Adresse mitteilen, an die Einladungen im Sinne des § 20 übersandt bzw. von der Anträge im Sinne des § 21 versandt werden.[3]

---

2 Die im Rahmen der Mandatsausübung anfallenden Kosten für den Umgang mit elektronischen Dokumenten (Beschaffung eines Empfangsgeräts, Fertigung von Ausdrucken u. a.) und deren Schutz können z. B. über eine monatliche IT-Pauschale abgegolten werden.

3 Vgl. das Muster „Zugangseröffnung für die elektronische Kommunikation". Die Regelung des § 4 Abs. 3 kann entfallen, wenn die Ladung zur Gemeinderatssitzung, der Versand der Sitzungsunterlagen und die Antragstellung ausschließlich schriftlich (nach § 20 Alternative 3, § 21 Alternative 1) erfolgen und Niederschriften über öffentliche Sitzungen nicht elektronisch (vgl. § 16 Abs. 3) übermittelt werden sollen.

(4) [1]Die Nutzung elektronischer Medien während der Sitzung darf nur erfolgen, soweit durch sie eine aktive Sitzungsteilnahme nicht gefährdet und der Sitzungsverlauf nicht gestört wird. [2]Für die Fertigung von Ton- und Bildaufnahmen durch Gemeinderatsmitglieder gelten § 16 Abs. 2 Sätze 3 und 4 entsprechend.

§ 5 Fraktionen

[1]Gemeinderatsmitglieder können sich zur Erreichung gemeinsamer Ziele zu Fraktionen zusammenschließen. [2]Eine Fraktion muss mindestens ...[4] Mitglieder haben. [3]Die Bildung und Bezeichnung der Fraktionen sowie deren Vorsitzende und ihre Stellvertretung sind der ersten Bürgermeisterin oder dem ersten Bürgermeister mitzuteilen; diese oder dieser unterrichtet den Gemeinderat. [4]Satz 3 gilt entsprechend für während der Wahlzeit eintretende Änderungen des Stärkeverhältnisses der Fraktionen und Gruppen.

III. Die erste Bürgermeisterin oder der erste Bürgermeister

1. Aufgaben

§ 6 Vorsitz im Gemeinderat

(1) [1]Die erste Bürgermeisterin oder der erste Bürgermeister führt den Vorsitz im Gemeinderat (Art. 36 GO). [2]Sie oder er bereitet die Beratungsgegenstände vor und beruft die Sitzungen ein (Art. 46 Abs. 2 GO). [3]In den Sitzungen leitet sie oder er die Beratung und die Abstimmung, handhabt die Ordnung und übt das Hausrecht aus (Art. 53 Abs. 1 GO).

(2) [1]Hält die erste Bürgermeisterin oder der erste Bürgermeister Entscheidungen des Gemeinderats oder eines beschließenden Ausschusses für rechtswidrig, verständigt sie oder er den Gemeinderat oder den Ausschuss von ihrer oder seiner Auffassung und setzt den Vollzug vorläufig aus. [2]Wird die Entscheidung aufrechterhalten, führt sie oder er die Entscheidung der Rechtsaufsichtsbehörde herbei (Art. 59 Abs. 2 GO).

4 Vorschlag: 3 Mitglieder.

§ 7 Leitung der Gemeindeverwaltung, Allgemeines

(1) [1]Die erste Bürgermeisterin oder der erste Bürgermeister leitet und verteilt im Rahmen der Geschäftsordnung die Geschäfte (Art. 46 Abs. 1 GO). [2]Sie oder er kann dabei einzelne ihrer oder seiner Befugnisse den weiteren Bürgermeisterinnen und Bürgermeistern, nach deren Anhörung auch einem Gemeinderatsmitglied und in Angelegenheiten der laufenden Verwaltung Bediensteten der Gemeinde übertragen (Art. 39 Abs. 2 GO). [3]Geschäftsverteilung und Befugnisregelung sollen übereinstimmen.

(2) [1]Die erste Bürgermeisterin oder der erste Bürgermeister vollzieht die Beschlüsse des Gemeinderats (Art. 36 GO). [2]Über Hinderungsgründe unterrichtet sie oder er den Gemeinderat oder den Ausschuss unverzüglich.

(3) [1]Die erste Bürgermeisterin oder der erste Bürgermeister führt die Dienstaufsicht über die Gemeindebediensteten und übt die Befugnisse der oder des Dienstvorgesetzten gegenüber den Gemeindebeamtinnen und Gemeindebeamten aus (Art. 37 Abs. 4, Art. 43 Abs. 3 GO). [2]Art. 88 Abs. 3 Satz 3 GO bleibt unberührt.

(4) [1]Die erste Bürgermeisterin oder der erste Bürgermeister verpflichtet die weiteren Bürgermeisterinnen und Bürgermeister schriftlich, alle Angelegenheiten geheim zu halten, die im Interesse der Sicherheit oder anderer wichtiger Belange der Bundesrepublik oder eines ihrer Länder Unbefugten nicht bekannt werden dürfen. [2]In gleicher Weise verpflichtet sie oder er Gemeinderatsmitglieder und Gemeindebedienstete, bevor sie mit derartigen Angelegenheiten befasst werden (Art. 56a GO).

§ 8 Einzelne Aufgaben der ersten Bürgermeisterin oder des ersten Bürgermeisters

(1) Die erste Bürgermeisterin oder der erste Bürgermeister erledigt in eigener Zuständigkeit

1. die laufenden Angelegenheiten, die für die Gemeinde keine grundsätzliche Bedeutung haben und keine erheblichen Verpflichtungen erwarten lassen (Art. 37 Abs. 1 Satz 1 Nr. 1 GO),
2. die den Gemeinden durch ein Bundesgesetz oder auf Grund eines Bundesgesetzes übertragenen hoheitlichen Aufgaben in Angelegenheiten der Verteidigung einschließlich des Wehr-

ersatzwesens und des Schutzes der Zivilbevölkerung, soweit nicht für haushalts- oder personalrechtliche Entscheidungen der Gemeinderat zuständig ist (Art. 37 Abs. 1 Satz 1 Nr. 2 GO),

3. die Angelegenheiten, die im Interesse der Sicherheit der Bundesrepublik oder eines ihrer Länder geheim zu halten sind (Art. 37 Abs. 1 Satz 1 Nr. 3 GO),
4. die ihm vom Gemeinderat nach Art. 37 Abs. 2 Satz 1 GO übertragenen Angelegenheiten,
5. die Entscheidung über die Ernennung, Beförderung, Abordnung, Versetzung, Zuweisung an eine Einrichtung, Ruhestandsversetzung und Entlassung von Beamtinnen und Beamten bis zur Besoldungsgruppe A 8 (Art. 43 Abs. 2 Satz 1 GO),
6. die Entscheidung über die Einstellung, Höhergruppierung (nicht nur vorübergehende Übertragung einer höherwertigen Tätigkeit), Abordnung, Versetzung, Zuweisung an einen Dritten, Beschäftigung mittels Personalgestellung und Entlassung von Arbeitnehmerinnen und Arbeitnehmern bis zur Entgeltgruppe 8 des TVöD oder bis zu einem entsprechenden Entgelt (Art. 43 Abs. 2 Satz 1 GO),
7. die vorübergehende Übertragung einer höher zu bewertenden Tätigkeit auf eine Arbeitnehmerin oder einen Arbeitnehmer im Geltungsbereich des TVöD oder eines entsprechenden Tarifvertrags,
8. dringliche Anordnungen und unaufschiebbare Geschäfte (Art. 37 Abs. 3 GO),
9. die Aufgaben als Vorsitzende oder Vorsitzender des Verwaltungsrats selbstständiger Kommunalunternehmen des öffentlichen Rechts (Art. 90 Abs. 3 Satz 2 GO),
10. die Vertretung der Gemeinde in Unternehmen in Privatrechtsform (Art. 93 Abs. 1 GO).
    [*Variante Übertragung Vertretungsmacht:*
    In Bezug auf die … *(z.B. Gemeindewerke GmbH)*[5] werden der ersten Bürgermeisterin oder dem ersten Bürgermeister die

---

5 Eine Übertragung der Vertretungsmacht ist je nach Bedeutung der Angelegenheit für die Gemeinde in Bezug auf alle oder auch einzelne gemeindliche Unternehmen in Privatrechtsform jeweils vollständig oder beschränkt auf bestimmte Angelegenheiten, die in die Zuständigkeit der Gesellschafterversammlung oder eines entsprechenden Organs fallen, möglich. Art. 32 Abs. 2 Satz 2 Nr. 7 GO ist zu beachten.

Entscheidungen über ... *(z.B. bestimmte in der Gesellschafterversammlung zu beschließende Angelegenheiten; Rechtsgeschäfte bis zu einem bestimmten Betrag, die der Zustimmung der Gesellschafterversammlung bedürfen)* zur selbständigen Erledigung übertragen (Art. 37 Abs. 2 Satz 1 GO).]

(2) Zu den Aufgaben der ersten Bürgermeisterin oder des ersten Bürgermeisters gehören insbesondere auch:

1. in Personalangelegenheiten der Gemeindebediensteten:
   a) der Vollzug zwingender gesetzlicher oder tarifrechtlicher Vorschriften sowie etwaiger Grundsatzbeschlüsse des Gemeinderats,
   b) Entscheidungen im Zusammenhang mit Nebentätigkeiten.
2. in allen Angelegenheiten mit finanziellen Auswirkungen für die Gemeinde:
   a) die Bewirtschaftung von Haushaltsmitteln
      - im Vollzug zwingender Rechtsvorschriften und im Rahmen von Richtlinien des Gemeinderats, in denen die Leistungen nach Voraussetzung und Höhe festgelegt sind,
      - im Übrigen bis zu einem Betrag von ...... € im Einzelfall[6],
   b) der Erlass, die Niederschlagung, die Stundung und die Aussetzung der Vollziehung von Abgaben, insbesondere von Steuern, Beiträgen und Gebühren sowie von sonstigen Forderungen bis zu folgenden Beträgen im Einzelfall:

      - Erlass ...... €[7]
      - Niederschlagung ...... €[8]
      - Stundung ...... €[9]
      - Aussetzung der Vollziehung ...... €[10]

---

6 Es wird vorgeschlagen, je nach Größe der Gemeinde 6 bis 8 € (brutto) je Einwohnerin und Einwohner festzusetzen.

7 Vorschlag: 10 % von Fußnote 6.

8 Vorschlag: 50 % von Fußnote 6.

9 Vorschlag: bis zu einem Jahr wie Fußnote 6, über einem Jahr 50 % davon.

10 Vorschlag: 50 % von Fußnote 6.

c) die Entscheidung über überplanmäßige Ausgaben bis zu einem Betrag von
...... €[11] und über außerplanmäßige Ausgaben bis zu einem Betrag von ...... €[12] im Einzelfall, soweit sie unabweisbar sind und die Deckung gewährleistet ist (Art. 66 Abs. 1 Satz 1 GO),

d) Handlungen oder Unterlassen jeder Art mit Auswirkungen für die Gemeinde, insbesondere der Abschluss von Verträgen und sonstiger Rechtsgeschäfte sowie die Wahrnehmung von Rechten und Pflichten der Gemeinde, bis zu einem Betrag oder – falls dieser zum Zeitpunkt der Handlung oder des Unterlassens nicht feststeht – einer Wertgrenze oder einem geschätzten Auftragswert von ...... €[13],

e) Nachträge zu Verträgen und Rechtsgeschäften außerhalb der Bewirtschaftungsbefugnis nach Buchst. a (entweder bereits ohne Nachtrag oder erstmalig aufgrund Summierung mit Nachträgen), die einzeln oder zusammen die ursprünglich vereinbarte Auftragssumme um nicht mehr als 10 %, insgesamt jedoch nicht mehr als ...... €[14] erhöhen,

f) die Gewährung von Zuschüssen, auch in der Form unentgeltlicher Nutzungsüberlassung von Räumen, an Vereine und Verbände bis zu einem Betrag von ......€[15] je Einzelfall.

3. in allgemeinen Rechts- und Verwaltungsangelegenheiten:

a) die Behandlung von Rechtsbehelfen einschließlich Abhilfeverfahren, die Abgabe von Prozesserklärungen einschließlich Klageerhebung, Einlegung von Rechtsmitteln und Abschluss von Vergleichen sowie die Erteilung des Mandats an eine Prozessbevollmächtigte oder einen Prozessbevollmächtigten, wenn die finanzielle Auswirkung auf die Gemeinde bzw., falls diese nicht bestimmbar ist, der Streitwert voraussichtlich ...... €[16] nicht übersteigt

---

11 Vorschlag: 50 % zu Fußnote 6.

12 Vorschlag: 25 % von Fußnote 6.

13 Vorschlag: wie Fußnote 6.

14 Vorschlag: bis zu 50 % von Fußnote 6.

15 Vorschlag: 10 % von Fußnote 6 im Einzelfall.

16 Vorschlag: wie Fußnote 6.

und die Angelegenheit keine grundsätzliche Bedeutung hat,

b) Angelegenheiten des übertragenen Wirkungskreises ohne grundsätzliche Bedeutung, soweit sie nicht dem Gemeinderat vorbehalten sind (§ 2), insbesondere Staatsangehörigkeits- und Personenstandswesen, Meldewesen, Wahlrecht und Statistik, Gesundheits- und Veterinärwesen, öffentliches Versicherungswesen, Lastenausgleich.

4. in Bauangelegenheiten:

a) die Abgabe der Erklärung der Gemeinde nach Art. 58 Abs. 1 Satz 1 Nr. 5 bzw. die Mitteilung nach Art. 58 Abs. 2 Satz 6 BayBO,

b) die Behandlung der Anzeige nach Art. 57 Abs. 5 Satz 2 BayBO,

c) die Erteilung des gemeindlichen Einvernehmens nach Art. 65 Abs. 1 Satz 4 BayBO, § 36 BauGB und Art. 63 Abs. 3 Satz 2 Halbsatz 1 BayBO für Gebäude der Gebäudeklassen 1 bis 3 sowie für bauliche Anlagen, die keine Gebäude sind, mit einer Höhe bis zu 10 m im Geltungsbereich eines Bebauungsplans nach § 30 Abs. 1 BauGB oder eines vorhabenbezogenen Bebauungsplans nach § 30 Abs. 2 BauGB, soweit für das Vorhaben die Erteilung nur geringfügiger Ausnahmen und Befreiungen nach § 31 BauGB erforderlich ist[17],

d) die Zustimmung nach § 36a BauGB für Gebäude der Gebäudeklassen 1 bis 3 bei Abweichungen, die einem Einzelvorhaben nach § 246e Abs. 1 Satz 1 Nr. 2 oder Nr. 3 dienen und keinen erheblichen Abweichungsumfang[18] aufweisen, im Geltungsbereich eines Bebauungsplans nach § 30 Abs. 1 BauGB oder eines vorhabenbezogenen Bebauungsplans nach § 30 Abs. 2 BauGB,

---

17 Kriterien für die „Geringfügigkeit" können ggf. unter Berücksichtigung der jeweiligen örtlichen Verhältnisse und der Festsetzungen des betreffenden Bebauungsplans vorab im Rat entwickelt werden.

18 Kriterien für die „Erheblichkeit" können ggf. unter Berücksichtigung der jeweiligen örtlichen Verhältnisse und der Festsetzungen des betreffenden Bebauungsplans vorab im Rat entwickelt werden.

e) die Zulassung von isolierten Abweichungen im Sinne des Art. 63 Abs. 3 Satz 1 BayBO,
f) die Erteilung von Negativzeugnissen nach § 28 Abs. 1 Satz 3 BauGB bei Nichtbestehen eines Vorkaufsrechts.

(3) Bei wiederkehrenden Leistungen ist für die Bemessung von Wertgrenzen nach Abs. 2 der Zeitraum maßgeblich, für den die rechtliche Bindung bestehen soll; ist dieser Zeitraum nicht bestimmbar, so ist der fünffache Jahresbetrag anzusetzen.

(4) Soweit die Aufgaben nach Absatz 1 Nr. 7 und Absatz 2 nicht unter Art. 37 Abs. 1 Satz 1 GO fallen, werden sie hiermit der ersten Bürgermeisterin oder dem ersten Bürgermeister gemäß Art. 37 Abs. 2 GO zur selbstständigen Erledigung übertragen.

§ 9 Vertretung der Gemeinde nach außen

(1) Die Befugnis der ersten Bürgermeisterin oder des ersten Bürgermeisters zur Vertretung der Gemeinde nach außen bei der Abgabe von rechtserheblichen Erklärungen (Art. 38 Abs. 1 GO) beschränkt sich auf den Vollzug der einschlägigen Beschlüsse des Gemeinderats und der beschließenden Ausschüsse, soweit die erste Bürgermeisterin oder der erste Bürgermeister nicht gemäß § 8 zum selbstständigen Handeln befugt ist.

(2) Die erste Bürgermeisterin oder der erste Bürgermeister kann im Rahmen ihrer oder seiner Vertretungsbefugnis unter Beachtung des Art. 39 Abs. 2 GO anderen Personen Vollmacht zur Vertretung der Gemeinde erteilen.

§ 10 Abhalten von Bürgerversammlungen

(1) [1]Die erste Bürgermeisterin oder der erste Bürgermeister beruft mindestens einmal jährlich, auf Verlangen des Gemeinderats auch öfter, eine Bürgerversammlung ein (Art. 18 Abs. 1 GO). [2]Den Vorsitz in der Versammlung führt die erste Bürgermeisterin oder der erste Bürgermeister oder eine von ihr oder ihm bestellte Vertretung.

(2) Auf Antrag von Gemeindebürgerinnen und Gemeindebürgern nach Art. 18 Abs. 2 GO beruft die erste Bürgermeisterin oder der erste Bürgermeister darüber hinaus eine weitere Bür-

gerversammlung ein, die innerhalb von drei Monaten nach Eingang des Antrags bei der Gemeinde stattzufinden hat.

§ 11 Sonstige Geschäfte

Die Befugnisse der ersten Bürgermeisterin oder des ersten Bürgermeisters, die außerhalb der Gemeindeordnung gesetzlich festgelegt sind (z.B. Wahrnehmung der standesamtlichen Geschäfte, Aufnahme von Nottestamenten usw.), bleiben unberührt.

2. Stellvertretung

§ 12 Weitere Bürgermeisterinnen und Bürgermeister, weitere Stellvertretung, Aufgaben

(1) Die erste Bürgermeisterin oder der erste Bürgermeister wird im Fall der Verhinderung von der zweiten Bürgermeisterin oder dem zweiten Bürgermeister und, wenn diese oder dieser ebenfalls verhindert ist, von der dritten Bürgermeisterin oder dem dritten Bürgermeister vertreten (Art. 39 Abs. 1 Satz 1 GO).

(2) Für den Fall gleichzeitiger Verhinderung der Bürgermeisterinnen und Bürgermeister bestimmt der Gemeinderat aus seiner Mitte gemäß Art. 39 Abs. 1 Satz 2 GO weitere Stellvertretungen in folgender Reihenfolge:

....

....

....

(3) Die Stellvertreterin oder der Stellvertreter übt im Verhinderungsfall die gesamten gesetzlichen und geschäftsordnungsmäßigen Befugnisse der ersten Bürgermeisterin oder des ersten Bürgermeisters aus.

(4) [1]Ein Fall der Verhinderung liegt vor, wenn die zu vertretende Person aus tatsächlichen oder rechtlichen Gründen, insbesondere wegen Abwesenheit, Urlaub, Krankheit, vorläufiger Dienstenthebung oder persönlicher Beteiligung nicht in der Lage ist, ihr Amt auszuüben. [2]Ist die zu vertretende Person bei Abwesen-

heit gleichwohl dazu in der Lage, die Amtsgeschäfte auszuüben und bei Bedarf wieder rechtzeitig vor Ort zu sein, liegt ein Fall der Verhinderung nicht vor.

IV. Ortssprecherinnen und Ortssprecher

§ 13 Rechtsstellung, Aufgaben

(1) [1]Ortssprecherinnen und Ortssprecher sind ehrenamtlich tätige Gemeindebürgerinnen oder Gemeindebürger mit beratenden Aufgaben. [2]Sie haben das Recht, an allen Sitzungen des Gemeinderats und seiner Ausschüsse mit beratender Stimme teilzunehmen und Anträge zu stellen.

(2) Ortssprecherinnen und Ortssprecher werden zu den Sitzungen eingeladen; § 20 gilt entsprechend.

B. Der Geschäftsgang

I. Allgemeines

§ 14 Verantwortung für den Geschäftsgang

(1) [1]Gemeinderat und erste Bürgermeisterin oder erster Bürgermeister sorgen für den ordnungsgemäßen Gang der Geschäfte, insbesondere für den Vollzug der gesetzlichen Vorschriften im eigenen und im übertragenen Wirkungskreis und für die Durchführung der gesetzmäßigen Anordnungen und Weisungen der Staatsbehörden. [2]Sie schaffen die dazu erforderlichen Einrichtungen (Art. 56 Abs. 2, Art. 59 Abs. 1 GO).

(2) [1]Eingaben und Beschwerden der Gemeindeeinwohnerinnen und Gemeindeeinwohner an den Gemeinderat (Art. 56 Abs. 3 GO) werden durch die Verwaltung vorbehandelt und sodann dem Gemeinderat vorgelegt. [2]Eingaben, die in den Zuständigkeitsbereich der ersten Bürgermeisterin oder des ersten Bürgermeisters fallen, erledigt diese oder dieser in eigener Zuständigkeit; in bedeutenden Angelegenheiten unterrichtet sie oder er den Gemeinderat.

§ 15 Sitzungen, Beschlussfähigkeit

(1) [1]Der Gemeinderat beschließt in Sitzungen (Art. 47 Abs. 1 GO). [2]Eine Beschlussfassung durch mündliche Befragung außerhalb der Sitzungen oder im Umlaufverfahren ist ausgeschlossen.

(2) Der Gemeinderat ist beschlussfähig, wenn sämtliche Mitglieder ordnungsgemäß geladen sind und die Mehrheit der Mitglieder anwesend und stimmberechtigt ist (Art. 47 Abs. 2 GO).

(3) [1]Wird der Gemeinderat wegen Beschlussunfähigkeit in einer früheren Sitzung infolge einer nicht ausreichenden Zahl anwesender Mitglieder zum zweiten Mal zur Verhandlung über denselben Gegenstand zusammengerufen, so ist er ohne Rücksicht auf die Zahl der Erschienenen beschlussfähig. [2]Bei der zweiten Einladung muss auf diese Bestimmung hingewiesen werden (Art. 47 Abs. 3 GO).

§ 15a[19] Sitzungsteilnahme durch Ton-Bild-Übertragung

(1) [1]Gemeinderatsmitglieder *(sowie Ortssprecherinnen und Ortssprecher) (, die wegen .../aus einem wichtigen Grund an einer Teilnahme im Sitzungssaal gehindert sind,)* können an *(öffentlichen)* Sitzungen des Gemeinderats mittels Ton-Bild-Übertragung teilnehmen (Art. 47a GO). *[2]Dies gilt nicht ... (z.B. für bestimmte Gegenstände; sonstige Voraussetzungen); hierauf wird in der Ladung gesondert hingewiesen.* [3]Voraussetzung für die virtuelle Teilnahme an den Sitzungen ist die Unterzeichnung der Belehrung über die Teilnahme an Hybridsitzungen.

(2) [1]Gemeinderatsmitglieder, die mittels Ton-Bild-Übertragung an der Sitzung teilnehmen wollen, müssen dies der ersten Bürgermeisterin oder dem ersten Bürgermeister nach Zugang der Ladung spätestens bis ... schriftlich oder elektronisch mitteilen. *[2]Die Höchstzahl der zuschaltbaren Teilnehmenden ist auf ... begrenzt. [3]Möchten mehr Gemeinderatsmitglieder nach Absatz 1 mittels Ton-Bild-Übertragung teilnehmen als zugelassen, erfolgt die Zulassung nach der Reihenfolge der Anmeldungen (alternativ: entscheidet das Los).*

---

19 Dieser Paragraph ist nur zu übernehmen, wenn der Gemeinderat mit Zweidrittelmehrheit eine Sitzungsteilnahme durch Ton-Bild-Übertragung zugelassen hat, vgl. Art. 47a Abs. 1 Sätze 1 und 2 GO.

(3) Wird das Gremium wegen Beschlussunfähigkeit in einer früheren Sitzung zum zweiten Mal zur Verhandlung über denselben Gegenstand zusammengerufen, findet die Sitzung ohne Ausnahme als Präsenzsitzung statt.

Variante 1: Bereitstellung der Plattform zur audiovisuellen Zuschaltung[20]

(4) *Der Verantwortungsbereich der Gemeinde beschränkt sich auf die Bereitstellung der Plattform zur audiovisuellen Zuschaltung. Ist entweder mindestens ein Gemeinderatsmitglied zugeschaltet oder bestätigt ein Test, dass eine Zuschaltmöglichkeit besteht, wird vermutet, dass der Grund für eine Nichtzuschaltung eines Gemeinderatsmitglieds nicht im Verantwortungsbereich der Gemeinde liegt (Art. 47a Abs. 4 Satz 5 GO).*

Variante 2: Bereitstellung der Hard- und Software ohne laufende Systembetreuung

(4) *Der Verantwortungsbereich der Gemeinde beschränkt sich auf die Bereitstellung der Plattform zur audiovisuellen Zuschaltung und darauf, den Gremienmitgliedern die Hard- und Software in funktionsfähigem Zustand zur Verfügung zu stellen, ohne die laufende Systembetreuung zu übernehmen. Vor Aushändigung der Hard- und Software wurde/wird die Funktionsfähigkeit der Hard- und Software durch die Gemeinde positiv festgestellt. Entsprechend Art. 47a Abs. 4 Satz 5 GO fällt die Nichtzuschaltung eines Gemeinderatsmitglieds daher nicht in den Verantwortungsbereich der Gemeinde, wenn mindestens ein Gemeinderatsmitglied zugeschaltet ist oder ein Test bestätigt, dass eine Zuschaltmöglichkeit besteht (Art. 47a Abs. 4 Satz 6 GO).*

Variante 3: Bereitstellung der Hard- und Software mit laufender Systembetreuung

(4) *Der Verantwortungsbereich der Gemeinde beschränkt sich auf die Bereitstellung der Plattform zur audiovisuellen Zuschaltung und darauf, den Gremienmitgliedern die Hard- und Software in*

20 Auch wenn die Gemeinde den Gremienmitgliedern einen Geldbetrag zur Anschaffung der Hard- und Software zur Verfügung stellt, ist diese Variante zu wählen.

funktionsfähigem Zustand zur Verfügung zu stellen und turnusmäßig Systembetreuungsmaßnahmen durchzuführen. Vor Aushändigung wurde/wird die Funktionsfähigkeit der Hard- und Software durch die Gemeinde positiv festgestellt. Ist die letzte Systembetreuungsmaßnahme turnusgemäß erfolgt und wurde/ wird nach Vornahme der letzten Systembetreuungsmaßnahme die Funktionsfähigkeit der Hard- und Software positiv bestätigt, fällt die Nichtzuschaltung eines Gemeinderatsmitglieds entsprechend Art. 47a Abs. 5 Satz 4 GO nicht in den Verantwortungsbereich der Gemeinde, wenn mindestens ein Gemeinderatsmitglied zugeschaltet ist oder ein Test bestätigt, dass eine Zuschaltmöglichkeit besteht (Art. 47a Abs. 4 Satz 6 GO).

(5) Eine Bildunterbrechung durch zugeschaltete Gemeinderatsmitglieder ist auch bei vorübergehendem Verlassen des Platzes untersagt (Art. 47a Abs. 3 Satz 1 GO).

(6) Bei den zugeschalteten Gemeinderatsmitgliedern erfolgt die Abstimmung mündlich nach namentlichem Aufruf durch die Vorsitzende oder den Vorsitzenden *(alternativ: per auf dem Bildschirm im Sitzungssaal sichtbarem Handzeichen).* Eine Teilnahme an Wahlen ist nicht möglich (Art. 47a Abs. 1 Satz 6 GO).

(7) *Bei Zuschaltung mittels Ton-Bild-Übertragung zu einer nichtöffentlichen Sitzung haben die zugeschalteten Gemeinderatsmitglieder dafür Sorge zu tragen, dass die Übertragung in ihrem Verantwortungsbereich nur von ihnen wahrgenommen wird (Art. 47a Abs. 5 GO).*

§ 16 Öffentliche Sitzungen

(1) Die Sitzungen des Gemeinderats sind öffentlich, soweit nicht Rücksichten auf das Wohl der Allgemeinheit oder auf berechtigte Ansprüche Einzelner entgegenstehen (Art. 52 Abs. 2 GO).

(2) [1]Die öffentlichen Sitzungen des Gemeinderats sind allgemein zugänglich, soweit der für die Zuhörerschaft bestimmte Raum ausreicht. [2]Für die Medien ist stets eine angemessene Zahl von Plätzen freizuhalten. [3]Ton- und Bildaufnahmen jeder Art bedürfen der Zustimmung der oder des Vorsitzenden und des Gemeinderats; sie sind auf Verlangen eines einzelnen Mitglieds hinsicht-

lich seiner Person zu unterlassen. [4]Ton- und Bildaufnahmen von Gemeindebediensteten und sonstigen Sitzungsteilnehmenden sind nur mit deren Einwilligung zulässig.[21]

(3) Zuhörende, welche die Ordnung der Sitzung stören, können durch die Vorsitzende oder den Vorsitzenden aus dem Sitzungssaal gewiesen werden (Art. 53 Abs. 1 GO).

§ 17 Nichtöffentliche Sitzungen

(1) [1]In nichtöffentlicher Sitzung werden in der Regel behandelt:
1. Personalangelegenheiten in Einzelfällen,
2. Rechtsgeschäfte in Grundstücksangelegenheiten,
3. Angelegenheiten, die dem Sozial- oder Steuergeheimnis unterliegen.

[2]Außerdem werden in nichtöffentlicher Sitzung behandelt:
1. Angelegenheiten des übertragenen Wirkungskreises, deren nichtöffentliche Behandlung im Einzelfall von der Aufsichtsbehörde verfügt ist,
2. sonstige Angelegenheiten, deren Geheimhaltung durch Gesetz vorgeschrieben oder nach der Natur der Sache erforderlich ist.

(2) [1]Zu nichtöffentlichen Sitzungen können im Einzelfall durch Beschluss Personen, die dem Gemeinderat nicht angehören, hinzugezogen werden, wenn deren Anwesenheit für die Behandlung des jeweiligen Beratungsgegenstandes erforderlich ist. [2]Diese Personen sollen zur Verschwiegenheit nach § 1 Abs. 1 Nr. 1 Verpflichtungsgesetz verpflichtet werden.

(3) Die in nichtöffentlicher Sitzung gefassten Beschlüsse gibt die erste Bürgermeisterin oder der erste Bürgermeister der Öffentlichkeit bekannt, sobald die Gründe für die Geheimhaltung weggefallen sind (Art. 52 Abs. 3 GO).

---

21 Entscheidet sich ein Gemeinderat für eine Live-Übertragung öffentlicher Gremiensitzungen im Internet, ist die Aufnahme einer (rechtlich nicht zwingend vorausgesetzten) Regelung in die Geschäftsordnung zur konkreten Ausgestaltung (z. B. welche Gremien; Livestream und/oder Mediathek) und zu den wesentlichen, in Art. 52 Abs. 4 Sätze 2 bis 7 GO angelegten rechtlichen Aspekten an dieser Stelle zu empfehlen.

II. Vorbereitung der Sitzungen

§ 18 Einberufung

(1) [1]Die erste Bürgermeisterin oder der erste Bürgermeister beruft die Gemeinderatssitzungen ein, wenn die Geschäftslage es erfordert oder wenn ein Viertel der Gemeinderatsmitglieder es schriftlich oder elektronisch unter Bezeichnung des Beratungsgegenstandes beantragt (Art. 46 Abs. 2 Sätze 1 und 2 GO). [2]Nach Beginn der Wahlzeit und im Fall des Art. 46 Abs. 2 Satz 2 GO beruft sie oder er die Gemeinderatssitzung so rechtzeitig ein, dass die Sitzung spätestens vier Wochen nach Beginn der Wahlzeit (Art. 46 Abs. 2 Satz 1 GO) oder spätestens am 14. Tag nach Eingang des Verlangens stattfinden kann (Art. 46 Abs. 2 Satz 3 GO).

(2) [1]Die Sitzungen finden im ....

....

statt; sie beginnen in der Regel um ... Uhr. [2]Regelmäßiger Sitzungstag für Gemeinderatssitzungen ist der .... [3]In der Einladung (§ 20) kann im Einzelfall etwas anderes bestimmt werden.

§ 19 Tagesordnung

(1) [1]Die erste Bürgermeisterin oder der erste Bürgermeister setzt die Tagesordnung fest. [2]Rechtzeitig eingegangene Anträge von Gemeinderatsmitgliedern setzt die erste Bürgermeisterin oder der erste Bürgermeister möglichst auf die Tagesordnung der nächsten Sitzung. [3]Ist das nicht möglich, sind die Anträge in jedem Fall innerhalb von 3 Monaten auf die Tagesordnung einer Gemeinderatssitzung zu setzen. [4]Eine materielle Vorprüfung findet nicht statt.

(2) [1]In der Tagesordnung sind die Beratungsgegenstände einzeln und inhaltlich konkretisiert zu benennen, damit es den Gemeinderatsmitgliedern ermöglicht wird, sich auf die Behandlung der jeweiligen Gegenstände vorzubereiten. [2]Soweit die Konkretisierungen schutzwürdige Daten enthalten, sollten diese den Gemeinderatsmitgliedern regelmäßig gesondert zur Verfügung gestellt werden. [3]Das gilt sowohl für öffentliche als auch für nichtöffentliche Gemeinderatssitzungen.

(3) [1]Die Tagesordnung für öffentliche Sitzungen ist jeweils unter Angabe von Ort und Zeit der Sitzung spätestens am 3. Tag vor der Sitzung ortsüblich bekannt zu machen (Art. 52 Abs. 1 GO). [2]Die Tagesordnung nichtöffentlicher Sitzungen wird nicht bekannt gemacht.

(4) Den örtlichen Medien soll die Tagesordnung jeder öffentlichen Sitzung rechtzeitig mitgeteilt werden.

§ 20 Form und Frist für die Einladung

Variante 1: Elektronische Ladung, Einsatz eines Ratsinformationssystems

(1) [1]Die Gemeinderatsmitglieder werden mit ihrem Einverständnis elektronisch[22] zu den Sitzungen eingeladen, indem der Sitzungstermin und der Sitzungsort durch eine E-Mail und die Tagesordnung durch einen mit dieser E-Mail versandten Link auf ein in einem technisch individuell gegen Zugriffe Dritter geschützten Bereich (Ratsinformationssystem)[23] eingestelltes und abrufbares Dokument mitgeteilt werden. [2]Die Tagesordnung kann bis spätestens zum Ablauf des 3. Tages vor der Sitzung ergänzt werden. [3]Ist eine elektronische Sitzungsladung ausnahmsweise seitens der Gemeinde technisch oder rechtlich unmöglich, werden die Gemeinderatsmitglieder schriftlich unter Beifügung der Tagesordnung sowie weiterer Unterlagen, insbesondere Beschlussvorlagen, soweit diese sachdienlich sind und Gesichtspunkte der Vertraulichkeit sowie des Datenschutzes nicht entgegenstehen, geladen.

(2) Die Tagesordnung geht zu, wenn die E-Mail nach Absatz 1 Satz 1 im elektronischen Briefkasten des Empfängers oder bei seinem Provider abrufbar eingegangen und üblicherweise mit der Kenntnisnahme zu rechnen ist.

(3) [1]Der Tagesordnung sollen weitere Unterlagen, insbesondere Beschlussvorlagen, beigefügt werden, wenn und soweit das sachdienlich ist und Gesichtspunkte der Vertraulichkeit sowie des Datenschutzes nicht entgegenstehen. [2]Die weiteren Unterlagen werden grundsätzlich nur elektronisch im Ratsinforma-

22 Vgl. § 4 Abs. 3.

23 Vgl. dazu das Muster „Datenschutzbelehrung Ratsinformationssystem“.

tionssystem im Sinne von Absatz 1 Satz 1 zur Verfügung gestellt.

(4) [1]Die Ladungsfrist beträgt ... Tage; sie kann in dringenden Fällen auf 3 Tage verkürzt werden. [2]Der Sitzungstag und der Tag des Zugangs der Ladung werden bei der Berechnung der Frist nicht mitgerechnet.

Variante 2: Schriftliche oder elektronische Ladung, Einsatz eines Ratsinformationssystems

(1) [1]Die Gemeinderatsmitglieder werden schriftlich unter Beifügung der Tagesordnung oder mit ihrem Einverständnis elektronisch[24] zu den Sitzungen eingeladen. [2]Im Falle einer elektronischen Einladung werden der Sitzungstermin und der Sitzungsort durch eine E-Mail und die Tagesordnung durch einen mit dieser E-Mail versandten Link auf ein in einem technisch individuell gegen Zugriffe Dritter geschützten Bereich (Ratsinformationssystem)[25] eingestelltes und abrufbares Dokument mitgeteilt. [3]Die Tagesordnung kann bis spätestens zum Ablauf des 3. Tages vor der Sitzung ergänzt werden.

(2) Im Falle der elektronischen Ladung geht die Tagesordnung zu, wenn die E-Mail nach Absatz 1 Satz 2 im elektronischen Briefkasten des Empfängers oder bei seinem Provider abrufbar eingegangen und üblicherweise mit der Kenntnisnahme zu rechnen ist.

(3) [1]Der Tagesordnung sollen weitere Unterlagen, insbesondere Beschlussvorlagen, beigefügt werden, wenn und soweit das sachdienlich ist und Gesichtspunkte der Vertraulichkeit sowie des Datenschutzes nicht entgegenstehen. [2]Die weiteren Unterlagen können schriftlich oder elektronisch im Ratsinformationssystem im Sinne von Absatz 1 Satz 2 zur Verfügung gestellt werden. [3]Hat das Gemeinderatsmitglied sein Einverständnis zur elektronischen Ladung erklärt, werden die weiteren Unterlagen grundsätzlich nur elektronisch bereitgestellt.

(4) [1]Die Ladungsfrist beträgt ... Tage; sie kann in dringenden Fällen auf 3 Tage verkürzt werden. [2]Der Sitzungstag und der Tag des

24 Vgl. § 4 Abs. 3.

25 Vgl. dazu das Muster „Datenschutzbelehrung Ratsinformationssystem".

Zugangs der Ladung werden bei der Berechnung der Frist nicht mitgerechnet.

Variante 3: Schriftliche oder elektronische Ladung (ohne Ratsinformationssystem)

(1) [1]Die Gemeinderatsmitglieder werden schriftlich unter Beifügung der Tagesordnung oder mit ihrem Einverständnis elektronisch[26] zu den Sitzungen eingeladen. [2]Im Falle einer elektronischen Einladung wird die Tagesordnung als nicht veränderbares Dokument durch E-Mail oder, soweit Rücksichten auf das Wohl der Allgemeinheit oder berechtigte Ansprüche Einzelner dies erfordern, in verschlüsselter Form versandt. [3]Die Tagesordnung kann bis spätestens zum Ablauf des 3. Tages vor der Sitzung ergänzt werden.

(2) [1]Im Falle der elektronischen Ladung geht die Tagesordnung zu, wenn sie im elektronischen Briefkasten des Empfängers oder bei seinem Provider abrufbar eingegangen und üblicherweise mit der Kenntnisnahme zu rechnen ist.

(3) [1]Der Tagesordnung sollen weitere Unterlagen, insbesondere Beschlussvorlagen, beigefügt werden, wenn und soweit das sachdienlich ist und Gesichtspunkte der Vertraulichkeit sowie des Datenschutzes nicht entgegenstehen. [2]Die weiteren Unterlagen können schriftlich oder elektronisch gemäß Abs. 1 Satz 2 zur Verfügung gestellt werden; sind schutzwürdige Daten enthalten, erfolgt die elektronische Übermittlung in verschlüsselter Form. [3]Hat das Gemeinderatsmitglied sein Einverständnis zur elektronischen Ladung erklärt, werden die weiteren Unterlagen grundsätzlich nur elektronisch bereitgestellt.

(4) [1]Die Ladungsfrist beträgt ... Tage; sie kann in dringenden Fällen auf 3 Tage verkürzt werden. [2]Der Sitzungstag und der Tag des Zugangs der Ladung werden bei der Berechnung der Frist nicht mitgerechnet.

Variante 4: Schriftliche Ladung

(1) [1]Die Gemeinderatsmitglieder werden schriftlich unter Beifügung der Tagesordnung zu den Sitzungen eingeladen. [2]Die Ta-

26 Vgl. § 4 Ab. 3.

gesordnung kann bis spätestens zum Ablauf des 3. Tages vor der Sitzung ergänzt werden. [3]Der Tagesordnung sollen weitere Unterlagen, insbesondere Beschlussvorlagen, beigefügt werden, wenn und soweit das sachdienlich ist und Gesichtspunkte der Vertraulichkeit sowie des Datenschutzes nicht entgegenstehen.

(2) [1]Die Ladungsfrist beträgt ... Tage; sie kann in dringenden Fällen auf 3 Tage verkürzt werden. [2]Der Sitzungstag und der Tag des Zugangs der Ladung werden bei der Berechnung der Frist nicht mitgerechnet.

§ 21 Anträge[27]

Variante 1: Schriftliche Anträge

(1) [1]Anträge, die in einer Sitzung behandelt werden sollen, sind schriftlich zu stellen und ausreichend zu begründen. [2]Sie sollen spätestens am ... Tag vor der Sitzung bei der ersten Bürgermeisterin oder beim ersten Bürgermeister eingereicht werden. [3]Soweit ein Antrag mit Ausgaben verbunden ist, die im Haushaltsplan nicht vorgesehen sind, soll er einen Deckungsvorschlag enthalten.

(2) Verspätet eingehende oder erst unmittelbar vor oder während der Sitzung gestellte Anträge können nachträglich in die Tagesordnung aufgenommen werden, wenn

1. die Angelegenheit dringlich ist und der Gemeinderat der Behandlung mehrheitlich zustimmt oder
2. sämtliche Mitglieder des Gemeinderats anwesend sind und kein Mitglied der Behandlung widerspricht.

(3) Anträge zur Geschäftsordnung, z. B. Nichtbefassungsanträge, Zurückziehung eines Antrags u. Ä., *Anträge auf Festsetzung eines Ordnungsgelds nach Art. 53 Abs. 3 GO*[28] oder einfache Sachanträge, z. B. Änderungsanträge, können auch während der Sitzung und ohne Beachtung der Schriftform gestellt werden.

---

27 Diese Regelung ist auf § 20 abzustimmen.

28 Diese Ergänzung ist zu übernehmen, sofern der Gemeinderat sich auch für ein Gebrauchmachen von der durch Art. 53 Abs. 3 GO eröffneten Möglichkeit zur Festsetzung eines Ordnungsgelds (auch im Wiederholungsfall) entschieden und den unten stehenden § 24 Abs. 8 ebenfalls in seine Geschäftsordnung aufgenommen hat.

Variante 2: Schriftliche oder elektronische Anträge

(1) [1]Anträge, die in einer Sitzung behandelt werden sollen, sind schriftlich oder elektronisch zu stellen und ausreichend zu begründen. [2]Bei elektronischer Übermittlung sind Geheimhaltungsinteressen und der Datenschutz zu beachten; schutzwürdige Daten sind in verschlüsselter Form zu übermitteln. [3]Anträge sollen spätestens am ... Tag vor der Sitzung bei der ersten Bürgermeisterin oder beim ersten Bürgermeister eingereicht werden. [4]Soweit ein Antrag mit Ausgaben verbunden ist, die im Haushaltsplan nicht vorgesehen sind, soll er einen Deckungsvorschlag enthalten.

(2) Verspätet eingehende oder erst unmittelbar vor oder während der Sitzung gestellte Anträge können nachträglich in die Tagesordnung aufgenommen werden, wenn

3. die Angelegenheit dringlich ist und der Gemeinderat der Behandlung mehrheitlich zustimmt oder
4. sämtliche Mitglieder des Gemeinderats anwesend sind und kein Mitglied der Behandlung widerspricht.

(3) Anträge zur Geschäftsordnung, z. B. Nichtbefassungsanträge, Zurückziehung eines Antrags u. Ä., *Anträge auf Festsetzung eines Ordnungsgelds nach Art. 53 Abs. 3 GO*[29] oder einfache Sachanträge, z. B. Änderungsanträge, können auch während der Sitzung und ohne Beachtung der Form gestellt werden.

III. Sitzungsverlauf

§ 22 Eröffnung der Sitzung

(1) [1]Die oder der Vorsitzende eröffnet die Sitzung. [2]Sie oder er stellt die ordnungsgemäße Ladung der Gemeinderatsmitglieder sowie die Beschlussfähigkeit des Gemeinderats fest und erkundigt sich nach Einwänden gegen die Tagesordnung. [3]Ferner lässt sie oder er über die Genehmigung der Niederschrift über die vo-

29 Diese Ergänzung ist zu übernehmen, sofern der Gemeinderat sich auch für ein Gebrauchmachen von der durch Art. 53 Abs. 3 GO eröffneten Möglichkeit zur Festsetzung eines Ordnungsgelds (auch im Wiederholungsfall) entschieden und den unten stehenden § 24 Abs. 8 ebenfalls in seine Geschäftsordnung aufgenommen hat.

rangegangene öffentliche Sitzung, falls sie mit der Einladung verschickt wurde, abstimmen.

(2) [1]Die Niederschrift über die vorangegangene nichtöffentliche Sitzung liegt während der Dauer der Sitzung zur Einsicht für die Gemeinderatsmitglieder auf *(alternativ: wird bei den Gemeinderatsmitgliedern in Umlauf gesetzt)*. [2]Wenn bis zum Schluss der Sitzung keine Einwendungen erhoben werden, so gilt die Niederschrift als vom Gemeinderat gemäß Art. 54 Abs. 2 GO genehmigt.

§ 23 Eintritt in die Tagesordnung

(1) [1]Die einzelnen Tagesordnungspunkte werden in der in der Tagesordnung festgelegten Reihenfolge behandelt. [2]Die Reihenfolge kann durch Beschluss geändert werden.

(2) [1]Soll ein Tagesordnungspunkt in nichtöffentlicher Sitzung behandelt werden (§ 17), so wird darüber vorweg unter Ausschluss der Öffentlichkeit beraten und entschieden (Art. 52 Abs. 2 Satz 2 GO). [2]Wird von vornherein zu einer nichtöffentlichen Sitzung eingeladen, gilt die Behandlung in nichtöffentlicher Sitzung als gebilligt, wenn und soweit nicht der Gemeinderat anders entscheidet.

(3) [1]Die oder der Vorsitzende oder eine von ihr oder ihm mit der Berichterstattung beauftragte Person trägt den Sachverhalt der einzelnen Tagesordnungspunkte vor und erläutert ihn. [2]Anstelle des mündlichen Vortrags kann auf schriftliche Vorlagen verwiesen werden.

(4) [1]Soweit erforderlich, können auf Anordnung der oder des Vorsitzenden oder auf Beschluss des Gemeinderats Sachverständige zugezogen und gutachtlich gehört werden. [2]Entsprechendes gilt für sonstige sachkundige Personen.

§ 24 Beratung der Sitzungsgegenstände

(1) Nach der Berichterstattung, gegebenenfalls nach dem Vortrag der Sachverständigen, eröffnet die oder der Vorsitzende die Beratung.

(2) [1]Mitglieder des Gemeinderats, die nach den Umständen annehmen müssen, von der Beratung und Abstimmung zu einem bestimmten Punkt der Tagesordnung wegen persönlicher Betei-

ligung (Art. 49 Abs. 1 GO) ausgeschlossen zu sein, haben dies vor Beginn der Beratung der oder dem Vorsitzenden unaufgefordert mitzuteilen. [2]Entsprechendes gilt, wenn Anhaltspunkte dieser Art während der Beratung erkennbar werden. [3]Das wegen persönlicher Beteiligung ausgeschlossene Mitglied hat während der Beratung und Abstimmung seinen Platz am Beratungstisch zu verlassen; es kann bei öffentlicher Sitzung im Zuhörerraum Platz nehmen, bei nichtöffentlicher Sitzung verlässt es den Raum.

(3) [1]Sitzungsteilnehmende dürfen das Wort nur ergreifen, wenn es ihnen von der oder dem Vorsitzenden erteilt wird. [2]Die oder der Vorsitzende erteilt das Wort in der Reihenfolge der Wortmeldungen. [3]Bei gleichzeitiger Wortmeldung entscheidet die oder der Vorsitzende über die Reihenfolge. [4]Bei Wortmeldungen „zur Geschäftsordnung" ist das Wort außer der Reihe sofort zu erteilen. [5]Zuhörenden kann das Wort nicht erteilt werden.

(4) [1]Rednerinnen und Redner sprechen von ihrem Platz aus; sie richten ihre Rede an den Gemeinderat. [2]Die Redebeiträge müssen sich auf den jeweiligen Tagesordnungspunkt beziehen.

(5) [1]Während der Beratung über einen Antrag sind nur zulässig:
1. Anträge zur Geschäftsordnung,
2. Zusatz- oder Änderungsanträge oder Anträge auf Zurückziehung des zu beratenden Antrags.

[2]Über Anträge zur Geschäftsordnung ist sofort abzustimmen; eine Beratung zur Sache selbst findet insoweit nicht statt.

(6) Wenn keine Wortmeldungen mehr vorliegen, wird die Beratung von der oder dem Vorsitzenden geschlossen.

(7) [1]Bei Verstoß gegen die vorstehenden Regeln zu Redebeiträgen, ruft die oder der Vorsitzende zur Ordnung und macht die betreffende Person auf den Verstoß aufmerksam. [2]Bei weiteren Verstößen kann die oder der Vorsitzende ihr das Wort entziehen.

(8) *Gegen Mitglieder des Gemeinderats, die die Ordnung erheblich stören, kann die oder der Vorsitzende mit Zustimmung des Gemeinderats ein Ordnungsgeld bis zu … (max. 500 €), im Wiederholungsfall bis zu … (max. 1000 €), festsetzen. Ein Wiederholungsfall im Sinne von Satz 1 liegt vor, wenn gegenüber dem Mitglied innerhalb derselben Sitzung bereits ein Ordnungsgeld festgesetzt wurde (Art. 53 Abs. 3 GO).*

(9) [1]Mitglieder des Gemeinderats, die die Ordnung fortgesetzt erheblich stören, sodass der Sitzungsfortgang unmöglich gemacht oder jedenfalls wesentlich erschwert wird, kann die oder der Vorsitzende mit Zustimmung des Gemeinderats von der Sitzung ausschließen. [2]Über den Ausschluss von weiteren Sitzungen entscheidet der Gemeinderat (Art. 53 Abs. 2 GO).

(10) [1]Die oder der Vorsitzende kann die Sitzung unterbrechen oder aufheben, falls Ruhe und Ordnung im Sitzungssaal auf andere Weise nicht wiederhergestellt werden können. [2]Eine unterbrochene Sitzung ist spätestens am nächsten Tag fortzuführen; einer neuerlichen Einladung hierzu bedarf es nicht. [3]Die Beratung ist an dem Punkt fortzusetzen, an dem die Sitzung unterbrochen wurde. [4]Die oder der Vorsitzende gibt Zeit und Ort der Fortsetzung bekannt.

§ 25 Abstimmung

(1) [1]Nach Durchführung der Beratung oder nach Annahme eines Antrags auf „Schluss der Beratung“ schließt die oder der Vorsitzende die Beratung und lässt über den Beratungsgegenstand abstimmen. [2]Sie oder er vergewissert sich zuvor, ob die Beschlussfähigkeit (§ 15 Abs. 2 und 3) gegeben ist.

(2) Stehen mehrere Anträge zur Abstimmung, so wird über sie in der nachstehenden Reihenfolge abgestimmt:
1. Anträge zur Geschäftsordnung,
2. weitergehende Anträge; das sind die Anträge, die voraussichtlich einen größeren Aufwand erfordern oder einschneidendere Maßnahmen zum Gegenstand haben,
3. früher gestellte Anträge vor später gestellten, sofern der spätere Antrag nicht unter die Nrn. 1 oder 2 fällt.

(3) [1]Grundsätzlich wird über jeden Antrag insgesamt abgestimmt. [2]Über einzelne Teile eines Antrags wird getrennt abgestimmt, wenn dies beschlossen wird oder die oder der Vorsitzende eine Teilung vornimmt.

(4) [1]Vor der Abstimmung soll der Antrag verlesen werden. [2]Die oder der Vorsitzende formuliert die zur Abstimmung anstehende Frage so, dass sie mit „ja“ oder „nein“ beantwortet werden kann. [3]Grundsätzlich wird in der Reihenfolge „ja“ – „nein“ abgestimmt.

(5) [1]Beschlüsse werden in offener Abstimmung durch Handaufheben oder auf Beschluss des Gemeinderats durch namentliche Abstimmung mit einfacher Mehrheit der Abstimmenden gefasst, soweit nicht im Gesetz eine besondere Mehrheit vorgeschrieben ist. [2]Bei Stimmengleichheit ist der Antrag abgelehnt (Art. 51 Abs. 1 GO); wird dadurch ein ausnahmsweise negativ formulierter Antrag abgelehnt, bedeutet dies nicht die Beschlussfassung über das Gegenteil. [3]Kein Mitglied des Gemeinderats darf sich der Stimme enthalten (Art. 48 Abs. 1 Satz 2 GO).

(6) [1]Die Stimmen sind, soweit erforderlich, durch die Vorsitzende oder den Vorsitzenden zu zählen. [2]Das Abstimmungsergebnis ist unmittelbar nach der Abstimmung bekannt zu geben; dabei ist festzustellen, ob der Antrag angenommen oder abgelehnt ist.

(7) [1]Über einen bereits zur Abstimmung gebrachten Antrag kann in derselben Sitzung die Beratung und Abstimmung nicht nochmals aufgenommen werden, wenn nicht alle Mitglieder, die an der Abstimmung teilgenommen haben, mit der Wiederholung einverstanden sind. [2]In einer späteren Sitzung kann, soweit gesetzlich nichts anderes vorgesehen, ein bereits zur Abstimmung gebrachter Beratungsgegenstand insbesondere dann erneut behandelt werden, wenn neue Tatsachen oder neue gewichtige Gesichtspunkte vorliegen und der Beratungsgegenstand ordnungsgemäß auf die Tagesordnung gesetzt wurde.

§ 26 Wahlen

(1) Für Entscheidungen des Gemeinderats, die in der Gemeindeordnung oder in anderen Rechtsvorschriften als Wahlen bezeichnet werden, gilt Art. 51 Abs. 3 GO, soweit in anderen Rechtsvorschriften nichts Abweichendes bestimmt ist.

(2) [1]Wahlen werden in geheimer Abstimmung mit Stimmzetteln vorgenommen. [2]Ungültig sind insbesondere Neinstimmen, leere Stimmzettel und solche Stimmzettel, die den Namen der oder des Gewählten nicht eindeutig ersehen lassen oder aufgrund von Kennzeichen oder ähnlichem das Wahlgeheimnis verletzen können.

(3) [1]Gewählt ist, wer mehr als die Hälfte der abgegebenen gültigen Stimmen erhält. [2]Ist mindestens die Hälfte der abgegebenen

Stimmen ungültig, ist die Wahl zu wiederholen. [3]Ist die Mehrheit der abgegebenen Stimmen gültig und erhält niemand mehr als die Hälfte der abgegebenen gültigen Stimmen, findet eine Stichwahl unter den beiden sich bewerbenden Personen mit den höchsten Stimmenzahlen statt. [4]Haben im ersten Wahlgang mehr als zwei Personen die gleiche höchste Stimmenzahl, wird die Wahl wiederholt. [5]Haben mehrere Personen die gleiche zweithöchste Stimmenzahl, entscheidet das Los darüber, wer von ihnen in die Stichwahl kommt. [6]Bei Stimmengleichheit in der Stichwahl entscheidet gleichfalls das Los.

§ 27 Anfragen

[1]Die Gemeinderatsmitglieder können in jeder Sitzung nach Erledigung der Tagesordnung an die Vorsitzende oder den Vorsitzenden Anfragen über solche Gegenstände richten, die in die Zuständigkeit des Gemeinderats fallen und nicht auf der Tagesordnung stehen. [2]Nach Möglichkeit sollen die oder der Vorsitzende oder anwesende Gemeindebedienstete solche Anfragen sofort beantworten. [3]Ist das nicht möglich, so werden sie in der nächsten Sitzung oder schriftlich beantwortet. [4]Eine Aussprache über Anfragen findet in der Sitzung grundsätzlich nicht statt.

§ 28 Beendigung der Sitzung

Nach Behandlung der Tagesordnung und etwaiger Anfragen schließt die oder der Vorsitzende die Sitzung.

IV. Sitzungsniederschrift

§ 29 Form und Inhalt

(1) [1]Über die Sitzungen des Gemeinderats werden Niederschriften gefertigt, deren Inhalt sich nach Art. 54 Abs. 1 GO richtet. [2]Die Niederschriften werden getrennt nach öffentlichen und nichtöffentlichen Tagesordnungspunkten geführt. [3]Niederschriften sind jahrgangsweise zu binden.

(2) [1]Als Hilfsmittel für das Anfertigen der Niederschrift können Tonaufnahmen gefertigt werden. [2]Der Tonträger ist unverzüglich nach Genehmigung der Niederschrift zu löschen und darf Außenstehenden nicht zugänglich gemacht werden.

(3) [1]Ist ein Mitglied des Gemeinderats bei einer Beschlussfassung abwesend, so ist dies in der Niederschrift besonders zu vermerken. [2]Jedes Mitglied kann verlangen, dass in der Niederschrift festgehalten wird, wie es abgestimmt hat (Art. 54 Abs. 1 Satz 3 GO).

(4) Die Niederschrift ist von der oder dem Vorsitzenden und von der Schriftführerin oder dem Schriftführer zu unterzeichnen und vom Gemeinderat zu genehmigen (Art. 54 Abs. 2 GO).

(5) Neben der Niederschrift werden Anwesenheitslisten geführt.

§ 30 Einsichtnahme und Abschrifterteilung[30]

(1) In die Niederschriften über öffentliche Sitzungen können alle Gemeindebürgerinnen und Gemeindebürger Einsicht nehmen und sich gegen Kostenerstattung[31] Kopien für den Eigengebrauch erteilen lassen; dasselbe gilt für auswärts wohnende Personen hinsichtlich ihres Grundbesitzes oder ihrer gewerblichen Niederlassungen im Gemeindegebiet (Art. 54 Abs. 3 Sätze 2 bis 4 GO).

(2) [1]Gemeinderatsmitglieder können jederzeit die Niederschriften über öffentliche und nichtöffentliche Sitzungen einsehen und sich Kopien der Niederschriften der öffentlichen Sitzungen für den Eigengebrauch erteilen lassen (Art. 54 Abs. 3 Satz 1 GO). [2]Abschriften von Beschlüssen, die in nichtöffentlicher Sitzung gefasst wurden, können sie verlangen, wenn die Gründe für die Geheimhaltung weggefallen sind (Art. 52 Abs. 3 i. V. m. Art. 54 Abs. 3 Satz 1 GO).

(3) [1]Niederschriften über öffentliche Sitzungen können den Gemeinderatsmitgliedern im Ratsinformationssystem zur Verfügung gestellt werden. [2]Gleiches gilt für Beschlüsse, die in nicht-

30 Absatz 3 ist auf § 20 abzustimmen.

31 Rechtsgrundlage für den Kostenerstattungsbescheid bildet das Bayerische Kostengesetz i. V. m. der Kostensatzung mit kommunalem Kostenverzeichnis (Tarif-Nr. 060 im amtlichen Muster des StMI, BayMBl. 2025 Nr. 118) der Gemeinde.

öffentlicher Sitzung gefasst wurden, wenn die Gründe für die Geheimhaltung weggefallen sind.

Alternative für Gemeinden ohne Ratsinformationssystem:

(3) [1]Niederschriften über öffentliche Sitzungen können den Gemeinderatsmitgliedern elektronisch zur Verfügung gestellt werden. [2]In diesem Fall werden die Niederschriften als nicht veränderbare Dokumente durch E-Mail oder, wenn schutzwürdige Daten enthalten sind, in verschlüsselter Form übermittelt. [3]Beschlüsse, die in nichtöffentlicher Sitzung gefasst wurden, können elektronisch übermittelt werden, wenn die Gründe für die Geheimhaltung weggefallen sind.

(4) Die Absätze 1 und 2 gelten auch für Niederschriften früherer Wahlzeiten.

(5) In Rechnungsprüfungsangelegenheiten können die Gemeinderatsmitglieder jederzeit die Berichte über die Prüfungen einsehen (Art. 102 Abs. 4 GO); Abschriften werden nicht erteilt.

V. Bekanntmachung von Satzungen und Verordnungen

§ 31 Art der Bekanntmachung

Variante 1a (analoges Amtsblatt):

Satzungen und Verordnungen werden durch Veröffentlichung im Amtsblatt der Gemeinde amtlich bekannt gemacht.

Variante 1b (ausschließlich digitales Amtsblatt):[32]

[1]Satzungen und Verordnungen werden im ausschließlich digital veröffentlichten Amtsblatt der Gemeinde über das Internet unter ... (URL der öffentlich zugänglichen Internetseite der Gemeinde[33]) amtlich bekannt gemacht. [2]Soweit eine zusätzliche analoge Form der Bekanntmachung gesetzlich zwingend erfor-

---

32 Rechtsgrundlagen: Art. 17 Abs. 3 Satz 2 BayDiG, Art. 26 Abs. 2 Satz 1 Halbs. 1 GO; § 1 Abs. 1, § 2 Nr. 1 BayKommV.

33 Zum Beispiel „www.gemeindename.de/amtlicheBekanntmachungen“.

derlich ist,[34] erfolgen Bekanntmachungen im ausschließlich digital veröffentlichten Amtsblatt nach Satz 1 und

Alternative Niederlegung und Bekanntgabe an der Gemeindetafel:

zusätzlich durch Niederlegung zur Einsichtnahme in der Verwaltung der Gemeinde und Bekanntgabe der Niederlegung *(alternativ zu ergänzen: durch Anzeige)* an der Gemeindetafel. Die Gemeindetafel *(alternativ zu ergänzen: in Form eines digitalen Bildschirms)* befindet sich am ... in ... . Der Anschlag *(alternativ: Die Anzeige)* an der Gemeindetafel erfolgt erst, wenn der bekannt zu machende Text in der Verwaltung niedergelegt ist, und wird frühestens nach 14 Tagen wieder abgenommen *(alternativ: gelöscht)*. Es wird schriftlich oder elektronisch festgehalten, wann der Anschlag angebracht *(alternativ: die Anzeige erfolgt ist)* und wann er wieder abgenommen wurde *(alternativ: wann sie wieder gelöscht wurde)*; dieser Vermerk wird zu den Akten genommen.

Alternative Tageszeitung:

zusätzlich durch Veröffentlichung in dem für amtliche Bekanntmachungen bestimmten Teil des ... (Name des regelmäßig erscheinenden Druckwerks bzw. der nicht nur digital erscheinenden Tageszeitung).

Variante 2a (Amtsblatt des Landkreises/des Landratsamts):

(1) Satzungen und Verordnungen werden durch Veröffentlichung im Amtsblatt *des Landkreises/des Landratsamtes* amtlich bekannt gemacht.

(2) Wird eine Satzung oder Verordnung ausnahmsweise aus wichtigem Grund auf eine andere in Art. 26 Abs. 2 GO bezeichnete Art amtlich bekannt gemacht, so wird hierauf im Amtsblatt *des Landkreises/des Landratsamtes* hingewiesen.

---

34 Dies ist aktuell bei Bekanntmachungen im Rahmen der Öffentlichkeitsbeteiligung nach § 3 Abs. 2 BauGB der Fall, vgl. Nr. 5.2.9 Rn. 3 der auf der Homepage des Bayerischen Staatsministeriums für Wohnen, Bau und Verkehr veröffentlichten Planungshilfen für die Bauleitplanung, Stand 30.4.2025.

Variante 2b (ausschließlich digitales Amtsblatt des Landkreises/des Landratsamts):[35]

(1) [1]Satzungen und Verordnungen werden durch Veröffentlichung im ausschließlich digital veröffentlichten Amtsblatt *des Landkreises/des Landratsamtes* amtlich bekannt gemacht. Auf die einschlägige öffentlich zugängliche Internetseite *des Landkreises/des Landratsamts* wird verwiesen. [2]Soweit eine zusätzliche analoge Form der Bekanntmachung gesetzlich zwingend erforderlich ist,[36] erfolgen Bekanntmachungen im ausschließlich digital veröffentlichten Amtsblatt nach Satz 1 und

Alternative Niederlegung und Bekanntgabe an der Gemeindetafel:

zusätzlich durch Niederlegung zur Einsichtnahme in der Verwaltung der Gemeinde und Bekanntgabe der Niederlegung *(alternativ zu ergänzen: durch Anzeige)* an der Gemeindetafel. Die Gemeindetafel *(alternativ zu ergänzen: in Form eines digitalen Bildschirms)* befindet sich am … in … . Der Anschlag *(alternativ: Die Anzeige)* an der Gemeindetafel erfolgt erst, wenn der bekannt zu machende Text in der Verwaltung niedergelegt ist, und wird frühestens nach 14 Tagen wieder abgenommen *(alternativ: gelöscht).* Es wird schriftlich oder elektronisch festgehalten, wann der Anschlag angebracht *(alternativ: die Anzeige erfolgt ist)* und wann er wieder abgenommen wurde *(alternativ: wann sie wieder gelöscht wurde);* dieser Vermerk wird zu den Akten genommen.

Alternative Tageszeitung:

zusätzlich durch Veröffentlichung in dem für amtliche Bekanntmachungen bestimmten Teil des … (Name des regelmäßig erscheinenden Druckwerks bzw. der nicht nur digital erscheinenden Tageszeitung).

---

35 Rechtsgrundlagen: Art. 17 Abs. 3 Satz 2 BayDiG, Art. 26 Abs. 2 Satz 2 Halbs. 1 GO; § 1 Abs. 2 Satz 1 Nr. 1, Satz 2, § 2 Nr. 1 BayKommV.

36 Dies ist aktuell bei Bekanntmachungen im Rahmen der Öffentlichkeitsbeteiligung nach § 3 Abs. 2 BauGB der Fall, vgl. Nr. 5.2.9 Rn. 3 der auf der Homepage des Bayerischen Staatsministeriums für Wohnen, Bau und Verkehr veröffentlichten Planungshilfen für die Bauleitplanung, Stand 30.4.2025.

(2) Wird eine Satzung oder Verordnung ausnahmsweise aus wichtigem Grund auf eine andere in Art. 26 Abs. 2 GO bezeichnete Art amtlich bekannt gemacht, so wird hierauf im Amtsblatt *des Landkreises/des Landratsamtes* nach Absatz 1 hingewiesen.

Variante 3 (regelmäßig erscheinendes Druckwerk):

(1) Satzungen und Verordnungen werden durch Veröffentlichung in dem für amtliche Bekanntmachungen bestimmten Teil des (Name des regelmäßig erscheinenden Druckwerks, z.B. der Tageszeitung)

....

amtlich bekannt gemacht.

(2) Wird eine Satzung oder Verordnung ausnahmsweise aus wichtigem Grund auf eine andere in Art. 26 Abs. 2 GO bezeichnete Art amtlich bekannt gemacht, so wird hierauf in dem in Abs. 1 bezeichneten Druckwerk hingewiesen.

Variante 4a (Niederlegung, Anschlag an einer oder mehreren Gemeindetafeln):

(1) [1]Satzungen und Verordnungen werden dadurch amtlich bekannt gemacht, dass sie in der Verwaltung der Gemeinde zur Einsichtnahme niedergelegt werden und die Niederlegung durch Anschlag an *der Gemeindetafel/den Gemeindetafeln* bekanntgegeben wird. [2]Der Anschlag wird an *der Gemeindetafel/ den Gemeindetafeln* erst angebracht, wenn die Satzung oder Verordnung in der Verwaltung niedergelegt ist. [3]Er wird *an allen Gemeindetafeln angebracht und* frühestens nach 14 Tagen wieder abgenommen. [4]Es wird schriftlich festgehalten, wann der Anschlag angebracht und wann er wieder abgenommen wurde; dieser Vermerk wird zu den Akten genommen.

(2) Wird eine Satzung oder Verordnung ausnahmsweise aus wichtigem Grund auf eine andere in Art. 26 Abs. 2 GO bezeichnete Art amtlich bekannt gemacht, so wird hierauf durch Anschlag an *der Gemeindetafel/allen Gemeindetafeln* hingewiesen.

(3) Die Gemeindetafel befindet sich am ... in ... .

Variante mehrere Gemeindetafeln:

(3) Die Gemeinde unterhält folgende Gemeindetafeln:

1.	2. ....
3.	4. ....
5.	6. ....
7.	8. ....
9.	10. ....

Optional: Weitere Gemeindetafeln zu Informationszwecken[37]*:*

(4) [1]Die Gemeinde unterhält zu Informationszwecken folgende weitere Gemeindetafeln:

1.	2. ....
3.	4. ....
5.	6. ....
7.	8. ....
9.	10. ....

[2]Rechtlich erheblich im Sinne von Art. 26 Abs. 2 Satz 2 GO ist allein der Anschlag an der Gemeindetafel nach Absatz 3.

37 Diese Regelung ist nicht zwingend und abzustimmen mit Absatz 3.

Variante 4b (Niederlegung, Anzeige an einer oder mehreren digitalen Gemeindetafeln):[38]

(1) [1]Satzungen und Verordnungen werden dadurch amtlich bekannt gemacht, dass sie in der Verwaltung der Gemeinde zur Einsichtnahme niedergelegt werden und die Niederlegung durch Anzeige an *der Gemeindetafel/den Gemeindetafeln* bekanntgegeben wird. [2]Die Anzeige an *der Gemeindetafel/den Gemeindetafeln* erfolgt erst, wenn die Satzung oder Verordnung in der Verwaltung niedergelegt ist. [3]Die Anzeige *erfolgt an allen Gemeindetafeln und* wird frühestens nach 14 Tagen wieder gelöscht. [4]Es wird schriftlich oder elektronisch festgehalten, wann die Anzeige erfolgt ist und wann sie wieder gelöscht wurde; dieser Vermerk wird zu den Akten genommen.

(2) Wird eine Satzung oder Verordnung ausnahmsweise aus wichtigem Grund auf eine andere in Art. 26 Abs. 2 GO bezeichnete Art amtlich bekannt gemacht, so wird hierauf durch Anzeige an *der Gemeindetafel/allen Gemeindetafeln* hingewiesen.

(3) Die Gemeindetafel in Form eines digitalen Bildschirms befindet sich am ... in ... .

Alternative mehrere Gemeindetafeln:

Die Gemeinde unterhält folgende Gemeindetafeln in Form eines digitalen Bildschirms:

1.	2. ....
3.	4. ....
5.	6. ....

38 Rechtsgrundlagen: Art. 26 Abs. 2 Satz 2 Halbs. 2 GO; § 1 Abs. 2 Satz 1 Nr. 4, Abs. 3 Satz 1 Nr. 3 und Satz 2, § 1 Abs. 4 und 5, § 2 Nr. 3 Buchst. c, § 3 Satz 1 BayKommV. Ebenfalls möglich ist es, Variante 4a und 4b zu kombinieren und sowohl analoge als auch digitale Gemeindetafeln zu verwenden.

Optional: Weitere Gemeindetafeln zu Informationszwecken[39]*:*

(4) [1]Die Gemeinde unterhält zu Informationszwecken folgende weitere Gemeindetafeln:

1.	2. ....
3.	4. ....
5.	6. ....

[2]Rechtlich erheblich im Sinne von Art. 26 Abs. 2 Satz 2 GO ist allein die Anzeige an der Gemeindetafel nach Absatz 3.

Variante 5 (Niederlegung, digitale Bekanntmachung):

(1) [1]Satzungen und Verordnungen werden dadurch amtlich bekannt gemacht, dass sie in der Verwaltung der Gemeinde zur Einsichtnahme niedergelegt werden und die Niederlegung digital über das Internet unter … (URL der öffentlich zugänglichen Internetseite der Gemeinde[40]) bekanntgegeben wird. [2]Die Bekanntgabe auf dieser Internetseite erfolgt erst, wenn die Satzung oder Verordnung in der Verwaltung niedergelegt ist. [3]Sie wird frühestens nach 14 Tagen wieder gelöscht. [4]Es wird schriftlich oder elektronisch festgehalten, wann die digitale Bekanntgabe auf der Internetseite öffentlich verfügbar war und wann sie wieder gelöscht wurde; dieser Vermerk wird zu den Akten genommen.

(2) [1]Soweit eine zusätzliche analoge Form der Bekanntmachung gesetzlich zwingend erforderlich ist,[41] erfolgen Bekanntgaben der Niederlegung unter der in Absatz 1 Satz 1 genannten Internetadresse und zusätzlich durch Anschlag *(alternativ: Anzeige)*

---

39 Vgl. § 1 Abs. 4 Satz 2 BayKommV und IMS vom 29.12.2023, Ziff. 2. Die Regelung ist nicht zwingend und gegebenenfalls abzustimmen mit Absatz 3.

40 Diese Regelung ist nicht zwingend und abzustimmen mit Absatz 3.

41 Dies ist aktuell bei Bekanntmachungen im Rahmen der Öffentlichkeitsbeteiligung nach § 3 Abs. 2 BauGB der Fall, vgl. Nr. 5.2.9 Rn. 3 der auf der Homepage des Bayerischen Staatsministeriums für Wohnen, Bau und Verkehr veröffentlichten Planungshilfen für die Bauleitplanung, Stand 30.4.2025.

an der Gemeindetafel. [2]Die Gemeindetafel *(alternativ: in Form eines digitalen Bildschirms)* befindet sich am ... in ... .

(3) Wird eine Satzung oder Verordnung ausnahmsweise aus wichtigem Grund auf eine andere in Art. 26 Abs. 2 GO bezeichnete Art amtlich bekannt gemacht, so wird hierauf über das Internet unter der öffentlich zugänglichen Internetseite nach Absatz 1 Satz 1 hingewiesen.

Variante 6a (Niederlegung, Tageszeitung):

(1) [1]Satzungen und Verordnungen werden dadurch amtlich bekannt gemacht, dass sie in der Verwaltung der Gemeinde zur Einsicht niedergelegt werden und die Niederlegung durch Mitteilung in dem für amtliche Bekanntmachungen bestimmten Teil des (Name der Tageszeitung)

....

bekanntgegeben wird. [2]Die Mitteilung wird erst veröffentlicht, wenn die Satzung oder Verordnung in der Verwaltung der Gemeinde niedergelegt ist.

(2) Wird eine Satzung oder Verordnung ausnahmsweise aus wichtigem Grund auf eine andere in Art. 26 Abs. 2 GO bezeichnete Art amtlich bekannt gemacht, so wird hierauf in dem in Abs. 1 bezeichneten Druckwerk hingewiesen.

Variante 6b (Niederlegung, ausschließlich digitale Tageszeitung):[42]

(1) [1]Satzungen und Verordnungen werden dadurch amtlich bekannt gemacht, dass sie in der Verwaltung der Gemeinde zur Einsicht niedergelegt werden und die Niederlegung durch Mitteilung in dem für amtliche Bekanntmachungen bestimmten Teil der ausschließlich digital auf der Internetseite ... (Angabe ohne Pfad[43]) erscheinenden ... (Name der Tageszeitung) bekanntgegeben wird. [2]Die Mitteilung wird erst veröffentlicht,

---

42 Rechtsgrundlagen: Art. 26 Abs. 2 Satz 2 Halbs. 2 GO; § 1 Abs. 2 Satz 1 Nr. 3, Abs. 3 Satz 1 Nr. 2 und Satz 2, Abs. 5, § 2 Nr. 3 Buchst. a, § 3 Satz 1 BayKommV. Der Anwendungsbereich dieser Variante dürfte derzeit gering sein, da die überwiegende Zahl der Tageszeitungen als Druckwerk und zusätzlich als digitale Ausgabe verfügbar ist.

43 Zum Beispiel „www.namedertageszeitung.de".

wenn die Satzung oder Verordnung in der Verwaltung der Gemeinde niedergelegt ist.

(2) [1]Soweit eine zusätzliche analoge Form der Bekanntmachung gesetzlich zwingend erforderlich ist,[44] erfolgen Bekanntgaben der Niederlegung über die ausschließlich digital erscheinende Tageszeitung und zusätzlich durch Anschlag *(alternativ: Anzeige)* an der Gemeindetafel. [2]Die Gemeindetafel *(alternativ: in Form eines digitalen Bildschirm)* befindet sich am … in … . Der Anschlag *(alternativ: Die Anzeige)* an der Gemeindetafel erfolgt erst, wenn der bekannt zu machende Text in der Verwaltung niedergelegt ist, und wird frühestens nach 14 Tagen wieder abgenommen *(alternativ: gelöscht)*. [4]Es wird schriftlich oder elektronisch festgehalten, wann der Anschlag angebracht *(alternativ: die Anzeige erfolgt ist)* und wann er wieder abgenommen wurde *(alternativ: wann sie wieder gelöscht wurde)*; dieser Vermerk wird zu den Akten genommen.

(3) Wird eine Satzung oder Verordnung ausnahmsweise aus wichtigem Grund auf eine andere in Art. 26 Abs. 2 GO bezeichnete Art amtlich bekannt gemacht, so wird hierauf in der in Abs. 1 bezeichneten Tageszeitung hingewiesen.

C. Schlussbestimmungen

§ 32 Änderung der Geschäftsordnung

Vorstehende Geschäftsordnung kann durch Beschluss des Gemeinderats geändert werden.

§ 33 Verteilung der Geschäftsordnung

[1]Jedem Mitglied des Gemeinderats ist ein Exemplar der Geschäftsordnung auszuhändigen. [2]Im Übrigen liegt die Geschäftsordnung zur allgemeinen Einsicht in der Verwaltung der Gemeinde auf.

---

44 Dies ist aktuell bei Bekanntmachungen im Rahmen der Öffentlichkeitsbeteiligung nach § 3 Abs. 2 BauGB der Fall, vgl. Nr. 5.2.9 Rn. 3 der auf der Homepage des Bayerischen Staatsministeriums für Wohnen, Bau und Verkehr veröffentlichten Planungshilfen für die Bauleitplanung, Stand 30.4.2025.

§ 34 Inkrafttreten

[1]Diese Geschäftsordnung tritt mit Wirkung vom .... in Kraft. [2]Gleichzeitig tritt die Geschäftsordnung vom .... außer Kraft.

....

(Ort, Datum)

....

(... , Erste Bürgermeisterin oder Erster Bürgermeister)

Anlage 3

Zugangseröffnung für die elektronische Kommunikation

Gemeinderatsmitglied / Stadtratsmitglied
Name:
Vorname:
Straße/Hausnummer:
PLZ/Ort:
Persönliche E-Mail-Adresse:
nachfolgend Ratsmitglied genannt

eröffnet hiermit den Zugang für die elektronische Kommunikation mit der

Gemeinde/Stadt/Markt
Name:
Straße/Hausnummer:
PLZ/Ort:
E-Mail-Adresse:
nachfolgend Verwaltung genannt

Mit Unterzeichnung dieser Erklärung wird die Verwaltung ermächtigt, Einladungen und ggf. damit verbundene Dokumente, soweit sie nicht in ein Ratsinformationssystem zum Abruf eingestellt werden, gemäß den Bestimmungen der Geschäftsordnung für den Gemeinderat/Marktgemeinderat/Stadtrat elektronisch an die oben genannte Adresse zu versenden.

Die Zugangseröffnung erstreckt sich ausschließlich auf Einladungen, Dokumente und Mitteilungen, die das Ehrenamt als .... betreffen.

Die Zugangseröffnung erlischt, wenn sie widerrufen wird bzw. das Ehrenamt endet.

Das Ratsmitglied ruft in regelmäßigen Abständen (täglich) die unter der oben angegebenen Adresse eingegangene elektronische Post ab. Die Versendung von Einladungen zu Sitzungen erfolgt in der Regel bis ... Uhr[1]. Bei technischen Schwierigkeiten, die dazu führen, dass Post nicht abgerufen werden kann, unterrichtet das Ratsmitglied unverzüglich die Verwaltung, ... (Ansprechpartner).

Die Verwaltung übermittelt Dokumente insbesondere im nachfolgenden Dateiformat:

- PDF-Dateien (.pdf)
- Microsoft Office-Dokument-Formate (.docx, .xlsx, .pptx) bzw. OpenDocument-Formate (.odt, .ods, .odp)
- Rich Text Format (.rtf) und Nur-Text (.txt)
- Tabellen- und Austauschformate (.csv)
- Bilddateien (.jpg, .png, .gif, .tif)
- Komprimierte Dateien (.zip; optional .7z)

---

1 Empfehlung: 18 Uhr. Eine E-Mail geht zu, wenn sie im elektronischen Briefkasten des Empfängers oder bei seinem Provider abrufbar eingegangen und üblicherweise mit der Kenntnisnahme zu rechnen ist. Der Zugang am gleichen Tag ist unter Berücksichtigung der Rechtsprechung (vgl. BayVerfGH vom 15.10.1992 – Vf. 117-VI-91; OLG Düsseldorf vom 19.7.2011 – I-24 U 186/10), der Kommentarliteratur (vgl. Grüneberg, BGB, 84. Aufl. 2025, § 130 BGB Rn. 6, 7a) und des Umstands, dass es sich um die Ausübung eines Ehrenamts handelt, jedenfalls bei Eingang bis ca. 18 Uhr gewährleistet.

Der Ausdruck der übermittelten Dokumente ist erlaubt.[2] Es ist darauf zu achten, dass unbefugte Dritte keinen Zugriff auf die ausgedruckten bzw. übermittelten Dokumente haben. Bei Verwendung von Privatgeräten sollen diese entweder ausschließlich selbst benutzt werden oder ist sicherzustellen, dass eine missbräuchliche Verwendung durch andere Nutzer mittels Einrichtung einer individuellen Benutzerkennung mit Passwort je Nutzer ausgeschlossen wird. Zudem sind folgende Schutzmaßnahmen zu treffen:

- Schutz des Zugangs zum Privatgerät mit einem individuellen und geheimen Passwort oder PIN, nach Möglichkeit mit einer zusätzlichen „Mehr-Faktor-Authentifizierung“ (MFA);
- Verwendung einer Firewall und von Schutzprogrammen (Sicherheitssoftware mit regelmäßigem (möglichst täglichen) Update-Service; Anti-Spam; Anti-Phishing; Anti-Spyware);
- regelmäßige Durchführung von Sicherheitsupdates;
- soweit möglich Zugriff auf übermittelte Dokumente über das passwortgeschützte E-Mail-Konto;
- Abspeichern von in verschlüsselter Form übermittelten Dokumenten in verschlüsselter Form;
- regelmäßiges Löschen von Browser-Cache und Cookies;
- Löschung der übermittelten Daten und Vernichtung der Ausdrucke der übermittelten Dokumente, sobald diese für die Mandatsausübung nicht mehr erforderlich sind.

Die elektronische Übermittlung von Anträgen des Ratsmitglieds, die in einer Sitzung behandelt werden sollen, erfolgt ausschließlich unter seiner/ihrer oben angegebenen Adresse.

....

Ort und Datum Unterschrift Ratsmitglied

2 Es wird empfohlen, als zusätzliche Sicherheitsmaßnahme alle Ausdrucke aus dem Ratsinformationssystem mit dem Namen des Nutzers o.ä. als Wasserzeichen zu hinterlegen. Ein entsprechender Hinweis könnte an dieser Stelle eingefügt werden.

Anlage 4

Datenschutzbelehrung Ratsinformationssystem (RIS)

(Stand …)

1. Regelungsgegenstand

Die Gemeinde / Stadt / Der Markt … stellt ihren / seinen Gemeinderatsmitgliedern / Stadtratsmitgliedern über eine Webapplikation oder App (Ratsinformationssystem – „RIS“) einen gesicherten Zugriff auf Tagesordnungen der Sitzungen der gemeindlichen/ städtischen Gremien, Sitzungsunterlagen, Sitzungsniederschriften (für den öffentlichen Teil der Sitzungen) sowie weitere Informationen wie z. B. Pläne etc. zur Verfügung.

Mit der vorliegenden Datenschutzbelehrung werden einheitliche Regelungen und Voraussetzungen für die Benutzung des Ratsinformationssystems geschaffen. Diese Regelungen sollen die Einhaltung datenschutzrechtlicher Vorschriften gewährleisten und verhindern, dass die gespeicherten Informationen in unbefugte Hände gelangen.

2. Geltungsbereich

Die Datenschutzbelehrung gilt für alle Benutzer des Ratsinformationssystems der Gemeinde / Stadt / des Marktes … und somit insbesondere für alle Mitglieder des Gemeinderats / Stadtrates, die diesen Service wahrnehmen möchten und sich mit den nachfolgenden Benutzungsbedingungen einverstanden erklären.

3. Verschwiegenheitspflicht

Die Gemeinderatsmitglieder / Stadtratsmitglieder haben als ehrenamtlich tätige Gemeindebürger über die ihnen bei ihrer ehrenamtlichen Tätigkeit bekannt gewordenen Angelegenheiten Verschwiegenheit zu bewahren (Art. 20 Bayer. Gemeindeordnung – GO). Dies gilt selbstverständlich auch für alle im Ratsinformationssystem enthaltenen Informationen.

Da die dort hinterlegten Dokumente eine Vielzahl von verschiedenen personenbezogenen Daten enthalten, sind insbesondere auch die allgemeinen Datenschutzvorschriften einzuhalten.

4. Zugangsdaten (Benutzername und Passwort)[1]

Jeder Benutzer erhält für den Zugang zum Ratsinformationssystem eine persönliche Benutzerkennung. Hierzu legt sich jeder Benutzer ein eigenes Passwort fest, das nur ihm persönlich bekannt ist. Benutzername und Passwort müssen geheim gehalten werden und dürfen nicht an Dritte weitergegeben werden. Auch ein Speichern der Zugangsdaten auf dem PC oder im Browser ist nicht zulässig.

Das Ausprobieren, Ausforschen und die Benutzung fremder Benutzerkennungen und Passwörter sind nicht zulässig. Sollte ein Missbrauch von Benutzerkennungen festgestellt werden, werden diese Benutzerkonten gesperrt.

5. Passwortschutz

Für den korrekten Gebrauch von Kennwörtern gelten folgende Grundsätze:

- Das Passwort darf nicht leicht zu erraten sein (z. B. keine Namen, keine Geburtsdaten, keine Kfz-Kennzeichen).
- Das Passwort muss mindestens acht Zeichen lang sein. Innerhalb des Passwortes muss mindestens ein Groß- und Kleinbuchstabe, ein Sonderzeichen und eine Zahl verwendet werden.
- Initialpasswörter und voreingestellte Passwörter (z. B. bei der erstmaligen Anmeldung) müssen umgehend durch individuelle Passwörter ersetzt werden.
- Das Passwort muss geheim gehalten werden und darf nur dem Benutzer persönlich bekannt sein.

---

1 Grundsätzlich sind auch andere Authentisierungsverfahren anstelle von Passwörtern bzw. zusätzliche Authentisierungsmerkmale, wie Zertifikate oder eine Mehr-Faktor- Authentisierung, denkbar.

- Das Passwort sollte nicht schriftlich fixiert werden. Falls ein Passwort vergessen wird, kann ein neues Passwort über das RIS angefordert werden *(Alternativ: ... besteht die Möglichkeit, dies der Verwaltung mitzuteilen. Diese wird das Passwort wieder zurücksetzen).*
- Passwörter dürfen nicht auf programmierbaren Funktionstasten gespeichert werden.
- Ein Passwort ist unverzüglich zu wechseln, wenn es unautorisierten Personen bekannt geworden ist.
- Die Eingabe des Passwortes muss unbeobachtet stattfinden.
- Die Weitergabe des eigenen Passworts an andere, auch an andere Ratsmitglieder, **ist nicht zulässig und untersagt.**

6. Zugriff

Sitzungsvorlagen der Verwaltung sind interne Ausarbeitungen für die Ratsmitglieder. Eine Bereitstellung der Sitzungsvorlagen und weiterer Sitzungsunterlagen zum Abruf durch Ratsmitglieder setzt voraus, dass Dritte weder lesend noch schreibend auf die Unterlagen zugreifen können. Es ist daher darauf zu achten, dass unbefugte Dritte keinen Zugriff auf die Daten des Ratsinformationssystems erlangen. Zu beachten ist in diesem Zusammenhang, dass sich nach dem Aufrufen von Internetseiten auf dem Privatgerät (beispielsweise im Cache) noch Teile dieser Daten bzw. einzelne Dateien befinden können. Es ist deshalb empfehlenswert, vor dem Schließen des Browsers die temporären Internetdateien zu löschen.

Der Zugang zum verwendeten Privatgerät ist mit einem Kennwort zu schützen (über Betriebssystem, BIOS o. ä.).

Sofern mehrere Personen das Privatgerät benutzen, darf der Zugriff auf das Ratsinformationssystem nur unter einer eigenen, individuellen Benutzerkennung erfolgen, die mit einem Passwort, Fingerabdrucksensor oder einer Gesichtserkennung abgesichert ist. Der Zugriff anderer Benutzer muss dadurch ausgeschlossen sein.

7. Verarbeitung

Soweit Dokumente auf privaten Geräten gespeichert werden, sind sie gegen den unbefugten Zugriff Dritter zu schützen. In diesem Fall muss der Zugang zum Privatgerät mit einem individuellen und geheimen Passwort geschützt sein. Bei mehreren Nutzern sind verschiedene individuelle Benutzerkennungen mit Passwort je Nutzer und getrennten Dateizugriffsrechten einzurichten (vgl. dazu auch Ziffern 5. und 6.; Virenschutz entsprechend Ziffer 8.).

Die aus dem Ratsinformationssystem heruntergeladenen Dateien sind zu löschen, sobald sie für die Mandatsausübung nicht mehr benötigt werden.

Das Ausdrucken von Dokumenten aus dem Ratsinformationssystem ist erlaubt.[2] Die erstellten Ausdrucke sind gegen den unbefugten Zugriff Dritter zu schützen und, sobald sie für die Mandatsausübung nicht mehr benötigt werden, zu vernichten.

8. Schutz von Privatgeräten

Auf den privaten Geräten, über die der Zugriff auf das Ratsinformationssystem erfolgen soll, ist ein Virenscanner von einem Anbieter zu installieren, der einen regelmäßigen (möglichst täglichen) Update-Service gewährleistet.

Weiterhin ist die Verwendung einer (Personal) Firewall oder einer Security Suite (Programm, das mehrere Schutzprogramme vereinigt, und mindestens ein Antivirenprogramm und eine Firewall enthält, ggf. ergänzt durch Funktionen wie Anti-Spam, Anti-Phishing, Anti-Spyware oder eine Kindersicherung) oder vergleichbarer Programme erforderlich und sind regelmäßig Sicherheitsupdates auf dem Privatgerät durchzuführen.

2 Es wird empfohlen, als zusätzliche Sicherheitsmaßnahme alle Ausdrucke aus dem Ratsinformationssystem mit dem Namen des Nutzers o.ä. als Wasserzeichen zu hinterlegen. Ein entsprechender Hinweis könnte an dieser Stelle eingefügt werden.

9. Verbindlichkeit

Durch die Unterzeichnung der Empfangsbestätigung und des Kenntnisnahmevermerkes wird diese Datenschutzbelehrung als verbindlich anerkannt.

10. Folgen der Nichtbeachtung

Für die Gewährleistung der Erfordernisse des Datenschutzes ist das Beachten und Einhalten der o.g. Regelungen unbedingt erforderlich. Für Schäden, die aus der Nichtbeachtung entstehen, können die Benutzer ggf. in Haftung genommen werden bzw. es können sich strafrechtliche Konsequenzen (z.B. § 203 Abs. 2 des Strafgesetzbuchs – StGB; Art. 23 Abs. 2 des Bayer. Datenschutzgesetzes – BayDSG) bzw. solche des Ordnungswidrigkeitenrechts (z.B. Art. 23 Abs. 1 Nr. 1 BayDSG) ergeben. Auf die Möglichkeit der Verhängung von Ordnungsgeldern bei Verletzung der Verschwiegenheitspflichten wird hingewiesen (Art. 20 Abs. 4 GO).

Datenschutzbelehrung Ratsinformationssystem (RIS)

....

Name, Vorname

Empfangsbestätigung und Kenntnisnahmevermerk

Hiermit bestätige ich, dass ich die Datenschutzbelehrung gelesen und in schriftlicher Form erhalten habe. Die Inhalte der Datenschutzbelehrung (Stand: ...) erkenne ich für mich als verbindlich an.

Auf die rechtlichen Folgen einer Nichtbeachtung wurde ich hingewiesen.

....

Ort und Datum Unterschrift Ratsmitglied

Anlage 5

Erhebung personenbezogener Daten und Einwilligung zur Veröffentlichung personenbezogener Daten

Bitte zurücksenden!

An

Gemeinde / Markt /Stadt

Anschrift

Erhebung personenbezogener Daten der Ratsmitglieder und Ortssprecher für die Wahlperiode 2026 bis 2032

Name:..

Vorname: ....

Geburtsdatum: ....

Anschrift (Straße, Hausnummer, PLZ/Ort):

....

....

Telefonnummer (Erreichbarkeit tagsüber): ....

E-Mail-Adresse: ....

Bankverbindung (wird für die Abrechnung der Entschädigungen nach Art. 20a GO zwingend benötigt):

IBAN: ....

Bank: ....

Muster

Optional/sofern bereits bekannt (betrifft **nur Ratsmitglieder**, nicht Ortssprecher):

Zugehörigkeit zu einer **Partei/Wählergruppe**:

....

Geplante **Fraktionszugehörigkeit**:

....

Geplante **Ausschussgemeinschaft** ab 01.05.2026 mit

....

Die oben genannten personenbezogenen Daten dürfen seitens der Gemeinde/des Marktes/der Stadt .... im Zusammenhang mit der Wahrnehmung Ihrer ehrenamtlichen Tätigkeit als Ratsmitglied erhoben, verarbeitet und genutzt werden. Die Verarbeitung der Daten erfolgt **gemeindeintern**.

Für die Veröffentlichung bestimmter personenbezogenen Daten durch die Gemeinde/den Markt/die Stadt .... wird nachfolgend Ihre gesonderte Einwilligung eingeholt.

Bitte beachten Sie auch die Informationen zur Erhebung personenbezogener Daten ab Seite 5* dieses Formulars.

* Redaktionelle Anmerkung: Das Original-Muster des BayGT ist mit Seitenzahlen durchnummeriert. Bei dem Abdruck wurde auf die Seitenzahlen verzichtet. Gemeint ist die Information nach Art. 13 DSGVO auf den fortfolgenden Seiten.

Einwilligung zur Veröffentlichung personenbezogener Daten im Internet und im ....[1] der Gemeinde/des Marktes/der Stadt ....

Zu den Aufgaben der Gemeinde/des Marktes/der Stadt gehört grundsätzlich auch die Information der Bürgerinnen und Bürger über das Organ des Gemeinderats/Marktgemeinderats/Stadtrats.

Die **Veröffentlichung von Name, Vorname, Zugehörigkeit zu einer Partei oder Wählergruppe sowie Funktion (z.B. Ausschussmitglied, Referentin oder Referent) der Ratsmitglieder ist** daher **bereits aufgrund gesetzlicher Normen zulässig**, die Einholung einer gesonderten Einwilligung insoweit nicht erforderlich. Dem Ratsmitglied steht diesbezüglich nur ein **Widerspruchsrecht nach Art. 21 Abs. 1 DSGVO** zu, wenn Gründe vorliegen, die sich aus seiner besonderen Situation ergeben.

Sollten Sie nachfolgend von diesem Widerspruchsrecht durch Ankreuzen des Feldes „Widerspruch“ Gebrauch machen, erfolgt eine Prüfung der Voraussetzungen des Art. 21 Abs. 1 DSGVO durch die Gemeinde/den Markt/die Stadt ... .

Name	☐ Widerspruch (Art. 21 Abs. 1 DSGVO)
Vorname	☐ Widerspruch (Art. 21 Abs. 1 DSGVO)
Zugehörigkeit Partei/ Wählergruppe	☐ Widerspruch (Art. 21 Abs. 1 DSGVO)
Funktion (z.B. Ausschussmitglied, Referent)	☐ Widerspruch (Art. 21 Abs. 1 DSGVO)

Die **Veröffentlichung weiterer Informationen (Anschrift, private Kontaktdaten, Alter, Bild)** darf dagegen nach Art. 6 Abs. 1 UAbs. 1 Buchst. a, Art. 7 DSGVO nur mit nachfolgender **Einwilligung** des betreffenden Ratsmitglieds erfolgen. Die Einwilligung ist **jederzeit widerruflich**.

Muster

1 Zum Beispiel Gemeindebroschüre, Amtsblatt, Mitteilungsblatt.

Hiermit erkläre ich mich in jederzeit widerruflicher Weise einverstanden bzw. nicht einverstanden mit der Veröffentlichung folgender meiner personenbezogenen Daten auf der Homepage und im ...[2] der Gemeinde/des Marktes/der Stadt ...:

Anschrift	☐ einverstanden	☐ nicht einverstanden
Telefonnummer	☐ einverstanden	☐ nicht einverstanden
E-Mail-Adresse	☐ einverstanden	☐ nicht einverstanden
Alter (Jahr der Geburt)	☐ einverstanden	☐ nicht einverstanden
Bild (Porträt)	☐ einverstanden	☐ nicht einverstanden

Bitte beachten Sie auch die Informationen zur Erhebung personenbezogener Daten ab Seite 5* dieses Formulars.

Das zur Veröffentlichung von mir freigegebene Bild

☐ sende ich gesondert via E-Mail im elektronischen JPG-Format (Auflösung mindestens ...) an ... bzw.

☐ liegt in Papierform/ausgedruckt diesem Formblatt bei.

Von der Abgabe dieses Formblattes unberührt bleiben Erklärungen betreffend die Annahme der Wahl sowie der Ableistung des Eids/Gelöbnisses (vgl. Art. 47 bis 49 GLKrWG; Art. 31 Abs. 4 GO).

Änderungswünsche oder Änderungen in den Daten, insbesondere hinsichtlich der Bankverbindung, werde ich umgehend schriftlich bei der Gemeinde/dem Markt/der Stadt anzeigen.

....

Ort, Datum Unterschrift Ratsmitglied/Ortssprecher

---

2 Zum Beispiel Gemeindebroschüre, Amtsblatt, Mitteilungsblatt.

* Redaktionelle Anmerkung: Das Original-Muster des BayGT ist mit Seitenzahlen durchnummeriert. Bei dem Abdruck wurde auf die Seitenzahlen verzichtet. Gemeint ist die Information nach Art. 13 DSGVO auf den fortfolgenden Seiten.

Information nach Art. 13 DSGVO

1. Name und Kontaktdaten des Verantwortlichen

Verantwortlich für die Verarbeitung Ihrer personenbezogenen Daten ist:

....

(Name, Anschrift, Telefonnummer und E-Mail-Adresse der Gemeinde/des Marktes/der Stadt)

2. Kontaktdaten des Datenschutzbeauftragten

Unseren behördlichen Datenschutzbeauftragten erreichen Sie unter

....

(Angabe von Anschrift, Telefonnummer und E-Mail-Adresse des Datenschutzbeauftragten)

3. Zwecke und Rechtsgrundlagen der Verarbeitung

Die Gemeinde/Der Markt/Die Stadt .... verarbeitet Ihre personenbezogenen Daten zum Zwecke der Ausübung Ihres Mandats, der Abwicklung des Sitzungsdienstes, der Besetzung der Ausschüsse und der Gewährleistung eines ordnungsgemäßen Geschäftsgangs sowie zur Information der Bürgerinnen und Bürger über das Gemeindeorgan Gemeinderat.

Rechtsgrundlagen der jeweiligen Datenverarbeitung sind

- Art. 4 Abs. 1, Art. 5 Abs. 1 Satz 1 Nr. 1 BayDSG i. V. m. den Art. 19 bis 20a, Art. 29 bis 60a GO sowie den Regelungen der Geschäftsordnung des Gemeinderats/Marktgemeinderats/Stadtrats hinsichtlich der gemeindeintern zu verarbeitenden Daten;
- Art. 4 Abs. 1 und Art. 5 Abs. 1 Satz 1 Nr. 1 BayDSG hinsichtlich der Veröffentlichung von Name, Vorname, Zugehörigkeit zu einer Partei oder Wählergruppe sowie Funktion der Ratsmitglieder;
- Art. 6 Abs. 1 UAbs. 1 Buchst. a, Art. 7 DSGVO hinsichtlich der Verarbeitung und Veröffentlichung der sonstigen personenbezogenen Daten.

4. Empfänger oder Kategorien von Empfängern der personenbezogenen Daten

Ihre personenbezogenen Daten werden weitergegeben an:

- ... (Bedienstete/Organisationseinheiten innerhalb der Gemeinde)
- ... (Auftragsverarbeiter, z.B. Anbieter von Ratsinformationssystemen)
- die Öffentlichkeit bei Veröffentlichung auf der Homepage oder im ... (z.B. Amts- oder Mitteilungsblatt).

5. Dauer der Speicherung der personenbezogenen Daten

Die Speicherung Ihrer personenbezogenen Daten erfolgt bis zur Beendigung Ihres Mandats als Ratsmitglied und Abwicklung der hieraus entstandenen Rechte und Pflichten.

6. Betroffenenrechte

Hinsichtlich der Verarbeitung Ihrer personenbezogenen Daten stehen Ihnen nach der DSGVO folgende Rechte zu:

Sie haben das Recht auf **Auskunft** über die von der Gemeinde/dem Markt/der Stadt von Ihnen verarbeiteten personenbezogenen Daten sowie auf weitere mit der Verarbeitung zusammenhängende Informationen (Art. 15 DSGVO).

Für den Fall, dass personenbezogene Daten über Sie nicht (mehr) zutreffend oder unvollständig sind, können Sie eine **Berichtigung** und ggf. **Vervollständigung** dieser Daten verlangen (Art. 16 DSGVO). Unabhängig davon wird in diesen Fällen dringend um Berichtigung und Vervollständigung der Daten gebeten, um die in Nr. 3 genannten Aufgaben bzw. Zwecke ordnungsgemäß erfüllen zu können.

Liegen die gesetzlichen Voraussetzungen vor, können Sie die **Löschung** Ihrer personenbezogenen Daten (Art. 17 DSGVO) oder die **Einschränkung der Verarbeitung** dieser Daten verlangen (Art. 18 DSGVO). Das Recht auf Löschung nach Art. 17 Abs. 1

und 2 DSGVO besteht jedoch unter anderem nicht, wenn und soweit die Verarbeitung personenbezogener Daten erforderlich ist zur Wahrnehmung einer Aufgabe, die im öffentlichen Interesse liegt oder in Ausübung öffentlicher Gewalt erfolgt.

Im Übrigen können Sie aus Gründen, die sich aus Ihrer besonderen Situation ergeben, der Verarbeitung Sie betreffender personenbezogener Daten jederzeit widersprechen (Art. 21 DSGVO). Sofern die gesetzlichen Voraussetzungen vorliegen, verarbeiten wir in der Folge Ihre personenbezogenen Daten nicht mehr.

Sie haben das Recht, sich bei einer **Aufsichtsbehörde** im Sinne des Art. 51 DSGVO über die Verarbeitung Ihrer personenbezogenen Daten zu beschweren. Zuständige Aufsichtsbehörde ist der Bayerische Landesbeauftragte für den Datenschutz (vgl. https://www.datenschutz-bayern.de, Rubrik „Landesbeauftragter – Kontakt").

7. Widerrufsrecht bei Einwilligung

Sie haben das Recht, Ihre oben erklärte **Einwilligung** zur Veröffentlichung Ihrer Anschrift, Telefonnummer, E-Mail-Adresse, Ihres Alters und Bildes jederzeit zu **widerrufen** (Art. 7 Abs. 3 DSGVO). Der Widerruf wirkt erst für die Zukunft; das heißt, durch den Widerruf wird die Rechtmäßigkeit der aufgrund der Einwilligung bis zum Widerruf erfolgten Verarbeitung nicht berührt.

Anlage 6

Belehrung über die Teilnahme an Hybridsitzungen

(Stand ...)*

Der Gemeinderat / Stadtrat / Marktgemeinderat der Gemeinde / Stadt / des Marktes ... hat die Möglichkeit der Sitzungsteilnahme durch Ton-Bild-Übertragung auch für nichtöffentliche Sitzungen eröffnet. Den auf diesem Wege zugeschalteten Ratsmitgliedern kommt dabei eine besondere Verantwortung im Hinblick auf die Vertraulichkeit des gesprochenen Wortes sowie den Datenschutz und die Datensicherheit zu. Vor Nutzung der Zuschaltmöglichkeit ist daher die Erklärung des Einverständnisses mit den nachfolgenden Hinweisen erforderlich.

Die Teilnahme an der Sitzung erfolgt über einen von der Gemeinde / Stadt / vom Markt im Vorfeld der Sitzung per E-Mail an die vom Gremienmitglied zur Verfügung gestellte Mailadresse[1] versandten Link.[2]

Art. 47a Abs. 5 Satz 1 GO sieht vor, dass die zugeschalteten Gremienmitglieder **bei nichtöffentlichen Sitzungen** dafür Sorge zu tragen haben, dass die **Übertragung** in ihrem Verantwortungsbereich **nur von ihnen wahrgenommen werden kann**. Das bedeutet, dass

* Für Landkreise, Bezirke und Zweckverbände sind die Formulierungen entsprechend anzupassen.

1 Vgl. dazu das Muster des Bayerischen Gemeindetags zur „Zugangseröffnung für die elektronische Kommunikation".

2 Hier sind ggf. weitere Ausführungen zur Unzulässigkeit der Weitergabe des Links möglich, falls dieser nicht passwortgeschützt oder personalisiert ist.

- das hierfür verwendete Endgerät gegen Einsicht und Zugriff durch Dritte (z.B. Familienangehörige, Gäste, Mitglieder der Partei oder Wählergruppe, die nicht Mitglied des Gemeinderats / Stadtrats / Marktgemeinderats sind) zu schützen ist,
- der Teilnahmeplatz – auch bei kurzzeitiger Abwesenheit – so zu wählen ist, dass niemand einen Blick auf den Bildschirm werfen und die Beratung nicht von unbefugten Dritten mitgehört[3] werden kann,
- keine Möglichkeit für einen evtl. auch unbeabsichtigten Abfluss von Sprache, Video oder anderen Daten bestehen kann (z.B. durch im gleichen Raum befindliche Sprachassistenzsysteme).

Bei einem Verstoß gegen diese Pflichten greifen die Sanktionsmöglichkeiten des Art. 20 Abs. 4 Satz 1 GO wie bei einem Verstoß gegen die Verschwiegenheitspflicht (Belegung mit einem Ordnungsgeld), vgl. Art. 47a Abs. 5 Satz 2 GO. Auf mögliche strafrechtliche Konsequenzen (z.B. Art. 23 Abs. 2 des Bayer. Datenschutzgesetzes – BayDSG) bzw. solche des Ordnungswidrigkeitenrechts (z.B. Art. 23 Abs. 1 Nr. 1 BayDSG) wird hingewiesen.

Generell gilt für die Zuschaltung zu (**öffentlichen und nichtöffentlichen**) Sitzungen:

Der **Teilnahmeplatz** ist – auch bei kurzzeitiger Abwesenheit – so zu wählen, dass niemand einen Blick auf den Bildschirm werfen und die Beratung nicht von unbefugten Dritten mitgehört werden kann.[4]

---

3 Z.B. in einem Arbeitszimmer mit geschlossener Tür. Die zusätzliche Verwendung eines Headsets ist empfehlenswert.

4 Eine Ausnahme besteht für öffentliche Sitzungen, falls die Gemeinde unter Beachtung der datenschutzrechtlichen Vorgaben einen Live-Stream zugelassen oder eine Einwilligung der Gremienmitglieder und sonstigen teilnehmenden Personen zur Ton-Bild-Übertragung an Dritte eingeholt hat. In diesem Fall kann dieser Satz gestrichen werden.

Auf den **privaten Geräten**, über die der Zugriff auf die Sitzung erfolgen soll, ist ein **Virenscanner** von einem Anbieter zu installieren, der einen regelmäßigen (möglichst täglichen) Update-Service gewährleistet. Weiterhin ist die **Verwendung einer (Personal) Firewall, einer Security Suite** (Programm, das mehrere Schutzprogramme vereinigt, und mindestens ein Antivirenprogramm und eine Firewall enthält, ggf. ergänzt durch Funktionen wie Anti-Spam, Anti-Phishing, Anti-Spyware oder eine Kindersicherung) oder vergleichbarer Programme erforderlich und sind regelmäßig Sicherheitsupdates auf dem Privatgerät durchzuführen.[5]

Die **Fertigung von Tonmitschnitten und Bildaufnahmen** (Screenshots) der Sitzung durch Gremienmitglieder ist bereits nach den Regelungen der Geschäftsordnung (§§ …[6]) nur mit Zustimmung der oder des Vorsitzenden und des Gemeinderats/Stadtrats/Marktgemeinderats unter Berücksichtigung des Datenschutzes zulässig; bei Ton- und Bildaufnahmen Bediensteter und sonstiger Sitzungsteilnehmender ist zusätzlich deren Einwilligung erforderlich.

Die Datenschutzbelehrung Ratsinformationssystem (RIS) bleibt hiervon unberührt.[7]

Verbindlichkeit

Durch die Unterzeichnung der Empfangsbestätigung und des Kenntnisnahmevermerks wird diese Belehrung als verbindlich anerkannt.

---

5 Empfehlungen zur Absicherung der privaten Endgeräte entfallen gegebenenfalls, wenn die Bereitstellung der Endgeräte und die Systembetreuung durch die Gemeinde/Stadt/den Markt erfolgt.

6 Vgl. § 4 Abs. 4 Satz 2 i. V. m. § 16 Abs. 2 Sätze 3 und 4 bzw. § 21 Abs. 2 Sätze 3 und 4 des Geschäftsordnungsmusters des Bayerischen Gemeindetags.

7 Vgl. dazu das Muster des Bayerischen Gemeindetags.

Belehrung über die Teilnahme an Hybridsitzungen

....

Name, Vorname

Empfangsbestätigung und Kenntnisnahmevermerk

Hiermit bestätige ich, dass ich die Belehrung gelesen und in schriftlicher Form erhalten habe. Die Inhalte (Stand: ...) erkenne ich für mich als verbindlich an.

Auf die rechtlichen Folgen einer Nichtbeachtung wurde ich hingewiesen.

....

Ort und Datum Unterschrift Ratsmitglied

Anlage 7

Satzung zur Regelung von Fragen des örtlichen Gemeindeverfassungsrechts (Hauptsatzung)[1]

Die Gemeinde / Der Markt / Die Stadt .... erlässt aufgrund der Art. 20a Abs. 1 Satz 2 und Abs. 2, 23, 32, 33, 34 Abs. 2 und 4, 35 Abs. 1 Satz 2, 40, 41, 88 und 103 der Gemeindeordnung für den Freistaat Bayern (GO) in der Fassung der Bekanntmachung vom 22. August 1998 (GVBl. S. 796, BayRS 2020-1-1-I), zuletzt geändert durch ... (GVBl. S. ...), folgende Satzung:

§ 1 Zusammensetzung des Gemeinderats

Der Gemeinderat besteht aus *der ersten Bürgermeisterin/dem ersten Bürgermeister* (§ 4), ... ehrenamtlichen Mitgliedern, *... berufsmäßigen Mitgliedern (§ 6).*

§ 2[2] Ausschüsse

(1) Der Gemeinderat bestellt zur Mitwirkung bei der Erledigung seiner Aufgaben folgende ständige Ausschüsse:

a) den Haupt- und Finanzausschuss, bestehend aus der/dem Vorsitzenden und ... ehrenamtlichen Gemeinderatsmitgliedern,
b) den Bau- und Umweltausschuss, bestehend aus der/dem Vorsitzenden und ... ehrenamtlichen Gemeinderatsmitgliedern,
c) den Werkausschuss, bestehend aus der/dem Vorsitzenden und ... ehrenamtlichen Gemeinderatsmitgliedern,
d) .... ,
e) den Rechnungsprüfungsausschuss, bestehend aus ... *(drei bis sieben)* Mitgliedern des Gemeinderats.

---

1 Nicht zutreffende Paragrafen bzw. Alternativregelungen bitte streichen.

2 § 2 ist nicht erforderlich, wenn die Bestellung der Ausschüsse in der Geschäftsordnung entsprechend den Absätzen 1 bis 4 geregelt wird.

(2) [1]Den Vorsitz in den in Absatz 1 Buchst. a bis ... genannten Ausschüssen führt *die erste Bürgermeisterin/der erste Bürgermeister*, einer *ihrer/seiner* Stellvertreter oder ein *von der ersten Bürgermeisterin/vom ersten Bürgermeister* bestimmtes Gemeinderatsmitglied. [2]Den Vorsitz im Rechnungsprüfungsausschuss führt ein vom Gemeinderat bestimmtes Ausschussmitglied.

(3) [1]Die Ausschüsse sind vorberatend tätig, soweit die Geschäftsordnung dies vorsieht und der Gemeinderat selbst zur Entscheidung zuständig ist. [2]Im Übrigen beschließen sie anstelle des Gemeinderats (beschließende Ausschüsse).

(4) Das Aufgabengebiet der Ausschüsse im Einzelnen ergibt sich aus der Geschäftsordnung, soweit es nicht durch gesetzliche Bestimmungen festgelegt ist.

§ 3[3] Tätigkeit der ehrenamtlichen Gemeinderatsmitglieder; Entschädigung; Ortssprecher

(1) [1]Die Tätigkeit der ehrenamtlichen Gemeinderatsmitglieder erstreckt sich auf die Mitwirkung bei den Beratungen und Entscheidungen des Gemeinderats und seiner Ausschüsse. [2]Außerdem können einzelnen Mitgliedern besondere Verwaltungs- und Überwachungsbefugnisse nach näherer Vorschrift der Geschäftsordnung übertragen werden.

(2) Die ehrenamtlichen Gemeinderatsmitglieder erhalten für ihre Tätigkeit als Entschädigung einen Pauschalbetrag *von monatlich ...... €/ein Sitzungsgeld von je ......* € für die notwendige Teilnahme an Sitzungen des Gemeinderats oder eines Ausschusses.

(3) [1]Gemeinderatsmitglieder, die Arbeitnehmerinnen oder Arbeitnehmer sind, haben außerdem Anspruch auf Ersatz des ihnen aufgrund der notwendigen Teilnahme an Sitzungen entstandenen nachgewiesenen Verdienstausfalls. [2]Selbstständig Tätige erhalten eine Pauschalentschädigung von ... € je volle Stunde für den Verdienstausfall, der durch Zeitversäumnis ihrer beruflichen Tätigkeit entstanden ist. [3]Sonstige Gemeinderatsmitglieder, denen im beruflichen oder häuslichen Bereich

---

3 Möglich ist auch der Erlass einer eigenen Entschädigungssatzung nach Art. 20a GO. In diesem Fall ist § 3 entbehrlich.

ein Nachteil entsteht, der in der Regel nur durch das Nachholen versäumter Arbeit oder die Inanspruchnahme einer Hilfskraft ausgeglichen werden kann, erhalten eine Pauschalentschädigung von ...... € je volle Stunde. [4]Nachgewiesene Kosten für eine notwendige Betreuung von im Haushalt der ehrenamtlich tätigen Gemeinderatsmitgliedern lebenden

a) Kindern, die das zwölfte Lebensjahr noch nicht vollendet haben,
b) Kindern mit Behinderung, die auf Hilfe angewiesen sind, oder
c) Angehörige im Sinne von Art. 20 Abs. 5 BayVwVfG mit festgestelltem Pflegegrad nach § 15 Abs. 1 Satz 1 Elftes Buch Sozialgesetzbuch (SGB XI)

werden bis zu einem Höchstbetrag von ...... € für jede volle Stunde der Sitzungsdauer ersetzt; für Personen, denen eine Entschädigung nach Satz 3 zusteht, gilt dies nur, soweit die erstattungsfähigen Betreuungskosten diese Entschädigung übersteigen. [5]Die Ersatzleistungen nach diesem Absatz werden nur auf Antrag gewährt.

(4) Die ehrenamtlichen Gemeinderatsmitglieder erhalten für auswärtige Tätigkeit Reisekosten und Tagegelder nach den Bestimmungen des Bayerischen Reisekostengesetzes.

(5) Die Absätze 2 bis 4 gelten für Ortssprecherinnen und Ortssprecher entsprechend.

§ 4[4] Erste Bürgermeisterin/Erster Bürgermeister

Die erste Bürgermeisterin/Der erste Bürgermeister ist *Ehrenbeamtin/Ehrenbeamter/Beamtin/Beamter auf Zeit.*

4 Die Regelung ist entbehrlich, wenn die Rechtsstellung der ersten Bürgermeisterin oder des ersten Bürgermeisters der gesetzlich in Art. 34 Abs. 2 GO vorgesehenen entspricht oder eine eigene Rechtsstellungssatzung erlassen wurde. Ist ein von der gesetzlich vorgesehenen Rechtsstellung nach Art. 34 Abs. 2 Sätze 2 oder 3 GO abweichende Rechtsstellung gewünscht, so ist eine entsprechende Satzungsregelung spätestens am 90. Tag vor dem Wahltag bekannt zu machen.

§ 5[5] Weitere Bürgermeisterinnen und Bürgermeister

Die weiteren Bürgermeisterinnen und Bürgermeister sind *Ehrenbeamte/Beamte auf Zeit.*

Alternativ:

Die/Der zweite/dritte *Bürgermeisterin/Bürgermeister* ist *Ehrenbeamtin/Ehrenbeamter/Beamtin/Beamter auf Zeit.*

§ 6[6] Berufsmäßige Gemeinderatsmitglieder

Der Gemeinderat wählt zur verantwortlichen Leitung der nachstehenden Aufgabengebiete berufsmäßige Gemeinderatsmitglieder auf die Dauer von ... Jahren:
- Hauptamt (Geschäftsleitung),
- Finanzangelegenheiten (Stadtkämmerin/Stadtkämmerer),
- Bauangelegenheiten (Stadtbaurätin/Stadtbaurat),

....

....

§ 7 Inkrafttreten

[1]Diese Satzung tritt am .... in Kraft. [2]Gleichzeitig tritt die Satzung zur Regelung von Fragen des örtlichen Gemeindeverfassungsrechts vom ...... außer Kraft.

....

(Ort, Datum)

....

(Erste Bürgermeisterin oder erste Bürgermeister/
Oberbürgermeisterin oder Oberbürgermeister)

---

5 Die Regelung ist entbehrlich, wenn die Rechtsstellung der weiteren Bürgermeisterinnen und Bürgermeister der gesetzlich in Art. 35 Abs. 1 Satz 2 GO vorgesehenen entspricht oder eine eigene Rechtsstellungssatzung erlassen wurde.

6 Nur in Gemeinden mit mehr als 10.000 Einwohnern möglich, vgl. Art. 40, 41 GO.

Stichwortverzeichnis